U0610067

Sinocization of Christianity: Academic Studies Series

基督教中国化研究丛书

张志刚 卓新平 总主编

拆毁了中间隔断的墙

BREAKING DOWN THE DIVIDING WALL

基督教与转型中的中国社会

CHRISTIANITY AND A CHINESE SOCIETY IN TRANSITION

余国良◎编著

宗教文化出版社

图书在版编目(CIP)数据

拆毁了中间隔断的墙/余国良编著. -北京:宗教文化出版社,2013.5

ISBN 978-7-80123-923-5-01

I. 拆… II. 余… III. ①宗教-研究-中国-文集 ②宗教-工作-中国-文集 IV. B928.2-53 D633-53

中国版本图书馆 CIP 数据核字(2013)第 153857 号

拆毁了中间隔断的墙

余国良 编著

出版发行: 宗教文化出版社

地　　址: 北京市西城区后海北沿 44 号 (100009)

电　　话: 64095215(发行部) 64095201(编辑部)

责任编辑: 张秀秀 sue68@aliyun.com

版式设计: 范晓博

印　　刷: 北京信彩瑞禾印刷厂

版权专有　侵权必究

版本记录: 787×1092 毫米 16 开本 35.25 印张 570 千字

插图:106 幅

2013 年 5 月第 2 版　2013 年 5 月第 2 次印刷

书　　号: ISBN 978-7-80123-923-5-01

定　　价: 98.00 元

目　录

CONTENTS

总 序 …………………………………………………… 卓新平　张志刚(1)
绪言:基督教中国化研究的三重视野 ………………… 张志刚　卓新平(1)
再版自序 …………………………………………………………… 余国良(1)
序 一 ……………………………………………………………… 邓福村(1)
Preface(2) ……………………………………………… Richard Mouw(1)
序 三 ……………………………………………………………… 周永健(1)

第一部分
与时俱进的本土化基督教神学

基督教与当代中国社会及文化
——从宣教学的角度看中国教会的神学思想建设 ………… 余国良(3)
Christianity and China——A Missiological View of China´s Theological Construction
……………………………………………………………… Danny Yu(24)
思维创新　与时俱进 ……………………………………… 余国良(47)
A Christian Challenge in Communist China for Creative Engagement
……………………………………………………………… Danny Yu(77)
中国教会神学思想建设的基本思路 ………………………… 邓福村(112)

Thoughts of Theological Construction in the Chinese Church
…… Matthew Deng(124)
基督教哲学在中国:理论和实践的考察 …… 赵敦华(135)
基督教伦理与市场经济的中国 …… 余国良(156)
浅谈"圣经无误"与符合圣经的圣经观 …… 余国良(176)
谈谈当代海外的"福音派" …… 余国良(185)
祂爱普及万千
——读富勒神学院毛瑞琪博士新书有感 …… 余国良(200)

第二部分

国际化的宗教政策与环境

基督教在中国的传播、发展和前景 …… 王作安(211)
宗教信仰自由辨析 …… 王作安(215)
全球化处境中的宗教研究与文化交流 …… 卓新平(221)
Religious Studies and Cultural Exchanges in the Context of Globalization
…… Zhuo Xinping(228)
从西方的观点看新颁布的《宗教事务条例》 …… 余国良(238)
What's New with the Religious Affairs Regulations? …… Danny Yu(243)
从海外的角度谈谈中国的宗教事务管理思路以及海外合作 …… 余国良(250)
中国政教关系的新框架
——谈2005年3月生效的《宗教事务条例》 …… 汤维强(270)
A New Framework for State-Religion Relations: The Regulations on Religious Affairs of China, March 2005 …… James Tong(286)

第三部分

基督教事工的本土化思考与国际化合作

Introducing the Chinese Protestant Church to the Major Denominations in the

USA and Canada …………………………… Cao Shengjie(309)
人子来是要服事人 …………………………… 邓福村(315)
城市化进程中的中国基督教 …………………………… 黄剑波(320)
基督教和当代中国的法制和法治 …………………………… 周青风(337)
文明的冲击与汇流
——基督教与中国当代精神之架构 …………………………… 刘孝廷(351)
中国基督徒的文化使命 …………………………… 石衡潭(373)
使命面前的思考
——从宣教学的角度对《丁光训文集》的回应 …………………………… 余国良(395)
Missiological Concepts in Communist China …………………………… Danny Yu(400)
宣教学与中国教会 …………………………… 余国良(407)
北美华人教会 ABC 事工介绍和思考 …………………………… 余国良(423)
促进跨越世纪的合作关系 …………………………… 余国良(444)
A Study of East-West Cooperation …………………………… Danny Yu(451)
Sorting through the Guiding Principles of a China Ministry …… Danny Yu(455)
The Bible Story in China …………………………… Danny Yu(460)

第四部分
CLE 为国际化合作的一个个案

基督教人士交流协进会(CLE)事工回顾 ………………… 陈荣超 彭永宁(465)
Christian Leadership Exchange (CLE) Activities: 1980 to 2007 … Wing Pang(492)
Developing Restorative Justice in China …………………………… Stephen Lee(496)
恢复性司法 …………………………… 李志刚(500)
对话和理解: 一条通往和好的路径 …………………………… 王艾明(508)
In Celebration of Friend-Ship and Disciple-Ship ………………… Danny Yu(519)

后 记 …………………………… 余国良(524)

《基督教中国化研究丛书》总序

“基督教中国化”的话题是中国政界、教界和学界都非常关注、而且也颇有争议的论题。

基督教与中国的关系从其历史发展沿革来看乃是两种文化体系相遇和对话的关系，当然也是两种强势文化彼此接触和对比的关系。从历史到现今，基督教文化与中国文化都被认为是不同的传统或传承，而且二者各有代表、各具特色，似乎尚没有真正走到一起，更谈不上有任何重要、关键性的叠合或结合。在中国人的眼中，基督教好像与西方世界有着密切关联，基督教文化也往往会被视为西方文化、至少是代表着西方文化。而中西交往有着悠久的历史，虽有对话、更多冲突，双方在社会政治层面的复杂经历和双边关系上的起落反复，亦使不少中国人在认识基督教时产生了隔阂，形成了距离，相互在了解上也交织着许多误解，留下了种种敏感话题。因此，基督教的东传、其与中国文化的“相遇”一直是冲突不少、矛盾不断，人们将之描述为二者磕磕碰碰、彼此戒备的“遭遇”，而且这种并不理想的交往方式好像“尚未结束”。这样，基督教在中国过往历史和现实存在中就有了颇为复杂的处境，而中国人对基督教亦产生了极为微妙的心境，这在20世纪上半叶曾流行的话语“多一个基督徒、少一个中国人”中就得到了典型表述。今天中国的改革开放使我们在“全球化”的背景中重新全方位地与基督教“相遇”，这就产生了我们应如何面对有着23亿信徒、占人类总数约三分之一民众的基督教的问题。显然，对之加以抵制和排拒已是不可能的了，国际环境的变化则使我们有可能将以往冲突频仍的“遭遇”变为冷静、平和的“相遇”，将剑拔弩张、两败俱伤的“对抗”变为相互理解、实现双赢的“对话”。这样，就需要双方能够促进积极的双向互动。而其中关于“基督教中国化”的问题则有着独特的价值和意义。

为什么要推动“基督教的中国化”？有没有可能实现基督教的这一“中国化”？对此，人们有着不同看法。其实，结论只有一个，就是基督教在中国有必要、也必须实现其“中国化”。这是其必然、必由之路而别无选择。基督教强调其“普世性”，但这种“普世性”并非抽象的，而必须通过其“地域性”来体现和实现。这就是基督教在世界各地广泛传播时的“本土化”、“处境化”问题。其取舍将决定由此所涉及的一系列政治、社会、思想、文化等问题的解决方式和不同结果。本来，基督教传入中国后“入乡随俗”、融入中国文化乃非常自然、不言而喻的，这种举措也曾获得比较理想的效果。但因清朝时“中国礼仪之争”引发的政治及文化冲突，正常的宗教交流和传播中断，此后西方传教士乘鸦片战争西方列强取胜、强迫中国接受不平等条约之际而强势传教，并企图用“基督教占领中国”来让“中华归主”，遂使这一问题凸显，而且愈亦复杂、尖锐，留下了这一尚未克服的后遗症。很遗憾，西方基督教从整体来看对这一虽已过去却留有影响的历史缺乏认真反省和自我批评，从而保留着是推动还是防止基督教在华“西化”、“洋化”的张力。实际上，中国教内外有识之士均反对基督教对中国的“西化”，而要求其在华必须“中国化”。所以说，在经历了鸦片战争后，基督教对西方列强对华“文化侵略”的参与或卷入，基督教的“中国化”就有了特别的政治及文化意义，而当代基督教在华的正常生存与发展就是以消除西方侵华的历史影响为前提，由此也使基督教在中国必须“中国化”，以适应并融入中国社会文化的全面发展。

当然，中国社会也应对基督教整体有较为客观、全面、正确的理解，在中国文化接受并吸纳包括马克思主义的西方先进文化因素时不要完全排拒基督教。在文化发展和建设的意义上，中国“海纳百川”的文化应该兼容、包容基督教，吸纳其文化的优秀元素而使我们自己的文化不断扩大和壮大。促进基督教的“中国化”，实际上也是让基督教融入中华文化的积极姿态和相应举措。我们当然会关注并重视基督教在当今中国社会文化发展中的意义及作用，对之采取积极引导的态度。为此，我们也会回溯历史，总结其经验教训，找出正确道路。基督教有着在人类文化历史中两千多年的发展经验，对西方文化及其它相关文化的发展做出过积极贡献，因此，我们自然也希望基督教在与中国文化交往时会有更好的表现，这在当今的重新相遇中尤其重要。为了这种“相遇”及“对话”的顺利，为了使“基督教中国化”得到积极的推动和促进，中国社会科学院基督教研究中心和北京大学宗教文化研究院协商、组织了“基督教中国化研究项目”，并规划编辑《基督教中国化研究丛书》。该丛书将由多个研究系列组成，包括理论探索、历史研究、现状研究、人物研究、名著再版、史料汇编等；同时专办一份《基督教中国化研究》(年度辑刊)，其第一辑(2013)将收入中国大陆专家学者自改革开放以来发表的代表作，随后将逐年精选汇集国内外关于基督教中国化研究的最新学术成果。我们诚邀海内外志同道合的学术同行，携手合作，潜心研究，不懈探索，奉献佳作，以使这套系列丛书成为国际上最有参考价值的基督教中国化研究成果。这里，我们呼吁各界人士积极关注并参与“基督教中国化”的努力，并向对我们的研究项目加以大力支持和热心帮助的海内外朋友们表示诚挚的感谢！

卓新平　张志刚

2013年3月21日于北京

《基督教中国化研究丛书》绪言:基督教中国化研究的三重视野

"基督教中国化"是一个既有重要学术价值、更有重大现实意义的研究课题。基督教(包括天主教、新教和东正教)堪称世界第一大宗教。据新近估算,目前全球的基督教徒已近23亿,约占世界人口三分之一,其中天主教徒约12亿,新教徒约7亿,东正教徒近3亿,广泛分布于251个国家和地区。改革开放后,中国政府拨乱反正,落实宗教信仰自由政策,各大宗教都得以恢复和发展,其中尤以基督教信仰人数(主要是新教徒)的迅速增长最引人注目。于是,如何妥善处理基督教与中国文化、中华民族、特别是当今中国社会的关系问题,便作为"一道历史难题"、"一场现实挑战"和"一种未来抉择"而涌入了我们的研究视野。

一、勿忘过去:基督教中国化的必要性

"基督教中国化"是一道历史难题。以往研究表明,作为一种外来宗教,基督教得以落足于中国文化土壤,历经"曲折的四传",即唐朝时"景教"的传入,元朝时"也里可温"的传入,明末清初天主教的传入,鸦片战争前后天主教、东正教和新教的相继传入。相比之下,后两次传入过程颇受中外学者的重视,但以往的研究倾向及其结论却明显存在很大的分歧。

譬如,有些学者主要倾向于考察,明末清初的来华传教士为中西方文化交流——"西学东渐"和"中学西传"所做出的开拓性贡献;有些学者则主要认为,传

教士只是以西学、特别是近代科技知识作为手段,更何况他们所传播的西学旨在论证其教义与神学,而科技知识也不全是"先进的",甚至有些是"过时的"。又如,有些学者主要倾向于认为,19世纪中叶基督教传入中国,是与西方殖民者的武力入侵相联系的,这便使基督教一度成为帝国主义的侵华工具,在鸦片战争后长达百年的中华民族苦难史中主要扮演了丑恶的或负面的角色;有些学者则主要致力于研究,传教士和基督徒为中国近代社会的教育体制、医疗卫生、慈善公益和新闻出版等所做出的大量积极奉献。

尽管以上两种不同的研究倾向不足以反映以往的研究全貌,更不能代表的诸多相交叉或相调和的理论观点,但它们至少可使我们清醒地意识到这样两点:首先,对于这两段最受重视、也最有争议的传教史,以往的研究者之所以持有不同的倾向和观点,就是因为他们具有不同的背景和立场;其次,虽然这两段历史是错综复杂的,致使人们的研究视角与价值判断也难免多种多样,但它们毕竟是发生在华夏大地的往事,已成为客观存在的历史事实。那么,我们能否在身份认同、学术立场、理论视野和研讨重点等关键环节上达成基本的共识呢?在我们看来,这样一种基本共识既有必要性也有可能性:我们作为中华民族的学术同行,无论是学界的、教界的、政界的研究者,都理应站在整个民族与国家利益的高度,亦即以广大人民群众的利益为重,着眼于中华民族的文化传统和中国社会的历史进程,就其主要的文化影响与社会作用,而对前述两段传教史做出理性而客观的历史评价。

国内外专家大多认为,明末清初天主教传入中国,并不简单意味着中国人又接触了一种外来的宗教;如果把天主教理解为当时仍在欧洲社会占统治地位的宗教与文化传统,它的传入则可视为中西方文化传统在信仰与价值层面上的"第一次相遇、碰撞、磨合"。[①] 这场深层次的文化交流,起初虽以传教士迎合、附会或修正儒家思想传统,引介西方人文科技知识为主要传教途径,也在客观上为中西方文化传统的双向传播、相互认知,特别是中国近代科学的形成发展产生了不可

① 正如著名的法国汉学家谢和耐(Jacques Gernet)指出,中西方文明传统之间的差异是一个特有意义的研究课题,而切入此项研究的最好办法,或许就是考察中西方文明在明末所发生的最早交流及其反应,因为此时第一批传教士进入中国,并与中国最有文化修养的阶层建立了联系,这就在历史上使两个相对独立发展的欧亚社会首次开始了真正的交流(参见谢和耐:《中国和基督教——中国和欧洲文化之比较》,耿昇译,上海古籍出版社1991年,"中译本序")。

忽视的积极作用，但后来却因传教士内部引起的“中国礼仪之争”而不得不中止了。如果说这场“中国礼仪之争”及其结局，首次在历史上暴露了西方基督教与中国文化传统的差异、矛盾和冲突，鸦片战争后欧美天主教和新教传教士，跟随西方列强的坚船利炮，在一系列不平等条约的保护下再次涌入中国，则显然再次激化并愈发加深了西方基督教与中华民族、中国社会及其文化传统的矛盾冲突，以致使西方基督教与侵华战争、教案纠纷、非基督教运动、非宗教运动等，成为中国近现代史上不可忘却的民族记忆。正是就这种特定的历史背景、社会作用和文化影响而言，“洋教”、“文化侵略工具”、“多一个基督徒，少一个中国人”、“并非‘中国的基督教’，而是‘基督教在中国’”等等，岂不注定成为近代中国基督教史里的“关键词”或“主要论点”，而部分传教士、特别是大多数基督徒为中国社会所做出的默默奉献，岂不注定沦为其中的“省略号”或“次要章节”。

以上扼要分析表明，基督教中国化所面临的主要历史难题就在于，由西方传教士所传入的基督教与中国文化、中华民族和中国社会的矛盾冲突，而这一历史难题也正是基督教之所以要实现中国化的根本原因。但要充分论证这一点，我们不能不考虑一种流行已久的护教论观点，即以“基督教的普世性”来断然地否定其本色化、本土化、处境化、尤其是中国化。关于这种质疑，我们可遵循逻辑与历史相一致的研讨思路，从“普世”概念涵义、世界宗教史、特别是上述历史难题三个方面来展开辨析。

首先，就概念涵义而言，前述流行观点显然对“普世”概念缺乏辩证的理解，如果认为基督教信仰所传播的是一种“普世性的教义或精神”，那么，此种教义或精神必定是能够本色化、本土化、处境化或中国化的；假若矢口否认这一点，基督教信仰便无所谓的“普世性”可言了，或用古汉语来严格释义，此乃并非“推而放诸东海而准，推而放诸西海而准，推而放诸南海而准，推而放诸北海而准”。

其次，从世界宗教史来看，千百年来几大世界性宗教之所以能够广为传播，其首要条件无疑在于，它们均能适应不同的文化、民族、国家或社会境遇，并以不同的方式来实现本色化、本土化、处境化或民族化，作为世界第一大宗教的基督教何其不是如此？比较宗教学家、宗教现象学家斯马特(Ninian Smart)在其名著《世界宗教》里开篇就指出：当我们考察世界上的诸多宗教传统时，切莫忘记它们的丰富多样性。以基督教为例，我们在许多国家或地区可以发现，不同的文化都为这种宗教传统增添了特色，如乌克兰的天主教不同于爱尔兰的，希腊的东正教不同于俄罗斯的，德国的路德宗不同于美国的……[1] 由这段描述可推演刚才提到的问题：其他国家或地区的基督教已然如此，基督教在中国文化和社会处境下何其不能这样？

最后，接着以上发问来进而深究前述历史难题：为什么由西方传教士所传入的基督教信仰竟会与中国文化、中华民族和中国社会发生尖锐的矛盾冲突呢？如前所述，这一历史难题始于明末清初的“中国礼仪之争”。回首这段往事，我们不能不反思这样一种学术现象：为什么这场争论事过百余年后还有众多西方著名的思想家持续予以关注、纷纷发表议论呢？为什么这场争论至今仍是西方汉学、中国宗教史、中西文化交流史等领域的研究重点或热门话题之一呢？此种迹象无疑表明，这场旷日持久的激烈争论，并非只是起因于“传教士内部的传教策略之争”，也并未终止于“罗马教皇与中国皇帝的权威之争”，而是从根本上反映了“中西方宗教与文化传统观念的矛盾冲突”。

如果借鉴国际学术界关于文明对话、特别是宗教对话的晚近研究成果，我们可以重新发现，这场中西方宗教与文化传统观念的矛盾冲突，除了以往研究者所着重考察的三点具体内容，即“能否祭祖”、“能否祀孔”和“上帝译名问题”，除了现已认识到的，冲突双方在文化、宗教、哲学、社会和政治等方面的诸多差异，其实还隐含着一个更深层的、具有价值导向作用的冲突原因，这就是来华传教士所普遍怀有的“西方基督教传统中心论”及其强烈的“排他性思维倾向”。这一深层次的冲突原因之所以很值得追究，就是因为它不仅作为“一种普遍的心态”，驱使各修会的传教士几乎都“自以为是”——只有他们所传播的“西方的基督教”才是“唯一的真宗教”，只有他们所诠释的“西方的天主观或上帝观”才是“绝对的真信仰”，而中国人已有的其他任何信仰形式，无论“本土的”还是“外来的”、“哲学的”还是“宗教的”、“上层的”或是“民间的”，要么仅有“些许合理成分”，要么纯属于“偶像崇拜”甚至“迷信”。就此而论，我们可在以往研究基础上更深刻地认识到：正因为明末清初以降的来华传教士几乎都抱有上述“唯我独尊、排斥异己”的偏颇思维方式，才会在观念层次上致使“中国礼仪之争”以及鸦片战争后的中西方

① 参见斯马特：《世界宗教》(第二版)，“导言”，高师宁等译，北京大学出版社，2004年。

宗教与文化传统的矛盾冲突成为“一个必然的历史过程”。[①] 也正是就此而言,若不根除西方基督教传统中心论及其排他性思维倾向,基督教便无法植根中国文化土壤,无法融入中国主流社会,无法真正实现其本色化、本土化、处境化或中国化。

二、正视现状:基督教中国化的重要性

“基督教中国化”是一场现实挑战。改革开放以来,基督教尤其是新教在中国大陆的迅速发展广受海内外学界、教界和政界的关注,并把大量疑难问题摆在了研究者的面前。综合近些年来的研讨情况,目前基督教在中国社会所面临的所有疑难可归结为这样一个关键问题:基督教的迅速发展,将对整个中国的宗教、文化和社会状况产生什么重要影响?

近些年来,海内外学者围绕上述关键问题展开了热烈的论争,提出了不少发人深省的观点。例如,有些专家学者指出,基督教在中国的迅速发展具有不可忽视的“国际背景或西方后盾”,即西方敌对势力依旧抱有“和平演变中国的野心”,仍在实施“基督教化中国的战略”,这尤为明显地反映为培植地下势力,建立非法组织,不仅破坏了我国独立自主的办教原则,而且影响了基督教的本真形象;更为令人担忧的是,假如基督教在中国“一教独大”甚至“一教独霸”,势必恶化中国的宗教生态,有损中华民族文化的多元性与主体性,影响社会和谐乃至国家安全等。以上观点深切地表露了“一种现实忧虑”,即在中国近代史上被作为“帝国主义列强侵略工具”的基督教,在中国社会不断改革开放、中华民族走向繁荣富强

---

① 或许有读者会觉得,这里做出的“全称判断”,即“明末清初以降的来华传教士几乎都……”是否显得有些绝对化了?在以往研究中,不少学者把利玛窦(Mathew Ricci,1552–1610)的传教策略概括为“合儒、补儒、超儒”,认为后来的传教士若能认可并贯彻此种传教路线,或可避免“中国礼仪之争”。这种假设恐怕难以成立。如果把利玛窦《中国札记》和《天主实义》里的相关论点连贯起来,加以严谨的文本分析,我们可以清楚地认识到,这位所谓的“西儒”,实际上是以西方中世纪经院哲学的“天主观或上帝观”来全盘否定中国宗教与文化传统的,并把“儒释道三教”贬斥为“中国人的全部迷信”。因此,从利玛窦的中西方宗教观来看,他可谓这里所要深究的“西方基督教传统中心论及其排他性思维倾向”的始作俑者。关于上述文献分析,可参见张志刚:“‘宗教概念’的观念史考察——以利玛窦的中西方宗教观为例”,刊于金泽、赵广明主编:《宗教与哲学》第二辑,社会科学文献出版社,2013年。

的今天,恐怕又会沦为“西方敌对势力的渗透工具”。

如果客观而全面地加以判断,上述忧虑或许有些言重了,但它并非没有一定的根据或道理。譬如,从比较的观点来看,中国社会现有的佛教、基督教和伊斯兰教等世界性宗教,都是“外来的”或“传入的”,而且近些年来不少学者经过考察或调研都有这样的感知,改革开放以来,虽然基督教的信仰人数发展最快,但在整个社会上影响最大的要数佛教,在诸多民族中影响最大的还是伊斯兰教,可值得推敲的问题在于,为什么国内外学界、教界和政界都很少有人强调中国佛教、中国伊斯兰教的“国际背景或国际后盾”,反而有不少人认为“基督教的中国化仍显得任重道远”呢?这是否意味着基督教在中国社会至今尚未甩掉“洋教身份”这个沉重的历史包袱,尚未像佛教和伊斯兰教那样融入中国文化或中华民族呢?再如,无论从历史传统还是现实国情来看,我们都要充分意识到,中国社会是一个多民族、多宗教的国家,中华民族文化传统的基本价值理念在于,和而不同、求同存异、海纳百川、有容乃大;而当今的中国基督教界,假如在教外人士看来不但仍然显得比较保守、相对封闭,未能真正融入中国主流社会及其发展潮流,而且其内部的“真假教会或真假信徒之争”看似愈演愈烈,这就让人不能不产生种种疑虑了,中国基督教内部在神学和组织上是否还残存着“唯我独尊的排他倾向”①,这种信仰分歧的教会现状是否还配得上其“博爱的传统”,是否能被大多数中国人所理解或认可呢?

然而,在充分考虑上述观点及其合理性的同时,更需要探讨的问题在于,我们是否主要应当着眼于当今中国国情、特别是改革开放30多年来中国社会所发生的巨大发展进步,以求“正视中国基督教的整体现状”呢?这里所说的“正视”,不仅取其常用词义“严肃而认真地看待”,也不但意味着“不要忽视或漠视观察对象的正反两方面或积极与消极作用”,而且旨在提倡一种辩证的、深刻的方法论原则,这就是我们理应从本质上、主流上来观察与思考中国基督教的整体现状。

---

① 在此用“残存”一词,是想联系前面关于西方基督教传统中心论及其排他性思维倾向的讨论,进而提出一个需要澄清的问题,即这种“唯我独尊、排斥异己”的思维倾向,是否合乎“基督教的真精神”,或是否属于基督教信仰的本性呢?翻开西方教会史和神学史,我们可以察觉,这种偏颇的思维倾向,其实是在基督教成为“罗马国教”后才得以抬头,并在西方中世纪的神哲学氛围下日渐盛行的。据此可以推断,这种偏颇的思维倾向,不但是西方特定的历史阶段、社会形态和文化背景的产物,而且是西方传教士自明末清初后一直力图灌输给中国基督徒的。

从当今中国国情以及教情(宗教状况)来看，广大基督徒和其他几大宗教的信众一样，不但享有宪法意义上的信仰自由，而且属于人民群众或国家公民，他们无疑是促进社会和谐、推动中华民族繁荣进步的重要力量。如果这种定性判断符合当今国情的基本事实，那么，我们便有充足的理由认为，绝大多数中国教会组织及其信众，都是爱国爱教的，是甘愿以他们所追求的信仰境界而与全国人民一道建设美好的祖国家园的，并能在经济发展、文化繁荣、社会服务、慈善公益，特别是道德伦理建设等诸多领域，做出正面而积极的重要贡献的。当然，谁也不能否认，有些境外势力企图利用基督教来“恶意渗透中国”、“和平演变中国”，还有个别西方记者面对中国的和平崛起而不识时务地肆意放言“基督的羔羊”将要征服“中国龙”，同时国内也确有极少数的“教会组织或个人”打着信仰的招牌却抱有政治目的，企图与境外敌对势力相呼应、相配合。然而，谁也不能因为把眼光仅仅盯在上述境内外少数人或个别人身上，而漠视甚至否认当今中国基督教会及其广大信众的本质和主流；否则的话，我们在思维方式上就难免“以偏概全”或“以管窥天”，在认识判断上便会导致“清浊不分”或“敌我不分”。

同时需要申明，我们力主从本质上、主流上来客观而全面地认识当代中国基督教的整体状况，并不意味着只做出正面的、肯定的判断，而忽视或回避现存的不足或问题。坦率地讲，尽管改革开放以来基督教的信仰人数在中国大陆增长很快，可不但大多数中国人对基督教还缺乏了解或理解，反倒有不少专家学者为基督教的迅速发展而担忧或质疑，一个不容忽视的客观现象就在于，与中国社会改革开放以来发生的深刻变化相比，中国基督教会显然尚未完全适应整个国家在经济与政治体制改革、法治与社会公德建设、社会服务与慈善公益、文化大发展大繁荣等诸多领域的迫切需要，尚未充分发挥出其应有的、积极的、重要的社会作用和文化影响。这便意味着，基督教在当今中国社会所面临的主要问题与挑战，恐怕不在于“信徒的数量”，而在于“教会的质量”，即数以千万计的中国基督徒到底能对中国社会做出什么贡献？

因此，就当前基督教中国化所面临的主要问题而论，我们之所以强调基督教在当代中国社会的发展进步中应当充分发挥积极且重要的作用，就是想阐明一个朴素的道理：在我们的日常生活中，人与人之间的相互了解、彼此信任主要取决于什么，主要凭“说的”还是主要靠“做的”呢？问题的答案显然系于后者，或更准确些表述，靠的是言行一致或知行合一。同理可证，任何一种宗教信仰，如果能被某个社会、民族或国家所接受或容纳，其主要条件或主要因素何在，主要在于

“经典和教义解释得多么好”还是“优异的社会实践与文化影响”呢？晚近较为成熟的宗教学方法论力求“内外兼顾”，既要重视“教内的观点”，更要注重“教外的观点”，因为后者对于某种宗教信仰犹如一面“社会镜子”，要比前者的“自我描述”显得更客观、更如实。这种方法论观念启发我们，从某种宗教内部来看，经典与教义肯定是最重要的，是信仰的依据；但在局外人看来，特别是对整个社会、民族或国家来说，社会实践与文化影响却无疑是能否、或在多大程度上接受或认可某种宗教信仰的主要条件或主要因素。正是就此而言，基督教能否在当代中国社会的发展进步中充分发挥其积极的、重要的建设性作用，确实显得至关重要了。

三、面向未来：基督教中国化的建设性

“基督教中国化”是一种未来抉择。“回顾过去、认识现在、走向未来”，可谓人文社会科学研究的学术立意与理论指归。基督教中国化研究的立意、思路与愿景也应该如此规划。因而，我们所致力的基督教中国化研究是要面向未来的，是要富有建设性的，也就是要有助于克服中国基督教所面临的主要难题，推动基督教积极融入中国文化、中华民族、尤其是当代中国社会，以使其广大信众与全国人民一道共创中华民族的美好未来。这无疑是一项长期而艰辛的研究任务，要靠海内外、教内外专家学者的集体智慧和共同努力。行文至此，接续前两部分讨论，略陈些许学术见地，以期方家深入研讨。

1.“基督教中国化”可为构建文明对话神学奉献中国智慧

要让基督教成为“中国的”，首先必须探索有中国特色的神学思想体系，因为“神学作为教会的思想”，显然对于本土化、本色化、处境化或中国化具有“观念导向”和“理论支撑”作用。关于这一点，中国基督教界的前辈学者和领袖人物早已有所认识。譬如，赵紫宸早就疾呼，中国基督教绝不能一味地跟从西方，而是要自己寻求“基督教的真精神”；谢扶雅深情地写到，如果耶稣基督降生在中国，他会认为中国的传统文化和道德伦理是可以不变的，他也会把这些纳入自己的话语；吴耀宗中肯地指出，所谓的“自传”不只是“什么人去传”，更是“传什么”的问题，若要真的“自传”，中国信徒就必须摆脱西方神学的羁绊，自己去发掘耶稣福音的宝藏，创造自己的神学体系。①

那么,在当今中国社会致力于妥善处理宗教关系,呼唤宗教界人士和信教群众为社会和谐、文化繁荣做出贡献的良好氛围下,怎么才能更有创见地探索有中国特色的神学思想呢?国际宗教学界所倡导的"比较方法"与"对话观念",或许可启发我们在神学思想建设上更新观念,拓宽视野。"比较方法"可视为当代宗教研究的"立学之本",它旨在破除各宗教的封闭性与排他性,促使各宗教经过比较研究来达到"双重认知境界"——"认识他者"与"认识自我",或辩证地说,若不把他者作为"比较的镜子",便无法重新认识自我。而"对话观念"既是比较宗教研究的理论延伸或新近趋势,又是妥善处理全球化时代的宗教关系的实践理念,它促使各宗教通过跨文化、跨宗派的真诚对话来消除冲突,增进理解,友好合作,共同回应全球化时代的诸多难题、危机或挑战。若能立足中国国情来感悟上述学术启发,我们可否认为,历史深厚的中国文化土壤,丰富多样的中国宗教形态,尤其是历来提倡兼容并蓄、和而不同的中国文化与宗教传统,不但为"比较与对话"提供了得天独厚的客观氛围②,而且能使中国教会的神学思想建设大有可为,为探索一种适应世界宗教多元化现状的"文明对话神学"而奉献中国文化智慧呢?下面略表两个基础性研究课题,以初步印证此种神学建设构想。

譬如,基督教神学体系在其形成过程中曾充分借鉴了古希腊哲学的合理思想,把本体论与上帝观的学理探讨结合起来,从而论证了"一种向往外在超越的信仰境界"。相比之下,中国古典哲学传统则兼容并包儒释道的学说精华,形成了"一种注重内在修养的信仰境界"。这两种不同的信仰境界显然是能够相互启发、相互补充的,如果我们综合二者并加以创新,不但可像佛教禅宗那样深化中国古典哲学的心性论,从神圣观上来进一步丰富并强化中国现代哲学研究的本体论意识,而且有可能创造出一种与中国文化传统相辅相成的、"外在超越"与"内在修养"相得益彰的信仰与实践理念。

再如,在"德治"与"法治"的关系问题上,基督教神学作为西学传统的基本组

① 详见赵士林、段琦主编:《基督教在中国——处境化的智慧》(上、下册),宗教文化出版社2009年,第一章"导论"的第四节"处境化的神学",以及该书相关章节。

② 可以说,这种观点改革开放以来的中国宗教史研究中已得到了较为充分的论证。例如,牟钟鉴先生概括总结道:中国是一个多宗教的国家,历史上有祭天祭祖祭社稷的国家民族宗教,有土生土长的道教,有诸多民间信仰和民族传统宗教,有外来的佛教、基督教和伊斯兰教,还传入过犹太教、摩尼教、琐罗亚士德教等。中国犹如一个"宗教百花苑",诸种宗教都能在这片大地上共同生存、和平相处(参见牟钟鉴:"继承和发扬中国宗教文化的优良传统",《探索宗教》,宗教文化出版社2008年)。

成部分，与中国文化的德治传统也是能够相互启发、相互补充的。虽然中西方皆有“德治”与“法治”的思想资源，但比较起来，二者又有不同的逻辑思路和立论根据。中国文化传统是以儒家伦理思想为主流的，儒家思想之所以力主人本主义的伦理观，其学理根据主要系于“性善论”，即充分肯定人性主要是“向善”的，人完全有能力靠自我修养而“明明德、亲(新)民、止于至善”，并把这种“仁者的境界”推及家庭、国家乃至天下。这恐怕是中国文化传统在社会实践上重视“德治”而相对轻视“法治”、重视“群体”和“国家”而相对轻视“个体”和“公民”的深层原因之一。而基督教的伦理观则立论于“神圣的律法”，即从神与人的关系出发，把“爱上帝”规定为“首要的戒命”。因而，基督教神学的“原罪论”所强调的“人的不完善性甚至堕落性”，“上帝观”所推演出的“律法的绝对性”、“契约的神圣性”、“对神圣而绝对的立法者的敬畏感”，以及“律法面前人人平等”等思想观念，曾在西方两大法律体系——“大陆法系”与“英美法系”的形成过程中产生了重要影响。若能互为借鉴上述二者的长处，并做出符合当今中国国情的创造性阐释，一方面可使我们在法制建设上广为汲取中西方“法哲学”和“法神学”的合理思想资源；另一方面则可在“道德哲学”和“道德神学”上着力加强中西方文化传统的比较与对话，以使基督教成为富有中国伦理特色的——更注重人伦关系、更负有社会责任的道德型、奉献型宗教。

2.“基督教中国化”可为应对重大现实问题做出积极贡献

任何一种宗教都要做到信仰与实践相统一。宗教社会学的开创者杜尔凯姆(Emile Durkheim，又译涂尔干)早就指出，任何一种宗教都是一个统一的体系，它把与神圣事物相关的信念和实践统一起来了。[①] 国际宗教学界近30年来的一种新动向，就是把宗教比较与对话研究引向道德实践，呼吁各宗教携起手来，重建世界伦理，共担社会责任，以应对目前人类所面临的诸多困境、危机或挑战。所以，若把基督教建设成富有中国伦理特色的道德型、奉献型宗教，这既可顺应世界宗教的发展趋向，又能适应中国社会的现实需要。

例如，联系近些年来颇受关注的“社会道德底线争论”、“工商金融欺诈现象”乃至“公益慈善诚信危机”等，中国教会如果能与其他宗教和学术界进行广泛合

① See Emile Durkheim, The Elementary Forms of the Religious Life, New York: The Free Press, 1965, p.62.

作，大力推动合乎国情的道德伦理观建设，其重要的理论价值和现实意义便能充分反映出来了。又如，针对全球化的生态环境危机，如果能与道教界、佛教界在宇宙观和自然观上展开深层次的比较与对话，中国教会的神学建设也能取得有国际影响的思想成果。再如，面对冷战后部分国家或地区愈演愈烈的民族和宗教冲突，如果能借鉴中国文化所具有的和而不同、求同存异的优良传统，中国教会无疑可为构建和谐社会与和谐世界奉献富有中国特色的神学思想智慧。

就应用研究和社会实践而言，国内宗教学界近些年来最为关注的课题之一，就是慈善公益与社会服务。然而，目前国内的慈善公益与社会服务事业尚处于起步阶段，尚缺乏系统化、有深度的理论研究。客观地说，基督教与其他几大宗教传统相比，不但历来就更投入慈善公益与社会服务实践，而且具有更悠久的思想资源和更完备的理论体系，如果能将其与中国社会的现实需要相结合相适应，无疑可成为中国教会神学思想建设及其社会实践的一大亮点。

3.“基督教中国化”可为拓展中外文化友好交流铺路搭桥

关于中西方文明的比较与交流，著名哲学家罗素(Bertrand Russell)讲过：回顾过去，不同的文明相接触，往往被证明是人类进步的里程碑。例如，希腊向埃及学习，罗马向希腊学习，阿拉伯向罗马帝国学习，中世纪的欧洲向阿拉伯学习，文艺复兴时期的欧洲向拜占庭学习等，后者被证明比前者更优秀。至于中国，可能又是一例，我们西方要向中国学习的东西，和中国要向我们西方学习的东西一样多。[①] 除了罗素多年前所讲的“相互学习”，就当今人类文明或文化传统的多元化及其丰富性而言，我们还应该主张相互借鉴、相互启发、相互补充、共同繁荣。要而言之，凡是其他文明或文化传统中的优秀的或合理的因素、观念和思想，我们都应当予以汲取利用，这样才能继承发扬中国文化所具有的海纳百川、有容乃大的优良传统。

基于以上主张，在目前中华民族致力文化大繁荣大发展，重树文化自觉性与自主性的历史时刻，我们确有必要重新认识几大世界性宗教在中外文化交流史上的重要作用。正像我国专家学者指出的那样，回顾一下中外文化交流史，我们便会不无惊奇地发现，世界三大宗教具有桥梁作用。譬如，源于印度文明的佛教，

---

① 同时参照罗素：《中国问题》，秦悦译，学林出版社，2009年版，第147页；《中国印象——世界名人论中国文化》下册，“罗素部分”，何兆武等译，广西师范大学出版社，2001年，第89页。

自汉代传入中国，经过千百年来同化和改造，不但成为我国西藏、内蒙古等地区的民族文化的组成部分，而且成为中国与南亚、东南亚和中亚等地区的文化交流桥梁。伊斯兰教作为阿拉伯-波斯世界的文化基础，自唐代传入中国，经过千百年来的同化和改造，不但成为我国回族、维吾尔族、哈萨克族、柯尔克孜族、塔基克族、塔塔尔族、撒拉族、东乡族、保安族等10个少数民族的文化要素，而且成为中国与波斯-阿拉伯世界的文化交流渠道。作为希腊-罗马文明之标志的基督教，自唐代传入中国，历经多个历史阶段的碰撞与磨合，也已成为中华民族文化的一部分，并已成为中西方的文化交流桥梁。据此而言，中外文化的交流与比较研究，若不涉及世界三大宗教，那将是很不全面、很不深入的。①

在近些年的中外文化交流与对话研究中，人们时常争论，“是否越是民族的，就越是世界的”？假如只是站在民族主义或普世主义的立场，此种争论或许是没有多大理论价值或学术启发的。中华民族长达千余年的对外文化交流史表明，真正意义上的文化交流与对话并非“单向的、贴上本民族或普世性标签的输出或传入”，也不但表现为“双向或多向的学习、借鉴或互补”，其更复杂、或可称为更高境界的升华途径，还包括“富有中国文化特色、具有创造性的回传或回馈”，如佛教的中国化对于世界文化交流的重要贡献便是一种杰出创举。因此，我们可以充满信心地认为，只要我们扎根中华大地，立足中国国情，弘扬“和而不同、求同存异”的优良文化传统，呼应“和谐社会、和谐世界”的国家发展理念，基督教中国化研究所期待的建设性成果，也将在中华民族和平崛起、走向世界的伟大时代，为拓展全球化时代的文化交流与对话，增建一座心灵桥梁、一条精神通道。

总而言之，我们认为，若要切实推进基督教中国化，不可或缺前述“三重研究视野”，即“过去、现在与未来”；因为只有这样，我们才能客观、理性并全面地探讨基督教中国化的历史难题、现实挑战和未来抉择，以期通过百家争鸣、集思广益而达成基本共识，积极探索具有前瞻性、且富有建设性的理论成果。正是抱着如此研究视野及其学术宗旨，北京大学宗教文化研究院与中国社会科学院基督教研究中心共同发起了“基督教中国化研究项目”，并规划编辑《基督教中国化研究丛书》。该丛书将由多个研究系列组成，包括理论探索、历史研究、现状研究、人物研究、名著再版、史料汇编等；同时专办一份《基督教中国化研究》(年度辑刊)，其

① 参见耿昇：“译者的话”，谢和耐著《中国和基督教——中国和欧洲文化之比较》，上海古籍出版社，1991年，第5页。

第一辑(2013)将收入中国大陆专家学者自改革开放以来发表的代表作，随后将逐年精选汇集国内外关于基督教中国化研究的最新学术成果。为此，我们诚邀海内外志同道合的学术同行，携手合作，潜心研究，不懈探索，奉献佳作，以使这套系列丛书成为国际上最有参考价值的基督教中国化研究成果。

张志刚　卓新平

2013年初春

再版自序

当今的中国基督教的发展有一个令人非常欣喜的现象，就是中国的知识界与研究学者给予了基督教的研究跟教会的发展很大的支持。虽然他们本身并不一定是基督教徒。这种现象可能在美国也很难找到。

最近与宗教文化出版社张秀秀编辑探讨《拆毁了中间隔断的墙——中美基督教交流十五年回顾与思考》的再版问题。2007年这本书的第一版原是为了庆祝基督教人士交流协进会(CLE)成立十五周年的纪念。书的名字是时任中国基督教“两会”副主席邓福村牧师建议的，也是邓牧师多年对CLE的期望，希望CLE能够起一定的功用，特别在中美基督教的沟通往来方面能够拆除一些障碍。

CLE的成立也是因应上世纪90年代初当时中美关系的困境。在那个年代，每一趟中国与最惠国待遇的议题进入美国国会的议程，中国宗教人权自由就登上了美国媒体的头条新闻。如何让双方能够有更坦诚的交流、更真实的沟通，让双方更多地了解实况，这些都是CLE 20世纪90年代的主要活动。

“中间隔断的墙”原指中美两国文化的差距，也包括了中美基督教的隔阂，特别是从前美国福音派并海外华人教会与中国教会的隔阂……但今天中美外交已经是一个平起平坐的局面。中美基督教人士的交流，特别有关宗教人权的沟通与了解，已经进入了一个新的格局。中国各宗教在国际舞台上已经开始活跃并发挥着越来越多的效力，中美基督教“中间隔断的墙”已经不再高耸……

当初和邓牧师商讨以“拆毁了中间隔断的墙”给这书命名除了中美文化、中美基督教、海外华人基督教与中国基督教之间的距离这些寓意之外，这堵墙还有另一个深层的意义，就是如何消除中国知识分子与基督教的隔阂？看来，这个初衷今天终于要实现了。前不久当我正准备再版本书时，正赶上北京大学哲学系的张志刚教授与中国社会科学院世界宗教研究所卓新平所长共同主编的“基督教中国化研究丛书”系列正在酝酿出版。这一套丛书代表着中国知识分子期盼在基督教本土化的课题上做出贡献。

在此非常感谢张教授与卓教授的邀请，使我打消了自己单一的再版计划而参与到了这套丛书系列。也特别感谢国家宗教局局长王作安先生为本书的再版在百忙之中提供新的稿件。对中国基督教全国两会、国家宗教局，并各方朋友多年来对CLE的支持在此也一并感谢。

为了契合“基督教中国化研究丛书”系列，此次对本书的副标题作了修改，即以《拆毁了中间隔断的墙——基督教与转型中的中国社会》为题再版。希望本丛书的出版能够引起各界同仁一起对基督教在当今现代化国际化的中国的本土化发展以更多的思考。

现借被纳入本丛书的机会，对原书的结构略作调整（将原来的历史部分，即国际化过程中的一些故事，这次放在了最后，想了解CLE历史的朋友可以从后往前看），并对无关于本丛书主题的个别篇章做了删节。但原书的基本观点还是保留了原貌。

余国良

2013年3月6日

序　一

因他使我们和睦(原文作“因他是我们的和睦”),将两下合而为一,拆毁了中间隔断的墙。而且以自己的身体废掉冤仇,就是那记在律法上的规条,为要将两下藉着自己造成一个新人,如此便成就了和睦。既在十字架上灭了冤仇,便藉这十字架使两下归为一体,与神和好了,并且来传和平的福音给你们远处的人,也给那近处的人。因为我们两下藉着他被一个圣灵所感,得以进到父面前。

《以弗所书》2:14–18

余国良博士是自改革开放之初就通过教育推动中美两国友好交往的华裔人士之一。在20多年来回于中美之间从事教育的过程中,通过亲身经历中国教会兴旺的发展,他对中国的宗教状况有了比较彻底的了解。他认为,由于信息来源的不正常,导致中美之间产生误解,从而影响中美关系。为了改变海外自“文革”以来固有的“中国没有宗教信仰自由”的观念,还有中国多年闭关的影响而造成对海外有很多消极的看法,余博士认为双方面有直面的接触,加强交往应是改善中美关系的最好途径。在此基础上,余国良博士以他基督徒的视角,敏锐地意识到海外基督教与国内基督教界之间的沟通严重缺乏。由于几十年海内外的隔绝，国内教会对海外基督教神学之现代发展没有跟得上，也没有太多了解。海外教会对中国教会的基本思路和目前的需要也不甚明了，甚至当中国教会提出要进行“神学思想建设”的时候，不少人还以为中国教会要抛弃以圣经为基础的基本信仰。

既然宗教的基本信息之一是和睦，那么如何去传递、去表达这种好信息，从而加强中美之间，尤其是海外华人与祖国之间的和睦？如何将成长中的中国教会如实地介绍给美国社会，也让中国政府与中国教会了解美国福音派的发展，促进中国与海外的基督徒通过坦诚公开的渠道在教会事工上进行交流与合作，沟通中国与海外的神学界，将彼此的思考和发展介绍给对方。这种愿望成了余博士等热爱祖国的美籍华人教会领袖和牧长们的基本心愿。在此背景下，15 年前，余国良博士、彭永宁博士、黎彼得博士等首先倡导并创立了基督教人士交流协进会 (Christian Leadership Exchange / CLE)，并担当起了这方面的工作。

CLE 作为一个平台，从其创立之初，对中国教会的神学发展与建设、教会工作的开放与发展给予了积极的评价，尤其是对中国教会“神学思想建设”给予全面的关注和理解，为中国教会和在美国的许多教会之间的平等交流和对话，做出了值得称赞的贡献。多年以来，CLE 每年在中国与美国各举办一次的 China Church Ministry Symposium 具有很大的益处，化解了由于隔膜造成的对“三自”和“神学思想建设”等的误会和偏见，而且为中美教会的合作提供了机会和渠道。在余国良等 CLE 朋友的努力下，中国基督教 2006 年在美国成功地举办了圣经展，从另一个角度加深了美国等西方国家对中国宗教状况的了解。

同时，多年来，CLE 也经常采用适当的方式，把中国的宗教政策以不同的形式介绍给美国基督徒和美国社会各阶层。由于他们的努力，中国政府也得以有机会向美国朋友正面介绍中国的宗教政策，回答他们有关中国的历史、文化和现实等许多问题,用对话和互敬的方式,求同存异,广交朋友。

通过多年的交往,我认为 CLE 的确起到了交流和对话的平台。正是借着这个平台,中国教会在和美国教会建立分享和交流的同时,也和加拿大、欧洲等地的华人教会建立起了联系。而且,参加 CLE 的“中国教会事工分享会”的美国传媒、国会、国务院和文化机构中对中国宗教事务有这样那样思路和看法的专家们,也和我们做了较为深入的交流。通过平等、互敬和坦诚的对话,我感到,美国社会中越来越多的基督徒们,逐步对中国教会形成了客观和理解的见识。我想,通过 CLE 的努力,已经在逐步地影响中美之间的宗教关系。

看到近几年来中国与海外教会事工日益增长的发展关系,我认为这很符合 CLE 对自己“桥梁事工”的定位。我想,15 年来,CLE 应该是起到了“破冰架桥”的作用。所以,我认为圣经《以弗所书》中的“拆毁了中间隔断的墙”这几个字最为适合作为本书的书名。

在《拆毁了中间隔断的墙》付梓出版之际,我很高兴向大家推荐这本书。

中国基督教两会驻会副主席 邓福村

二〇〇七年九月

PREFACE (2)

These are important times for relations between the Christian communities in the United States and China, and the organization whose many achievements are chronicled in these pages is an extremely important part of the picture. North Ame rican Christians—and evangelical Christians in particular—have nurtured many serious misunderstandings of the state of religion in China, but it has been gratifying to see clear signs that things are changing. In all of this, Christian Leadership Exchang e (CLE) has been an important force for promoting better understanding. The effectiveness of CLE is symbolized in the very name that it bears. All three words in this name are important.

Christian. Under the leadership of Dr. Danny Yu, CLE has taken seriously the C hristian obligation—set forth so many times in the Bible—that we must work for the cause of truth-telling. If we care about the cause of freedom we must as Christians heed the work of our Lord: "If you continue in my word, you are truly my disciples; and you will know the truth and the truth will make you free"(John 8: 31-32). Much false information has been passed around among American Christia ns about China, some of it out of ignorance, but some of it also with a deliberate i ntention to deceive. For example, the continuing insistence in some quarters that Bib les must be smuggled into China comes from persons who have a vested interest in portraying the religious situation in China in the worst possible light. CLE, in its low–key style, has countered this pattern by emphasizing the importance of face–to–face contacts, bringing American Christians to China and Chinese Christians to America. This has resulted in new levels of mutual understanding.

Leadership. CLE has focused in a special way on providing leaders in both the United States and China with the resources necessary for them to pursue their callings. This has included language teaching, so that better levels of communicati on can be achieved. It has also meant careful attention to broader educational resou rces, particularly for church leaders. CLE has played a unique role in helping to educate American evangelicals about the exciting developments that are taking place in the ministries of the China Christian Council. The American evangelical community has long been fed negative information specifically about the "registered churches"in China–resulting in attitudes that are at best suspicious and at worst overly hostile. CLE has served us all by functioning as a reconciling force, thus enabling a more effective—and more truthful—leadership on both sides of the previous divide. I can testify that I have been especially blessed by this service. The friendships that I have been able to form, through the efforts of CLE, with leaders of the China Christian Council, as well as with leaders in theological education in China, have been one of the most gratifying experiences in my own Christian life in recent years.

Exchange. The notion of an exchange between Christians in China and those in America is an important one to highlight. Western Christians in the past have too often thought of our relationship to Christians in China as our doing things "for them", or our giving things "to them". My own experience as a visitor to China has convinced me that we have much to learn from Chinese Christianity. It is important that we establish new relationships on a basis of mutuality. The giving and receiving must move in both directions. CLE has recognized this and has insist ed on facilitating an exchange of gifts and talents.

Again, these are important times for relations between the Christian communities in the United States and China. Through the faithful efforts of CLE we have been given wonderful new opportunities to learn from each other. I am pleased that this volume now tells the story of CLE´s important contribution to the cause of mutual understanding and cooperation.

Richard J. Mouw
President and Professor of Christian Philosophy
Fuller Theological Seminary
135 North Oakland Avenue, Pasadena, CA 91182

序　三

基督教人士交流协进会成立15周年,是值得感恩和庆贺的日子,在此谨向基督教人士交流协进会余国良博士、彭永宁博士诸位致以衷心的祝贺。

我与余博士、彭博士等人认识多年,但与基督教人士交流协进会正式的联系可追溯至1994年。当年4月,该会与中国基督教全国两会在杭州合办华人教会事工研讨会,安排关心中国教会的海外华人访问内地,进行交流活动。约有20多位来自美国、加拿大、香港等地的华人教会牧者与领袖出席,研讨会的内容包括堂会牧养、神学教育、文字出版事工及社会服务四个范畴。这样综合性的会议尚属首次举行,因此意义重大,影响深远,为日后开创了多方面合作的机会。会议结束前,沈以藩主教在总结中对研讨会给予了正面的评价,表示今后值得继续举办,促进内地与海外华人教会的沟通与交流。他的鼓励使基督教人士交流协进会再接再厉,每年都举办相同性质的聚会。

当年从香港应邀出席研讨会的只有4人,但这是一个好的开始。我与教务长陈若愚牧师代表香港中国神学研究院前往参加,并于会后往南京参观金陵协和神学院及拜访丁光训院长,揿开了中国神学研究院与内地神学教育交流的一页，促成了本院编撰的《圣经——串珠注释本》日后由中国基督教全国两会在内地印发，供应给教牧与信徒作研经的参考。

自1994年以来，基督教人士交流协进会推动香港的神学教育界、福音机构及教会与内地的教会交流合作，彼此扶助，互相关怀。每年均举办教会事工分享会，历年来先后曾在杭州、南京、上海、深圳、香港等地举行，近年亦踏足青岛与温州。除了原先的交流范畴外，这些事工分享会亦探讨新的领域，邀请有关方面的专家介绍心理辅导、信息科技、扶贫等课题，启导了更多合作的可能与途径。

基督教人士交流协进会担当了一个很重要的角色，就是使海外的华人教会及西方教会，透过访问接触与交流，认识中国教会发展的情况，了解中国的宗教政策及其执行，亦使内地教会的领袖与负责宗教事务的人士认识海外的华人教会及西方教会的面貌。

15年来，基督教人士交流协进会努力耕耘，成绩斐然，为教会与专业人士的交流、对中国的社会与教会，都做出了重大的贡献。但愿在未来的日子里，在这已建好的基础上能继续往前迈步，走向更灿烂光明的前景。

香港中国神学研究院

周永健院长

2006年10月

第一部分

与时俱进的本土化基督教神学

基督教与当代中国社会及文化

——从宣教学的角度看中国教会的神学思想建设

余国良

(此文在2002年4月于上海举办的第九届华人福音事工研讨会上宣读,并发表于《金陵神学志》2003年第3期)

引　言

作为海外华人基督教人士,笔者感受到:当下中国的福音事工需要以神学发展作战略突破。这乃是时代呼召所致:中国社会正经历转型,教会需要以与时俱进的神学思考传扬福音。与此同时,人心对真理的渴望加剧,社会需要寻找可靠的价值尺度来奠定道德基础。目前教会的课题是:如何从永恒与历史之关系的角度理解,并回应时代的问题?如何更有效地对当代人传福音?如何参与社会?如何见证基督?这本来就是历世历代的教会都要回答的问题。现在,中国基督徒正在针对这些课题,通过神学思考把数十年的经验咀嚼反思,整理成系统,并且成为指导中国教会作更深的神学思考的根基和财富。

我自己的兴趣是宣教学。由于以往二十多年一直从事中美教育交流,以及近十年来与中国教会的往来与合作,我对中国社会和教会都有一些观察。现整理这些思路,归纳为七个领域,冠名以"从宣教学的角度看中国教会的神学思想建设",聊以抛砖引玉,欢迎讨论与回应。

一、市场经济——基督徒的成功观与终极价值观

1. 中国社会已经摆脱了原先的计划经济模式,进入向市场经济过渡的形态。原来处在压抑状态的个体自主性和能量得到释放。虽然很多领域尚有待规范,但是中国经济总体已经高度市场化了。市场经济必定带来新型的政府与民间关系,新型的人际关系和新型的经济运作规则。市场经济的各种经济和非经济效应将在以后的数十年内逐渐显露。

2. 当前市场经济最明显的非经济效应是对社会价值观的影响。以前中国社会的价值观是以政府提倡的共产主义理想为基点的。共产主义是属于推崇终极理想的价值体系(与宗教有类似的地方)。鉴于共产主义被认为是人类的最高理想,与此目标相吻合,推进共同体福利的思想和行为得到大力提倡(如"大公无私"、"公而忘私"、"忘我牺牲",直至最近引起争论的"见义勇为"等),而那些趋同个人价值的,提升个体利益的、自我奋斗型的思想和行为则遭到贬抑。然而,市场经济的前提之一就是肯定个体利益和物质财富的合理性,承认每一个体都有追求最大利益的权利,并且资源总是集中在可能产生最大利益的地方。市场经济向中国社会原有的基础价值观提出了挑战。实行市场经济以来,中国社会呈现以下变化:"泛政治化"的色彩减弱;金钱和物质成为衡量成功与价值的有形尺度;人际关系以个人感情联络为主转向基于利益的合作或竞争为主;经济地位成为社会地位与身份的量度;道德表现为协调社会关系的实用价值,而非终极性的是非理念;消费主义盛行。

3. 市场经济环境下的中国教会也面临着挑战:如何应对正在蔓延的"泛物质化"?如何看待物质世界与上帝的创造?如何评价市场经济和由之而来的消费主义?如何理解信徒此世的奋斗与属天的身份?如何理解市场经济条件下基督徒所应当持守的道德?如何界定信徒在经济社会中的参与?如何定义成功?

4. 中国的基督徒需要十分审慎地思考受造的物质世界在上帝整个计划当中的地位,既要承认其内在价值,又要肯定物质世界受到人类堕落的玷污,需要仰赖救恩方能恢复其荣美和地位。中国的教会领袖已经敏锐地意识到,现今中国教会存在着两种极端化的物质观:一方面是某些富裕地区的教会趋向世俗化,表现

为奢华浪费、攀比、传道商业化,成功神学等等。另一方面则有相当一部分信徒,尤其是农村信徒当中存在着否定物质世界,消极遁世的倾向。

5. 出现以上这两种倾向的症结在于:忽视了“神恩遍在”(Providence)的教义。很遗憾,“神恩遍在”这一重要的理念在中国神学史上尚属空白。究其原因,可能与二、三十年代基要派和自由派之论争对中国教会的影响有直接关系。中国民间信众当中根深蒂固的观念是:将得救与非得救分为不可调和的二分,二者之间并无上帝作为的中间地带。在古典神学中颇为重要的“神恩遍在”概念在基要派信仰当中很少提到。如今神学思想建设的任务之一是建立一套包含“神恩遍在”的全备的神学体系。“神恩遍在”可以直接与“普遍恩典”(Common Grace)关联起来讨论。即便是在加尔文宗强调“预定”的传统里,“神恩遍在”也是有其重要位置的。尽管传统上加尔文宗有两派主张:一派认为神恩保守世界是为选民的得救搭建舞台(救赎先在论),另一种认为除却救恩为神美意的完美体现之外,选民以外的众人和物质世界有其本身美善的价值,亦是神所喜悦的(创造先在论)。这两种观点虽然在立意上侧重不同,却仍然都论到“神恩遍在”的地位及其神学价值。

6. 根据“神恩遍在”的概念,人类历史纵然有血腥丑陋复杂之嫌,但依然在上帝的善意保守当中,并朝着实现历史目标的总方向行进。在此过程中,每一种社会制度都是历史进程的环节。从上述观点看,市场经济本身无善恶之别。由于制度通过人来运作,它本身既体现人性之丑陋,也可体现人性之美善。基督徒虽不认为市场经济是天国制度,但身处其中当显为明光照耀。西方的很多神学家强调:基督徒应当参与市场经济,但参与的态度 完全不同,即承认物质世界的内在价值,而非利用物质为实现私欲的工具;承认他人为拥有上帝形象的伙伴,而非实现自己利益的器皿;视自己为财富的管家,而非拥有者;视此世生活与事业为事奉与见证的机会,而非自我膨胀的舞台。约翰·卫斯理的例子常常为基督徒所称道。卫斯理常常说:“我们应该尽我们所能地去赚取,尽我们所能地去积攒,尽我们所能地去给予。”其基本立意是:应当鼓励基督徒亲身投入赚钱的过程,为的是通过善用金钱和施舍来体现财富的真正价值,建立基督徒置身现世但超越现世的人生观。

7、在近代西方历史上,新教伦理曾经是推动市场经济走向健康和正常化的积极力量。马克斯·韦伯曾经著有《新教伦理与资本主义精神》一书来谈论这个问题。我饶有兴味地发现几年前这本书在中国学者当中曾备受关注,并引发过热烈的讨论。可惜教会没有参与。我有一个想法可以与中国教会的领袖们分享:中国教会的确有宝贵的资源,可以从基督教的角度回应中国社会市场经济的价值观。

8. 我还想说一点:纵欲主义和禁欲主义均是需要避免的。鉴于以往的教训,后工业社会的消费主义导致纵欲主义,其直接后果是把个体的主观感觉绝对化,割断个体与历史、文化及人类共同体的关联，导致人生存状态的物化和异化加剧。以美国社会为例,世俗化与纵欲主义已失控到了影响其立国之本的地步。然而，禁欲主义又绝非解决纵欲主义的途径。正如 Claremont 神学院 John B.Cobb 教授所指出的那样:禁欲主义基本上属于一种前工业化的,自然经济环境下的解决方案,其前提是人直接受制于自然环境,感受到物质的稀缺。在这种条件下禁欲显然是美德：我的节制与别人的益处有直接关系。此种环境下的禁欲无疑因“利他”而美善。然而在需求带动生产的大工业文明环境下,这种美德的自然基础已被打破。后工业社会探讨的“善”的尺度是自然经济环境下善之尺度无法比拟的。因此拿禁欲主义来对付纵欲的后工业社会,等于拿中古世纪的药丸来医治艾滋病。

9. 现今当中国进入市场经济的时候，我们探讨的基督徒美善的支点在乎恰当地理解神、物质、他人与我的关系,以及基督徒的责任感和道德归属感。在消费主义与纵欲主义蔓延的当代社会,个人敬虔(Personal Piety)是走回本真自我的可循之路。事实上中国教会在个人敬虔的实践方面并不缺乏。关键是如何使信仰的虔诚成为影响社会风气的积极力量,以及如何在 21 世纪市场经济的社会环境下保持敬虔的深度,同时又不至于思想闭塞?这是中国教会的一个重大挑战。但是总而言之,中国教会是拥有敬虔的宝贵资源的。如何善用这些宝贵资源以造福当代? 神学思考的突破是切入点。

二、城市化——中国教牧工作的范型转换

1. 城市化是世界各国现代化过程中遇到的普遍问题。1900 年大约全世界

9%左右的人生活在城市，到2000年世界城市人口的比例达到50%，人口由农村大量涌向城市。这一迁移被称为“人类历史上最大的人口迁移”。中国社会也正在以惊人的速度经历着城市化。在先前的20年里，已经有一亿中国农村青壮年迁移到城市。据社会学家估计，2000年到2010年之间还会有2亿人迁移到城市。根据亚洲发展银行的估计，到2010年中国将新增加3亿多城市人口。现在中国城镇人口总数为3.6亿，但到了2010年，这个数字将接近7亿。也就是说，若以14亿总人口计算，届时中国的城镇人口将占全部人口的一半。

2. 中国教会目前的信徒大多数是在农村。整个中国教会的教牧工作重点，包括资源配置、培训、宣教方式、教牧关怀、文字出版等事工主要围绕农村教会进行。但随着城市化步伐的加快，中国教会将很快面对城市信徒比例的急剧增加。原有的教牧事工结构需要调整以适应城市化的需要。可以说，城市化将造成中国教会教牧工作最大的一次“范型转换”(Paradigm Shift)。

3. 城市化的范型转换向牧养教会的实践问题提出了新的课题与挑战。城市化的人口迁移要求教会在事工方式和事工结构方面都作出重大调整。教会需要有前瞻性的眼光。不仅需要了解中国社会的城乡人口结构正在相对变化当中，也要看到人口迁移所带来的宣教机遇，需要预见到城市人口比例的增大将很快改变中国教会的版图，并且为城市化的将来做好准备。

4. 与此同时，不能忽视城市化过程中的人口迁移造成的不稳定局面。由于青壮年人口走进城市，大量妇孺老弱留守农村，导致农村教会信众以妇女老弱为主。因此农村基层的教会工作需要在家庭伦理、妇女工作和辅导方面多下工夫。另一方面，进入城市的青壮年人口面临着背井离乡、缺少关怀、生存的压力、内心的压抑和人际关系紧张等诸多难题。这也对城市教会提出了挑战，要求城市教会放弃“市民气”，海涵接纳农村来的弟兄姊妹，同时要调整事工结构以应对信徒结构的迅速变化，建立包含城市居民与农村新移民的多元事工，满足不同层次需要的教会。

5.其次，人口城市化导致人们生活方式的重大变革。以往稳定、安舒、自给自足、依靠宗族与乡村社团的小农生活方式转变为高度紧张、快节奏、高资讯、多元化、高人际化的生活方式。城市化与乡村生活方式最大的区别在于：乡村生活是维系着人与自然环境直接的关联和纽带；而城市生活方式则建基于人类的文明

1996年,CLE邀请中国神学院代表团访美,在圣路易城圣约神学院合影。

结构,包括建筑、物质供给、社会阶层、高度的社会分工所形成的职业和工作等。当一个社会四分之一的人口由乡村转向城市的时候,其对社会的震荡无疑是巨大的。同时,面对如此重大的震荡和变革,个体出现心理落差、焦虑、失调也是很容易理解的。教会面对城市化最需要加强的工作是辅导。面对如此大规模人口转移,讲台是唯一能够很快很容易供应大量需要的场合,因此,有必要大力加强讲台事工,有必要建立一个城市化事工讲台的资料库。但显然这还不够。教会还需要以更亲切、更实际、更注重关怀的形象走向会众,用基督关怀之手触摸活生生的生命。

6. 同时,城市化也带来多元化。如今的中国城市形成越来越多的群体:外企本地雇员、政府公务员、私营业主、个体业主、私人企业雇员、国企工人、下岗工人、退休人员、民工、盲流人员、知识分子、外商等等。越来越明显的现象是,各个群体在经济收入与生活方式上表现出越来越大的差异,几乎正在形成平行的"次文化"。而教会是各个社会群体的人组成的基督的身体,具有超越文化与次文化的共同体的特性。如何在多元化的城市避免使教会成为另外一种"城市次文化",且体现教会兼容并蓄,互敬互爱的共同体特征,城市的教会需要考虑建立中产和基层两种层面的事工,并且尝试更有效的事工结构:究竟是兼容,还是平行?目前中国城市教会的基本特点是:每个城市设数个教会,每个教会事奉的对象和牧养的风格基本上都差不多。随着城市化带来城市居民群体的多元化，以后的教会是否也需要考虑多元化？如果引进多元化，如何在多元化的同时防止阶级化？这是中国的城市教会面临的又一挑战。

7. 将以上的讨论再引申一步：城市化可能造成的最具破坏力的问题是贫富差距和贫穷问题。城市化一方面可能导致城乡差距拉大，另一方面是城市贫困人口增加。在城市化进程中增长的城市教会可以做些什么？中国教会也在思考这个问题。"哥林多后书"中哥林多教会与耶路撒冷教会的关系显示出：教会不论城市乡村，不论贫富，同属于基督的身体，应有彼此关怀，彼此帮助，城市的教会帮助乡村的教会，富教会帮助穷教会。上海的好几间教会与外地贫困地区的教会结成姊妹教会就是一个很荣耀神的例子。

8. 解决城市化"范型转换"的资源其实直接见诸圣经。圣经里也有大规模城市化的记载。最大规模的一次人口迁徙与选民受挫和复兴的历史联结在一起：耶路撒冷被攻占，犹大举国百姓被迁移到当时世界上最繁华雄伟的城市——巴比伦，一直在那里生活了70年。这70年是对选民信仰影响极其深刻的70年。其间犹太经卷得到系统整理，会堂传统得以成型，身处异乡的犹太人对自己的"选民"身份通过"圣言"而得到巩固和确认。城市化是"圣史"当中甚为关键的一次"范型转换"的背景。这个范型转换的直接结果产生了超越地域性的普世犹太人的犹太教。

9. 我们可以从早期基督教历史看到同样的案例。可以说，基督教早期宣教的历史也经历了城市化。保罗向外邦传教实际上是基督教由乡村走向城市的过程。福音从犹大的穷乡僻壤传到哥林多、雅典、罗马等大都会，遭遇了异教及其他文化传统、遭遇了肉欲横流的世俗主义、遭遇了崇尚武力和秩序的罗马政权。在此过程产生了解释信仰的需要、护教的需要、伦理建设的需要、建造教会的需要、培训人才的需要、国度异象的需要。可以说早期的基督教是在教会走向城市的过程中奠定其神学根基的。教会走向城市的结果是形成了普世性的教会。

10. 以上主要是实践方面的讨论，但是也有其神学基础。城市化对宣教学是一个很大的挑战，但也是很大的机遇。在圣经中，我们看到早期教会的荣耀见证：福音发源于罗马帝国的穷乡僻壤，却是被传扬到大都市，并且从那里被进一步传扬到地极。原本隐藏的，最后成为显明的，人所共知的；原本卑微的，最后成为人所稀奇敬畏的。从神学的角度说,教会搭乘城市化的浪潮乃是福音奇妙能力的展开,是国度事工的渠道。藉着城市化,中国教会必将在护教学、伦理学、辅导学、家庭观、人格建造与危机辅导、宗教对话等各方面都有深入长足的思考。城市化将丰富与更新中国的教会。中国教会通过应对城市化带来的“范型转换”将真正地进入全面现代化,成为成熟的当代教会。

三、超验正义——神学对法制建设的贡献

1. 市场经济要健康运作,不能没有公正而有效的法律体系,不能没有公正廉洁高效的执法和司法系统。法律是政府实现其职能的方式,也是政府执行其权柄的依据。法律的效用体现在:维系有效的社会规范和制约机制;制定确定民事行为的效力以及冲突解决的原则、途径和程序,从而降低交易成本,维护社会稳定;通过法制的公正和一贯性确立社会权威,增进公众对正义的信念以及对社会的稳定和持续健康发展的信心。

2. 中国社会法制建设的难题主要有两个。第一个难点是“政府即法律”的数千年传统。中国传统哲学虽非一直认为执政者可以拥有无限的权力。但是从来没有尝试用法律来制约权力。作为官方主流意识形态的儒家认为君主治国需依赖仁政和王道。道依然高过政权,制约政权。然而道并不是通过成文的文献和法典来体现,而是通过仁德的统治者来体现。这实际上还是形成了法律与政权的合一。所以在中国文化当中有法制的概念,但是从来没有制约权力的机制。中国社会基本上一直是人治社会,社会秩序以人际关系为中心运作。这种秩序维系于亲情、关系和面子,在农业社会是非常有效的,而面对社会大生产和全社会交易的市场经济则显得缺乏系统性、一致性和透明度,从而实际上混淆了秩序,增加了交易成本。

3. 第二个难点是一度居于主流地位的法律实证主义观点,仅把法律理解成是维护既定秩序的工具,是“一个阶级压迫另一个阶级”的工具。在中国处境当中法律曾被理解为专政工具,是为着“无产阶级专政”的政治目的服务。法律实证主义的危险是:取消了法律内在的自然合理性与神圣性,使法律规则相对化,法治精神屈服于政治目的。而这种缺乏稳定和长久性的法律观念实际是最有害于政

治清明与社会稳定的。

4. 基督教的法治观基本上是基于“创造之内在秩序”的神学和自然法的理念。基督教认为受造的世界体现神设的和谐美意，而法律作为人类活动领域申明的规则是与创造秩序和谐一致的。法律的内在合理性并非在于制定法律的人，而在于它充分体现内在自然的公义和秩序，这种公义和秩序在旧约时代体现为上帝的圣言和作为，在选民历史以外则体现为判断人心内在的是非曲直的良心。然而不论是经典所书写，还是内在于人心，内在于受造世界的公正法则，其源头是一致的，此即“自然法”。法律高于个人、法律高于团体、甚至法律高于国家。国家的合法性取决于它是否维护超然的正义。合乎公义之自然法则的政权系合法的政权，否则系暴政。美国著名的法哲学家、哈佛大学法学教授哈罗德·伯尔曼在他的《法律与革命》一书当中这样写到：在西方法律传统形成的时代，自然法理论曾经独占鳌头。人们通常认为，人类法最终源于理性和良心并接受理性和良心的检验……任何实在法，不论是制定法还是习惯法，都必须遵守自然法，否则将缺少作为法律的效力，人们可以对它置之不理。这种理论以基督教神学和亚里士多德的哲学为基础。但它也是以基督教与西方政权挣扎的历史以及多元政治为基础等。

5.基督教在中国社会虽然无法像古代西方社会那样通过基督教理念主导影响法制环境，然而中国基督徒对中国社会法制建设应当还是有所贡献的。因为法制需要国民的自律以配合。长期法制的结果亦是训练和巩固自律。基督徒相信：现存的法律和政权是经由上帝的许可而存在的，为了体现和维护内在于上帝创造的自然秩序与法则。基督徒要守法，不仅仅是因为政府的权威，更是因为现实的法律体现上帝设立的自然法，因此基督徒需凭借良心来顺服政府。圣·保罗在罗马书 13:1–6 对政府和法律作了这样的论述：“在上有权柄的，人人当顺服他；因为没有权柄不是出于上帝的……因为他是上帝的用人，是与你有益的。你若作恶，却当惧怕，因为他不是空空地佩剑。他是上帝的用人，是伸冤的，刑罚那作恶的。所以你们必须顺服，不但是因为刑罚，也是因为良心。”在这里基督徒守法的基本动机被阐明是敬畏感和良知。在今日中国社会法律的内在权威急需确立的情况下，教会通过阐明圣经的教训在信徒心中树立“法律神圣”的观念。这一观念普及的结果是赋予非宗教处境中的法律制度以终极维度上的深度，以及鼓励基督徒敬畏公义,做自觉守法的美好见证。基督徒的天国子民身份与公民责任在守法意识上可以有最好的结合。这种结合的直接依据就是圣经。

6. 基督教的特定教义和组织形式决定其在解决冲突的领域可以对中国社会作出非常积极的贡献。美国近些年来的经验是:诉讼泛滥、各级法院不胜负担,冲突解决的任务淤积于法院,导致诉讼成本飙升,资源极大浪费,诉讼在美国已经成为时间和金钱的消耗战,以至于“有钱就有理”的现象越来越普遍。在这种情形下,美国的司法界正在努力寻找低成本的非诉讼解决冲突途径。“非诉讼冲突解决”是美国近十年来发展最快的新兴行业之一。美国法学工作者很快发现:教会传统上一直就是冲突解决的宝贵渠道和资源,并且可以继续在这个领域有所作为。应运而生的是一些基督徒冲突解决和调解、仲裁机构。美国基督教Pepperdine 大学的法学院拥有排名全美第一的 Straus 仲裁研究所与争议解决中心。教会有着丰富的圣经和神学资源来应对冲突解决的问题。首先,圣经肯定了“和好”、“和睦”为信徒生活的目标,并且对此非常强调,指出弟兄之间的和好是献祭在上帝面前蒙悦纳的先决条件。其次,圣经指出了解决冲突的程序,其关键点是教会对信徒之间的分歧和冲突有调解和判断的道义权威。最后,教会在实践教牧学领域有很多工具可以使用,如辅导、灵修、祈祷、崇拜、圣餐等。可以预料:如果教会能在涉及其成员的冲突解决方面起到和解的作用,可以对促进社会法制环境与社会风气起到积极的影响。

四、神权与社会良心——神学之于国民道德

1. 市场经济发展给中国社会带来的一大课题是国民道德建设。这个课题已越来越凸现出其艰巨性。

2. 西方的文明史上,基督教在资本原始积累阶段全社会人欲膨胀、道德滑坡时候起到了提倡传统道德、发扬美善、维护社会稳定的作用。这种现象尤其以英国和美国为显著。举例而言,历史学家认为约翰·卫斯理的奋兴运动就使得英国避免了像法国一样陷入流血的革命。19 世纪英国的青年会运动,基督教救世军等都是由热心的基督教人士发起的,客观上改善了社会道德,救济贫穷,缓解了社会的困境。美国也有类似的例子:大觉醒运动在很大程度上扭转了新拓边疆的

混乱局面，为探险家们所到之地带来了敬虔和秩序。西方社会的教会与社区、学术机构、非宗教非牟利团体一起从不同角度承担着维护社会伦理和秩序的责任。美国联邦最高法院前大法官 Warren Burger 就明确指出教会、学校、社团等传统建制起着维护社会道德和协调社会关系的关键作用。这些机构功能的衰退直接导致诉讼案件的急剧增加。

3. 深究基督教起到稳定社会的历史作用之原因，不能不发现很多是直接来自于圣经的道德准则和教训。市场经济需要高度的自律，需要很多由个体的信念和良心，以及社团的共有价值观维系的美德，诸如负责、公平、诚信等；也需要慈悲济世的心怀来平衡纯粹商业的唯利是图。这些价值观是内在于基督教的，如耶稣的登山宝训，保罗论"心意更新而变化"，阿摩司呼唤公义和公平等等。概括这些品质的一个基本圣经范畴是"圣洁"，它带着很多道德的含义和道德的内容，它提倡公平、正义、清洁、良善、真诚、虚己，反对诡诈、欺压、腐败、恶毒、虚伪、狂傲。

4. 教会另外的一项道德资源是教会生活，即共同崇拜、互爱、互相勉励与交通，共存国度盼望的教会。耶稣对门徒说："你们要彼此相爱，人就认出你们是我的门徒。"此教训的意义也在于：通过内在于信徒团体的，经由恩典恢复的正常人际关系来向世界见证人与人之间应有的关系。教会影响社会不仅仅靠讲台，也是靠着活现在人群中的新型人际关系，即被救赎的人际关系，超越得失和利益的爱的关系。尽管教会体现这种关系并非总是十全十美，但是上帝无条件的恩典鼓励基督徒不断改变自己，以寻求更善更美的人际关系。

5. 中国的基督徒如何为道德建设作出贡献？首先需要恢复"圣洁"的本真意义。一种比较闭塞的理解是把"圣洁"局限于"分别为圣"的"分别"方面。走到了极端，就是对圣洁作否定的理解：凡世俗所做的，基督徒都不做，这叫圣洁。结果圣洁被缩减成一串禁令：不抽烟，不沾酒，不跳舞，不唱流行歌曲，不化妆，不穿时髦服装，甚至于不看电影，不看电视，不看球赛，不听笑话……这是钻牛角尖的信仰，非为圣经所提倡。反之，基督教圣洁理念中一些带有高尚道德内涵的内容需要在今天的中国社会加以发扬。"圣洁"在今天的中国社会可以表现为讲原则、讲诚信、讲节制、讲正气，反腐败、反贪婪、反性乱。

6. 神学领域需要明确的是：教会的圣洁是体现神的本性，是通过效法基督将真理的光照亮在世界面前。这样的圣洁非但不应出世,反而是要入世。就拿职业观来说:基督徒与非基督徒都可以从事很多职业,但基督徒的观点是:并非仅仅当作获利的手段来做,而是当作事奉来做,是凭借着良心做,凭着敬畏做,在上帝的面光底下做。我们已经可喜地看到中国基督徒当中出现了很多专业人士美好的见证,其中有基督徒工程师,基督徒律师,基督徒商人,基督徒运动员等。但不要仅仅把这些作为个案来宣传,而是要从神学的角度来反思和释义这些个案。需要思考信仰和圣经的教训如何造就了这些基督徒的职业伦理与道德水准。需要警惕的是:不要让群众的逆反心理取胜,讲见证不要像宣传先进,而是要阐发真理:上帝藉着他大能的话语和恩典的临在,正在从事“心意更新而变化”的工作,因为上帝对社会和人类文化亦有着美好的旨意与“恩眷”,也呼召信徒与他同工。

7. 还有一个问题值得考虑:如何在阐发圣经道德观的同时,考虑基督教以外的其他道德资源,以共处与合作的心态共同推进全民道德建设。基督徒在中国社会是少数,而道德建设是一个全民工程。其他资源,如中国文化,非基督教社会团体, 文艺界, 以及政府都是为这个工程所需要的。如何在从“神恩遍在(Providence)”的角度理解全民道德建设,以及神在其他宗教、各种文化和世俗政权内的奇妙工作,从而以合作、参与、见证的美好心态投入全民道德建设,而不是急于去批评别人。

8. 面对市场经济所提出的伦理道德课题,教会需要考虑的问题是:如何以上帝的美善启示回应社会的现实需要? 中国教会如何建设适合中国国情的道德神学?基督教的道德神学在全民道德建设中应当处于何种地位?如何在道德建设中与教外合作?相信中国教会可以凭借上帝的带领看到答案。

9. 道德领域的主要挑战之一是回应贫富分化。在中国特色的社会主义环境下,贫富分化虽然是一个暂时的现象,但是依然需要认真面对和解决,因为这在很大程度上关系到社会的持续繁荣和稳定,以及社会精神文明的建设。整个社会向前发展的同时,亦需要关心弱者;在能者多得的同时,也要使得弱者得养。任何一个社会工业化过程中都有类似问题出现。有的成功地解决了, 有的没有解决好,带来了社会的动荡。研究历史的人很快会发现:在那些成功地解决贫富悬殊问题的国家,基督教的教会和慈善团体非常活跃,他们承担了相当一部分慈惠救济的工作,并且取得了非常良好的效果。譬如青年会、救世军等机构就是很好的例子。就拿救世军来说:在美国的救世军被赞誉为全美最有效率的慈善机构,其事工涉及救灾、无家可归、酗酒康复、孤儿救济、老人服务等许多方面。而其全美总裁年薪仅一万两千美元。究竟是什么机制使得救世军能如此廉洁而具有效率?是内在于圣经的"好撒玛利亚人"精神。与其他社会机构相比,教会对慈善救济有独特的看法:看自己的工作为上帝使用信徒关怀世界的手。因为此种信念,教会对慈惠事工是采取委身和不索取的态度。与此同时,服务和宣道作为教会事奉的左右手,起了见证与教导互补的作用。由于上述的特点,教会在社会慈惠事工方面的作用是其他机构难以相比的。难怪基督教机构为美国最主要的社会慈善力量。

10. 20 世纪初的基要主义和社会福音的争论曾制造了一些人为的对立概念,其中的一组对立概念就是"个人信仰"和"社会服务"。由于二、三十年代的那场争论很深地影响了整整一代的中国传道人,所以不少"相信圣经"的基督徒对社会关怀好像仍然有顾忌,好像强调重生得救就不可以同时讲服务人群。但是这种与"社会福音"划清界限的局面在西方的福音派早已有改变。美国福音派教会在 60 年代以后社会关怀事工所占的比重越来越大。这是因为福音派认识到:服务邻舍是圣经清清楚楚教导的,但一度被忽略了。1966 年 Latin American Mission 的总裁 Horace L.Fenton 先生在世界宣教事工会议上这样说道:"许多福音派人士看起来同意:怜悯和爱心理所当然地是福音的一部分,但是却没有表现出教会方面具有强烈的社会责任感。好在这并不代表所有的情形。今天有不少福音派人士对社会关怀的态度已经发生了改变,并且认识藉着关怀社会,我们表现出对基督的顺服……是什么造成了这种变化呢? 缘由之一就是: 如果我们仔细考察圣经,就会从中发现很多社会关怀的信息。这些发现使得福音派认识到:他们无意中忽略了一些圣经所强调的真理。"当前的福音派神学认同:服务也是宣道的范围。福音派辞典这样阐述基督徒与社会的关系:"基督徒的圣洁并非是要让信徒离开世界或者抽身脱离罪恶的环境,而是要直面罪恶,在个人与社会的层面上都克服恶害的果效。如此教会有责任教导罪人认识基督,造就成全圣徒,也有义务服务于世人的需要。社会服务既是信仰的见证,也是宣讲福音的预备工作。要引领人进入上帝的国度,慈惠事奉与宣教本身一样重要。"

11. 从神学的角度考察:圣经的“重生”概念并不只是涉及个人的灵魂,而是关系到全人的完整,人与人的和谐,更关系到上帝对人类关爱的计划。重生的人通过耶稣基督的救赎,恢复与上帝和睦的关系,从而放弃“以自我为中心”的本位,委身做上帝圣爱的器皿。做器皿包括宣告上帝的爱,也包括实践上帝的爱。宣道与服务本身都是包含在“叫万民做我的门徒”的大使命呼召下,是不可分割的。用神学家 Emilio Castro 的话来说:“一个人没有与邻舍的正当关系,也证明了他与上帝没有正常的关系。单纯作为‘个人好处’的悔改本身是不存在的。对悔改的准确理解是:上帝呼召人参与他关爱世界的事工。”

12. 宣道与服务是教会实现其使命的左右手,教会的宝贵资源就可以利用起来,为中国社会关心、救济贫困的慈惠事业注入新的活力。关键是要寻找左右手之间的平衡。个人信仰与社会服务的平衡点落在何处? 就在乎耶稣基督的十字架。这个行动本身是宣道和服务的行动,所发明的信息是:上帝愿意舍弃自己的独生爱子以换来人类的最大益处。以十字架为中心的神学必然看到:接受耶稣的十字架必然也同时接受“神爱世人”的真理。上帝关注人的所有需要,这包括灵魂的需要,也有身体的需要,更是全人完整的需要。

五、十字架与逻各斯(Logos)——基督徒对文化的使命

1. 从人类历史来看,高速的社会发展与冷静的思考及文化的建造是并进的。没有人文内涵的经济发展的危险性在于欲望的奔腾可能会丢开理性的制约,成为破坏性的力量。同时,在经济发展衰退周期到来的时候,一个人文事业发达的社会可以比较有效地对付衰退所带来的悲观失望的情绪,成为安抚鼓励人心的精神慰藉。一个社会要健康均衡地发展,需要有健康均衡的文化,包括哲学、音乐、美术、电影、大众幽默等等。体现美善的人文载体将是引导社会和谐的无形力量。

2. 近 20 年来,西方学术著作被陆续翻译成中文(如商务印书馆的西方学术文库系列等),人文社会科学界学术探讨和对外交流持续活跃,表明了人文科学领域的日趋国际化。同时,人文社会科学之间以及人文和其他学科之间的交叉研究正在产生成果,如医学伦理学等。然而,以上的情况主要是在受过高等教育的

人群当中。从大众文化看，情形不太令人乐观。一些次理想的文化现象近些年来突出表现在年轻群体中间，例如：大众音乐全盘承袭港台和西方，哈日现象、哈韩现象、哈法现象、西方影视的全面入侵、西方风俗和节日的盛行等等。中国目前的人文建设面对的课题是：如何影响和引导大众文化弘扬健康的主题和形式？如何将中华传统文化的优秀部分结合时代精神，形成有本民族内涵与特色的大众文化？如何弥合知识阶层与大众在哲学人文审美上的差距，使得人文学术研究走出象牙塔，从积极的方面影响当代中国文化的建立？

3. 从西方的传统看，教会曾经是普及人文的载体和有效途径，因为传统的西方教会结合了传统和处境、学者与听众、教义和思考。仅举“雅各王钦定本”圣经来说，它就起到了影响几代英文文风的作用，对英语文化影响深远。即便在今天，西方国家的很多教会对当代文化保持着锐利的敏感度，及时推出当代形式的教会音乐、讲台信息、影视节目。教会采用了当代文化，却反过来又影响了当代文化。结果是 Left Behind 的录影带充满了各个影片出租店，每隔一段时间都有新的耶稣生平电影推出（美国不久要上映的一部耶稣生平电影系由著名影星 Mel Gibson 导演），水晶大教堂的“荣耀的圣诞节”(Glory of Christmas)与“荣耀的复活节”(Glory of Easter)始终是南加州旅游的热门节目……

4. 很明显，中国教会在这方面也有一定的贡献。但是在过去的 20 年里，中国教会忙于基础设施的建设，没有办法花很多精力在宗教人文建设方面。尽管如此，1979 年至 2002 年间中国教会还是出版了 100 多类书籍，很受信徒和教外人士的欢迎。另外一个可喜的现象是，不少教外的学者对基督教很有兴趣，在教会历史、神学与比较宗教学方面做了不少的研究。而教会以外出版的基督教书刊多达 382 类，大多数为神学研究专著或者基督教经典神学文献。如今国内各大学所举办的基督教研究中心有十多个，它们很多与海外的大学和神学院合作，研究哲学神学、基督教伦理学、释义学、教会史、当代宗教问题等课题。但是需要指出的是：虽然这些是很令人鼓舞的发展，但是这些纯学术的研究无法代替教会自己的神学反思。因为以学术的视角研究基督教是立足于外在观察的角度进行的。而神学的依据是信众团体对上帝临在的经验，神学是对上帝之道的活生生的叙述，是在经历神的同时讲述神，也是神藉着圣灵通过信众的团体讲述他自己。所以神学只能是教会的产品，是信者团体经历上帝的反思和宣信。中国教会是圣灵借以造就中国神学的载体。虽然目前中国的神学领域投放的精力不是很多,但这种局面很快会改变。通过影响中国数千万信众,基督教人文产品间接地影响着这些信众周围的人群,从而影响波及社会。同时,藉着与教外学术界和艺术界的交流和对话,中国的基督信众群体也把自己的精神产品直接贡献给当代中国的文化,成为今天中国人文领域的独特奇葩。基督教已经对中国人文艺术做出贡献,包括马革顺的优秀音乐作品《受膏者》,何琦博士的绘画等等。相信还会不断涌现出更多。

5. 需要特别讨论的是基督教在保守中国传统文化方面的独特贡献。海外华人教会的经验是:教会常常成为保存中华文化,尤其是中华家庭文化与道德文化的最有力的机构,北美尤甚。其原因在于:如果撇开门户之见而从纯实践的角度看,圣经的教导与中华文化有很多相似之处,也很容易在实际生活中融合,譬如和谐、孝敬父母、尊重婚姻、重视家庭、智慧传统等等。在当今大众文化急剧蜕变的时代,中国的教会是否也可以自然地成为保存,甚至复兴中国文化的力量呢?

6. 在对大众文化,尤其是青年文化的影响方面,教会似乎没有必要去做一个批判者。然而,当空洞无物和舶来品取代冷静的自省和建构以主导流行文化的时候,最有效的回应是传递这样一种信息:我们所信的,我们知道。基督教对社会人文事业最有力的贡献将是透过十字架的奇迹对人的生存状态和希望作出的深层和有力的思考和宣告。这种信息既是通过讲台和礼仪传递,也可以通过神学思考、文学、音乐、艺术作品来传递。教会是通过其绵延的存在与不断的宣告来影响人群,影响文化的。中国教会对文化的使命亦是通过其对福音信息的中心见证而形成革新性的果效。

六、十字架与红旗——神学与马克思主义

1. 不论海外人士愿意承认与否,共产党在中国执政五十多年间,马克思主义一直是主流意识形态,而且至少在理论上将继续保持这种地位。然而,马克思主义也不是一成不变的,马克思主义,尤其是中国的马克思主义也有"处境化"的问题。明眼人不难看出:当代的"有中国特色的社会主义"已经大大不同于50年代对马克思主义的定义,也不甚类似苏俄模式的马克思主义了。

2. 关于有中国特色的社会主义理论确认了发展生产力为衡量社会进步的

唯一标准,也就意味着马克思主义在中国打破了教条主义的框框,成为灵活的,具有生命力的,可以容忍与兼容其他文化的体系。同时,在以安定团结、和平发展、社会进步为主题的当代中国,已经有很多证据表明:宗教只要不成为危害颠覆国家的力量,就不会单单因为意识形态与马克思主义不同而受到打压。中国的马克思主义从来没有把无神论的终极世界观作为强调的重点, 没有搞过单纯的无神论运动,甚至在批判"法轮功"的时候也没有宣告"强化无神论"。

3. 年前中国一位年轻的党内理论家发表文章,提出马克思主义对宗教的看法需要与时俱进,在国内理论界引起了一定的反响。总之中国政府给予宗教越来越多的重视,并且重新评估宗教的社会职能。就宗教的积极方面,中国的领导人认识到:一方面,传统宗教的道德价值观和感召力可以对社会的稳定和道德建设作出难以取代的积极贡献。另一方面,支持正教可以有效地抵制邪教,起到"以正压邪"的作用。中国国家宗教局局长叶小文先生在第 32 期《中国宗教》杂志上发表文章指出:正确认识和发挥宗教中的积极因素或有利因素,是引导宗教与社会主义社会相适应的要点,也是认识容易模糊,实践不易把握的难点。宗教大多都主张止恶扬善,具有一定的心理消解、关系调节、行为规范作用,有利于社会的和谐安定,具有维护现存社会秩序的功能。

与浙江省基督教协会副主席邓福村牧师,以及木雕厂负责同工的合影。

4. 观察各方面的情势，将来的中国社会在意识形态领域可能出现以马克思主义理论为主,传统文化和其他与社会主义协调的思想为补充的多元格局。同时泛政治化的色彩从社会生活各个领域逐渐淡出,实用主义的影响将更加深入。在此种意识形态状况下的中国，教会需要重新思考它与中国社会主流意识形态的关系。原来的情况是:宗教好像“自留地”,与主流意识形态泾渭分明。而今,马克思主义者也在向基督教询问:你们可以提供什么?

5. 基督教与马克思主义之间最大的分歧是有神与无神。然而这等分歧是否绝对的?我们需要提问:无神论是否是马克思主义的关键性特征?神学家利文斯顿认为：马克思主义的核心是它运用政治经济学的理论和手段对资本主义的生产关系作的精辟分析(以价值和剩余价值理论为核心)。事实上政治分析的手法被运用于解剖整个人类历史,通过生产资料的占有,分析人在生产关系中剥削和被剥削的地位,以此划分出阶级作为构成社会的基本层面,阶级斗争作为推动社会变革的直接力量。这本身是一种演进型的社会哲学理论,而并不太多涉及有神和无神的问题。实际上虽然马克思本人是无神论者,但是无神论在马克思的体系中并不突出,可能恩格斯的无神论色彩更强一些,而需要注意到出生于新教资产阶级家庭的恩格斯比马克思更加具有反叛色彩。这种反叛色彩很大程度上需要解释为一种个人性因素。从理论结构体系上说,以无神论为前提对马克思主义的有效性并无关键性影响。换而言之,无神论并非马克思主义的结构性关键部分。以“有神”和“无神”为出发点界定马克思主义与基督教的关系看来没有抓住马克思主义的要害。

6. 正在进行神学思想建设的中国教会是否需要就基督教与马克思主义的所谓分歧表明自己的看见，即基督教与社会主义社会相适应本身绝无损基督教的有神论立场,反而是基督信仰与无神论者对话的机遇。神学思想建设无疑是这一对话在理论层面上的展开。基督教神学将何以回应当代中国大环境与市场经济的现实问题?这其实不仅是基督徒,也是马克思主义者所希望知道的。

七、龙的传人的救赎——基督教与中华民族

1. 教会的特征之一是忠于“大使命”。无论处在任何环境当中,教会都需要忠实地宣讲基督拯救的信息。

2. 中国教会生存于中国文化的独特土壤中。就历史现象来看,中国文化是人类唯一发源于上古而绵延至今的古老文化;且中国文化从来没有被外族所同化,反而具有同化异己民族和宗教的感染力及容量。仅以伊斯兰教为例:西方有些人士认为,伊斯兰教有严苛排他好战的声名,然而在中国竟能与本土文明极融洽地相容,千年来形成一支勤劳和平爱国的数千万人口之众的民族——回民。已故的香港基督教牧师和学者徐松石在《基督教与中国文化》一书里写到:“中国文化的奇妙之一,就是特别具有追求力、综合力和融化力。中国人对于外来文化的吸收,心底十分开朗……这一种情形,是与中国人全无种族歧视相符合的。只要不破坏我们的民族自尊心,中国人绝对不排外。”

3. 从历史现象看,在所有传入中国的宗教当中,基督教是与中国文化冲突最多,也是最激烈的。早的案例如“中国礼仪之争”,导致天主教在中国被禁止数百年,近的如“义和团运动”、“非基运动”等。但是深究原因,真正导致冲突的并非基督教的教义,而是信仰基督教的西方人对待中国人和中国文化的态度。每次因基督教而引起的冲突都起因于文化的层面,即信教者对中国传统的无视和藐视。

4. 从文化的本体上看,中国文化以其宽厚和包容的特性,本不应当成为福音的阻力。历史上基督教在中国遇到的问题,其实并非基督教与中国文化的冲突,而是西化了的基督教与中国文化的冲突。今日形态的基督教神学奠基于西方,发展于西方,这是不争的事实。西方文化曾为神所使用成为福音的载体,但基督教是否受制于西方文化?答案绝非肯定。圣经本身就强调:虽然福音是从犹太人出来的,但是外邦基督徒不必先做犹太人,再做基督徒。保罗说向什么样的人,我就作什么样的人,无论如何,总要救些人。凡我所行的,都是为福音的缘故,为要与人同得这福音的好处。(林前9:22—23)。宣教的过程是:变成对象,而非让对象来迁就我们。在变成对象的过程中,福音既结合文化,又革新文化,创造出新的可能性,在历史中呈现新的见证。这个概念就是“处境化”。这不是要淡化福音,而是

要传扬福音。1974年福音派《洛桑宣言》是这样陈述的:“全球宣教工作的战略新发展要求教会采取富有想象力和创新性的宣教方法。其结果是产生深深扎根基督,同时又与本地文化紧密关联,并忠于上帝的教会……福音并不表示有某种文化较他种文化优越,而是按照公义和真理的标准来衡量所有的文化,并且确认在所有文化当中都包含有绝对的道德教训。”

5. 今日的中国,经济的发展带来民族意识的提升。民族意识可以提升士气,提供动力以研究和发掘本民族文化的瑰宝。然而,非理性的民族意识会带来盲目排外、狭隘、嫉恨等不健康影响。非理性的民族主义甚至可以成为影响社会稳定的不安诱因。

6. 基督教在民族意识提升的过程中可以起什么作用? 首先是以圣经启示为光照,发现本民族文化当中恩典的亮光;以本民族的语言向自己的同胞传达福音的佳信;以福音的高度参与文化建设,使自己的文化带上恩典的气息。以上三者当是教会在中华民族意识领域推进其使命的具体途径。

7. 今天的中国教会需要认识:启示是从以色列文化而出,在西方文化发展光大,但是在这两个文化之外也充满着上帝的普遍恩典,且预备了福音的伏笔和救恩的线索。中国文化的很多遗产不仅在历史上起到约束人心、调整社会关系的积极作用,而且很多也直接反应了上帝对人的要求,即透过中华传统的智慧宣告了自然的道德律,是“使人不能推诿”的。中国文化所讲的仁、义、礼、智、信的美德与加拉太书中提到的仁爱、喜乐、和平、忍耐、恩慈、良善、信实、温柔、节制本有异曲同工之妙。

8. 其次,中国教会可以探讨适用中国文化的背景和汉语的语境向中国人民传扬上帝拯救的美意。我们相信:任何一种文化都可以成为福音的载体,任何一个民族都有接纳福音的潜力,这也正是主耶稣嘱咐门徒“传福音给万民听”的用意。海外的华人教会往往很强调中国文化的载体,也一直在探索如何用汉语传达福音的信息。以中国教会的规模和资源,将来必是这方面事工的龙头。

9. 最后,作为海外人士,我们很敏感地意识到:在以往的50年间,中国大陆的文化经历了翻天覆地的变化。马克思主义历史唯物观深刻地冲击了传统儒家的家天下、道统、礼制的观念。以往两千年里儒家代表民族性的现象已经一去不复返了。中国目前正处在高速发展的阶段,同时也是建立民族性的阶段。民族性的建立,基础是一个民族的基本价值观。教会对此可以作出什么贡献呢?教会最有力,也是最为社会所需要的信息一是恩典、二是恩典、三还是恩典。在我们的传统文化中有讲究忠恕、仁德、宽厚等,这些无一不带有恩典的表象。而如今教会在宣告耶稣救恩的时候将神子舍己的全备恩典表彰出来。这种舍己的救赎是我们传统文化所暗含的主题,也是当今的文化所需要的深度。

总　结

福音的核心信息,申明上帝的绝对主权,十字架的舍己赦罪恩典,与复活所显示的救恩大能,是上帝要对古往今来的所有的人发出的邀请。而神学是将上帝的邀请翻译成当代人可以听懂、可以探讨的系统化语言,为了让人类明白和回应福音。

中国神学思想建设的价值也就在这里：用当代中国人可以明白的语言来传讲上帝的慈恩大爱,激发他们的心灵,邀请他们回应。在这个过程当中,教内和教外的人应该不难发现：以恩典为中心的福音正蕴含着中国物质和精神文明建设所需要的灵性和精神内涵。在这个意义上,中国教会的神学如同营养对于成长的青年,其中内蕴的许多属灵养分有助于增进中国社会的肌体健康,解决社会面对的问题,包括市场经济带来的价值观冲击与城市化的副作用,包括法制所需要的绝对正义精神与伦理道德的终极依据,包括人文事业的内在深度与马克思主义的包容形态,还包括中华民族性的属灵根基。

建设中国的神学是一项整理根基的工作:以圣经为最高权威检视中国教会的信仰,不单是看哪些东西是圣经所没有教导,又不符合时代的,更是明白哪些是圣经清楚而一致的教训,必须敬畏谨守。同时也是一项从来没有人做过的建立性事工:结合当代中国社会的特征建造载体,让更多的人听见福音,听懂福音,领受福音,同时也让福音的美善果实造福社会,祝福人民。

作为海外教会人士,我不仅关注着中国教会的神学思想建设,也殷切为它祈祷,愿上帝使用中国的教会与神学思想建设,成为中国社会的祝福,成为普世华人教会的祝福,也成与普世教会的祝福。

Christianity and China

——A Missiological View of China's Theological Construction

Danny Yu

(This is an abridged translation of the original Chinese artiele, written in 2002.)

Theological construction will be a major breakthrough for evangelism in China. The times call out for this breakthrough. As Chinese society undergoes dramatic changes, a quest for spiritual values is on the rise. People are searching for a metaphysical framework and moral foundation on which to build society and structure their personal lives.

The tremendous transformations going on in Chinese society challenge the church to provide valid responses to a variety of questions: How can we best preach the Gospel to our contemporaries? How can the church effectively respond to the various issues accompanying social change? How should we interpret the current times in light of both history and eternity?

Churches throughout time and around the globe have asked these same questions. As the Chinese church reflects on her experience, she hopes to develop a cohesive system in which to understand the Gospel in a Chinese context. This is the process of "theological construction."

My interest is missions. Over the past twenty years, I have been engaged in Sino-American educational exchanges. In the last decade, I have devoted myself to facilitating communication and cooperation between the Chinese church and Western evangelicals. I have had ample opportunity to observe the Chinese church and her interaction with Chinese society. The following article summarizes my observations on seven missiological issues that I feel are most pertinent for the Chinese church to address in theological construction:

1. The Market Economy: Success and Core Values for Chinese Christians

2. Urbanization: Paradigm Shifts for Ministry in the Chinese Church

3. Transcendent Justice: Theological Contributions to Legal Development

4. God's Sovereignty and Social Consciousness: Theological Contributions to Moral Development

5. The Cross and Logos: Christian Mission and Chinese Culture

6. The Cross and the Red Flag: Theology and Marxism in Contemporary China

7. The Redemption of the Dragon's Descendants: Christianity and Chinese Identity

1. The Market Economy: Success and Core Values for Chinese Christians

1.1. Chinese Society is transitioning out of a planned economy and is rapidly moving towards a market economy. The innovative power of individuals, which had previously been suppressed, is being set loose. A market economy is bound to bring about new economic engines, new patterns of interpersonal relationships, and new models of social governance. The market economy will produce a variety of both social and economic by–products. In the next decade, we can expect to see these by–products emerge and take shape.

1.2. At present, the most conspicuous non–economic result of the market economy is its impact on social values. Previously, Communist ideals were the reference for social values in Chinese society. Communists believe that communism is the ultimate stage of social development and is therefore the ultimate goal of all effort. In its claim to the ultimate, communism can be compared to a religion. Religion worships an ultimate being; communism idealizes an ultimate vision.

Because communism is accorded the supreme value, ideas and deeds conducive to the communal good are considered virtuous and even sublime. These virtues include: "valuing the public good and ignoring the personal good"; "being concerned with only the public interest and forgetting about the self"and "sacrificing oneself for the public benefit."

Formerly, ideas and actions that affirmed the individual were largely suppressed and criticized. However, this situation changed with the advent of the market economy. A market economy relies on the premise that the individual pursuit of wealth and happiness is completely reasonable. In order for a market economy to function properly, individuals must be free to pursue their interests; resources then flow to the most profitable areas. This premise poses a serious challenge to the communist values of Chinese society under a planned economy.

The following conceptual changes have already been ushered in with the market economy: a de-politicization of public life; material wealth as a standard of success; interest-based interpersonal relationships; financial success as a measure of status; moral flexibility; and widespread consumerism.

1.3. The Chinese church therefore faces challenges in the new market-oriented Chinese society. How should Christians respond to rampant materialism? Which moral tenets are essential for Christians? What should a Christian consider success?

Chinese communism in general refers to"Socialism with Chinese Characteristics" as the theoretical framework for understanding the contemporary Chinese situation. Yet the Chinese Church has no theological tenets to interpret faith in the present times and to provide guidance for practical Christian living.

1.4. Christians need to reflect on the position of the material world in God's creation. A balanced understanding appreciates the value of God's creation while recognizing that the material world has been corrupted because of humanity's fallenness. Christians propose that it is therefore only through divine grace that the original glory of the creation can be restored.

Chinese church leaders have been keenly aware of two unhealthy tendencies growing among Chinese Christians with regard to understanding materialism. On the one hand, some churches in coastal and wealthy areas are influenced by secular materialism. Examples of materialism in the church include: extravagance in new church buildings, competition in wealth and material goods, commercialization in evangelism, the prosperity gospel, etc. On the other hand, some Christians, especially in the economically backward rural areas, may consider material goods as "inherently evil" and advocate total separation from the world.

1.5. However, the above tendencies do not do justice to Christianity because they ignore the theological concept of Providence. It's a pity that this classical notion of Providence is seldom discussed in the Chinese Church. Perhaps this lack of discussion is the aftermath of the western controversy between the Fundamentalists and the Liberals in the 1920s and 1930s. This controversy tremendously impacted the Chinese Church and as a result, dichotomies are deeply planted in the minds of many Chinese Christians.

The most critical dichotomy is drawn between the actions of God toward the believing versus the unbelieving. To many Chinese Christians, God is "for" the believing and "against" the unbelieving. It is as if there were no middle ground for God to act between these two groups. Yet a dichotomized position leaves out something very important: God's grace and goodness toward His entire creation, in other words, Common Grace.

1.6. With Providence, Christians believe that although human history is full of depravity, oppression and bloodshed, human history is still proceeding towards its designated, divine goal. God's providence is at work in historical events and the historical process. Each societal model is a link in the general historical process directed by divine Providence.

God can use any social system for His purposes. Viewed from this perspective, a market economy is neither intrinsically good nor intrinsically evil. Since humans design and direct social systems, any system can display both the best and the worst of human nature. Christians do not necessarily support the market economy as an ideal system from heaven. However, Christians can endeavor to bring witness to God in the context of a market economy.

Many theologians in the West propose that Christians should be encouraged to fully participate in the market economy, yet with a different attitude. Christians should consider the intrinsic value of God's creation and refrain from exploiting the environment for material gain. Christians should steward God's wealth and should not consider themselves as lords over their own resources. Christians should respect other people as made in the image of God and refrain from taking advantage of others to achieve personal goals. Christians should consider life as an opportunity to serve rather than an opportunity for self-aggrandizement.

John Wesley encouraged his fellow Christians to do their best to earn, their best to save, and their best to give. This is a good summary of a Christian attitude towards money. Through being good business people and good stewards, Christians demonstrate Christian values through appropriate distribution of wealth, care for the weak and commitment to heavenly standards. We should be "in the world, not of it."

1.7. It has been noted that the Protestant work ethic has contributed to the development of modern capitalistic society. A few years ago, there was a heated debate among Chinese scholars regarding potential contributions of Christian culture to an emerging market economy system. Max Weber's *The Protestant Ethic and the Spirit of Capitalism* became a best-seller. Unfortunately, the Chinese church has taken no part in this discussion. Yet Christians do have valuable messages and beneficial resources that have immense potential for the market economy in China.

1.8. Theological construction in the context of a market economy demands a Christian understanding of the appropriate relationship between God and the material world, between ourselves and other people, and between moral values and social responsibility.

Interestingly, the concept of personal piety in the Chinese church remains the answer to the challenge of the contemporary market economy. Fortunately, the

Chinese church is not lacking in this spiritual resource. But a greater challenge follows: how can personal piety resist the tendency of becoming isolating, regressive and closed-minded? Furthermore, how can personal piety become a force that will shape Chinese society? These are serious concerns for the Chinese church. Yet the church has valuable resources that, if translated into theology and exemplified through witness, will tremendously benefit Chinese society in a newly adopted market economy.

2. Urbanization: Paradigm Shifts for Ministry in the Chinese Church

2.1. The process of urbanization is a common feature in modernizing countries. In 1900, about 9% of the world's population lived in cities. Now, 50% of the world's population lives in an urban environment. The migration from rural areas to urban areas has been called the "most massive migration wave in human history".

China is experiencing urbanization at a startling pace. In the last 20 years, approximately 100 million young people have moved to the city. The Asian Development Bank has estimated that by 2010 the urban population in China will have increased by 300 million. Since there are currently 360 million people living in Chinese cities, that would bring the total up to around 700 million. Assuming that the total Chinese population will be 1.4 billion in 2010, the urban population would then represent approximately 50% of the total population.

2.2. Urbanization will result in a major paradigm shift for the church in China. At present, most Chinese Christians live in rural areas. Thus, the ministries of the Chinese church (including resource allocation, training, missions, pastoral care and publications) have been largely focused on the needs of rural congregations. Yet with the accelerating pace of urbanization, the church will soon face a tremendously expanded Christian constituency in urban areas. Ministry structures need to adjust to the changing urban demographics of the Chinese church.

One direct result of urbanization is the unstable nature of populations in both the city and the country. On the one hand, most young people leave their hometowns for better lives and opportunities in the cities. This leaves a rural population consisting mainly of women, seniors and children. The rural church therefore should improve work on family concerns, women's ministry and pastoral care and counseling for the elderly.

On the other hand, young people who have migrated to the cities are often a lonely group. Without their usual support network of family and friends, they face pressures alone. Urban Christians must accept brothers and sisters from rural areas as equals. Urban churches should break down the differences between urban residents and migrant peasants. At the same time, urban ministry should diversify and increase in scope to address the needs of both parties.

2.3. Urbanization also brings about tremendous lifestyle changes. For migrant peasants, a stable, self-sufficient, community-based lifestyle gives way to a stressful, fast-paced, information-based lifestyle. The biggest difference between rural and urban life resides in the former's dependency on the natural environment and the latter's reliance on civic infrastructure. If one quarter of China's total population makes the shift to urban life, this will have a tremendous social impact. It would be understandable for many individuals to experience unrest, anxiety and even psychological disorders.

In this context, the Chinese church has a great burden to provide quality pulpit and counseling ministries. Because the scale of urbanization is so massive, perhaps the pulpit is presently the best channel to meet such a need. In order to effectively respond to this need, churches must adopt new ideas, such as a system of sharing useful resources for urban preaching ministry. At the same time, in order to touch so many lives on an individual level, the church should develop small groups and community life to provide more personal pastoral care.

2.4. Urbanization also brings about highly diversified urban populations. There are many different types of people in Chinese cities: multinational company employees, government employees, private entrepreneurs, individual business owners, private enterprise employees, state-owned company employees, laid-off workers, retirees, peasant migrant workers, unemployed migrant workers, intellectuals, foreign entrepreneurs, etc. Thankfully, the church transcends cultural and sub-cultural differences; the church, as the body of Christ, is open to everyone.

However, many questions remain regarding the diversity of the urban Chinese church: How can we build a diverse yet integrated and united body of Christ in Chinese cities? How can we prevent the church from becoming another "urban subculture" versus a unified spiritual body that embraces the entire city?

2.5. Urban churches must serve at least two strata of the urban population: the grass-roots population and the middle-class. What then, is the most viable structure: Unified or parallel?

The current urban ministry structure is as follows: There are several churches in each city; each church then serves all different kinds of people in the neighboring communities. Is there any need to diversify the ministry structure and develop different churches with different "target groups"?

2.6. Perhaps the most devastating effect of urbanization is the widening gap between the rich and the poor. Urbanization brings resources (including human capital) from rural areas to cities, thereby intensifying the rural urban gap. Furthermore, unemployment also increases with the accelerating pace of urbanization.

As the Chinese church faces this disparity, she can learn from the churches in Corinth and Jerusalem. Second Corinthians shows that Christians both rich and poor belong to the same body of Christ and should therefore help and support one another. Urban churches are obliged to help rural churches; rich churches are obliged to help poor churches. For example, several urban congregations in Shanghai have built sister-church relationships with congregations in remote and impoverished regions. This kind of sisterly love and support brings glory to the Lord.

2.7. We should also look to the Bible to shed light on other issues related to urbanization. There are several examples of mass urbanization in the Bible. The most large–scale urban migration in the history of Israel occurred when Jerusalem was ransacked and the people of Judah were moved to Babylon, the biggest and most splendid city of the time.

The Babylonian exile lasted for seventy years. During this time, the scriptures were codified, the synagogue tradition was developed, and the Jewish people became more clear about their identity as God's chosen people. Urbanization gave way to significant paradigm shifts in the Old Testament. The result is a Judaism that transcends locality and speaks to all Jews.

2.8. Urbanization also had a strong impact on the early Christian church. Through Paul's ministry, the gospel traveled from Jerusalem, a comparatively small town, to Corinth, Athens and Rome, the major cities of that time.

Because of urbanization, the early church encountered pagan religions, rampant secularism and the military power of the Roman Empire. It is appropriate to say that the theology of the early church was consolidated through the process of urbanization. The need for interpretation of faith, apologetics, leadership training, ethical construction and kingdom vision all emerged from interaction with other religions and cultures in the city. Out of urbanization in the first century, a global Christianity emerged.

Although the above discussion centers on praxis, there are also theological dimensions. Urbanization is a great missiological challenge to the church. It is also a great opportunity for the church to evangelize. Although the gospel originated in a remote and impoverished region, the Christian faith took root in great cities and began to be preached to the end of the world.

The church's embrace of urbanization can be seen as the unfolding of the great power of the Gospel and as a channel for kingdom advancement. Urbanization propels the Chinese church to develop in, among other things: apologetics, ethics, counseling, family ministry, leadership development, crisis counseling and interfaith dialogue. Urbanization will bring new impetus and regeneration to the Chinese church. After undergoing the paradigm shifts that urbanization will create, the Chinese church will have entered into a stage of maturity.

3. Transcendent Justice: Theological Contributions to China's Legal Development

3.1. A market economy requires a just and effective legal system in order to function. Such a legal system establishes: social regulation and restraint; principles and procedures for conducting civil affairs and resolving conflicts; public confidence in justice and the authority of the government through consistent and fair law enforcement. Without a clear system of laws for everyone to follow, the cost of doing business in a market economy significantly increases.

3.2. Legal construction is a complicated task for the Chinese government. One reason for difficulty is the Chinese tradition that "government equals law." Although traditional Chinese philosophy does not confer absolute power on the government, there is no precedent for restraining government power through law.

Confucianism, the predominant philosophy in Chinese society for 2000 years, states that princes govern the country through moral authority and benevolence. Moral authority, though understood to be above the government, did not translate into legal codes. Instead, moral authority was personified through the benevolent prince. Thus, both legal authority and government power resided in the same person. Therefore, although traditional Chinese culture acknowledged the concept of rule of law, this concept did not restrain government power.

3.3. Furthermore, traditional Chinese society is basically a system governed by human relations rather than laws. Therefore, family ties, "face", and personal connections interfere in the functioning of the social justice system. This relationshipbased system, though effective in an agricultural society, falters in a market economy. The disorderliness and inconsistency of such a system threatens to increase the cost of doing business.

3.4. Another difficulty in establishing rule of law in China arises from the prevalence of belief in legal positivism, a concept that defines the law as a tool for social governance. Previously, Communists considered the law as "the tool used by the ruling class to oppress the governed". Furthermore, the law has also been defined as a tool for "egalitarian dictatorship". Legal positivism is dangerous because it nullifies the sanctity of the law and reduces it to a relative position, e.g. the law becomes subject to political ends. Without absolute values, it becomes difficult for the law to uphold justice and social stability.

3.5. Christian jurisprudence is established on the theological concepts of Providence and Natural Law. Christians believe that the created world displays the harmony and benevolent will of God. Laws as principles for justice govern human activity and therefore agree with the order inherent in God's creation.

The reasonability of law lies not with the legislator, but with the justice and order inherent in the created world. God revealed this justice and order through Scripture, and in particular, through commandments to his people. The conscience of every human being can attest to natural law.

Legal systems that humans create should be consistent with natural law. Natural law is above any individual, above any organization, even above any sovereign state. The legitimacy of a regime lies in whether or not it upholds the transcendent justice behind natural law. In *Law And Revolution*, Harold Berman, the prominent American legal scholar and Harvard law professor, cites natural law as a dominant force in the creation of the western legal system. Berman attributes the concept of natural law to Christian theology and Aristotelian philosophy.

3.6. Although Christianity cannot influence legal development in China as much as it has in the West, Christianity can still contribute to the development of China's legal system in a unique way. One mark of a society ruled by law is the self-discipline of each citizen. Christians believe that the Lord ordains authority and laws. The government and law exist to safeguard and display the wonderful will of God manifested through His creation. Christians are therefore subject to the law not out of fear, but because of their conscience.

In Romans 13:1–6, Paul states: "Everyone must submit himself to the governing authorities, for there is no authority except that which God has established. The authorities that exist have been established by God. Consequently, he who rebels against the authority is rebelling against what God has instituted, and those who do will bring judgment on themselves. For rulers hold no terror for those who do right, but for those who do wrong. Do you want to be free from fear of the one in authority? Then do what is right and he will commend you. For he is God's servant to do you good. But if you do wrong, be afraid, for he does not bear the sword for nothing. He is God's servant, an agent of wrath to bring punishment on the wrongdoers. Therefore, it is necessary to submit to the authorities, not only because of possible punishment, but also because of conscience."

In contemporary China there is an urgent need to establish rule of law. The church can contribute to legal construction by affirming the sanctity of law. The sanctity of law gives a spiritual dimension to jurisprudence. This spiritual view of jurisprudence endows the law with an absolute value. The church encourages

As part of CLE short-term mission project, members of Saddleback church Medical Team ministered at the Hangzhou church clinic, 2000.

Christians to be good citizens and to abide by the law, thereby giving a good witness to the Gospel. A Christian's earthly identity as a citizen of the state and heavenly identity as citizen of God's kingdom are united in the Christian's respect for the law of the state. The ultimate basis for such obedience is the Bible.

3.7. Christian teaching on conflict resolution can also contribute to Chinese society. In the US, lawsuits have flooded courts of all levels. Because courts are the primary venue for resolving conflicts, the cost of litigation continues to rise while many other resources are wasted.

In the last decade, much effort has been made to find less costly venues to resolve disputes. Alternative conflict resolution has been one of the most rapidly developing professions in the United States. American legal scholars have found that the church has very good resources for conflict resolution and can contribute much to this discipline.

A number of Christian conflict resolution institutions that use Biblical and theological resources for resolving disputes have emerged. One example is the Straus Institute for Dispute Resolution at the Christian university, Pepperdine in California. *US News and World Report* ranks Pepperdine's conflict resolution program as one of the top programs in the country.

The church has very good spiritual and biblical resources for resolving conflicts. Firstly, the Bible affirms reconciliation and peace as core values to Christian living and conduct. The Bible even points out that reconciliation is a prerequisite for the Lord's acceptance of sacrifice. Secondly, the Bible gives clear procedures for resolving conflicts between Christians. The church has the authority and responsibility to mediate disputes between believers. Lastly, Christian practices such as counseling, devotion, prayer, worship and communion lend themselves to conflict resolution. As the church plays an active role in resolving conflicts, she contributes to the stable development of Chinese society.

4. God's Sovereignty and Social Consciousness: Theological Contributions to China's Moral Development

4.1. One topic extremely relevant to the health of the market economy is society's moral development. In recent years, China, as a nation, has attached great importance to addressing this topic.

4.2. The history of Western civilization is full of Christian contributions to social morality in times of rampant human desire and moral decline. For example, many historians have commented that John Wesley's revival movement in the late 18th and early 19th centuries quite possibly saved England from a bloody revolution such as the one that occurred in France. In the 19th century, Christians also started organizations such as the YMCA and Salvation Army that boosted social morality, relieved poverty and reduced social tensions. The Great Revival in the US transformed the chaotic Western frontier and brought piety and order to a land of adventurers.

The Honorable Warren Burger, former Chief Justice of the United States Supreme Court, has pointed out that churches, schools and other social institutions have supported the social morality and contributed to the cultural cohesion of the American nation and that the decline of these institutions has resulted in the increase of lawsuits in this country.

4.3. Biblical Christian values are essential to a society's well-being. A healthy market economy calls for individual self-discipline as well as other shared values such as justice, responsibility and commitment. A healthy market economy also includes philanthropic motives to counter rampant pursuits of material gain. Other ingredients for a healthy economy can be found in the Bible: Amos' call for justice; Jesus' teachings on love and compassion; Paul's exhortation to "be transformed by the renewing of your minds."An overarching theme that encompasses these virtues is "holiness."The moral and ethical dimensions of holiness include justice, equality, purity, goodness, sincerity and self-denial. Holiness stands opposed to oppression, corruption, malice, hypocrisy and pride.

4.4. Another valuable moral resource that the church can offer to Chinese society is Christian community. Christians in community love each other, worship together, and encourage one another. Jesus said that the world would recognize his disciples by their love for each other. Christians witness to the world through their relationships–relationships that have been redeemed by grace. Although Christians are not perfect, the grace of God encourages every one of us to repent and recommit to pursuing redeemed relationships.

4.5. Chinese Christians can also contribute to social morality by restoring the original meaning of holiness. A narrow understanding of holiness takes Christians away from "secular engagements"such as smoking, drinking, dancing, singing pop songs, wearing cosmetics, and being fashion–conscious. Some Christians even refrain from watching movies, watching football games, listening to jokes, and so on. Actually, the above actions do not necessarily represent holiness, but rather an effort to win the favor of God. Contemporary Chinese Christians should apply holiness to practical areas of their social lives. Personal holiness should be revealed in integrity, justice, modesty, selflessness and purity.

4.6. Holiness is an attribute of God that is visible to the world through the imitation of Christ. Praise the Lord that the church in China, born out of the Pietistic movement, has this wonderful treasure of holiness to share with Chinese society.

4.7. What should the church's attitude be toward moral resources from non–Christian sectors? Christians are a minority in Chinese society. However, moral development is a national concern that involves Christians and non–Christians alike. Input from traditional Chinese culture, non–Christian organizations, the media and the government are all needed to support China's moral development. Providence brings these resources together for God's glory. Through cooperating with others, Christians can be good witnesses to Chinese society.

4.8. One moral issue that Chinese society must face is the widening gap between the rich and the poor. In order for a market economy to be successful, the weak must be taken care of. The problem of poverty occurs in almost every industrialized and developing nation. Some countries have addressed poverty successfully; others have not. For countries that have successfully tackled poverty, churches and other Christian non-profits have played a very important role. For example, the Salvation Army has been commended as the most effective charitable organization in the United States.

Christians hold a unique viewpoint about charitable work. As illustrated in the parable of the good Samaritan, charity is God using human agency to help those in need. Therefore, Christians put a high value on charity without thought for personal gain.

4.9. The western controversy between Fundamentalists and Liberals in the early 20th century created many artificial dichotomies that influenced the thinking of Chinese pastors. One dichotomy has been between "personal salvation" and "social service." Some Bible-believing preachers still automatically connect social service with a rejection of the Cross. However, this dichotomy no longer exists. Last year, the China Christian Council even created the Department of Social Services to help those in society who are in special need.

With the understanding that Gospel proclamation and social service are complementary channels of Kingdom ministry, the Chinese church will more effectively use its resources to energize and support China's healthy development. With a loving God as the source of holiness and compassion, the church can lead the way in Chinese society's moral and social growth.

These documents and web sites are not necessarily consistent with the views of the Christianity In China web site management, Christian Leadership Exchange, but they are part of the total picture of issues discussed in the West.

5. The Cross and Logos: Christian Mission and Chinese Culture

5.1. Progress in a society should be accompanied by a corresponding development in culture and the arts. Economic growth needs to be balanced by a careful consideration of the humanities, including philosophy, music, fine arts and cinema. A society with well-developed cultural institutions will help people deal with the stress involved in the fluctuations of a market economy. Furthermore, when people embrace culture, they contribute to society's well-being by affirming collective values.

5.2. In the last 20 years, Chinese academics have expanded their interest in the humanities through Chinese translations of Western classics, international exchange of scholars, and the emergence of interdisciplinary studies. However, the interests of intellectuals differ from their grass-roots contemporaries. In popular culture, music idols from Hong Kong and Taiwan have flooded the Chinese market. Likewise, Hollywood movies extolling sex and violence have become blockbusters.

Cultural development is a much called-for priority in contemporary Chinese society. People are asking questions such as: How can we provide wholesome entertainment for the general public? How can we integrate Chinese traditions with the spirit of the times to create a popular culture with Chinese characteristics? How can we encourage humanities to come down from the ivory tower and benefit everyday people?

5.3. In the West, the church has traditionally served as a mediator between the humanities and the general public. For example, the King James Bible has had a lasting influence on English language and literature. Nowadays, many churches in the US have adapted their worship services to include a contemporary musical style and sermon presentation. The church also uses media such as publications, film, television, and the Internet to reach out to unbelievers. Almost every American video store carries "Left Behind," and periodically, a new film about Jesus is released. The church is a part of American culture and American life.

5.4. For the last 20 years, the Chinese church has been busying herself with restoring and developing congregational life. Due to limited resources, the church has not been able to accomplish much in cultural and academic areas. Yet the

Chinese Church has been able to contribute to religious scholarship. From 1979 to 2002, the China Christian Council has published more than 100 different books and journals. These publications have not only served the needs of Christians, but have also engaged the interest of those outside of the church.

It is an encouraging sign that many non-Christian scholars have become interested in Christianity. Non-Christians have conducted substantial research in church history, theology and comparative religions. Close to 400 titles on Christianity have been published by non-Christians and about 20 study centers for Christianity have emerged in Chinese universities, colleges and social science institutes. Chinese scholars have also cooperated with overseas scholars on Christianity in research of Christian ethics, hermeneutics, church history, religion in contemporary international affairs, etc.

However, efforts by non-Christian scholars, although exciting, cannot replace the reflection of the church on her theology. Scholars are basically observers and researchers that study Christianity from an academic perspective. But theology is rooted in the faith community and is the study of the presence of God with His people. Theology can only be developed within the church, and the Chinese church is the divinely ordained channel for communicating God's revelation to the Chinese people.

5.5. Chinese Christians can contribute to the cultural development of society in many ways. Christian theology can speak to Chinese culture through music, literature, fine arts and worship. A couple of notable Christian contributors to Chinese culture include Professor Ma Ge-Shun and his music composition, "The Anointed", and Dr. He Qi and his Society for Christian Art and Culture. As the church grows, she will give birth to a multitude of Christian musicians and artists who can make significant contributions to Chinese culture. Furthermore, Chinese Christians engage in meaningful dialogues with non-Christian scholars and artists. Thus, through both indirect and direct means, the Chinese Church presents her contributions to a Chinese society in search of cultural enrichment.

5.6. The church can also contribute to the preservation of traditional Chinese values. The experience of overseas Chinese Christians has proven that Chinese churches are effective repositories of Chinese culture and values. Chinese ideals have much in common with Biblical teaching, for example: love for peace and harmony, importance of honoring parents, and respect for marriage and family. To what extent can we regard the church in China as a place for analyzing, preserving and revitalizing Chinese culture?

5.7. The Chinese Church doesn't need to be a vocal critic of contemporary popular culture, especially in regard to young people. Yet through persistent declaration of the Gospel, the church announces to an uncertain society: "We know what we believe." The church thus offers stability and a substantive alternative to China's shifting modern culture. The best gift the church can present to the Chinese people is the enduring message of the Gospel that celebrates the amazing grace of the Father in the gift of Jesus Christ. As Chinese Christians proclaim the Good News from the pulpit and through multiple art forms, the church addresses humanity's deepest needs and indeed contributes to China's cultural development.

6. The Cross and the Red Flag: Theology and Marxism in Contemporary China

6.1. Marxism has been the official ideology of Chinese society since 1949 and will continue to be in the foreseeable future. Marxism, however, has been contextualized to China's modernizing society. The present "Socialism with Chinese Characteristics"clearly differs from textbook Soviet Marxism.

6.2."Socialism with Chinese Characteristics" asserts that enhancing productivity and improving the standard of living are key indicators for measuring social development. Chinese Marxism thus has far more flexibility than textbook Marxism. A Marxism that aims to improve quality of life will not necessarily collide with religion and other cultural and ideological systems. The Chinese government has affirmed time and again that she is mostly concerned with social stability and economic development. As long as religion is not used for subversive purposes, the Chinese government pledges to respect and protect the religious liberty of Chinese citizens.

6.3. Two years ago, a young Chinese Communist ideologist wrote a well-received article that challenged the Party to revise their views regarding religion to reflect modern times. Chinese leaders have realized that religious teaching can help improve social morality and stability. Recognized religions can also deter the growth of dangerous cults.

In the 32nd issue of Religion magazine, Mr. Ye Xiao-Wen, Director of the Chinese State Administration for Religious Affairs, juxtaposes Chinese Marxism and religion by saying, "Religion effectively promotes healthy interpersonal relationships and therefore contributes to social harmony and stability." Mr. Ye also comments that, "In order to understand how religion fits in with socialist society, one must have an in-depth understanding of religion. Most religions exhort believers to exercise goodness and forsake evil. Religions can also provide comfort to those in trouble."

6.4. What will China's ideological landscape look like in the future? I believe that Marxism will continue to be a dominant influence, but that other systems of belief will also gain positive recognition. De-politicization is an ongoing trend in Chinese society. This may be a good time for the church to carefully rethink her relationship with the dominant ideology in China. Even now, Marxists are asking Christians what they can offer to society.

6.5. Most people consider the biggest contrast between Christianity and Marxism to be theism and atheism. However, I would like to raise a question: Is atheism really essential to Marxism? Marxism is essentially a political economic theory that critiques capitalism. As an evolutionary model of social philosophy, Marxism does not rely on atheism as a premise for its validity. Karl Marx himself did not discuss atheism at great length. Engels, in fact, was the person who expressed anti–religion and anti–Christian sentiments, probably as a personal revolt against his middleclass Protestant background. I do not believe that atheism is foundational to Marxism. To define the relationship between Christianity and Marxism in terms of theism and atheism fails to grasp the essence of Marxist thinking.

6.6. Chinese theological construction should address the church in relationship to Marxism. A proper understanding of Chinese socialism does not challenge the theistic foundation of Christian theology. Wrestling with the tension between the church and the current political system is a necessary exercise in the development of Chinese theology and a wonderful opportunity for dialogue with atheists. How should Christianity respond to the present social, political and economic systems in China? The answer to this question is of great interest to Christians and Marxists alike.

7. The Redemption of the Dragon's Descendants: Christianity and Chinese Identity

7.1. The church is called to carry out the Great Commission and must faithfully preach the word of God to all cultures and circumstances.

7.2. Chinese civilization has existed for over 4,000 years and has a unique, enduring nature. When other cultures come into contact with Chinese society, they are assimilated and embraced by Chinese culture. In Christianity and Chinese Culture, the late Rev. Songshi Xu in Hong Kong comments, "Chinese culture is miraculously persistent, integrative and assimilative. The Chinese people are broad–minded and friendly to alien cultures…As long as our pride as a people is not threatened, the Chinese have never been hostile toward other cultures." Islam, for example, has existed peacefully in China for over one thousand years. Muslim doctrines and customs have coexisted with aboriginal Chinese culture without much conflict or need for a "Holy War."

7.3. There should be no reason for Chinese culture to be in conflict with the Gospel. Yet when we look at modern history, we see many cases of Christianity clashing with Chinese culture. In fact, of all the religions that have entered China, Christianity has been surrounded by the most violence. But a closer look will show that the real conflict has not been between Christianity and Chinese culture, but between Western Christianity and Chinese culture. Although God has used Western culture as a medium for the Gospel, this does not mean that the Gospel can only be packaged in Western culture, nor should the Gospel be identified solely with Western culture.

The Bible is very clear about the relationship between the Gospel and culture. When the early church wondered whether Gentiles should become Jews first in order to become Christians, Paul said "No." Crosscultural evangelism does not seek to make the evangelized into someone like the evangelist, but for the evangelist to become like the person being evangelized.

7.4. Economic development has contributed to an increase in national pride for the Chinese people. Nationalism can be a healthy expression of one's love for country. However, if unchecked, nationalism can also bring about unhealthy attitudes, such as narrow-mindedness, prejudice, and envy. Irrational nationalism actually undermines, rather than strengthens, the stability of a nation.

7.5. How will Christianity contribute to the healthy development of a Chinese identity?

7.5.1 As we study Chinese culture in light of the Bible, we discover sparks of God's truth and grace. Classical Chinese mores center on benevolence, righteousness, wisdom, propriety and fidelity. Christians can affirm these values because they correspond well to the fruit of the Spirit: love, joy, peace, patience, kindness, goodness, faithfulness, gentleness and self-control.

7.5.2 The Chinese church is commissioned to use the Chinese language to proclaim salvation to the Chinese people. This is also a core contribution to a redeemed Chinese identity.

7.5.3 As Christianity engages with Chinese society and culture, she permeates it with the core of the Gospel message, which is grace.

Rev. Matthew Deng sharing his calligraphy at the 3rd US Symposium.

7.6. What can Christianity contribute to the process of forming Chinese identity? Christianity has the best message to offer: grace, grace, grace. Contemporary Chinese society needs grace. Economic development under a market economy needs grace. The Chinese people need grace. Grace will give profound meaning to the new culture and national identity emerging in China today.

思维创新　与时俱进

余国良

（写于2005年8月，本文曾发表于王艽主编的《在爱中寻求真理》一书，2006年2月宗教文化出版社出版）

多年以来，创新领导学一直是我感兴趣的课题之一。近25年来我一直从事中美间的文化交流。由于工作的需要，我一直在关注中国改革的过程。同样因为工作的关系，我多次有机会就创新的课题，对中国政府、教育界和企业管理层作研讨和演讲。

中国政府的领导思维方式在过去的四分之一个世纪中发生了根本性的变化，并且产生了令世界赞叹和震惊的效果。作为一个基督徒，我对中国教会的发展自然有更多的关心和更仔细的观察。由于这一特别的关注，我研究了丁主教的著述，结论是近二十多年来，丁主教一直在推动中国社会对基督教，以及教会本身的创新思维。要对丁主教的思想作确切的解读，需要了解他的创新动机。

作为一个中国教会的领导人，丁主教在先前的几十年里承担了多重的责任。在领导一个实行"三自"的教会逐步走向事工正常化的同时，丁主教一直努力为中国的教会争取一个宽松的国内政治环境和友好的国际环境。海外的一位教会领袖这样形容他的工作："他已经完成了对我们许多人来说是不可能的工作：他始终在那么错综复杂的环境中工作，使他能对中国教会提出一个清晰的远象、发展方向和一条可以适合中国教会发展的道路。"[①]在从事"对许多人来说是不可能的工作"的同时，丁主教也产生了一些对许多人来说不太可能的思考。可以说，他

① 《一位具有超凡魅力的主教》，邝广杰著，载《金陵神学志》3–4/1995，第14页。

是一个抛开定式去思考的人。纵观他的思想脉络，不难发现他在领导建设社会主义环境下的中国基督教会的事工当中，很认真地思考了一些颇具前瞻性的问题，并且提出超乎俗套的解决方案。

一、对中国社会主义条件下的政教关系的思考

丁主教对基督教政教关系上的态度，既考虑到基督教在中国历史上曾经有过的尴尬地位以及当前中国教会在教义上的狭隘性，提出教会应当积极同社会主义相适应，同时也积极向政府和学术界为宗教及基督教正名，争取教会的合法权益。这项工作的艰难性之一在于长期徘徊在中国执政党内的“左”的势力。要突破一些长期在执政党内被认为是“经典”、“神圣而不可侵犯”的定式思维，不但不容易，甚至是要冒险的事情。然而丁主教并没有知难而退，而是在“文革”刚刚结束，极“左”思潮尚很强大的时候就投入这一艰辛而不为外人所知的事工当中。应该说，今天中国执政党和理论界能够对宗教有一个基本平和中庸的看法，与丁主教等宗教界人士的据理力争是分不开的。

1.为宗教正名

早在上世纪 50 年代前后，丁主教就已经对“宗教是鸦片”的片面定性提出异议。[①]“文革”结束后不久，丁主教向政府和学术界大声呼吁，对宗教应当有客观全面的认识和评价，不能以“鸦片”一言概之。在丁主教以及其他一些中国宗教界领袖、开明的政府官员和学者的一再推动下，到了 80 年代后期，局面终于有所改变，“宗教是精神鸦片” 的论调逐渐冷却，终于在 20 世纪初淡出历史舞台。

丁主教对“宗教鸦片论”的批评始于“文革”结束之初。80 年代初期，丁主教就写了一篇题为《鸦片不足以为宗教的定义》的文章。这在当时是相当不容易的举动，因为当时的学术界反对宗教的极“左”势力依然强大，“宗教即鸦片”仍是

---

① K.H. Ting," On Christian Theism", God Is Love Collected Writings of Bishop K.H. Ting, (Colorado Springs: Cook Communications Ministries Int' l., 2004), pp.94-95.

社会和学术界奉为正统的马克思主义宗教定义。甚至还有学者一再提出，不破除宗教信仰不能实现国家的四个现代化。可以不过分地说，为宗教正名在当时的社会处境下，就是把自己置于众矢之的的位置。回顾当时围绕着“宗教鸦片论”的论争，丁主教不无幽默地将之称为“鸦片战争”。①

丁主教十分注意掌握国家政策的动向，将宗教研究与社会稳定的大局结合起来，不失时机地向有关人士进言，始终都做到以理服人。1982年中共中央发布了第十九号文件，对宗教问题的基本观点和基本政策作了比较温和的阐述。丁主教洞察了十九号文件的要脉，通过理论和政策两条线路，对宗教鸦片论提出了激烈而深入的批评。

一方面，丁主教指出，对马克思对宗教的表述需要作全面、历史、客观的看待，不能抓住只言片语就以偏概全地下定义。他这样说道：

> 用鸦片论来解释全部宗教现象，本来就是不够用的，用它来解释社会主义时期的宗教，更不能解决问题。那为什么一定要用呢？有的人懒得去研究实际情况，喜欢抓住一两句名言去处理问题，就认为“鸦片”二字道出了宗教的本质，认为宗教是鸦片之说是一普遍真理或永恒真理。他们还说这是马克思的创见和发明。其实，在马克思之前几十年间，这句话早已被德国和欧洲许多资产阶级开明学者，包括宗教界开明学者，放在口上。把这个话说成为马克思的创见，决不是高举马克思，正是把马克思降低了。②

丁主教反对用刻板僵化的“本本主义”来阐释包括宗教问题在内的马克思主义理论，主张突破马克思主义的文本教条，以实事求是的态度研究宗教问题。这与当时中共党内的理论动向恰好呼应，使得丁主教对“宗教鸦片论”的批评很难从理论上去批驳。

另一方面，丁主教从稳定大局出发，揭示了“宗教鸦片论”的危害。丁主教在1985年著文《与教外友人谈“鸦片问题”》，用相当激昂的语气表示了对“宗教即

---

① 《怀念匡校长》，《丁光训文集》第500页。

② 《学习“十九号文件”心得》，《丁光训文集》第389-390页。

鸦片”一说的不满：

> 马克思等讲鸦片，指的是一种麻醉剂，可是我们中国有过帝国主义把鸦片和鸦片战争强加于我们的惨痛历史，我国群众对鸦片格外恨恶，宗教即鸦片之说就给宗教赋予了罪恶的性质，有的作者更把“鸦片”二字改为“鸦片烟”，信教公民成了吸毒分子，宗教领袖成了贩毒犯，因此，这一口号特别在我国大大助长极左路线在宗教工作方面的推行……有的宗教工作干部不求团结教徒于爱国主义旗帜下，却以禁止和消灭宗教为已任，这都是片面强调宗教即鸦片甚至是鸦片烟的必然结果。这在思想方法上是主观唯心主义，结果则挑起宗教仇恨，对安定团结极为不利。①

开明的宗教观所起的作用不仅是还宗教信徒一个公平，也是推动社会的和谐和进步。为了说明这个道理，丁主教特别举了基督教作为例子：“现在有新的信基督教的人，其中不少人之所以转向基督，用他们的话来说，是‘信教使我们做好’”。②他进一步解释道：宗教不是在一切条件下只起一个鸦片作用，在不同时期和不同情况下，它可以起许多不同作用，它同社会主义不是必然势不两立的。

“宗教是鸦片”的论点，并没有很快销声匿迹，可以说在中国的学术理论界主导了很长时间。在80年代中期以后的很长一段时间，丁主教一旦有机会，就与社会科学界对话，继续其为宗教正名的努力。丁主教并非是孤军作战，而是很注意同党内及教外的知识分子合作，借鉴他们的研究成果。他对罗竹风题为《建立中国特色的宗教学理论体系》就很欣赏，尤其喜欢罗竹风所说的一段话：

> 马克思有关宗教的论述，都是“就德国而言”，而不是泛指一切或包罗万象的……学习马克思有关宗教的理论，我们应当从中国的实际情况出发，建立具有中国特色的宗教学理论体系，而不是去寻章摘句，

---

① 《与教外友人谈“鸦片问题”》，《丁光训文集》第406-407页。

② 《学习“十九号文件”心得》，《丁光训文集》第388页。

生搬硬套。如果不是这样，那岂不是变成学术上的侏儒了吗？①

此外，他也很关注社会科学界对宗教研究的动向，还向神学院的学生及时报告这些动向。他鼓励神学生要理解社会科学界的思想动态，甚至参与其讨论，不要把今天社会科学的宗教研究仍然看成铁板一块。②他自己就是社科界关于宗教问题的讨论的积极推动和参与者。

"宗教即鸦片"的论点虽然一直在淡化，但并没有从理论科学界的词典里删除。丁主教对马克思主义理论有着深刻的了解和娴熟的应用，足以使得他关于"实事求是"的论述与当时中共的主流舆论同步，甚至超前。他对中国的宗教研究事业的持久贡献之一就是大胆地、不懈地对"宗教就是鸦片"的定势思维二十年如一日地进行挑战。可以说今天中国对宗教的社会科学研究有着比较开明的，欣欣向荣的局面，丁主教享有奠基性的功劳。

2.为宗教争取合法权益对宪法修改工作的贡献

今天的《中华人民共和国宪法》对公民的宗教信仰自由给予了相当宽泛的定义。中国公民享有信教和不信教的自由，选择教派的自由，变更信仰的自由，并享有不因为宗教信仰而受歧视的权利。这款规定实则比今日世界上许多国家，包括某些西方国家的宗教信仰自由定义还要宽松。须知不少国家，改变信仰或者劝人改变信仰是违法的。

一般外界的舆论认为中国在法律上是偏袒无神论的，但是《宪法》并没有这样的规定。旧《宪法》(1978 年《宪法》)的提法就没有这样温和了。1978 年《宪法》规定特别突出了公民有宣传无神论的自由，却没有提宣传有神论的自由。这一明显具有限制宗教倾向的"信仰自由"条款之所以没有沿袭下来，与丁主教等一批宗教界人士与教外开明人士的努力是分不开的。

丁主教对 1978 年《宪法》的提法是相当反感的，称它是"极左分子强加给中国人民的"，因为"它光说有宣传无神论的自由，不说有宣传宗教的自由。"③

---

① 《近几年宗教研究上的若干突破》(与汪维藩合作联名发表)，《丁光训文集》第418页。

② 《中国社会主义时期的宗教问题》介绍，《丁光训文集》第 409 页

③ 《新德里国际宗教自由会议上的讲稿》，《丁光训文集》第 60 页。

1982年的修宪会议,丁主教参与了,并且对于宗教信仰自由的条款提出了相当有建设性的建议,并且最终得到了采纳。丁主教在回顾《宪法》第36条的修订过程的时候,直言宗教界的主张以及所遇到的阻力:

早在宪法修改委员会成立之前,我们基督教方面的全国人大代表和全国政协委员都已经联合其他宗教的领袖向人大和政府提出了正式提案,主张除去1978年《宪法》有关宗教条文中"左"的提法。具体来说,我们不赞成在这一条文中只提"有宣传无神论的自由"而不提有宣传有神论的自由。至于"有不信宗教的自由",我们也认为可以不提,因为"宗教信仰自由"这一概念已经包括了不信宗教的自由。像"言论自由"就不必附加"不发表言论的自由","通信自由"也不必附加"不写信的自由"。我们认为,1954年《宪法》第八十八条"公民有宗教信仰自由"最简明扼要,应予恢复。

在我们看来,这些是十分合情合理的主张,但是,由于"左"的思想的长期影响,我们提出之后,遇到了一些人的反对,其中有些人还有相当的地位和影响,他们主张保持1978年《宪法》宗教条目的措辞。

所幸我们的主张不但得到全国宗教界和各教信徒的赞同,而且还得到知识界、政法界以及国家干部队伍中很多关心社会主义民主和法制的人们的支持。①

至于当时反对修改的究竟是什么人,我们现在不得而知。但看得出来,其中有相当一部分颇有名望和影响的人,包括一些"重要的干部和知名的学者"。②

在80年代初"左"倾的风气还很盛的情况下,丁主教作为宗教界的代表参与政协,不肯只做摆设,而是竭心尽力为他所代表的教会以及所有的宗教信徒说话。对于宗教信仰自由的理解,丁主教的理解也是超前的。当时在很多人的观念里,宗教信仰自由,也就是允许老百姓头脑里相信有个神,仅此而已。而在丁主教的意识里可以说已经出现宗教在中国社会正常化的概念。他所做的努力,归根到

---

① 《谈宪法第三十六条》,《丁光训文集》第382-383页。

② 同上,第396页。

底是要消除社会上对宗教和宗教信徒的歧视，要限制干部对信徒与宗教活动的过分干预，避免刺激宗教信徒的感情，为宗教在中国社会公开而正常的发展创造良好的氛围与足够的空间。在新《宪法》通过后的20年时间里，包括基督教在内的中国宗教发展迅速，应该说，之所以有这样的局面，1982年的新《宪法》开了一个很好的头。

3.对基督教宗教活动的合法权益予以保护

中国的基督教家庭聚会的生成，恐怕很多是缘起于“文革”。当时宗教会所关闭了，不少宗教活动只好在私下进行。海外有人攻击丁主教迫害家庭聚会。实际上从某种意义上说，丁主教自己在教会没有开放的时候也搞过家庭聚会。丁主教曾在1972年对来访的加拿大贾文逊牧师夫妇这样介绍中国基督徒的情况：“没有礼拜堂，没有神学院，没有牧师，没有洗礼，没有节日，没有几百人一同崇拜的条件，只有我们基督徒以家庭成员为主自然形成的小集体一同祈祷，一同读经，一同喝茶，互相劝勉，互相牧养，互相支持。”①

综合丁主教在海内外、教内外，以及不少政府场合的讲话，随处可见他团结家庭聚会，甚至为家庭聚会请命的言论，并没有因为家庭聚会不参加“三自”组织就给予指责。他对“三自”教会的理解，突破了“不参加三自组织就不是三自”的局限，认为能够坚持独立自主的，应该都算符合“三自”。举一个早年的例子：1984年的时候丁主教有一次向政府干部发言，其间提到所谓“宗教泛滥”的问题。对此丁主教首先表示他对“宗教泛滥”这个提法的不满意，随后举了1982年前后湖北某地的两名矿工举办的家庭聚会，称他们是比较好的宗教发展类型，要求政府给予区别对待。在当时的环境下，为家庭聚会说话的宗教界领袖恐怕不多。丁主教“对家庭聚会甄别对待”的呼吁，在当时情形下是比较孤独的声音，但被证明是起到了作用的。如果没有丁主教这批人与政府进行沟通，很难想象家庭聚会的境遇究竟会怎样。

丁主教对家庭聚会的观点，概括起来可以归结成三个方面：

首先，丁主教肯定了大多数的家庭聚会都属于正常的宗教活动。丁主教的这

① 《纪念贾文逊牧师》，《丁光训文集》第439页。

个看法提出得相当早。他在1984年的时候告诉政府官员说:“教徒中大量存在的是正常的宗教活动。”[①]海外一直有一个误解,以为丁主教是一边倒地要求聚会点登记,或者以为丁主教的主张是只有经登记的宗教活动才是正常活动。其实,丁主教曾经在公开场合表示他对登记制度的顾虑及希望:

> 说实在的,正常宗教活动被分为批准的和不批准的,即地上和地下的两部分,这是昔日苏联的模式,不是有中国特色的社会主义的模式。这次我国宗教场所登记工作若能做好,让一切正常的宗教活动都能取得公开合法地位,这成就就是够大的了,这宗教工作可以说是具有中国特色的社会主义的宗教工作了。[②]

其次,丁主教一直主张允许“三自”组织以外的聚会取得合法地位,并多次多方地表示对他们的理解:

> 这些聚会点大多数也是自治、自养、自传的,同海外以基督教为外衣的渗透势力认同的只能是少数。它们之所以呆在三自组织之外,有种种原因,例如:(一)路太远,行走不便;(二)觉得信仰和礼仪不同,不习惯于大堂的礼拜和讲道;(三)嫌大堂每周宗教活动太少;(四)对大堂教牧同工有意见;(五)“左”的路线令他们受到伤害,因此他们至今害怕;(六)“三自”方面和政府方面有些做法失掉人心,损害了“三自”和政府的形象,有人至今歧视他们,增强了逆反心理;(七)来自海外的挑拨离间。
>
> 尊奉耶稣基督为主的,就是我们的主内弟兄姊妹,我们没有排斥他们的理由。我们应当帮助他们,为他们服务。
>
> 为了避免强加于人或勉强联合,为了寻求到一天能自觉自愿地合而为一,成为一体,我们向国务院宗教事务局提出,许可登记不以是否参加或尊重两会为准,经国务院宗教事务局同意。登记的六个条件中就没有拥护“三自”组织这一条。我们不利用政治压力强求统一,只求

---

① 《学习“十九号文件”心得》,《丁光训文集》第393页。

② 《给金陵协和神学院校友的一封信》,《丁光训文集》第370页。

一切进行正常宗教活动的堂点都能享受合法存在。①

最后,丁主教一直主张政府对宗教事务的管理要有一个限度。政府的权力只能沿及政治和法律的事务,而不能插手教务。在教务方面,政府应当要尊重教会的信仰和民主管理的传统。

海外一直对丁主教对待家庭教会的真实态度感兴趣。可能在丁主教的心目当中,三自爱国运动组织的边界并不能分隔中国信徒。在这个问题上,丁主教是站在定式之外思考的。这个定式在海外的版本是“公开”和“地下”,“三自”和“家庭”这两个对垒的阵营。国内也有相应的版本,就是有些人把“三自”外聚会的信徒统称为反“三自”。但是这种对立的二分并不见于丁主教的思维。在他眼里,中国的教会包含“三自”架构内的堂会聚会点,也包括那些因为种种原因选择独立聚会的架构外群体。这两部分信徒共同构成了中国教会的整体,他们都是弟兄姊妹,都是正常的宗教活动,都应该得到服务和尊重,都应当受到法律的保护。丁主教不仅自己保持着这种思维,并且一直试图帮助政府从更全面的角度了解中国的教会,尊重“三自”组织以外的教会,并且在有需要并有可能的时候为信徒请命。

二、“三自”与教会建设的思考

1.教会的恒性与“三自”的暂时性

作为中国教会三自爱国运动的主要领导人之一,丁主教对“三自”的感情不可谓不深。以至于一旦有机会,他总是在各种场合向国内外人士澄清和介绍“三自”。但丁主教没有采取教科书式的观点,把“三自”看成一场单纯的政治运动。他把“三自”事业同建立教会联系在一起。因此,丁主教乐于将三自运动与马丁·路德的宗教改革运动相提并论。②

---

① 《回顾走过的路》,《丁光训文集》第364-367页。

② 《理顺三自组织和教会的关系》,《丁光训文集》第349-350页。

因为这个缘故,丁主教一贯地主张要维护和高举"三自",必须客观恰当地理解"三自"的历史性和信仰使命。三自爱国组织并不是教会的实体。[①]为了说明"三自"和教会的关系,丁主教喜欢用两个比喻。一个是水跟身子的比喻:"现在值得一提,要洗净的是教会,水不过是为洗净教会服务的。马丁·路德发动宗教改革运动,这个运动也是为教会服务的,而教会是长存的。运动和它的组织是为教会服务的,基督教的主体是教会,不是一个运动,到了一定的时间调整运动的职能,是可以设想的"[②]。另外一个比喻是"脚手架":"基协和三自这两个团体都是建立中国教会这座大厦过程中的脚手架……当这座大厦完成的时候,脚手架就看不见了……我想,为明日的教会而做脚手架,两会的意义已经够大了。"[③]

从丁主教的文集中,读者不难发现他对三自和教会关系的认识具有三层内涵。

首先,三自的定位是群众组织。它既不能等同于教会,也不能凌驾于教会之上,更不能僭越政府管理的职能:"它不是领导或管理教会的,它只是号召中国信徒政治上要爱国,同时主张中国教会的权力不要由外国教会掌握。"[④]"三自"之所以不应该领导教会,主要原因在于教会的神圣性:"正因为教会在基督教的教义中有这么崇高的地位,如果任何机构凌驾于教会之上,信徒信仰上就觉得不顺不通,觉得别扭,觉得作为教会元首的基督的地位被取代了,心里就有压抑感。"[⑤]

针对有些地方三自组织越俎代庖地自担起管理教会的职能,丁主教从历史的角度分析了造成问题的原因:

> 朝鲜战争爆发,中外资金冻结,差会的补助突然停止,好些宗派领导管理教务的机制运转不灵,甚至瘫痪,各级三自组织不得不在最低程度上承担各宗派教会领导管理部门的一些职能。随着一次接一次的

① 《谈当前教会若干问题》,《丁光训文集》第358页。
② 《理顺三自组织和教会的关系》,《丁光训文集》第349-350页。
③ 《答天风记者问》,《丁光训文集》第379页。
④ 《理顺三自组织和教会的关系》,《丁光训文集》第348页。
⑤ 同上,第349页。

政治运动，整个国家越来越强调高度集中的一元化领导，这也影响到教会。在不少地方，教会一些必要工作的实际领导就无可避免地集中到三自组织。这不是三自组织的初衷，但是，就这样，在不少地方，"三自"从一个高举爱国旗帜和提倡自治、自养、自传的信徒群众运动和群众组织，变成了处在教会之旁或之上，像教会又不是教会、像政府又不是政府那样的一个教会领导管理部门。①

历史造成的"三自"职能不清的问题，到了强调办好教会的今天，需要通过"理顺关系"去解决："在有些三自爱国组织担当了领导、管理教会职能的地方，关系就不顺，同工和信徒中间的意见就多，觉得信仰上不通。如果这些三自爱国组织摆脱管理教会的职能，只在它们的宗旨所规定的范围内进行工作，而治理教会则由教会和基协按教会的传统和常规方法去进行，关系就顺了。"②

其次，办好教会是"三自"的根本性目标。作为三自运动的资深领导人，丁主教意识到"办好教会"内在于三自运动发起的初衷：

广大信徒热爱教会，他们之所以寄希望于"三自"，所求的是把教会办好，要教会摆脱种种使教会不像教会，令信徒痛心的东西，好作出有力的见证。"三自"发起之初也是一再这样许诺和保证了的。如果我们今天不承认三自爱国运动发展的阶段性，依然故我，不把指导思想转到办好教会上来，听任某些乌烟瘴气的东西在教会里泛滥，那么，不管我们把三自运动说得多美，我们岂不是向广大信徒开空头支票？③

在三自运动发起30年以后，中国教会的工作中心应当进深到建设教会的实质性层面："总的来说，今天已经到了三自深化的阶段。如果说，从西方控制下争取自治、自养、自传是文章的上篇，那么，今天努力按三自爱国原则从事治好、养好、传好是这篇文章的下篇……自主权不是供观赏的，要用这个权去办好教会。光说自办是不够的，自办得办好，这样才能为三自爱国运动树立好的

① 《理顺三自组织和教会的关系》，《丁光训文集》第348-349页。
② 《谈当前教会若干问题》，《丁光训文集》第358页。
③ 《在三自爱国运动四十五周年庆祝会上的讲话》，《丁光训文集》第374页。

形象。”[①]

最后，三自是暂时的，而教会是永恒的。丁主教的教会观的根本依据是圣经信仰：“我们做教会工作，凡事都要在信仰上、神学上有充分根据。教会是一个社会团体，但是从基督徒的信仰、思想、心态来看，教会又和妇联、红十字会等不同，不是一般的社会团体，它有它的神圣性。它不但是信徒的属灵团契，它还是神的家，是圣灵的殿。基督是它的头，它是基督的身体……可见历代信徒把教会当作一个奥秘，当作基督教信仰的一个组成部分。”[②]与教会的永恒神圣地位相比，两会虽然重要，但却是暂时的：“两会是重要的、必要的，但并不具有永恒性。两会从属于教会，是为教会服务的。把两会当作永恒的事物，或说两会领导教会，《圣经》上没有根据，神学上讲不通，国内外信徒接受不了。”[③]

2.“三自”与福音

丁主教一再肯定中国的教会是承担福音使命的教会：“基督吩咐门徒把福音传到地极……谁也不能否认，我们中国的教会是个传福音的教会，要不然，怎么会有许多新的信徒呢？”[④]“三自”对中国教会的必要性可以从传扬福音的角度去理解，因此虽具暂性，但仍不失为圣工。

三自运动对福音事工之所以是极其必要的，因为它挪去了一块领人归主的绊脚石：“基督教两千年的传教史和它一百多年的在华传教史在正反两方面都有无数经验使我们摸索到这样一条极端重要的规律：对移植过来的异体的排斥…教会要人们来听它，不能靠国内外政治势力的支持。教会实行三自，成为本国的教会，这是赢得发言权的唯一途径。”[⑤]对于置身新中国的教会，去除“洋教”的形象是个头等问题，因为福音要求人认罪，其信息本身已包含阻力，传福音者不应再掺杂其他人为的杂质，以增加传教的困难：

① 《谈当前教会若干问题》，《丁光训文集》第356页。
② 《理顺三自组织和教会的关系》，《丁光训文集》第349页。
③ 《答〈天风〉记者问》，《丁光训文集》第379页。
④ 《谈当前中国教会若干问题》，《丁光训文集》第356页。
⑤ 《三自再认识》，《中国基督教三自爱国运动文选》第143页。

基督的福音首先要求人知道，存在一个罪的问题，而这个罪的观念，特别自己是个罪人的观念，正是常人所认为是愚蠢的，所不愿理会的。它正是福音内在的一个绊脚石。对一切人来说，福音本身就包含这么一个外来性。这外来性往往使人们拒绝福音，排斥福音。可是我们又不能要使人便于接受福音而取消这一点。没有了这个，福音也就莫须有……这就是说，由于福音是福音，使人归从福音不是那么轻而易举，那么没有阻力的：福音本身就带着人们接受它的阻力。既然如此，传福音的人就格外有责任护卫福音进入人心的通道，不让福音之外的任何其他外加物掺杂其间，免得人为地增加接受福音的阻力和困难。①

因此，“三自”的功绩之一是破除了“福音是白皮肤”的成见，为福音在中国的顺利广传清除了障碍。

3.丁主教在三自理念上的突破定式

中国教会对“三自”与神学教会论及基督教宣教学的关系还尚无很多研究。因此，丁主教在尚无前人论述的情形下把“三自”思考提升到教会论和宣教学的高度，不能不说是创新性的突破。

首先，丁主教的观点体现了宣教学的前沿思考。宣教学和教会增长学在始兴的年代，正是中国教会与外界隔绝的艰难岁月。似乎也没有证据表明丁主教特别关注过西方的宣教学或教会增长学。然而，丁主教在1982年前后提出的关于异体拒斥性的，以及福音的“内在绊脚石”的命题，一直就是西方宣教学近几十年来的重大课题和先题性假设。西方基督徒所提出的方案是 “越文化宣教”(M-3 Missiology)。然而，西方宣教士通过人类学手段所希冀达到的跨文化宣教，在中国处境下是通过“跨立场”，即消除教会与本国人民在民族性和政治立场上的分歧来达到的。丁主教和其他一些三自运动的领导人敏感而确切地认识到了民族性和政治立场在中国人民心目中的重要性。鸦片战争以后一百年的屈辱经历，使得民族性成为联系所有中国人的精神纽带。历史似乎已经证明了丁主教等人的

① 《三自再认识》，《中国基督教三自爱国运动文选》第144页。

观察是正确的:且看民族主义情绪在中国解放50多年以来在中国年青一代身上的反弹。甚至在教会已经"三自"的今天,"基督教系外来宗教"的意识依然在一定程度上存在于民间。如果教会尚未与其人民认同,试想今天的教会要对年青一代受过教育的中国人传福音是多么困难?

从某种意义上说,丁主教是站在宣教学的阵营外应用宣教学的人。近年来丁主教的讲话中浮现出一种观点,认为中国的三自的教育似乎应当侧重说明要办好教会,实行自治、自养、自传是少不了的,因此三自是办好教会的前提之一,或者说依靠外国很不利于办好教会。[1]这一角度的新颖性在于,它试图把三自的讨论引入一个更广阔、更体现普世教会共性的教会增长话题。"三自"的讨论如果沿着这个方向深入,将为中国教会赢得更广泛的与国际基督教界对话的空间。

2004年,在上海举行的第十届华人福音事工分享会。

其次,丁主教对三自的认知没有局限于政治立场,而是带着神学的角度,其中有些讨论已经涉及神学教会论的范围。丁主教在中国教会内一贯主张:我们做教会工作的人,说话办事要有神学根据。因此,虽然丁主教对三自运动的政治和现实意义一直很肯定,讨论也很充分,但自始至终他都强调"三自"的理念要受到信仰的制约。例如谈到"三自"与福音的关系,丁主教并非认为人是因为"三自"而信主。他并不主张把今日中国福音广传的盛况完全归功给三自:"有的人完全归功给'三自';中国基督教摆脱洋教形象,人们就愿意听基督教有以告人的福音。'三自'当然是必要的,但这个回答也是把一个重要条件说成为根本原因了。"[2]吸引人的是福音本身内含的真理性。因为福音

① 《三自教育之我见》,《金陵神学志》2003年第III期(总第56期)第6页。
② 《与金陵同学谈人的终极性问题》,《丁光训文集》第216页。

是真理，见证才重要，三自才重要，宗教信仰自由才重要，洁净教会、使教会不成为人们归向基督的绊脚石就更重要。[①]1999 年的时候，丁主教提出神学院校的三自研究课应是研究教会问题和神学问题，不要一下子引入传教士问题。[②]可以说丁主教对三自的阐释正在将三自研究从政治工作模式引向神学思考模式。

最后，丁主教对三自的阐述突破了海内外一部分信徒所抱持的“基督抑或凯撒”的对抗模式。海外对丁主教的批评之一是丁主教领导下的中国教会最后选择了服从凯撒，而非基督。事实上，对“凯撒抑或基督”有截然不同的两种阐述。一种是罗马迫害时期殉道士面对的“凯撒或基督”问题，这种处境下的基督徒面对的是罗马兵丁架在他们脖子上的刀。他们只能选择“凯撒”或者“基督”作为他们非此即彼的主。另外一种阐释是根据福音书。当时耶稣基督被问及向罗马政府纳税的事的时候坦言：“凯撒的物当归给凯撒，上帝的物当归给上帝。”（可 12:17）此回答所倡导的是福音与政权的现世和谐，同时表明基督并不觊觎现世政权。

在丁主教看来，当前的中国教会绝非迫害早期教会的罗马帝国可比。尽管中国政府是受无神论的理论体系指导，但并没有要求信徒放弃有神论，相反对宗教信仰自由给予一定的保护。现今政府与基督教的关系，与其比作迫害基督教的罗马政权与早期教会的关系，不如比作教会的更早时期罗马政府与基督教的和平关系。因此，可以说当下的中国是传播福音的宽松时期。此时强调对立，无疑于为福音事工制造障碍。丁主教的这种政教思想有突破性的地方在于看到无神论政府不一定是抵挡福音的政府。海外人士对世界宗教信仰自由状况的观察可以证实丁主教的这一判断。美国基督徒国际律师协会的爱立信先生（Sam Ericsson, Esq.）就认为无神论中国的宗教信仰自由状况好过任何一个有神论伊斯兰国家。起码政府不会因为特别支持某个宗教就去压制其他宗教。丁主教无疑是看到这一政教和谐的可能性的。首先。他认为无神论并不可怕：“有的外国朋友以为我们的工作困难大得不得了，而最大的困难据说是铺天盖地的无神论宣传…至于无神论宣传，有时有一点，可基督徒不害怕，因为无论如何，无神论宣传总是把神的

---

① 《与金陵同学谈人的终极性问题》，《丁光训文集》第 220 页。

② 《三自教育之我见》，《金陵神学志》2003 年第 III 期（总第 56 期）第 6 页。

问题提了出来。叫人想到神的问题,这不是坏事。"①其次,政府与教会传统上的分歧并非是关于信仰,而是关于政治立场。这是外在于教义的问题。三自运动调整的是基督徒的政治立场,目标是使福音在中国道成肉身。最后,丁主教十分忧虑海内与海外人士因为信仰外的因素而不必要地增加政府的顾虑,从而为福音在中国的传播制造人为的阻力。因为这个缘故,他坚持中国教会应当继续坚持三自。他在不同场合呼吁外国基督教团体不要干涉中国的内部教务,担心来自海外的干扰会影响国内教会的正常事工,甚至影响中国的宗教政策。

西方国家看到前社会主义国家的基督教会,大多是根据大迫害的"基督抑或凯撒"的模式。而中国和古巴的例子或许可以表明,在无神论政党执政的国家,福音书式的"凯撒和基督"模式一样可能适用。丁主教对三自的论述突破了西方所理解的社会主义国家"基督抑或凯撒"的对抗性模式,可以说代表了社会主义与前社会主义国家的和谐性教会发展模式。

三、对舶来神学与本土神学的再思

在丁主教担任过的所有职务中,时间最长的是金陵协和神学院的院长。神学是丁主教一直关注,而且近几年来倾注大量精力推动的事工。丁主教对建设中国教会的神学关注,并不是近几年才有的。可以说,丁主教是中国教会复会以来,在各种场合提及神学最多的中国教会领导人。海外人士容易得出中国教会神学薄弱的结论,其依据可能是中国教会还没有自己的系统神学,没有形成自己的标志性神学,或者神学家的数量与教会规模不成比例等。丁主教也坦言中国教会的神学基础薄弱。但是值得注意的是,丁主教所讲的神学建设与海外所理解的神学构造应该是有区别的。

海外讲的神学多指系统性的理论构造,而丁主教更关心地是对主导了中国教会几十年的一些已经被奉为正统的"教义"给予重新思考。"神学建设"是对一些已经为信徒所习以为常的定式宗教思维作出反省,寻找更加恰当的表述。丁主教认为,虽然信仰是不变的,但是神学作为对信仰的理解和阐发,具有创新的层

① 《人心向往和好》,《丁光训文集》第239页。

面。从某种意义上讲,需要考虑的是神学的处境化,但是这种处境化不是为了迎合海外神学家的胃口,而是为了更好地指导中国教会的事工:

> 如果一个处境化的神学只能被远处的一些具有社会意识的知识分子所欣赏,而自己的教会本身的信徒却认之为陌生的异物,那总是一个不正常的现象…神学思想是在变迁中,但这些变迁不是去适应其他国家少数专业人员的胃口,而是反映并推进(即使较慢)广大中国信徒灵性和知识上的发展…神学家能抛弃他们的个人英雄主义,能谦虚地而不自觉高人一等地同他们周围普通基督徒保持密切联系,能诚恳地聆听他们的话语,向他们学习,总结他们所看见的亮光,能帮助他们对上帝的启示的接受达到新的高度,这样的神学家的工作我们认为才是真正有价值的。①

丁主教还主张,中国教会的神学思考既然是诚恳的真理求索,就不必拘泥"普世派"与"福音派"的标签:"海外一些国家的基督徒不是属'普世派'就是属'福音派'的情况,我们要避免。信、望、爱的经验合在一起告诉我们:在中国,我们可以使这种情况不再出现 … 我们很不愿意看见团契的分裂。"②"过去三十年间,我国基督教的'普世派'更加福音化,'福音派'更加普世化了。这两派已经越来越融化在一起,从而给中国基督教的一体带来了前所未有的宽广幅度。这是中国神学更新的真正重要的前沿之所在,值得更多的注意和感谢。"③

1.反思殖民地模式的神学

(一)对外国传教士的看法

反思中国教会的信仰,首先要回到中国基层教会神学观念的历史源头——西方传教士。丁主教主张,评价海外传教士要尊重事实:要正视历史上外国传教士帮助其所在国的政府侵略中国的事实,同时也要对传教士区别对待,不能仅仅

---

① "《中国神学年鉴》前言",《丁光训文集》第 224 页。
② 同上,第 223 页。
③ 同上,第 225 页。

因为某人是“传教士”就将其定性为帝国主义分子。

对于传教士的评价，在中国教会似乎是一个已经定性的问题。50年代三自运动初的时候中国教会内曾经发动过针对外国传教士的控诉运动。当时正值朝鲜战争期间，所以对传教运动和传教士的定性以负面为主导。

当丁主教回过头看传教士问题的时候，他检讨了五、六十年代批评传教士过头的做法，并且坦诚地承认，就把福音带到中国这件事上，传教士是做了好事的：“我们并不反对传教士。是他们将基督的福音带到我们的国家。对于传教士所做的一切好事，我们要向他们表示感谢。”[①]这番话的意思并非是为传教士翻案，而是纠正以往对传教士问题过于简单化、公式化的处理办法，即使用一、两个政治标签，不加甄别地对传教士全盘否定：“五六十年代提到传教士，姓名前面几乎必然出现‘帝国主义分子’六个字。当时我们的确有点‘孤芳自赏’，谈不上多少国际联系……不是说帝国主义没有侵略中国，或侵略中国没有利用宗教和传教士，但是对人对事作判断必须实事求是，不要说过了头。”[②]丁主教对“帝国主义分子”的标签尤其谨慎：“‘帝国主义分子’六个字本身就是一个含糊概念，难给定义，以慎用为好。”[③]

但是“不要说过头”，并非意味着丁主教主张给传教士翻案。相反，当罗冠宗先生的《前事不忘 后世之师》出版的时候，丁主教在首发式上讲话，提醒神学师生和国内的教会学者，希望他们用实事求是的眼光看待传教运动，不要把它单单诠释成为文化交流，从而掩盖了差会传教运动的扩张性本质。丁主教主张：讲传教运动的历史，要实事求是，摆事实，讲道理，不夸大。[④]与此同时，丁主教把注意力放在一个他认为更加需要反思的话题上：对外国传教士带给中国教会的神学观念需要加以反省，对不适合中国教会的神学观点要予以扬弃。

(二)纠正殖民模式下的神学及其对中国教会的片面性影响

丁主教是中国教会神学思想建设运动的主要发起人。他把神学思想建设看

---

① 《我们正在怎样办好教会——一九九四年四月于南京在浸会世界联盟退修会上的演讲》,《丁光训文集》第119页。

② 《回顾走过的路》,《丁光训文集》第361-362页。

③ 《三自教育之我见》,《丁光训文集》第6页。

④ 同上。

做是三自爱国运动的最关键阶段。[①]之所以把这个运动与三自联系起来，既是因为中国的神学建设旨在要改变一切照西方传教运动所遗留下来的传统模式依样画葫芦的现状，[②]也是因为三自的目的在于办好教会，而神学思想是现时办好教会的重中之重。[③]

丁主教再思中国教会的神学思想，是从"因信称义"开始的。丁主教提出"因信称义"在中国已经变了味，已经不再是保罗和马丁路德所讲的"因信称义"。在丁主教看来，这种版本的"因信称义"不可取。这有几方面的原因。首先，它把救赎的中心从神因为大爱而舍身救人转移到了人因为要上天堂，怕下地狱就不管三七二十一地先相信。[④]其次，它抹杀了上帝的公义，把上帝描述成为一位只关注是否承认他，而毫不关注人的道德品行的神。最后，这种版本的"因信称义"把教外的真、善、美否定得一无是处，从神学上说否定了"普遍恩典"的存在，同时也人为地制造出信和不信的对立："人性中有罪，这罪性人自己无法摆脱，需要基督的救恩，这是我们基督徒的一个基本信仰。但是我们不宜为了宣讲基督的救恩，连人身上的善良也抹杀掉，把人说得一无是处。人身上的一些微小的善良也是出于上帝的创造和他的爱，这同一个爱驱使他让圣子耶稣基督受死于十架。"[⑤]因此，丁主教提出了一个很有争议性的设想：淡化"因信称义"。

我因为自己的信仰背景，对丁主教"淡化因信称义"的提法也感觉到很不习惯。这种提法首先让我想到的是天主教的"善功"。但是仔细读了丁主教的书，发现丁主教的提法本意不是要恢复伯拉纠的道德拯救说，而是考虑到中国基层教会大面积的"一信万事大吉"以及"道德无用"的误会。丁主教或许是认为，由于变了味的"因信称义"在教会中的影响已经积重难返，因此只能少提这四个字方能抵消其影响。但对于古典的 Justification by Grace through Faith (靠恩典凭信心而称义)，丁主教并没有表示过反对，而是在许多场合重申了它的要义。

首先，丁主教指出人要对付罪的问题："人性中有罪，这罪性人自己无法摆

① 《圣经、信仰、教会》，第 70 页。

② 同上。

③ 同上，第 69–70 页。

④ 同上，第 12–13 页。

⑤ 同上，第 25–26 页。

脱，需要基督的救恩，这是我们基督徒的一个基本信仰。”[①]罪的影响深入人心，而且相当普遍：“我们知道人们如何把自己的罪的倾向带进他们所从事的一切。我们看来并无私念的行为往往遮掩着私念。”[②]因此，人“称义”必须依靠基督在十字架上的功劳。因此并非是“信”叫人与上帝和好，而是恩典使然，信只是我们领受恩典的渠道。最后，“因信称义”的本质不是上天堂，而是人与上帝和好：“因此，我们说淡化‘因信称义’，首先是淡化对‘因信称义’的片面、教条式的理解，即一提到‘因信称义’，总是简单化地联想到上天堂、下地狱，仿佛这就是‘因信称义’的全部。其实在《圣经》中保罗的‘因信称义’思想始终与‘恩典’、‘和好’、‘在基督里作新造的人’、‘拆毁中间隔断的墙’这些重要思想紧密相连的。甚至在保罗的书信中，根本没有‘地狱’这个词，他倒是说过：‘为我弟兄、我骨肉之亲，就是自己被咒诅，与基督分离，我也愿意。’(罗 9:3)”[③]丁主教提过，可以考虑用更加合适的表达来替代中文的“因信称义”从而避免不必要的联想和误会：“新约希腊文的‘称义’一词，中文没有合适的词语来对译，以至于造成理解上的困难。《现代中文译本》在这方面的努力或许值得我们参考…在《现代中文译本》中，我们看不到‘称义’两个字，凡是和合本译为‘称义’的，绝大多数译为‘跟上帝有合宜的关系’。这既符合当今世界神学家们对‘义’的解释，同时对于纠正基层教会对‘因信称义’的错误理解，也大有益处。”[④]

丁主教对“因信称义”的处理，可以反映出他思维的创新层面。在处理实际问题的时候，他不相信标签，不拘泥于教条和公式，喜欢从多重角度来思考问题。有的时候为了解决问题，丁主教甚至不惜冒天下之大不韪去挑战已经被认为是经典的观念。“淡化因信称义”与“三自脚手架”相仿，都是碰了一些常人认为不应碰，或者不敢碰的东西，都可能引起相当强烈的反应。丁主教似乎不是很在乎某种刺耳的提法会引起反应，甚至可能欢迎别人有所反应，从而引发对问题的讨论，形成大面积的思考和革新的效应。理解这个特别的意图，也许对丁主教神学思考本质动机会有帮助。丁主教的神学立场并非福音派。但是难能可贵的地方

① 《圣经、信仰、教会》，第 25 页。
② 《中国基督徒怎样看待圣经》，《丁光训文集》第 85-86 页。
③ 同上，第 78 页。
④ 同上，第 78 页。

是,他并没有把自己局限在“自由派”的立场,而是以发展教会为动机,从超越神学分歧的,战略的角度和眼光来解决问题。

(三)提出建设中国教会未来神学的思想框架。

2001年的时候,我们基督教人士交流协进会在美国南加州举行了一个分享会,邀请了当时金陵协和神学院的教务长王艾明同工对南加州的教会同工介绍一下中国教会神学思想建设的情况。王艾明同工把《丁光训文集》以及中国教会围绕《文集》所召开的历次研讨会的主要思想归结成为中国教会神学思想建设所涉及的15个命题,并在那次会议上作了介绍,其对丁主教的神学思想建设全局构思的分析很有价值。这篇文章在翌年的《金陵神学志》上发表,本文仅提供一个概要:

(1)上帝是爱;公义、仁慈等皆源自于这一最高属性。

(2)如何对“因信称义”的理解不致导致实际上的因信废行和道德无用论。

(3)教会(中国教会)之外依然存在着上帝的创造和真善美。

(4)宇宙的基督,或基督为万有之主宰的宇宙性。

(5)上帝的启示是渐进的;人对上帝的认识也是渐进的。

(6)上帝的创造仍在进行当中。

(7)人是上帝正在进行的创造过程中的半成品,如路德所言,人仍然处在未完成状态。

(8)基督徒不应自以为义。

(9)在中国的现阶段,必须最大限度地发挥基督教的伦理道德作用。

(10)对“三自原则”的理解不应就帝国主义和西方传教士为其基本释义背景,而应首先注意其圣经学和教义学依据,以及其在整个基督教信仰史中的意义。

(11) 不可否认在华西方传教士中也有值得中国人民纪念的人士和业绩,不能以“帝国主义分子”将所有的在华传教士一概否认。

(12)调整宗教观念和积极地引导宗教与社会主义社会(即今日的中国)相适应,就是要使中国教会成为中国社会进步和发展的一支推动力量,而不是任凭中国教会总是处在中国社会的边缘状态。

(13)民主办教会应该是中国教会的治理方向。如何避免家长制和一言堂,是办好中国教会的重大议题。

(14)建立正确的圣经观就是立足于圣经最高权威和两个基本信经(《使徒信

经》和《尼西亚信经》)在中国社会的处境中去思考和宣讲上帝的话,也就是说在中国的福音事工中最重要的思考就是如何建立正确的圣经观。

(15)神学思想建设事工须遵循的三个基本原则:

a.更好地维护圣经的最高权威

b.防止任何人以神学思想建设为藉口,以一派压一派,制造中国教会的分裂

c.有效地推进中国福音的广传。

这15个命题,每一个都可以发展出许多的讨论,每一个都同中国教会事工远景息息相关。虽然到目前为止,“神学思想建设”的构想还只是一个框架,但是在这个框架蕴藏着丰富的可能性。从这15个命题出发,我们已经可以预见到中国教会神学发展的辉煌远景。

2.丁主教与福音派

福音派的标签在中国教会确实容易引起一些异议,其中恐怕主要有两个原因。一是因为海外的福音派比较热衷传福音,这在已经实现了三自的中国教会恐怕难免引起一些忧虑,使人担心海外福音派的教会是否原传教事业的继承者,要在中国恢复差会的事业。另一方面,恐怕是国内有些同工对福音派的了解不够,把福音派同过去的基要派等同。过去的基要派传教士大多是反共很坚决的人士,所以同福音派交往,容易引起一些关乎政治立场的负面联想。

丁主教从来没有把福音派与渗透分子划过等号。丁主教对福音派的理解并没有局限在“福音派就是保守派”或者“福音派就是基要派”的定势思维里面。他没有对海外基督徒简单地作“保守”或者“开放”的二分,从来不使用标签来区别他人,而是注意了解他们具体的神学观点。美国科罗拉多州伊利夫神学院(Iliff School of Theology)名誉院长Donald Messer(唐纳德·梅瑟)博士在2005年基督教人士交流协进会组织的“中国教会事工研讨会”上发言指出,中国教会拥有一种特殊的实践,它通过真正的尊重和平等,把历史背景和神学观点相差甚远的不同派别团结在一起。[①]而丁主教向来主张不要把派别和神学立场的标签绝对化。

① “榕树神学——丁主教英文版《上帝是爱》读后感”,发表于《天风》2005年四月期,第32页。

如同上文中所介绍过的，丁主教希望中国基督徒能摆脱“普世派”和“福音派”的标签，乐于看到普世派更加福音化，福音派更加普世化了。因为这个缘故，丁主教及其领导下的中国教会始终与海外福音派保持着友好的往来。尽管这过程中曾经有过不愉快的事情出现，但丁主教从来没有因此就对福音派抱普遍的成见，依然坚持与其友好往来。在中国教会恢复的后的26年间，访问过中国教会的福音派人士，比较有影响的包括葛培理牧师、浸会国际联盟、查克·史密斯(Chuck Smith)牧师、约翰·斯托德牧师(John Stott)、富勒神学院等。

丁主教和富勒的来往是我亲身参与的。应该说，丁主教与富勒友谊的建立，并非是一帆风顺的过程。丁主教与富勒第一次接触是1983富勒神学院的Hubbard院长访问金陵，访问时我也在场。自这次访问以后，富勒与金陵保持着联系，丁主教与Hubbard院长之间也结下了友谊。1993年，丁主教应邀访问美国参加富勒神学院新任院长毛瑞琪博士(Dr. Richard Mouw)的就职典礼。遗憾的是，当时富勒有一批台湾学生因为海外宣传三自教会参与对家庭教会的迫害，不顾多方劝说，执意要在典礼的时候站出来抗议。富勒是一所美国学校，所以按照美国人的方法处理了这件事情，没有用校方的权威去制止抗议。结果是丁主教在站起来发言的时候被公开打断，还受到了质问。当时的情形十分尴尬。当时，丁主教以相当稳重和优雅的方式处理了这个局面，并且坚持做完了讲话。事后中方对此作了一些反应，富勒也表示了歉意。当时美方估计，这一事件已经造成了难以挽回的负面影响，所以对富勒与中国教会以后的来往难以有乐观的预计。但是十年以后的发展表明，丁主教并没有因为那一次的事件对富勒与福音派耿耿于怀。当金陵协和神学院举行建校50周年院庆的时候，富勒的毛瑞琪院长应邀出席。他作为贵宾，在宴会时受到了高规格的接待，被邀请在丁主教的身边就座。并且丁主教当众告诉所有的来宾，他摒弃了与富勒的所有前嫌。

丁主教不仅在个人的态度上不在乎神学观点的不同，对福音派坦诚包容，并且关注福音派的神学与事工发展，乐于把福音派的神学研究成果引进中国。丁主教对富勒毛院长的He Shines In All That Is Fair（《祂爱普及万千》）阐发改革宗神学“普遍恩典”的概念十分欣赏。丁主教把这本书介绍给金陵神学院的师生。在他的鼓励之下，金陵神学院还组织了专人把这本书翻译成为中文，不久将要正式出版。中国教会还陆续出版了其他福音派的解经和实践神学书籍，包括约翰·斯托德的解经系列和马鞍峰教会华理克牧师的《直奔标杆》。丁主教没有把福音派神学看成是铁板一块。他有时会翻阅福音派的杂志,以了解福音派神学的新近动向,包括美国福音派杂志《今日基督教》。①

中国神学思想建设要走向开阔，海外福音派走过的道路可能有一定的借鉴意义。丁主教应该是中国教会的领导层当中比较清楚地看到这一点的人。他对福音派的态度为以后中国教会与海外福音派的进一步正常交流开了一个很好的头。

3.丁主教与海外普世神学

中国教会作为普世路线指导的世界基督教会联合会的成员教会,可能是世基联内信仰最保守的教会。作为这个教会的领袖,丁主教的神学发展思路从来不是以“赶潮流”为动机的。他不大在乎海外的有些人士批评中国的教会没有达到适合西方神学家口味的“处境化”，而是探索教会怎样在目前中国的处境中克服自己的局限,把完整的圣经信息传达给周围的人,影响和造福周围的整个社会。除了屈指可数的几处引用了如潘霍华（Dietrich Bohnhoeffer)、德日进(Teilhard de Chardin）以及几位拉丁美洲解放神学和过程神学家的论述，丁主教很少引用西方神学家的判断。②他可以欣赏一种神学,但是从不轻率地引进或膺服于一种神学。

丁主教对解放神学的态度就是一个明显的例子。拉美的解放神学在80年代初在普世神学阵营中很有影响。由于解放神学借鉴了马克思主义阶级分析的方法论，不少海外人士认为解放神学与处在社会主义环境下的中国教会应该很有共同语言。鉴于中国教会非但没有高举解放神学,反而重提个人救恩的老调,使得不少海外普世教会阵营的人感到诧异,有的甚至表示失望。面对海外人士的好心询问,丁主教直言自己对解放神学注重处境和实践的欣赏,与此同时也指出解放神学的局限,及其与中国教会当前处境的脱节。丁主教直言自己对解放神学理想化穷人之作法的不赞同。当时“文革”结束不久,“左倾”意识尚根深蒂固,丁主

① 《调整神学思想的难免和必然》,《圣经、信仰、教会》第32页。

② “榕树神学——丁主教英文版《上帝是爱》读后感”,《天风》2005年第4期,第30页。

教的这番话对"阶级成分决定觉悟"论调提出了大胆批评:"我们认为,穷人仅仅因为他们是穷,并不就一定是真理的代表,穷人反对富人的斗争也并不就一定是历史赋予的使命。贫穷是痛苦的,穷人应当得到正义。但贫穷本身不是德行,除非是自觉自愿的。"[①]与此同时,丁主教意识到:解放神学在它的主题和方法论上有着相当的局限性:"人与神和好,这是基督教神学的永恒的主题。社会、政治解放是这一主题之下应有之义,不容抹杀,但不是主题……美国有一位神学家在他一篇文章里是这样说的:'我还是坚持, 基督的福音同穷人脱离社会政治压迫的解放运动是等同的。'他说的是等同的,他不是说支持,如果他说支持,我们就可以同意了;如果他说包括,也可以;如果他说要求,也是很好的。但是他说是等同的,福音和社会、政治解放等同了起来。对这个我们就有保留了。"[②]

丁主教对解放神学的态度,既体现了他对福音"和好"主题的把握,也透视出他对福音与政治结合的警惕。丁主教经历过三自运动,也历经了席卷中国的数次政治运动。他经历过在解放战争中间完全站在反共阵营一边的传教士领导下的教会,也经历了五、六十年代被政治运动的洪流裹挟,被卷入极"左"风暴漩涡的教会。经历过多次政治激荡的丁主教,对马克思主义有比较清醒的看法,对"左"的意识有相当程度的知觉、反省和警惕:"'左'在政治上是打击人,扩大打击面,缩小团结面;从信仰来看,'左'把爱践踏在脚底下,是对福音的否定。我们今天反对'左',就是高举爱,把彼此相爱的精神在人间推广,让爱,基督的爱,苏醒许多冻冷的内心。"[③]对解放神学与中国教会见解的独特处在于:他从中国社会的历史经验中得到借鉴,看到任何当下的任务,无论是如何紧迫,都不足以构成教会神学的核心。教会神学的核心只能是上帝在圣经和历史中启示出来的拯救的完整计划,而这个计划的核心不是天堂,而是上帝本性的爱。在理解神学超在性的方面,丁主教明显走在了同时代人的前面。

丁主教把福音的主题理解为"与上帝的和好"。这也成为他神学的定位。因为这个缘故,他乐于把一些比较新的字眼引进中国教会的神学思考,如"半成品"

---

① 《中国的神学群众运动》,《丁光训文集》第 29-30 页。

② 《来自解放神学、德日进神学和过程神学的启发》,《丁光训文集》第 195 页。

③ 《爱到底的爱》,《丁光训文集》第 261 页。

等。尽管这个字眼来自于德日进，但是丁主教并没有把德日进神学全盘搬到中国教会，而是倾向于引进这个字眼启发中国教会对包括三一论、创造、救赎、神义论、末世论在内的基督教神学主线作整合的思考，而非仅仅停留在谁上天堂、谁下地狱的话题上。他对上帝作为的主线有过一段简要的表述：

> 上帝是一位创造之主。他创造的末后要出现一个世界，里面的人都像马利亚一样，完全自愿接受上帝的旨意，不考虑自己的得失，到那个时候，就可以说这世界是成品了。但现在大多数的人还是半成品，整个物质世界和自然界也还是半成品，离上帝心目中完全美好的世界的远象还有很长一段距离。所以世界上还会出现天灾人祸，但这并不是上帝的旨意。500多万犹太人被煤气毒死，这不是上帝的旨意，也不是上帝的惩罚。上帝要惩罚的是像希特勒这样的人。在这次特大洪水的搏斗中，有很多人献出了宝贵的生命，其中包括许多解放军，这也不是上帝的旨意或惩罚，是大自然里和人类社会中不符合上帝旨意的力量造成的。因为我们今天的世界还只是一个半成品，远没有达到十全十美的地步。
>
> 上帝还是全能的父，但是他创造的目的和远象决定了他要通过拯救和圣化（包括教育、引导、培养、训练）创造出新的有智慧的人类，能自觉自愿和他配合进行他的创造工程。①

有人批评丁主教的思想是引进德日进神学的产物。但如果细读丁主教50年代以后的所有著述，不难发现“半成品”等很多观念是长期存在于丁主教的思考中的，尤其“半成品”对神义论与上帝属性的意义。丁主教的旨趣并不在德日进神学，而在中国教会的实践。因此倘若拘泥于德日进的思维去解读丁主教，那无疑会走进一个误区。同时，反过来看，这也说明丁主教在神学思想建设上的勇气，因为无论对于丁主教还是中国教会，引述一位法国天主教神学家的概念来建立自己的神学总是一个不同寻常的举动。可以看出，丁主教在建设教会的问题上是不看重门派的，只要有利于建立教会，都可以借用。德日进神学就是一个例子。

① 《这一时我的神学思索》，《圣经、信仰、教会》，第22–23页。

4.丁主教论国内基督教研究及神学教育

80年代中期以后,国内的知识界,尤其是社会科学界在一定范围内掀起过“基督教热”。教外知识分子对基督教表现出了前所未有的兴趣。他们发表了一些研究基督教的文章,翻译了不少基督教神学著作。进入90年代以后,不少大学还成立了基督教研究所。曾经一度中国教会里面时兴一个词,叫“文化基督徒”,泛指那些没有正式加入教会,但是因为学术研究的原因对基督教有好感和感兴趣的教外人士。

丁主教不多用“文化基督徒”这个字眼。但把学术界对基督教的兴趣看作一个可喜的现象,认为是知识界对基督教的开放表现。只是丁主教从来不把“基督徒”这个字眼强加给教外人士,也不奢望教外人士能够替代中国教会的神学工作者来从事神学思考的事工。他鼓励教外人士研究基督教。但是他强调,信仰是神学工作者与一般宗教研究者的一个很大的区别:

> 我不反对他们研究宗教,但是因为他们不信仰宗教,所以我们觉得他们研究不出多少名堂来,因为宗教并不光是一个叫人研究的对象,宗教更重要的是一个叫人信仰的对象,他们都是不信的,而且看起来都是以自己不信为荣的一批知识分子,因此我们的谈话就有了限度……我们不反对研究宗教,但是我们更欢迎他们能够带着信仰来研究宗教。带不带信仰来研究宗教这个区别是很大的。①

丁主教迫切地期望在信徒当中能够兴起具有专业水准,可以与同行沟通,能够把信仰与专业同行分享的基督徒知识分子队伍:

> 我们多么需要一支多样专业的多层次的受人尊重的基督徒知识分子队伍。这些基督徒知识分子不应当单单来堂礼拜,他们应当进入各级两会的领导层,在那儿参与领导工作。他们也应当进入各自的专

① 《什么是神学院——在2003年秋季学期学前教育的演讲》,《金陵神学志》2003年第III期,总第56期。

业队伍,在那儿和同行交朋友,进而切磋信仰,同时提高这些专业的水平,在国际放出异彩。①

与此同时,丁主教期望看到从信徒中兴起神学研究者的队列,盼望他们能够成为中国神学界的代言人,从信仰的角度,在中国处境内来探讨基督信仰:"我们需要形成一个强大的有独到之见、能言之成理的神学知识分子队伍,在国际神学界作为来自有中国特色的社会主义祖国的基督徒发表见解。"②

在丁主教的构想中,有三个层面的神学理论工作人员:为教会牧养提供指导的教会神学工作者,在国际神学界代表中国基督徒神学思考的,有信仰的专业神学研究人员,还有一般性地研究和介绍基督教,增进教外对基督教了解的社会科学工作者。前两者是中国教会所急需的,需要从信徒中产生。教会外的神学研究虽然可以起到"松土"的作用,但无法提供中国教会所需要的神学思考果实。真正的神学思考必须从教会中产生。丁主教神学人才观的远见之处在于,他能够站在全社会需要的高度提出中国神学教育的多元性,提出了多层次的、教内和教外相衔接的系统化的人才结构。在神学人才的培养上,他提出要兼重灵修、宗教学、讲道学和对外交往,但是又要避免高举一样而轻视其他,从而陷入"灵修院"或"宗教学院"的模式。他的人才观是系统性、处境化和创新型的,突破了中国教会原有的任何一种模式。

CLE 早期与中国基督教来往合作的浙江东阳的基督教木雕厂,目的是推动中国基教艺术的发展。

① 《给金陵协和神学院校友的一封信》,《丁光训文集》第 371 页。
② 同上,第372 页。

结 论

丁主教突破传统的思维定势对中国的政教关系、三自事业与建立中国教会的事工,以及中国教会的神学思想建设作出了不少富有创见性的思考,其宗旨无疑都是为了更好地建立中国的教会。丁主教并无奢望要马上建立中国教会的系统神学,而更多地希望这些思考能够有助于将来的中国教会建设。但是在目前中国教会的总体情形下,要使得创新思维推动教会的建设,尚有一些问题需要解决。

1.创新思维的震荡效应可能造成的阻力。

当创新的思维方式被提出的时候,它往往会产生一定的震荡,甚至引起一定程度的抵触。创新思维能够起到引发人思考的作用。但是脑力激荡要转换为变革的动力,需要考虑激励与连续性的平衡。因此,传达新思维的过程就尤其关键。创新思维不易,但通过思维而实现创新则更加不易。

丁主教关于建设中国教会的新思维,确实引人深思。然而,由于其概念的表达式有时以相当激进的方式提出,其引起的震惊常常自动地引发抵触,从而反而遏制了核心信息的传达。譬如"淡化因信称义"所引起的震惊效应就是一个例子。要使得创新思考真正成为促成中国教会进步的动力,达成一个"范型转换",需要在过程上下功夫,更多地着力于建立创新思维与固有定式之间的连续性与演进性,以减少不必要的误解和恐惧,传达核心的价值概念。

2. 创新思维产生效应的过程需要加强对具有创新意识的传承者的培养。

创新的思维要在中国教会发挥作用,很大程度上取决于这种创新思维本身的传承。对于一个数千万之众的教会,要有效地促成转型,不仅需要下一代领导人能够看到同样的问题,领受同样的远象,建立同样的决心,也需要他们具有突破定式思维解决问题的能力,因此培养青年一代领导人的责任是重中之重。此种领导人物的产生需要着重对其能力、影响和公信力给予留意和栽培。更加重要的是,年青一代的领导人需要有相当的胆识和魄力,不但敢于突破定式思维去思考关于中国教会前途的问题,也敢于把他们的看见拿出来分享。丁主教这一辈的资深领导人,是在三自运动的历史转型背景底下产生的,有着特殊的威望和资历。这批德高望重的领导人是目前中国教会的主导力量。与他们相比,年青一代的后来者显然没有可比的历史机遇和随之而来的特殊威望。因此,要培养富有创新思维的新一代领导人,恐怕需要老一辈的着力支持和爱护,尤其是鼓励他们敢有新的看见和新的思想,敢于表达自己的想法,并且敢于采取行动,将想法化作实践。

丁主教对中国教会的一个极有价值的贡献就在他思考的创新层面本身。丁主教作为中国教会的领导人物,在政教关系、三自运动,以及神学建设方面的思考,可以说是脱离了任何固有的模式。倘若把“突破定式思维”这一深层次的思考加以挖掘和继承,将为中国教会建立基督身体的圣工提供持久性的动力和活力。这一思维的一个重要来源就是我们的《圣经》。丁主教曾经用圣灵对彼得的启示来概括上帝对中国教会的旨意:

> 从来没有吃过的东西,就永远不该吃;从来没有想过的念头,就永远不该想;从来没有做过的事情,就永远不该做。就是这样,由于彼得在神面前坚持自己片面的洁净标准,彼得就限制了圣灵。他只允许圣灵在他所习惯、所熟悉、所认可的范围内运行,不得越雷池一步。
>
> 今天圣灵也巴不得我们信徒肯让他带领进入许多的真理。它要我们吃许多没有吃过的东西,想许多没有想过的思想,做许多没有做过的事情。我们怎么样呢?但愿我们顺服,会开门,会怀着希望和信心,让主带领我们前去,让主把智慧和启示赐给我们。

A Christian Challenge in Communist China for Creative Engagement

Danny Yu

(This article is an abridged and translated version of the Chinese original.)

On the 90th Birthday of Bishop K.H. Ting, it is appropriate to assess his contribution and impact on the Chinese church and society. As a leader of the church in China, Ting has worn many hats. But the role that he has most strategically played is that of a creative thinker. For more than half a century, Ting has striven to foster a normal atmosphere for the development of a Christian ministry in a socialist society. An overseas church leader once said of Ting that "he has performed works that seem to be impossible for many of us; that in the midst of a very complex situation, he puts forward a clear vision, a direction, and a suitable path that is contextualized to the Chinese church realities" [①]. In doing the "works that seem to be impossible," Ting demonstrated remarkable foresight. In tracing the development of his thought, we can see that he was not constrained by conventional formulas. It was this freedom that allowed him to address with prudence the many issues of a Christian church under a socialist government and to come up with innovative suggestions and solutions.

I. CHURCH–STATE RELATIONSHIP UNDER CHINESE SOCIALISM

In regards to the relationship between the church and the state, Ting has performed a masterful balancing act. He had to balance the awkward history of Christianity in China with the narrow doctrinal focus of the contemporary Chinese church. He did this while demanding more legal rights for Chinese Christians and

① Peter Kuong, "A Super Charming Bishop" *Nanjing Theological Review*. Ed.3–4; (1995), p.14.

striving for fair treatment of Christianity in academia. This balancing act was made even more difficult during times when the Communist Party was dominated by ultra leftist. In so doing, he risked losing his position, but the courage shown by Ting and other religious leaders opened the doors to the more moderate views held today by Chinese scholars and government leaders on the subject of religion.

A. Ting's FIGHT for the LEGITIMACY of Religion

As soon as China started to open up, Ting and other religious leaders began pushing for a more normative view of religion. [①] Ting contributed to this development in a variety of ways. Early in the battle, he penned an article titled "The Insufficiency of Defining Religion as an Opiate." This essay was met with much criticism and resistance. One of the critiques was that religion would get in the way of China's modernization. Ting's essay came during a time when many scholars still believed that religion was an opiate for the masses and to think otherwise was to open oneself to public ridicule. Yet Ting held fast to his position and paid close attention to shifts in governmental policies on religion. When the Chinese government issued the 19th Document in 1982, it signaled a significant shift in the Communist Party's attitude towards religion. The document promulgated a more moderate position and Ting seized on this opening to criticize the "Religion as an Opiate" doctrine.

According to Ting, it was necessary to look at Marx's view on religion from a more comprehensive perspective. It was also necessary to take into account the historical influences and understanding of this doctrine. He believed that it was inappropriate to give a definition of religion based on a few words pulled out of their proper context. Ting pointed out that:

> Explaining all religious questions by the opiate theory has always been inadequate; it is even less viable of an explanation of religion during the

---

①K.H.Ting, *God is Love——Collected Writings of Bishop K. H. Ting.* (Colorado Springs: Cook Communications Ministries Int'l., 2004), p.94.

> socialist period. Why insist on it then? There is reluctance among some people to go and study actual conditions; they would rather latch on to one or two well-known phrases in dealing with things. They think opium is part of the nature of religion and that the theory of religions as opium is a universal or eternal truth. They go so far as to say that it is original to Marx. Actually, some decades prior to Marx, the phrase was already on the lips of enlightened bourgeois scholars in Germany, including those in religious circles. To claim it as an idea originating with Marx is degrading, not exalting, to Marx.[①]

Ting insisted that Marxism be interpreted more realistically, especially in issues regarding religion. He disliked dogmatism in both Christian and Marxist doctrines.

In 1985, Ting furthered his critique on the understanding of religion as an opiate in his article titled"A Talk with Friends Outside the Church on Religion as an Opiate." In this article he stated that this doctrine could destabilize the country and harm its development. We read:

> When Marx and others spoke of an opiate, they meant the numbing effect of the drug. But in China, we have had a tragic history in which imperialism imposed opium and the Opium War on our people. Our people harbor a particular hatred of opium. The equating of religion to an opiate (which some writers have changed to opium) confers on it a criminal nature and relegates religious believers to the status of opium addicts and turns religious leaders into opium dealers. Thus, this equation serves the promotion of ultra-leftism in religious work···Some cadres in religious work did not seek to unite believers under the banner of socialism, but took the prohibition and destruction of religion as their

① K.H. Ting, ed. Janice Wickeri, *Love Never Ends*,(China:Yilin Press, 2000), p.170.

> task. These are the inevitable results of a one-sided emphasis on religion as an opiate or opium. Philosophically, this is subjectivist idealist thinking, the result of which is to incite hatred of religion. It is not conducive to national unity and stability. [①]

According to Ting, an open-minded view on religion does not only give religious believers a fair treatment, but also promotes the harmony and progress of society. He used this popular saying about Christianity to illustrate his point: "Now in the society there are many new Christians. They have turned to the Christian faith because, in their own words, 'religion makes us do good'". [②] He further emphasized that religion has different functions at different times and under different circumstances. Most importantly, religion is not innately adversarial to socialism.

The understanding that religion is an opiate dominated Chinese politics and academia for much of the 1980s. But through Ting's dialogues with scholars and Party members, he not only made progress at changing this understanding, he gained allies and no longer fought alone. For example, Ting has effectively used the writings by Luo Zhufeng to present a formidable argument. The following is a statement from Luo that Ting has often employed:

> Marx's discussion of religion was entirely Germany-centered, and did not represent generalizations or all-inclusive statements··· The study of Marxist theory on religion must begin with the actual situation of China, and must establish a theory which is specifically Chinese. We cannot mechanically copy others. If we do not proceed in this fashion, we will never be more than scholarly dwarfs. [③]

---

① *Ibid.*, pp.232-233.

② *Ibid.*,p.168.

③ *Ibid.*,p.349.

Ting also paid special attention to contemporary religious studies and introduced them to the seminarians in China. He encouraged the seminarians to value and discuss religious studies from the social science realm. As he has demonstrated, secular religious studies should not be considered as unyielding as iron.① In his courageous and relentless challenge to the view of religion as an opiate, Ting has made a lasting contribution to Chinese religious studies.

B. Ting's Contribution to the Amendment of the Constitution

The current Constitution of the People's Republic of China gives a rather broad definition of religious freedom. According to the Constitution, people in China are free to believe or not to believe, to select a religion and to change their religion. Furthermore, they cannot be discriminated against because of their religious beliefs.

In China, the popular belief is that the Chinese laws are biased towards atheism. However, this should no longer be true. While the previous Constitution (1978) stressed only the freedom of proclaiming atheism, the current Constitution does not contain this bias. This is the result of the efforts of Ting and many other religious leaders.

When the Constitution of 1978 came out, Ting openly challenged its legitimacy by declaring that it was "imposed on the Chinese people by the ultra-leftists".② Because of his unhappiness with the Constitution, Ting participated with vigor in the Amendment meeting held in 1982. While there, he proposed constructive changes regarding religious freedom that were eventually accepted. Later, Ting talked frankly about his experience there and the obstacles he and other religious leaders had encountered:

> Long before the Commission was formed, we Christian delegates to the National People's Congress (NPC) and the Chinese People's Political

① *Ibid.*,p.295.

② *Ibid.*,p.277.

> Consultative Conference (CPPCC), in concert with leaders of other religions, had already made a formal representation to the NPC and CPPCC. This representation advocated the deletion from the 1978 Constitution of the leftist wording of the article on religion. In effect, we were opposed to the statement in this article of freedom to propagate atheism, without a corresponding statement of the freedom to propagate theism. We felt it unnecessary to state that there was freedom not to believe in religion, because the concept of religious freedom includes the freedom not to believe…We felt that the wording of the 88th Article of the 1954 Constitution, "citizens shall have the freedom of religious belief," a model of simplicity and clarity, should be restored. These proposals seemed extremely fair and reasonable to us. However, because of the long-standing influence of leftist thinking, our proposals met with some opposition, and some of those who opposed us were people of considerable status and influence. They advocated retaining the wording of the article on religion found in the 1978 Constitution. Happily, religious circles and believers across the country commended our proposal. It also garnered the support of intellectual, political and legal circles, as well as government cadres concerned about socialist democracy and law.①

In looking at his essays from the '80s, when the leftist influence was still significant, we see that Ting's understanding of religious freedom was well ahead of its time. When many people still regarded religious freedom merely as the freedom to believe in a god, Ting already envisioned a broader, pervasive concept of making religion a normal part of Chinese society.

All of his endeavors were aimed at abolishing discrimination against religion and its followers, limiting bureaucratic interference in the religious life of believers, and

① *Ibid.*,p.113.

protecting religious people from being hurt. Ting sought to create a positive atmosphere within Chinese society for the development of religion. In the twenty years since the promulgation of the latest Constitution , religion, including Christianity, has witnessed rapid development.

C. Ting's Efforts to Protect Legitimate Religious Activities and House Churches

Chinese house meetings started during the Cultural Revolution. During the Revolution, places for religious activities were closed, forcing members to practice religion privately. Ting has received criticism from people overseas who believe that he persecutes people who attend house meetings. However, this is not true. Ting organized house meetings when the churches were shut down. In 1972, Ting introduced the situation of Chinese Christians to his Canadian guests: "No churches, no seminaries, no pastors, no baptism, no feast days, a lack of facilities able to accommodate larger numbers for worship. Just we Christians, primarily family members, meeting in small groups in our homes to pray, read the Bible, encourage one another, pastor and support one another."①

In fact, when we look at Ting's public statements and speeches as a whole, we see that he seeks to relate to the house churches. He even advocates for them. Most importantly, he never criticizes them for refusing to join the TSPM. He is able to do this because he has a broader understanding of what the TSPM is. For Ting, a TSPM church is simply an independent church. We can summarize Ting's thoughts on house churches in three points.

First, in Ting's opinion, the majority of house churches are legitimate expressions of Christian practice. There was an occasion in 1984 when Ting told a government official, "Among believers, we find that the majority of religious activities are legitimate and normal." ② Many overseas friends have misunderstood.

---

① *Ibid.*,p.51.

② *Ibid.*,p.174.

They think that Ting considers only the registered churches as legitimate. Yet Ting has publicly expressed his own concerns about the registration regulation:

> I should report to you that our TSPM and CCC do not take a hostile attitude to the masses of believers and their leaders outside our organizations who confess Jesus Christ as Lord. Our approach to them is that we are members of the same body in the Lord, that they are all brothers and sisters, including those who are critical of or have complaints about the TSPM···Frankly, the division of religious activities into sanctioned and unsanctioned, or underground and aboveground, is the method used in the former Soviet Union, not that of Socialism with Chinese characteristics. If we can achieve success in the task of registration of religious venues, if we can ensure that all normal religious activities attain an open and legal status, that will be a major accomplishment indeed.①

Second, Ting has always supported the legal rights of house churches and has indicated many times his understanding of their situation:

> The majority of these meeting points are self-governing, self-supporting and self-propagating. Those that identify with forces overseas operating behind the cloak of Christianity represent a minority. There are many reasons why these Christians and house churches remain outside the Three-Self organization; for example, (1) [the churches] are too far away and travel is inconvenient; (2) they are not used to what they perceive as different beliefs and rituals at the churches or to the sort of preaching that is done; (3) they feel there are not enough religious activities at the churches; (4) they have problems with the pastors at the church; (5) they were hurt by the leftist line and are

---

① *Ibid.*,p.502.

afraid even now; (6) certain actions of Three-Self or the government have earned them the disaffection of the people and hurt their image. To this day, some people look down on them and their defiance has grown; (7) discord sown by overseas influence. Those who accept Jesus Christ as Lord are our brothers and sisters and we have no reason to exclude them. We should help them and serve them. In order to avoid forcing our views on others or forcing union in the body, we have suggested to the Religious Affairs Bureau that permission to register churches and meeting points should not be contingent upon being part of the TSPM and CCC. They have agreed to this. Support of Three-Self is not one of the six requirements for registration. We do not make use of political pressure to force unity; we seek only that all churches and meeting points that carry on normal religious activities can enjoy a legal existence.①

Third, Ting has always insisted that there should be limits on governmental involvement with the Chinese church. He wants to restrict the government's involvement to the political and legal spheres, leaving the daily affairs of the church to its members. For people overseas, there is the tendency to divide the church of China into two opposing camps: the "government" Three-Self church versus the "underground" house churches. But Ting strongly challenges this assumption. In Ting's perspective, there is a boundary in the government's relationship to the church. The government's influence should always be restricted and both those inside and outside the TSPM deserve respect and protection by the law.

II. THREE-SELF AND THE DEVELOPMENT OF THE CHURCH

In this section, the focus turns to Ting's unique understanding of the Three-Self and its role in the development of the church in China. First, his articulation on the differing natures of the China church and the TSPM is extremely helpful in

① *Ibid.*,p.494.

clarifying the respective roles he believes each plays in the growth of Christianity in China. Second, the "Three-Self and the Gospel" continues the discussion, affirming their interrelatedness and effect on the work of evangelism. Third, Ting's innovative approach and interpretation of the Three-Self concept opens the door for the consideration and examination of issues from theological and ecclesiological perspectives rather than political.

A. The Church's Eternal Nature vs. the Three-Self's Transient Nature

As a key leader in the TSPM, Ting is proud to introduce the movement to people everywhere. While the common view regards the TSPM as simply a political movement, Ting considers it to be more like the Reformation.①

To support his view, he always stresses the importance of understanding the history and mission of the TSPM. He uses two metaphors to explain how he understands the relationship between the TSPM and the church.

His first metaphor compares the relationship to the water in a bath:

> It is worth mentioning that, after the cleansing, it should be the purified church and not the water that remains. The Reformation Movement initiated by Martin Luther successfully completed its task after many decades. The result was a reformed church, not the maintenance of the movement itself. The church will remain always, while movements and their organizations are to serve the church. The essence of Christianity is the church and not any movement. From time to time, it is necessary to adjust the functions of a movement.②

His second metaphor is illustrated by the image of scaffolding. "I said that the CCC and TSPM were both scaffolding for the construction of this great edifice of the Chinese Church…when this resplendent edifice is completed, the scaffolding

---

① *Ibid*,.p.342.

② *Ibid*.,p.342.

will be gone."①

His vision of the relationship between the TSPM and Chinese Church is further explained in *The Selected Works of Bishop Ting*.

First, the TSPM is an organization, not the church. It does not supercede the church nor does it take over the responsibility of the civil government. The TSPM is not designed to lead or supervise the church. "It is only a call for Chinese Christians to love their country, and at the same time to insist that the church in China should not be dominated by churches from other countries."②Unfortunately, some local TSPM organizations have in the past superseded their role and have meddled in the affairs of the church. Ting understood this problem from an historical perspective:

> The Korean War led to the freezing of church funds from abroad into China. Financial assistance from mission boards stopped. Many denominations found their leadership and management paralyzed. Three-Self organizations found it necessary to begin shouldering the responsibilities of various political campaigns. The centralization of leadership was increasingly stressed in China and this affected the church also. In many places, the actual power of leadership for church work unavoidably became centered in Three-Self organizations. In many places, the Three-Self moved from a Christian Movement and mass organization, which was originally meant to lift high the banner of patriotism, to promote self-government, self-support and selfpropagation, to a position side by side with, or even above, the church. It became a management department, like a church and yet not really a church; like a government, yet not really a government.③

---

① *Ibid.*,pp.528-529.

② *Ibid.*,p.340.

③ *Ibid.*,p.341.

Because of these historical reasons, Ting thinks that there needs to be a reordering of the relationship in order to address this problem.

> In those places where Three-Self organizations for historical reasons have somehow taken over the function of leading and administering the churches, the relationship is not in order and colleagues and Christians feel it hard to reconcile that state of affairs with their faith in the Church of which the head is Jesus Christ Himself. If Three-Self organizations will just divest themselves of this function and limit themselves to the tasks given them in the constitution so that the churches themselves and the Christian councils can look after their church affairs in a churchly manner, the relationship will be in order.①

Second, the fundamental goal of the TSPM is to build up the church. As one of the founding members, Ting is fully cognizant of this original purpose:

> The great mass of believers loves the church fervently. The reason believers place their hopes on Three-Self, what they are seeking, is that the church be well run. They want the church to cast off whatever would cause the church to not be the church, whatever would thus distress believers, in order to make a better and stronger witness. At its inception, Three-Self promised and guaranteed these things repeatedly. If we do not recognize that the Three-Self Patriotic Movement has gone through stages, if we assume its circumstances haven't changed and therefore do not shift our thinking to running the church well, but allow a foul atmosphere to spread in the church, then no matter how lovely a picture we paint of Three-Self, we are just making empty promises to the

① *Ibid.*,p.396.

believers, are we not?①

As we see, for Ting, the goal of the TSPM was to build up the church in China so that it could be strong and independent:

> … we have now come to the point for the deepening of our commitment to Three-Self. If the winning of the right of self-determination is the first part of an essay we are writing, our effort to govern ourselves well, support ourselves well and do the work of Christian propagation well in accordance with the Three-Self principle is its second part. Independence is not anything to boast about, but only for the building up of the church. Only then can Three-Self enjoy a good image.②

In short, the church is eternal, and the Three-Self is transient.

> Our work in the church needs to have an adequate basis in faith and theology. The church is a social organization. But from the perspective of a Christian's faith, thinking and frame of mind, the church is different from social organizations such as the Women's Federation and the Red Cross. It is not like any other organization. It has its sacred dimension. The church is not only a spiritual fellowship of believers; it is the household of God, the temple of the Holy Spirit. It is the body of Christ with Christ as its head…We can see that Christians throughout the ages have accepted the church as part of the Christian mystery, and part of the Christian faith.③

Compared with the eternal sacredness of the church, the two national bodies, CCC

---

① *Ibid.*,p.468.

② *Ibid.*,p.394.

③ *Ibid.*,p.341.

and TSPM, are transient. "I still believe this today, CCC and TSPM are important and necessary, but are not eternal. There is no basis in the Bible, and no theological justification, for making them perpetual entities, nor would it be acceptable to Chinese and overseas Christians."①

B. The Three-Self and the Gospel

Ting has repeatedly affirmed that the Chinese church has a responsibility to fulfill the Great Commission. He said, "Christ instructed his disciples to preach the Gospel to the ends of the earth. On account of the large number of new converts, nobody can deny that the church in China is evangelistic." ② The necessity of the Three-Self concept should therefore be understood, first of all, from an evangelistic perspective. The necessity of the Three-Self for evangelism lies in the fact that it removes a major stumbling block from leading people to Christ:

> In two thousand years of Christian mission history and in the more than one hundred years of missionary history in China, there are numerous examples, both positive and negative, which help us to discover this extremely important principle: the rejection of a transplanted foreign object…if the church is to be heard, it cannot rely upon the support of political power inside or outside the country. The only way to gain its right to be heard is for the church to practice the Three-Self principle and to become the church of its own country.③

As the church in a new China, its most important task is to remove the impression that Christianity is a foreign religion. The message of the Gospel, which reguires people to confess their sins, is already difficult for the Chinese people to accept. Messengers should never add anything unnecessary to make

---

① *Ibid.*,p.529.

② *Ibid.*,p.393.

③ *Ibid.*,p.98-99.

evangelism more difficult:

> The Gospel of Christ demands that human beings in the first place recognize the problem of sin. The concept of sin, especially the concept of oneself as a sinner, is considered to be something stupid and is not taken to heart by ordinary people. This is a stumbling block inherent in the Gospel. To all people, the Gospel itself has the nature of being foreign. This foreignness often makes us resist and reject the Gospel. But we simply cannot eliminate this element in order to make the Gospel easier for people to accept. Without it, the question of salvation becomes pointless. That is to say, because the Gospel is the Gospel, it is no light matter for people to commit themselves to it as if there were no resistance. The Gospel carries in itself this cause for resistance to accepting it. For this reason, the preacher must take special care to safeguard the channel through which the Gospel comes into the human heart. He or she should not allow any additional foreignness to stand in the way, lest further resistance and difficulties be caused.①

One of the achievements of the TSPM is that it has removed the prejudice that "the Gospel is fair-skinned," thus, removing one of the biggest obstacles keeping the Gospel from being preached throughout China.

C. Ting's Innovative Interpretation of the Three-Self Concept

First, Ting has been innovative in the missiological interpretation of the Three-Self concept. In 1982, he presented the "foreignness" issue as an innate and residual stumbling block for Chinese evangelism and Chinese church growth. He was reflecting upon and discussing topics which also became important in Western missiological circles as they addressed similar cross-cultural and indigenization issues. Interestingly, Ting was dealing with the same concerns without employing

---

① *Ibid.*,p.99.

similar missiological tools or terminology. Actually, there was a vacuum in China during those days and such topics were not even raised due to political and historical sensitivities. In fact, even the word "mission" had become a dirty word within that context. Yet while Ting, in a sense, stood outside of the formalized mission circle, he was able to reflect upon the China context and arrive at missiological insights similar to those of his western counterparts. Ting's conclusions came from first hand experience. The century after the Opium War was an era of Chinese humiliation, which led to the rise of Chinese Nationalism. For Ting, one question continues to challenge him: If Christianity in China is still perceived as a religion from the west, how can the Chinese church evangelize Chinese society, especially the educated younger generation?

Second, Ting's reflections on the Three-Self are not confined to the political dimension. His reflections are theological and ecclesiastical inquiries. Yes, he always affirms the political significance of the TSPM. But he also emphasizes that the TSPM should be understood and practiced within the framework of the Christian faith. For instance, if someone is converted to Christianity, Ting does not credit the TSPM. "Some people attribute it (the success of massive conversions in China today) to the TSPM. Chinese Christianity got rid of its image as a foreign religion, so people like to hear the Gospel. Of course, the TSPM is necessary, but those people have confused the criteria with the cause…" ①Ting continues on to say, "What attracts the people is the truth of the Gospel. And only because the Gospel is true, then the work of its witness is important, the Three-Self concept is important, freedom of religious belief is important, the purification of the church is important…"②

In 1999, he proposed that dialogues begin on the Three-Self concept at the seminaries. And the discussions should focus on ecclesiastical and theological

① *Ibid.*,p.239.

② *Ibid.*,p.244.

issues, not the traditional debate on missionaries. [①]This discussion of the Three-Self concept suggests a paradigm shift from politics to theological reflection.

Third, Ting addresses the issue of Christ and Caesar in his interpretation of the Three-Self. Many Christians abroad insist on imposing an adversarial relationship upon the Chinese church and government. One of the criticisms given from abroad is that the Chinese church under Ting's leadership has chosen to submit to Caesar instead of Christ. But according to Ting, there are two ways to look at Christianity and its relationship with authoritarian governments. One way is to draw a parallel with the circumstances of the martyrs under Roman persecution. The martyrs had to choose between Christ and Caesar, while they literally had a sword on their necks! Another view is that found in Mark 12:17 when Jesus was asked about paying tax to the Roman authority. Jesus said, "Give to Caesar what is Caesar's and to God what is God's." This reply, by Jesus, suggests a possible harmony between the Gospel and earthly authority.

CLE Sponsored Chinese Seminary Delegation visiting Moody Bible Institute in Chicago, 1996.

According to Ting, people should not compare the contemporary Chinese church with the early church under Roman persecution. Even though the Chinese government is guided by atheistic theories, it does not, since the Cultural Revolution, force religious adherents to renounce their faith. On the contrary, it protects their right to religious belief. The current relationship between the government and the Chinese church is more like the relationship between the very

① K. H. Ting, My View on Three-Self Education, *Nanjing Theological Journal*, (Fall 2003), p.6.

first Christians and the Roman authority. There is relative freedom for evangelism. And in Ting's view, fostering an adversarial attitude between the church and the state unnecessarily creates more obstacles to evangelization.

Ting understands that the government is not automatically opposed to the Gospel. Overseas observations on the situation of global religious freedom substantiate Ting's insight. Mr. Sam Ericsson of the American Association of Christian Lawyers International recognizes that religious freedom in atheistic China is better off than in many of the theistic Islamic countries.

Ting envisages the possibility of the church and state working together for three reasons: Firstly, he does not find atheism something to be afraid of. "Some foreign friends tend to think that the difficulties we face in our work are very great ··· There is some propagation of atheism but Christians do not fear it, because whatever we think of atheism, the propagation of atheism at least brings the question of God to people's attention and this is not a bad thing." [1]Next, the disagreements between church and government traditionally are not on faith or doctrinal matters, but rather political ones. What the Three-Self Movement anticipates is the adjustment of the political perspectives of Christians, with the goal of being the Incarnation of the Gospel in China. Lastly, the church-state relationship can work, but Ting is concerned about man-made obstacles to evangelism in China when people from home and abroad unnecessarily provoke the government's concern. Ting strongly believes that the Chinese Church should be self-governing, self-supporting and self-propagating. Outside interference in Chinese domestic matters often brings negative effects on the religious atmosphere of the Chinese society at large.

Western countries customarily classify the churches in communist or former communist countries using a Christ-or-Caesar model. But the example of China may somehow suggest that there is another applicable model revealed in the

① K.H. Ting, ed. Janice Wickeri, *Love Never Ends*,(China:Yilin Press, 2000),p.250.

Gospels. Ting's exploration and interpretation of the Three–Self concept reflects an innovative approach of creative engagement between the Chinese church and the Chinese government.

III. IMPORTED THEOLOGY AND INDIGENOUS THEOLOGY

Among the offices that Ting has held, the longest one has been the presidency of Nanjing Union Theological Seminary. Theological education has always been his ministry of choice. However, his concern for developing a contextualized Chinese theology has a long history. Ever since the reopening of the church in the late 1970s, Ting has given many speeches on the subject of Chinese theological development.

In comparison to western systematic theology, Ting is more concerned about rethinking the classical doctrines of the Chinese church. What is important for Ting is the contextualization of these doctrines, which have been largely dominated by imported colonial theology, in order to improve the ministry of the church in China.

> A contextualized theology appreciated only by socially conscientized intellectuals abroad but foreign to its own church constituency right at home is an anomaly··· Theological changes are definitely taking place, but these changes, instead of attuning themselves to elitist taste elsewhere, must reflect and push forward changes–slow as these may seem–in the spirituality and intellectuality of the masses of Chinese Christians··· We value the work of those theologians who can part with their individualistic heroism, humbly and not condescendingly orient themselves to the fellow Christians at their gate, listen earnestly to them,

learn from them and summarize their insights.①

Ting again asks his colleagues to not bother with labels since Chinese theology should be focused on a sincere search for the Truth. "We should avoid the reproduction of the pattern in some other countries where Protestants are grouped as either 'ecumenical' or 'evangelical'. The experience of faith, hope, and love tells us that, in the reality of China that we find ourselves in, it is possible to avoid this pattern. The last thing we as Chinese Christians want is a split in our fellowship."② "This new, unprecedented breadth in the range of Christian unity has become a reality in China these past thirty years as ecumenical people have become more evangelical and evangelical people have become more ecumenical. This has been the growing edge of Chinese theological renewal and deserves attention and thanksgiving."③

A. An Examination of Colonial Theology and its Limitations

(1) Ting's Perspective On Foreign Missionaries

Looking back on the missionary issue, Ting examines the over-criticism of the missionaries and affirms their goodwill in the preaching of the Gospel. "We are not against the missionaries. They are the people who brought the Gospel to our country. For all the good deeds they have done, we are thankful…" ④But these words should not be interpreted as a defense for missionaries, but a correction to the over-simplification and stereotype so as to avoid the undifferentiated total negation with only one political label. Ting is extremely cautious about attaching the label "imperialist" to any missionary. "Imperialist itself is a vague concept and

---

① *Ibid.*,p.236.

② *Ibid.*,p.235.

③ *Ibid.*,p.237.

④ *Ibid.*,p.450.

difficult to define and should be rarely and carefully used…"①

But no over-criticizing is ever meant to change the facts of history. When the book Learn from the Past by Luo Guanzong was presented to the public, Ting instructed the faculties and scholars present to respect historical facts and keep an open mind. He advised that the missionary movement should not be interpreted simply as mere cultural event, which might obscure its expansionism mentality. When referring to the history of the missionary movement, he encouraged them to let it stand as it is. ②More importantly, he suggested that attention be given to the examination of the theological ideas mission aries brought to China, and in particular, those discussed in the following sections.

(2) Lessons from Colonial Theology

As the leader of the "Chinese Theological Construction" movement, Ting regards the building of a Chinese systematic theology as a high priority. ③This endeavor is an important development within the Three-Self because it breaks the habit of uncritically following the theology left by western missionaries.

Ting's examination of the inherited theology starts with the doctrine of "Justification by Faith." In his opinion, this doctrine has been misunderstood within the Chinese church context and no longer reflects what the Apostle Paul and Martin Luther had in mind. There are several reasons why he thinks the Chinese understanding of this doctrine needs correction. First, it shifts the center of redemption from God's loving sacrifice to a play on humanity's desire for a heaven and its fear of a hell. Second, it obscures the righteousness of God and portrays God as if he has little interest in morality and justice. Third, it negates the existence of common grace, which in a socialistic society can create difficulty

---

① K. H. Ting, My View on Three-Self Education, *Nanjing Theological Journal*, (Fall 2003), p.6.

② K.H. Ting, ed. Janice Wickeri, *Love Never Ends*,(China:Yilin Press, 2000),p.450.

③ K.H. Ting, *Bible Faith and Church*, (Shanghai: China Christian Council, 2001),p.70.

between believers and nonbelievers. In order to address these concerns, he promotes the very controversial proposition to de-emphasize the doctrine of Justification by Faith.

Ting is not trying to restore Pelagianism, but rather to correct Antinomianism. In fact, he is not opposed to the original formula of the classica l doctrine: "Justification by Grace through Faith." It is the abbreviated version of"Justification by Faith"brought into China or corrupted during its transmission process with which Ting takes issue.

To understand his perspective on this issue, first of all, Ting affirms that it is a basic tenet of Christianity that humans are sinners and they are unable to save themselves. This is why we need salvation from Christ. Furthermore, justification does not rely on our own work, or on our own faith, but instead on Christ's redemption on the cross. Faith is only a channel for humanity to receive the grace given by God. What this means is that Justification by Faith is about the reconciliation of God and humanity, not just about one's getting to heaven. He points out that:

> The difficulty in understanding this doctrine correctly is caused by the fact that there is no Chinese equivalent for the Greek word "justification."We may consult the translation of the Modern Chinese Version. It does not use the word "cheng yi." In the Union Version, the many places where the word justification appears, the translation is "having right relationship with God."①

Ting believes that this view is in line with most contemporary theologians' understanding of justification. In this way, he aims to correct the popular misunderstanding of Justification by Faith in the Chinese church, which, assuming it is the human faith that brings about the salvation, cheapens the work of grace that

① *Ibid.*,p.78.

Christ achieved on the cross.

Ting is not one to shy away from controversy, nor does he follow fixed formulas in his theology as illustrated in this case. Instead, he is an innovative thinker who takes upon himself the responsibility to provoke people to think deeper. His willingness to challenge the political notion of Three-Self and the classical Christian doctrine of Justification by Faith shows this. Ting is not an evangelical, but neither is his theology framed or limited by liberalism. His main goal is to help the church in China to develop its theology in its own context.

(3) The Future of Theological Development in China

In 2001, Christian Leadership Exchange held a seminar in southern California where Rev. Ambroise Wang was invited to speak on Chinese Theological Construction. In his speech, Rev. Wang summarized fifteen main ideas from Ting's writings to illustrate the future developmental directions for the Chinese church. (The following fifteen points are taken from Rev. Wang's article published in the 2002 *Nanjing Theological Review.*)

1. God is love and all His attributes, such as justice and compassion, are rooted in love. God's love is His paramount divine attribute.

2. We need to understand properly the traditional doctrinal formula of "Justification by Faith" and prevent the misunderstanding which leads to the nullification of morality or good deeds.

3. We need to admit that God's work of creation and the truthfulness, goodness and beauty in His creative works exist not only in the visible church, but also outside it.

4. We need to recognize that Christ is cosmic in His nature and that he is cosmic in ruling over all things that exist.

5. Both God's revelation and humanity's understanding of God are progressive.

6. God is continuing His work of creation.

7. Humans are a semi-finished product in God's creative process, as Martin Luther said; we are all at an incomplete stage.

8. No Christian should indulge in self-righteousness.

9. In response to China's current social development, the moral aspect of Christianity should be amplified.

10. It is insufficient to expound the Three-Self principles in light of the historical background of imperialism and the corresponding Western missionary movement. Our understanding of the Three-Self principles should be grounded in biblical and doctrinal resources, with reference to their profound meaning in the history of Christianity as a whole.

11. It shall not be denied that many Western missionaries have made positive contributions to China. It is not acceptable to brand all Western missionaries as imperialists and deny their contributions to the Chinese church.

12. Efforts will be made to contextualize the Christian faith to the socialistic Chinese society. The aim is to make the church in China a propelling force contributing to Chinese social development, and to change its marginal position in Chinese society.

13. Church administration will be conducted in accordance with democratic models. The church is seriously concerned with the patriarchal and autocratic design now prevalent in the system and is determined to change the situation for a healthier future.

14. Establishing a correct understanding of the Bible requires us to anchor ourselves in the supreme authority of the Scriptures and in the two basic creeds of the Church (Apostles' Creed & Nicene Creed), and to study and preach the Word of God in the context of Chinese society. In other words, the most important ministry of the Chinese church and the most important topic of study in Chinese Gospel work is how to establish a proper view of the Bible.

15. The Theological Construction effort of the Chinese church shall follow three basic principles:

· To uphold the Bible and its authority.

· To prevent factionalism in the Chinese church by not permitting anyone to use

Theological Construction as an excuse to belittle others with different points of view.

· To effectively mobilize the evangelism work in China.

These fifteen points reveal Ting's depth and breadth of thought and scope for the future theological development of the church in China. The ongoing theological discussion throughout the Chinese church on these points represents a fresh direction that holds great promise of producing a biblically rooted, contextualized Chinese systematic theology that will enrich the church and Chinese society.

B) Ting and Evangelicalism

The word evangelical is a label that would undoubtedly have varied perceptions within the church in China due to two primary factors. One relates to the fact that the overseas evangelicals are enthusiastic in evangelism. Since the church in China already embodies the Three-Self principles, some people are concerned as to whether the overseas evangelical churches are following in the footsteps of some former missionaries and may want to engage in missionary enterprises that fail to uphold these principles. The second factor is that there may be some colleagues in the Chinese church who do not understand evangelicals well enough to distinguish them from fundamentalists of the past who strongly opposed the Communist party, negatively reflecting upon the political stance of their Chinese associates. Ting is concerned that this misperception of the term might therefore hinder relationships between Chinese and evangelicals today.

Therefore, it follows that Ting rarely identifies the evangelicals with infiltrators; neither does he confine his understanding of evangelicals to the fixed format that "evangelicals are conservatives" or "evangelicals are fundamentalists." He never simply puts the labels of "conservative" or "liberal" on overseas Christians, but pays attention to their actual theological views. In 2005, at the "China Church Ministry" Symposium organized by Christian Leadership Exchange, Dr. Donald Misser, of the Iliff School of Theology pointed out that the church in China has had much experience in bringing together groups from very different historical and theological backgrounds through genuine respect and equality. ① Ting consistently advocates that people should not make the labels of denomination and theological stances absolute. As mentioned above, Ting hopes that the Christians in China will be able to get rid of the labels of ecumenism and evangelicalism. He would like to see that the ecumenists become more evangelical and the evangelicals become more ecumenical. Therefore, the church in China under Ting's leadershi p always maintains friendship ties with overseas evangelicals. Despite significant differences and a few unpleasant events, I have come to the conclusion that Ting does not hold any prejudices against evangelicals.

An illustrative event happened with Fuller Theological Seminary.(I am interested to write about this friendship between Ting and Fuller because I have been an observer of this relationship for over two decades.) The friendship between Ting and Fuller began in 1983 when Fuller President Hubbard visited Nanjing Union Theological Seminary. When Hubbard was retiring in 1993, Ting was invited to attend Richard Mouw's inauguration as Fuller's new President. During the ceremony, a group of Taiwanese students publicly protested against Ting, based on information that the Three –Self church persecuted house church Christians. Consequently, Ting was interrupted and questioned in public when he stood up to deliver his speech. Afterward s, Fuller Seminary made an apology to Ting, assuming that the relationship between Fuller and the church in China was irreversibly damaged. Yet Ting did not take the incident personally, nor allow it to prejudice him towards Fuller. In fact, at the 2003 celebration of the 50th anniversary of Nanjing Seminary, Mouw was invited and received as a distinguished guest. He sat next to Ting at the banquet as Ting assessed the positive and growing relationship between Fuller and Nanjing seminaries in his opening

---

① The Theology of the Chinese Banyan Tree: Reflections on Bishop Ting's "Love Never Ends", *Tianfeng*,(April)32.

remarks before the meal.

Ting is tolerant of different theological viewpoints. He closely follows the development of evangelical theology and ministry and enjoys introducing important ideas in evangelical studies to China. He deeply appreciates the Reformist concept of common grace articulated in Mouw's book, *He Shines In All That Is Fair*, and introduced the book to the faculty and students in Nanjing. At Ting's prompting, the seminary organized the translation of the book into Chinese, which will be published soon. In fact, the church in China plans to publish more evangelical books on the interpretation of the Bible and practical theology, including Rev. John Stott's series on Biblical interpretation and *The Purpose-Driven Church*, by Rev. Rick Warren of Saddleback Church. Ting is also a regular reader of evangelical magazines such as *Christianity Today*, keeping up with the latest trends of evangelical theology. During the past two decades, many influential evangelical leaders and representatives from evangelical institutions have visited Ting and the church in China, such as Rev. Billy Graham, Rev. Chuck Smith, Rev. John Stott, Rev. Luis Palau, Rev. Robert Schuller and many others.

C. Ting and Ecumenism

The China Christian Council is a proud and active member of the World Christian Council, albeit one of the most conservative members, and the Chinese church sincerely commits itself to the principles and practice of the ecumenical church. Ting, as a graduate of Union Theological Seminary, makes his appreciation of his Anglican background and ecclesiology evident. But as a leader in the Chinese church, Ting rarely aims at "catching the current theological trend." He is not concerned with criticism from overseas western theologians regarding his theological approaches. His concern is rather to explore how the church in China can overcome its shortcomings and relate to its contemporary context. Ting seeks ways to help the church spread the Gospel to all people in China, thereby influencing and bringing positive benefits to Chinese society. He seldom cites from Western theologians, except occasionally from Dietrich Bonhoeffer, Teilhard de

Chardin, and a number of Latin American Liberation and Process theologians.[①] He is ecumenical in his study and reflection, gaining benefit from other theologians, while maintaining the freedom to approach the Chinese church situation with his own contextualized perspectives.

Ting's perspective towards Liberation Theology is a good example. The Liberation Theology of Latin America had a great impact on liberal theology in the 1970s. Many overseas people thought that the church in China, being in a socialistic environment, had much in common with the theory and content of Liberation Theology since it employs the Marxist methodology of class analysis. To the surprise and perhaps disappointment of many liberals, the church in China did not embrace Liberation Theology, but rather held onto the traditional doctrine of individual salvation. When questioned by overseas friends, Ting honestly expressed his appreciation for Liberation Theology and its emphasis upon context and praxis. But at the same time, he pointed out the limitations of Liberation Theology and its irrelevance to the current situation of the church in China. Ting was frank in stating that he disagreed with the way Liberation Theology idealized the poor. With the Cultural Revolution having just ended and the leftist idea of social class still deeply rooted in Chinese thinking, Ting was bold and brave to criticize the theory that one's economic status determines one's spiritual and social consciousness. "Just because people are impoverished does not mean that they necessarily represent the truth. In their struggle against rich people, poor people do not necessarily have a historically endowed mandate. To be poor is truly miserable. Poverty is painful. And poor people deserve justice. Yet poverty in itself is no virtue, unless voluntary."[②]

Ting also realized the limitations of the theme and methodology of Liberation Theology:

---

① *Ibid.*,p.30.

② K.H. Ting, ed. Janice Wickeri, *Love Never Ends*,(China:Yilin Press, 2000),p.146.

> Rec onciliation between God and humanity is the eternal theme of Christian theology. Under this theme there will certainly be discussion of social and political liberation. The latter cannot be easily denied, but they are not the main themes. One professor put it thus in one of his essays: "I still contend that the Gospel is identical with the liberation of poor people from socio–political oppression."He says it is "identical". He does not say "supports". If he had said "supports", we could agree. If he had said "includes", that would also be good; "requires" would also be fine. But he says "identical", identifying the Gospel with social and political liberation. We have reservations about this.①

Ting's view on Liberati on Theology indicates his grasp of the reconciliation theme in the Gospel, as well as his vigilance against the combination of the Gospel with politics. Ting has observed first–hand the Three–Self Patriotic Movement, the numerous national political movements in China, the churches led by the missionaries who were completely against the Communist party during the Liberation War, and also the churches who had been swept along with the political movements and the ultra–leftist tides in the fifties and sixties. Ting observed these political struggles, thereby gaining a clear understanding of Marxism and the influence of ultra–leftism:

> Politically speaking, leftism is always on the attack and its intention is to enlarge the area for attack and minimize the common ground for unity. And from a faith point of view, leftism tramples love underfoot, which is a negation of the Gospel. Today, when we speak against leftism, we intend to uphold and uplift love and will propagate this loving spirit amongst people to let love, the love of Christ, awaken the many frozen

---

① *Ibid.*,p.199.

hearts of the society.[1]

As is evident in his reflections upon Liberation theology and the church in China, Ting draws lessons from Chinese historical experiences and applies those insights in the shaping of his theological positions. The theological core of the church should not be tyrannized by the urgency of the current task or situation at hand. Only the perfect plan of salvation revealed by God in the Bible and in history can be the theological core. Moreover, the heart of this plan is God's nature, which is love, rather than heaven.

Short-term teaching at the Fujian Theological Seminary, Mrs. Anita Chan and the leaders of the Fujian Christian Council, 1995.

For Ting, the theme of the Gospel is God's reconciliation with humanity. Upon this foundation, he builds his theology. Ting embraces Teilhard de Chardin's terminology "semi-finished product" regarding humanity and has introduced the concept to the Chinese church. In employing such terminology, Ting's purpose was not to bring Chardin's theology into the church but to inspire it towards integrated thinking on the main topics of Christian theology like the Trinity, creation, redemption, theodicy, and eschatology. He hoped to encourage the church to go beyond the discussion of who goes to heaven and who goes to hell.

Some have criticized Ting, saying that he has been overly influenced by the theology of Chardin. Yet if one carefully reads Ting's works since the 1950s, it is evident that the essential meaning of "semi-finished product" for theodicy and

① *Ibid.*,p.315.

God's attributes has been a part of Ting's theology for a very long time. Ting's interest is not in the adaptation of Chardin's theology, but in the development of theological reflection and praxis in the China church. Those who attempt to read Ting's writings using Chardin's theology as their reference point will misunderstand Ting's thought and purpose. Ting's goal is to help the church in China with its theological construction. He is innovative and courageous in employing relevant terminology or concepts, irrespective of the ecclesiastical background of the theologian. Teilhard de Chardin is a case in point. It is a very unusual step for Ting, a bishop of the Protestant church in China, to cite theological ideas from a French Catholic theologian. (In China, Catholicism is considered a different religion, like Buddhism.) As long as it is good for building up the church in China, Ting does not mind breaking from tradition or even borrowing from an unlikely source.

D. Ting on Christian Studies and Theological Education in China

Since the mid–'80s, there has been "Christianity Fever" in Chinese intellectual circles, especially in the social sciences. Intellectuals outside the church have shown unprecedented interest in Christianity. They have published essays on Christianity and translated many Christian theological books. After the 1990s, many universities established Institutes of Christian Studies. For some time, the term "Cultural Christian", referring to non–Christian scholars who are exploring topics in Christianity as academic pursuits, has been heard often in the Chinese church.

However, Ting has never used the term "Cultural Christian." He considers the scholarly interest in Christianity an encouraging phenomenon reflecting openness among the intellectuals toward Christianity. But he never gives the name "Christian" to those who are outside the church. Neither does he think that such scholars could take the place of Christian theologians in doing theological reflection for the church in China. He encourages people to study Christianity. Yet he stresses that having faith is an important issue when considering the difference between a theologian and a scholar in religious studies.

> I am not against their studying religion. However, since they are not believers, I do not think they will come up with the same results because religion is not merely an object for research. More sign ificantly, religion is the subject of belief. Since these researchers are nonbelievers (and some of them even take pride in their non-belief), therefore, it places limitations on our conversation… We are definitely not against their study and research of religion. We even more welcome them to study religion with an attitude of faith. And this to me makes a great difference, whether or not the research is done on a faith or non-faith premise.[①]

Ting eagerly hopes for a group of Christian intellectuals who are able to share their faith with secular scholars:

> But we Chinese Christians are greatly lacking in the ability to respond and carry on a dialogue with them. We very much nee d a group of Christian intellectuals with expertise in a variety of fields who could command respect. Such Christian intellectuals should not only worship in our churches, but should take part in church leadership at all levels. They should also enter all sorts o f specialized groups where they could meet others in their field, share their faith, contribute to these disciplines and play a role on the international scene.[②]

Ting hopes that there could emerge a group of theologians from those who believe, so they can become the spokespeople for Chinese theological circles and can study the Christian belief from the perspective of faith and in the context of a

---

① *What is Seminary:*The Education Speech Before 2003 Autumn Term, *Nanjing Theological Review* (Sep. 2003),#56.

② K.H. Ting, ed. Janice Wickeri, *Love Never Ends*,(China:Yilin Press, 2000),p.504.

socialist society with Chinese characteristics.[①]

There are three kinds of theological workers in Ting's mind: those who provide guidance to the church ministry; those who, with faith, are experts in theological studies and can represent the theology of the China church; and those scholars in the field of social science who can study and introduce Christianity to non-Christians. The first two are urgently needed and must arise from within the China church. Ting believes that both theological education and Christian studies have important roles to play in building up the China church and in addressing the needs of Chinese society. Ting wants to avoid a dichotomy between reflection and research so that the value and role of each is not lost. His thought in regards to theological education and Christian studies is again innovative and contextual, breaking new ground for the place of the church and Christianity in China today.

IV. IN CONCLUSION

By dismantling the fixed formula of traditional thinking, Ting offers a very innovative interpretation of the church-state relationship in China, espouses a deep and expansive view of the Three-Self concept and its relationship to the development of the China church, and envisions a profound future for the development of Chinese Theological Construction. While the above creative energies have significant implications for the Chinese church, its ecclesiastical realities impede the realization of these ideas. The following are, for example, two issues of concern.

A. Inertia and Resistance To Innovation

When innovation hits, people think. At the same time, people react. The shocking effect of innovation inevitably creates resistance. Especially if ideas are only expressed radically, the result is opposition and the effectiveness of the message is reduced. Ting's innovative ideas on the development of the church in China do make people think. But his way of putting new ideas forward is at times rather

① *Ibid.*,p.505.

radical. His views have been met with both receptive discussion and sometimes resistance. Ting's perspective on de-emphasizing Justification by Faith is illustrative of a radical idea that encountered such resistance. For innovative ideas to take root and become a mobilizing force in the Chinese church, attention must also be given to the approach in order to provide a certain level of security and continuity, so that unnecessary fears and misunderstandings can be minimized. If positive paradigm shifts are to occur, more effort should be devoted to the development of processes for the materialization of innovative ideas into effective changes.

B. Training the Next Generation of Innovative Thinkers to Continue the Process

Innovators like Ting need not only inspired ideas, effective communication of those ideas, and processes through which to lead others toward important paradigm shifts; they need to produce and train a fresh generation of innovative thinkers in the church who will continue the change process. These new leaders need to have both ability and public credibility so that they can effectively complete the task. This young generation of leaders must also share Ting's courage, dare to break fixed formulas, wrestle with the critical issues facing the church of the future, and promote those insights to others for further reflection and discussion. The leaders from Ting's generation emerged during the historical transition to the Three-Self movement, lending them unique qualifications and track records in the service of the Chinese church. Even today, they remain the leading force in the contemporary church. In comparison, the young leaders of today enter into the service of the church with little first-hand experience of those historical events. Being young, they also have no track record to lend them prestige and credibility. Therefore, it is crucial that Ting and his fellow leaders continue to support and encourage the younger leaders, training them in creative discovery and innovative thinking, urging them to express their own opinions, and inspiring them to take courageous steps to put their theory into practice.

The extraordinarily valuable contributions made by Ting to the church in China lie in the innovative sphere of his thinking. He shook off much of the conventional thinking in regards to the Church–State relationship, the Three–Self Movement, and Chinese Theological Construction. If a new generation of Chinese Christian leaders inherits this "breakthrough way of thinking", the church in China will have perpetual impetus and energy in the holy work of building the Body of Christ.

For Ting, the most important source of his innovative thinking is the Bible. Ting has aptly described God's creative will for the church in China by using the Acts episode where the Holy Spirit spoke to Peter:

> Never eating what has not been eaten before; never thinking what has not been thought before; never doing what has not been done before, thus Peter clung to his own one–sided standards of cleanliness before God, and by so doing, placed limits on the Holy Spirit. He allowed the Spirit to move only within the habitual, the familiar, and the known.
>
> Today, too, the Spirit is eager that Christians should be willing for the Spirit to lead them into ever–greater truth. The Spirit wants us to eat many things we have never eaten before, think many thoughts we have never thought before. And what will our response be? May we obey, open the door, and in hope and faith, allow the Lord to lead us forward and to grant us wisdom and revelation.

中国教会神学思想建设的基本思路

邓福村

1998年11月在济南举行的中国基督教六届二次全体会议，通过了加强神学思想建设的决议。五年来中国教会所经历的强烈的思想震撼，一直为普世教会所关注。通过持续不断地研讨与交流，越来越多的人对它有了更深刻的认识和更积极的支持，但仍然有一些人对它的发起原因与发展前景不甚了解，甚至疑虑重重。有人担心神学思想建设会冲击信仰，也有人认为神学思想建设没有圣经依据……。笔者想就以下问题做一些粗浅的探讨性的叙述，旨在说明当前中国教会的神学思想建设并非是要改变基督教的信仰，而是为了在当前中国的社会主义社会处境下更好地诠释信仰。

历史的回顾

福音的传播是跨越时间和空间的。同样的福音信息，从一种文化向另外一种文化传播时，势必需要做一些调整、甄别和取出那些非为福音所固有，仅属于传出地文化的部分，同时考虑如何与宣教对象的文化相适应。这也是基督教向普世传播的普遍过程，历代教会的必由之路。在中国历史上，基督教曾经四次传入中国，每一次都遇到上述问题，由于处理方法的不同而造成的后果大相径庭。其中有成功的例子，也有失败的教训。

公元635年(唐贞观九年)唐太宗派他的宰相房玄龄将聂斯托利派的传教士阿罗本迎入京城长安优礼有加。当时传入的基督教称为景教。景教(唐代的基督教)也曾在中国有过“法流十道,寺满百城”的一时风光。可是因为它没有很好使其神学思想与中国传统文化相融,加之它阐述教义时,过多地使用当时人们较熟悉的佛教词汇,从而导致人们误认为它只是来自西方的佛教的一个宗派。结果在200多年后唐武宗改崇道教贬压佛教时,景教传教士悉数被驱逐,景教礼拜寺全部被改作道教宫观。

元代蒙古族入主中原时曾一度引入景教,蒙古语称为也里可温教(意即信奉十字架的教)。同样因为它只在蒙古统治者中传播,所以当明太祖朱元璋推翻元朝蒙古族统治时,这一外部传来的宗教又被逐出中国。

明万历皇帝时,罗马天主教耶稣会修士利玛窦来到中国,他吸取景教因未融入中国主流社会两次被驱逐的经验教训,并习儒学,穿儒服,努力学习中国文化,又将西方天文、数学等介绍给中国。他和他的同伴得到中国明清几代皇帝的赏识,不仅被允许传教而且被委任为“钦天监”(天文台长)的官职。以致到清康熙皇帝时,北京直隶一带天主教信徒发展到十万之众。可就在此时,由于教皇与康熙皇帝意见相左,引发了一场“礼仪之争”(实际是神学之争)——导致了二百年的禁教。这些历史清楚地告诫人们,基督教如要在中国生根发展,却不为宣教对象的传统文化认同,不与宣教对象的处境相适应,是不可能想象的。

基督新教19世纪初,再度从西方传入中国,主要承袭西方保守的神学思想,强调世界全是罪恶,对社会进步抱冷漠态度,有的甚至是荒谬的神学观点,将《启示录》中的大红龙说成共产党,要神“像淹死法老军队那样将解放军淹死在长江中。”有的是带着殖民主义色彩的神学观点,说什么挪亚的三个儿子雅费、闪、含分别是白种人、黄种人、黑种人的祖先,白种人可以住在黄种人帐篷中,黑种人要服侍白种人。甚至一些宣传西方至上,白种人至上的歪理在教会里盛行……。以上情形造成了基督教与中国社会的诸多不适应。

新中国成立后,三自爱国运动提倡“自传”,主张不仅由中国人传教,还要考虑传教的内容能否适应新时代的发展。50年代在《天风》上,对基督教神学思想中明显不适应新社会的内容,如“信与不信”的对立,参加社会主义建设是否违反信仰等问题,曾经展开群众性的讨论,取得了较好的效果,但因形势变化,未能深入下去。

“文革”以后,基督教忙于恢复宗教活动。重回教会的教牧人员、神学教师,大多传授过去接受的保守神学思想。有的在50年代形势冲击下曾有些转变,经过政治变迁,又思想回潮。而三自爱国运动在这个阶段片面强调“团结”,没有开展必要的神学思想引导。造成不少教牧人员政治学习时,能表达爱国思想,遇教会问题又想不通的局面。加上境外势力有意通过神学思想,将其观点渗透到国内,增强了一些人的保守意识,其影响对青年信徒更为显著。

经过三自运动50年来的努力,基督教神学思想有适应社会主义社会的一面,主要表现在:

(1) 强调信仰要符合圣经,抵制异端邪说。基督教不容邪教,也教导基督徒不受邪说影响。

(2) 注重个人灵修,从信仰获得内心的平安与生活的力量,有助于信徒的心理平衡,对社会稳定有益。

(3) 宣传基督教道德,信徒要“做光做盐,荣神益人”。在这样的思想指导下,不少信徒在社会上有良好表现,为建设社会主义作出贡献。

然而,保守的神学思想也产生与社会主义社会不相适应的后果,比较突出的内容有:

(1) 否定现世。认为世界尽管物质丰富、科技发达,但人心愈变愈坏,只有等待毁灭。认为地震、饥荒、战争等都是末日马上即将到来的预兆。

(2) 以“信与不信”来划分人群,对凡信基督教的都视为“一家人”,与不信基督教的人思想隔膜甚至对立。

(3) 置教会于国家之上,强调要先爱教,后爱国;鼓吹爱教的人自然爱国;基督徒应该站稳信仰的立场,“超政治”;“听神的,不听人的”。

(4) 认为“三自运动”是“政教合一”,是为了讨好世上政权,损害基督为元首的教会属灵地位。

(5) 强调“属灵”,否定理性思考,易于趋向追求狂热。

保守的神学思想所产生的负面影响还有:

1)农村教会趋向迷信化,城市教会信仰功利化,有的过分强调基督教信仰的排他性,与社会不协调。长此以往基督教只能吸引文化层次低或对现实不满的人,难与社会主义社会相适应,影响基督教前途与命运。

2)部分教牧人员在教会实际工作中,缺乏爱国守法自觉性。

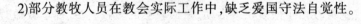

3)对三自爱国运动的神学思想依据认识不足,三自方向难以真正巩固。

4)对于海外利用神学语言进行思想渗透,无力抵制。特别是“中国福音化”的号召,模糊了许多人的思想。造成信徒在现实生活中思想矛盾,不能真走爱国爱教的道路。

5)国外基督教界认为中国基督教没有神学。有的人甚至说:“中国基督徒除了说:‘谢谢耶稣’外,没有其他可以交通的话”。

中国基督教坚持独立自主、自办教会的原则不容动摇。但值得注意的是,上述表现对按三自原则办好中国教会已有一定影响。一般教牧人员满足于当前教堂人数增加,并未意识到神学思想指导行动的深远作用。若不及时进行神学思想建设,对整个中国基督教将产生严重的危害。

神学思想的认同与适应

很明显,中国教会目前的发展已经到达了这一关键阶段:要有意识地解决基督教与中国的社会主义社会相适应的问题,从而为福音今后几十年,甚至一百年在中国的广传打好基础,神学思想建设是推进这一局面的契机。

如果说神学是一门研究神和神人关系的学问, 神学思想就是人们对神学领域诸多问题的思考。就宗教而言,神学担负着阐明其教义和维护其基本信仰的任务;就基督教而言,圣经是它最早的神学论述,阐明了基督教的基本信仰。四福音以其成书之先后,让我们清楚地看到初期教会,为了得到它的宣教对象对耶稣基督的认同与适应,不断调整神学思想的轨迹。最初使徒在犹太人和信犹太教的人的圈子里传福音时,他们将引证了旧约有关弥撒亚的预言全搬出来,让犹太人能够接受耶稣为救主。当教会的宣教活动进入希腊社会后,“道成肉身”的耶稣是生活在希腊文化氛围中地中海周边的人们可以理解和接受的。“向什么样的人,我就作什么样的人”成了保罗“与人同得这福音好处”所遵行的准则。犹太信徒奉行的作为选民标记的割礼成了外邦信徒接受耶稣为救主的“重担”,拦阻圣灵工作的羁绊。面对着“传福音给万民听”的使命,教会为了福音对象的认同与适应作出了首次的重大调整。那就是耶路撒冷会议的结论:圣灵和我们(使徒们)定意不将别的重担(行割礼,守律法)放在你们(外邦信徒)的身上。

上世纪20年代面对非基督教运动的批评,中国基督教领袖中的有识之士认识到:基督教受到批判,主要是因为当时的中国教会只是一个在中国的“外国教会”。为改变“洋教”面貌,他们主张,实现基督教“本色化”,即:1.教会要以中国人为主体;2.经济应归中国人管理;3.要消除对中国教会毫无必要的宗派;4.礼仪、组织……特别是神学思想要符合中国文化特征、民族精神、国情、民情;本色教会必须充满爱国精神。

在神学方面,他们认为要摆脱外国差会那套神学思想,要根据中国民族的特点来重新诠释。如赵紫宸主张:把“基督教的真精神从固定凝滞的宗派里释放出来,使中国人能与基督有直接感触。”

刘延芳则认为:在神学思想方面“不能专事模仿,抄袭西洋的遗传,拾零他人的遗唾,要根据我民族精神上最高尚的要素,真能代表我国民最高尚的理想,必须独立研究,为基督教真理作东方的诠释贡献世界。”“上帝的智能是无限的,他的真理是无穷的。既有无限的智能,他启示的方法也必不是呆板不改的。”这些主张与观点,使我们清楚地看到,上世纪20年代中国基督教界的知名领袖与学者,对于不为中国人民所认同,又不能适应中国文化的西方神学思想,即已发出了强烈的呼声。

1949年新中国成立,中国社会进入了一个全新的历史时期。这个阶段的“神学本色化”的主题不仅是基督教如何与儒家本位的中国社会相适应,也是如何与社会主义的中国相适应。“基督教与社会主义社会相适应”成为50年代以后中国神学本色化的首要课题。因为“相适应”的题目探讨的不单单是文化层面的适应,也是包含政治、经济、社会生活层面的全方位适应,所以中国基督徒的“本色化”探讨自然地提到了“处境化”的高度。基督教如何与共产党人治理下的社会主义社会相适应是全世界基督教界都瞩目的宣教学课题。丁光训主教的《文集》因为总结了中国教会几十年来在这个课题上的积极探索和成功经验而被推举为2002年度最重要的15部宣教学著作之一。

神学思想建设发起的过程

我首先要说的是全国“两会”为什么在1998年济南全委会会议中做出加强神学思想建设的决议。应该说我们参加那一次会议的一些同工，是有点觉得突然,大家没有足够的思想准备。

神学思想建设这个问题,应该说丁主教是讲得比较早的。1993年在海南岛召开了一个宗教界的领袖座谈会，谈宗教界怎么样具体引导宗教与社会主义社会相适应。在那个会上,各个教的负责人作了比较充分的讨论,因为就当时的情况来说,宗教界在不同的场合里都有口头的表态,但究竟怎么样“适应”,大家还不是那么清楚。丁主教在那个会上就提到,最要紧的是思想上的适应。思想上当然就包括观念上,有个观念更新的问题。在这之后,丁主教与我们全国“两会”的同工在个别交流时,强调思想上的适应,对我们基督教而言就是神学思想需要调整。后来有的同工提出来,现在我们一般对调整的概念是,如果什么事情要调整大概是出了问题,出了问题才需要调整。所以这个讲法可能容易引起误解,是不是应该从正面积极地提出这个问题,像三自爱国运动开始的时候那样。吴耀宗先生在那个时候提出的是“三自革新运动”。提出“三自革新运动”的时候,我们教会里面很多人反映。“革新”是不是把我们的信仰革新了,我们的信仰你怎么能“革新”呢？这个不行,所以有相当一部分人对“三自革新运动”有比较多的保留、顾虑。所以今天丁主教提出要适应是就思想上的适应,思想“适应”就基督教来说,是进行神学思想建设所必要的。

第三届华人福音事工分享会美国部分代表会后访问南京爱德圣经印刷厂(1997)。

这之后,在1996年8月,宗教界的领导人谈同样的题目时,丁主教就谈得比较具体。因为中国基督教的神学思想中,有些很不适应当前我们所处的社会主义社会,所以现在要做的就是使得中国基督教的神学思想适应我们的处境,适应社会主义社会。到了我们起草六届全国会议的那个工作报告的时候,首先出现“加强神学思想建设”的提法。1998年,在宗教界领袖座谈会上,丁主教不仅仅对我们基督教,同时也是对各个教作了发言,谈到宗教观念的更新问题,宗教与社会主义社会相适应要进行观念的更新,还列举了中国宗教界特别是基督教很多的例子。丁主教先从他担任院长的金陵协和神学院说起,说原来希望金陵协和神学院无论是在三自爱国运动方面,还是在培养教牧人员、神学思想方面应该走在前面。而实际上这几年他们并没有走在前面而是走到后面了。

举一个例子,在抗洪救灾中,金陵有人甚至说“洪水是上帝对我们的惩罚”这样的话。这一个讲话在《人民政协报》发表之后,金陵协和神学院部分教职员工说丁主教自己给自己抹黑,把这样的事情弄到那个会上去讲,而且让人民《政协报》登出来,大家觉得很没面子。有的人说这里的说法不完全像丁主教讲的那样,有出入。结果当时的金陵协和神学院的反映,不是应该不应该引这个例子,而是引得准确还是有出入,出现了舍本求末的情况。在这样的情况下,全国“两会”就有责任将问题引向主题,引向正确的导向。

开展神学思想的若干共识

在济南会议讨论“加强神学思想建设”议题的过程以及后续的研讨中,我们逐步形成若干共识,这些共识对后来在全国范围内开展的各个层次的神学思想研讨会,无疑起到了很好的指导和推动作用。这些共识有:

一、基本信仰是不变的,神学思想是可以调整的。基督教的基本信仰概括在使徒信经和尼西亚信经中,为传统的普世教会所公认,是传统教会赖以衡量区别正统信仰与异端的尺度。普世教会中的任何一个宗派的宪章与信条,都不能越此雷池一步,无论系统神学、教义神学,都不能有悖于此。基本信仰规范神学研究的范畴,神学则以当代人所了解的语言、理念和表达手段阐述基本信仰。神学思想与基本信仰有密切的关系,但它不等于基本信仰,更不能替代基本信仰。将神学思想与基本信仰适当分开有利于神学思想融入不同的文化和社会背景,从而使基本信仰处境化,更能为不同文化背景的人群所接受。

二、立足圣经，发掘新的亮光。重视圣经权威是新教对抗教皇权威的必须。我们立足圣经因为圣经是神对我们的最高启示，是我们信仰的根本依据。但对圣经我们应有正确的圣经观，对待启示我们也应有正确的启示观。神对我们的启示是渐进的，我们对神启示的认识也是渐进的。我们读圣经，如果仅凭字句断章取义，就不可能从圣经中发掘新的亮光。我们只有不断开阔自己的视野，顺服圣灵的带领，才能从神那里得到新的启示。彼得在约帕的异象中，如果只是一味坚持不吃"从来没有吃过的"东西。他也就不可能听见"神所洁净的，你不可当作俗物"那来自天上的声音。在神学思想的探讨过程中，每一个新的亮光发现，都会对那些旧的不合时宜的观点有所冲击和整理，这符合圣经"新酒不能装在旧皮袋里"的道理。

三、提倡自由探讨和理性思考。神学思想属思想范畴，只有通过思想交流、自由讨论，才能使研讨课题引向深入。自由探讨要有一个互相尊重，彼此聆听的氛围，而不是自以为是，强加于人。多元观点与观点的冲撞和清理是神学思想发展过程中的正常表现，要对神学进行探讨，必须要开拓思路，敢于思想。

四、反对派别之争，避免定于一尊。要对神学思想进行探讨，必须要开拓思路敢于思想。若囿于己见，将自己一孔之见或某些传统、不合时宜的说法定于一尊，就没有什么思想发展可言。思想发展过程中出现参差是很自然的，不可能要求一刀切，要多考虑别人的不同观点，学会彼此尊重。反对互相贴标签，更不允许陷入派别之争。

五、神学思想建设是三自爱国原则的深化。三自爱国原则需要有神学思想的支撑。中国教会处于社会主义社会，走三自爱国的道路有许多独特的经验。它需要我们进行神学思想层面的思考和整理，赋予它系统神学教会论的内涵。

六、神学思想建设要与中国文化融合。基督教信仰的核心，曾通过"逻各斯"融入希腊社会，我们也需要通过中国文化载体，使它融入中国社会。西方神学植根于希腊的二元论文化，强调人的物质部分是邪恶的，将灵魂与肉体分开；与中国传统文化有较大的差异。中国文化强调天人合一，人与自然的和谐。从我们自己的文化渊源出发来进行神学思考，对中国教会的神学思想建设是顺理成章的。

神学思想当前研讨的命题

神学思想建设是一个系统工程决非一蹴而就,需要讨论的问题很多,涉及的面很广,有些是较深奥的理论,离教会生活较远,不是大家有兴趣去探讨的,也不是我们研讨的当务之急。本文前面提到过去西方传入的保守神学与中国教会当前处境不相适应的一些观点及其产生的负面影响,是我们急需清理和研讨的。这些问题有:

(一)人在神的创造中的地位。人类始祖失败,人在神的计划中的地位又如何? 人本性是恶的,心中充满了诡诈和不义,不过是五尺蛆虫?

(二)神的创造与救赎关系?神创造的意义,是不是因始祖的失败而导致神创造的失败? 神为什么要施行救赎? 创造与救赎的关系是什么?

(三)信与不信的关系:神爱的对象包括哪些?信与不信的关系是对立还是友好相爱;合作还是分离? 何谓圣洁? 何谓分别为圣? 信心与行为的关系;只有"信心"没有行为可以吗?

(四)教会和信徒与国家的关系:爱国爱教有矛盾吗?拥护共产党执政是不是

第三届华人福音事工分享会(南京,1997)部分的与会美国代表会后访问金陵神学院并拜会韩文藻博士。

与信仰相对立?信与不信只能分,不能合?分就圣洁,合就是罪?信徒是天上的国民,只能听神的不能听人的?教会是属灵的,不属这地管辖?不论信徒个人还是教会都不能听从政府,都不能接受国家政府的管理?

(五)圣灵和圣灵的工作:圣灵主要工作是什么?没有医病赶鬼、说方言、跳灵舞、唱灵歌,就没有得着属灵的恩赐?教会就没有生命的见证?

(六)三自爱国运动的信仰意义和神学思想依据:教会的普世性与地方性的关系?肢体与身体的关系?信徒应该"超政治"?爱国爱教是又事奉神又事奉玛门?

(七)基督教的终极论就是天地末日?整个世界都卧在那恶者的手下?世界是属魔鬼的?世界的结局就是毁灭?

(八)属神的事、爱神的事只能用灵去认识,不能用思想、理性去认识?人的思想、理性、知识不仅不能帮助人认识神、跟从神,反而会让人更加不认识神、抵挡神、远离神?神的启示早就一次完成,不再有新的启示?所谓启示的渐进是不存在的,是违背圣经教导的?

议论较多的话题

在北京开的一次会上,丁主教讲了"淡化因信称义"的问题。我们了解在会上乃至会后,有很多人觉得搞不清楚。"淡化"究竟是什么意思?是不是要把这个"因信称义"从我们的教义中取消?我引用一位年轻的同工的说法,大概能够说明问题。那天我们在早饭桌上,丁主教也在一起吃饭,提到"淡化因信称义",问我们的看法,这位青年同工先说:"淡化没有什么不可以,淡化并不等于取消,淡化也并不等于删除,淡化的对面就是强调,不强调就淡化了",他打了一个比方说:"过去马克思主义讲到宗教问题的时候说'宗教是人民的鸦片',过去很强调,最近几年就淡化了,不这么讲了并不等于马克思、列宁主义的经典著作里把这句话取消了,没有取消,这是一种淡化。这个淡化的目的是更好地团结宗教界人士。"

这个解释从某个角度解释了"淡化"的用意,但是可能有一些人士还是会问:"淡化因信称义"是不是要改变信仰或者否定福音?

我在这里想要说明的问题是:我们说要"淡化因信称义",绝对不是要改变信仰,也不是否定福音,而是为了福音在我们这个环境底下更容易被接受,同时也是还"因信称义"的教义本来的面目。就这个问题,我想作以下三点解释:

首先要说明的是,"因信称义"是改教运动的基本原则,它是全称"靠恩典因信称义"(Justification by Grace through Faith)的简略形式。它本身的意思是:人称义是因为有上帝的恩典在先。人不必自己去赚取恩典,而只需要以信靠的态度接受上帝在基督里赐予我们的恩典,如此即能与上帝恢复正常的关系。教会历史上提出这个口号非常重要,因为它恢复了保罗书信的恩典和称义概念神学上应有的地位,而纠正了当时的罗马天主教善功论的弊端。"靠恩典因信称义"的要端是"恩典"。

其次,把"靠恩典因信称义"简单地缩写为"因信称义"容易在中国教会里产生误解。甚至可以说"因信称义"是对"靠恩典因信称义"的不当翻译。当中国非基督徒听到"因信称义"的时候,他们的印象是:做基督徒跟行为没有关系。不管行为好坏,信耶稣就是好人,不信就是坏人。一些中国基督徒也把"信"当成是符咒,以为凭着人为的信就可以锁定自己的救恩,甚至审判所有其他的人,说他们信的上天堂不信的必下地狱,引起社会对福音的反感。"靠恩典因信称义"的本意尽失,不能不说是莫大遗憾。

最后,换一个讲法表达"靠恩典因信称义",也许更能够体现它原来的意思,也容易使人明白。很多古典基督教神学的其他字眼表达恩典的信息可能比"因信称义"要更好一些,如"先在的恩典","人蒙恩与上帝和好","靠恩典认识上帝"等。"因信称义"本来的意思是表明人得救并非靠自己的善功,包括信的善功。中国教会内这种把信当成更省力的善功的看法实在是对因信称义的莫大误解。淡化因信称义,为的是克服这个字眼翻译成为中文以后所带来的种种误解,也是为了清洗中国教会以往的历史上因为这个字眼被误用而带来的歧义,目的是为了更好地传达信仰,而不是要改变信仰。上帝的对世人莫大的爱,以及上帝依据其大爱在十字架上显明的救恩是我们得救的根本依据,是我们在今日的中国社会要传扬的福音。

综上所述,我们提出"淡化因信称义"实在不是要改变基督教的基本信仰,乃是为了更有效地在今天的中国社会处境中,持守基督教的基本信仰。

结 论

在开研讨会时，我们有的同工提出，为什么老叫我们与社会主义社会相适应,社会主义社会就不能跟我们相适应吗?起码是相互适应,我们适应你,你也得适应我,大家相互适应,这才符合彼此尊重的原则。他说起来好像蛮头头是道。

这个问题，我想起了上海市一位负责同志跟宗教界团体负责人开座谈会的时候,讲到这个适应的问题。上海市政协主席王力平同志就说:谁说的光要宗教界适应?共产党员也要适应。在社会主义社会里,特别是在我们发展的这个阶段,要求共产党员的适应更多。举一个简单的例子,现在是社会主义市场经济,很多党内的老同志却满脑子的计划经济，所以他就与社会主义社会的市场经济不相适应。我们经常提及观念更新,适应社会主义社会发展的需要,这个就是对共产党员提出来的,不说别的,连我们作政治思想教育工作的,在新的形势下,也要有观念更新。这个适应的问题不是专门针对哪一方面的,谁跟我们的社会主义社会发展不相适应,就要求谁适应。

我觉得这个话讲得很实在又很诚恳。时代在发展,社会在进步,是不以任何人的主观意志为转移的。社会进步和历史的车轮滚滚向前。作为基督徒,我们意识到:用当代人的语言,使用当代人的理念,向所有的人,传扬主的福音,处境化是必须的环节。神学思想的调整是处境化的细化,也是处境化的手段,其目的绝非更改信仰,而是彰显信仰,用当代人的“方言”向他们传福音。“与时俱进”既是社会发展的规律,也是神对今日教会的要求,我们当以顺服来回应为我们创始成终的主耶稣基督的呼召。

Thoughts of Theological Construction in the Chinese Church

Rev. Matthew Deng

Five years ago this November, the China Christian Council (CCC) met in Jinan and adopted a resolution to launch theological construction in China. Since then, theological construction has attracted worldwide attention. However, many people don't really understand its background and goals. Some are worried that theological construction is unbiblical and will change the basic doctrines of our Christian faith. Theological construction was not launched to alter the Christian faith; its basic purpose is to pave the way for more effective gospel ministry. In this article, I would like to clarify some basic facts and concepts about theological construction.

Historical Review

Contextualization is usually required for the Gospel to be understood correctly in a new culture. All historical churches have taken this course of adjustment, and the Chinese Church is no exception. Historically, Christianity entered China on four separate occasions. The success of the missionary efforts largely depended on the extent of the missionary's ability to contextualize the Gospel message to the host culture.

The once thriving Jin Jiao (Luminous Religion) failed to take root in Chinese soil because it failed to express the Gospel in the language of Chinese culture. It borrowed so heavily from Buddhism that people considered it a branch of Buddhism.

The Ya Li Ke Won (Religion of the Cross) in the Yuan Dynasty vanished because it developed among the Mongolian ruling class only. It made no effort to communicate the Gospel to the majority Han people. So, with the demise of the

Yuan Dynasty built by Mongolian invaders, Christianity faded away.

Jesuit missionaries came to China in the Ming Dynasty. These missionarie s adopted Chinese customs and accommodated Confucian culture. Therefore, Roman Catholicism was once successful in China. However, with the Rites Controversy and the Holy See's ban of practicing Chinese customs by Chinese Christians , Catholicism was prohibited in China and the missionaries were expelled.

Protestantism came to China in the earlier half of the 19th Century. Protestants in China have largely inherited the theological system of western fundamentalism. This fundamentalism emphasized the sinfulness of the world, the emptiness of earthly life and detachment from society and social progress.

Some fundamentalist viewpoints were so extreme as to say that the Red Dragon in Revelation is the Communist Party. Some prayed that the People's Liberation Army would be drowned in the Yangtze River just like the Egyptian army in the Red Sea. Some endorsed colonialism and claimed that the three sons of Noah (Shem, Ham and Japheth) are ancestors of the three human races: Caucasian, Asian and African. Therefore, Caucasians would live in the tents of Asians, while Africans should serve Caucasians. Extreme teachings like these were once taught by some missionaries and became prevalent in Chinese churches. It is no wonder that greater Chinese society considered Christianity alien.

After the founding of modern China in 1949, the Three Self Patriotic Movement (TSPM) advocated Self-Propagation. Not only would Chinese Christians take up the responsibility for evangelism, but they would also contextualize the Gospel to China's situation. In the 1960s, *Tian Feng* magazine discussed many questions such as, "Are believers and non-believers enemies?"and "Does participation in socialist construction invalidate one's faith?"Christians were encouraged to participate in discussions on the above topics, and good results were achieved. Yet because of ensuing social changes, these efforts were not sustained.

After the Cultural Revolution, Chinese Christians plunged themselves into the task of rebuilding churches. Affirming the unity of the Church was a priority. At that time, theology was not the church's main concern. As a result, many pastors in the Chinese Church today can be described as fundamentalists. With the influx of overseas Christian groups trying to establish their influence among local Chinese Christians, the Chinese church remains stagnant in its theological development and indigenization efforts.

After fifty years of effort, the Three-Self church has successfully adapted its theology to Chinese society in the following ways:

1. We emphasize basing our faith in the Bible and in orthodox Christianity. We aim to protect Christian believers from the controlling practices of cults, a major disruptive influence in Chinese society.

2. We emphasize a personal devotional life, drawing inner peace and strength from our Faith. We need to draw on our inner resources to contribute to the healthy and stable development of society.

3. We promote Christian ethics and morality. We are "salt and light" and aim to "glorify God and benefit society." With this in mind, many Christians have made positive contributions to the general Chinese public.

However, the backwardness of our theological thinking has also created a number of problems in contextualizing the Christian faith to Chinese society.

1. Some Christians renounce the present world and insist that human history is doomed. They refuse to participate in any efforts to better society. Earthquakes, famines and war are indicators that we should all abandon ship.

2. Some Christians divide society into two opposing factions: believers versus non-believers. Believers are treated as family and non-believers as enemies. This mentality is detrimental to our effort to relate to the rest of society.

3. Some would emphasize that love for the Christian faith would preclude love for one's country. Christians are to be apolitical. Christians listen only to God, and not to man, especially if that person is a government leader.

4. Some decry the TSPM as the servant of Caesar. It is even said that the Three-Self Movement has compromised on the headship of Christ in His Church.

5. Some Christians uphold spirituality at the expense of reason.

Some negative outcomes of this old–style theology include:

1. Widespread superstition in rural churches and materialism in urban churches. Overemphasis on the exclusiveness of the Christian faith results in incompatibility with general society. Thus, the Church attracts mainly those who lack education and who are discontent with society. Christianity as such will not be able to adapt to socialist society. This phenomenon is threatenin g the future of the Chinese Church.

2. Tension with the government. Some pastors develop negative attitudes towards patriotism and state laws.

3. Lack of sufficient understanding of the theological foundation of the TSPM. Such ignorance or disinterest threatens the selfhood and health of the Chinese Church.

4. The susceptibility of Chinese Christians to foreign influence under various guises yields another unfortunate outcome: Christians under such influence constantly live under the tension of whether one is Christian or Chinese, whether one loves God or country.

5. Many visiting friends of the Chinese Church have commented that Chinese Christianity does not have a strong theological foundation. Chinese Christians have a hard time grappling with a systematic faith.

These negative outcomes have affected the Church's ministry. Some Chinese pastors are content with quantitative growth and are oblivious to the significance of theological construction for the long–term well–being of the Church.

Contextualization of the Gospel to Chinese Culture

At present, the Chinese church is at a stage where contextualization is a critical matter. The purpose of theological construction is to create momentum to promote appropriate contextualization.

There are two prominent cases for contextualization in the Scriptures. The first is found in the Gospels, where the authors recount Jesus' life story for Gentile audiences. The second is from Acts and the Pauline epistles, in which Gentile Christians are freed from following the requirements of Jewish law.

In the first half of the 20th century, various efforts were made to contextualize Christianity to Chinese society. These efforts could be defined as "indigenization." Some church leaders raised their prophetic voices to advocate that Christianity should be transformed from an "alien religion" to the Gospel for the Chinese people.

Some theologians suggested we break free from Western theological models and interpret the Gospel through Chinese eyes. Dr. Zhao Zichen proposed to "liberate the true spirit of Christianity from the bondage of denominational confines and help the Chinese people get face-to-face contact with Christ." Dr. Liu Tingfang said that in developing a Chinese theology, Chinese Christians "should not simply copy or imitate Western theology, but should conduct independent research and interpret the truth of Christ from an Oriental perspective. Chinese Christians should be able to make this contribution to the world."

Discussions of indigenization continued after 1949. It became obvious that indigenization in this new socio-political context would mean the compatibility of Christianity with China's Socialist society. Indigenization as such is a comprehensive effort encompassing cultural, political, economic and social aspects. So contextualization is a more appropriate term to describe this development. The question for Chinese Christians at that time was: "Is it possible for Christianity to survive and thrive in a Socialist society?" After fifty years of development, the Chinese Church answered this missiological question in the affirmative. Bishop Ting's *Love Never Ends* describes how the Chinese Church has found its place in socialist China. For this reason, in 2002, *the International Bulletin of Missionary Research* honored Ting's work as one of the fifteen most significant books in missions.

The Beginnings of Theological Construction

Now I wish to describe how theological construction has become a topic on the Chinese Church's current agenda.

In 1993, leaders of all China's major religions met in Hainan to discuss how religion could become compatible with China's Socialist society. Although they agreed that such compatibility would be ideal, no one had a clear notion of how to make this happen. Bishop Ting mentioned that efforts should first be made to modernize theological thinking. After this event, Bishop Ting mentioned on many occasions that Christian theology should be updated to be compatible with China's Socialist society. This would require an adjustment of thinking for the Chinese Church.

In August 1996, Bishop Ting pointed out in a discussion with leaders of other religions that some theological concepts in today's Chinese Church were outdated and therefore incompatible with China's socialist society. In a report presented to the Sixth National Christian Conference, the term "theological construction" appeared for the first time in official documents of the China Christian Council.

In 1998, Bishop Ting addressed China's religious leaders on the necessity of theological development to catch up with society. To illustrate his point, Bishop Ting used a situation at Nanjing Seminary: that year, when the country was struggling with tremendous flooding, some people at Nanjing Seminary proclaimed that the flood was God's condemnation upon the Chinese people.

Bishop Ting's speech was subsequently published in the "Political Consultative Committee Journal." Some Christian leaders were embarrassed by his remarks and complained that it was inappropriate for Bishop Ting to use this negative example in front of non-Christians. Some said that Bishop Ting used inaccurate quotations to make his point. As the controversy rose, the National Christian Council decided to step in to provide some direction and to launch theological construction.

Some Fundamental Tenets of Theological Construction

The resolution to carry out theological construction was adopted in 1998 at the Jinan Conference. The Jinan participants all agreed on the following tenets for theological construction:

1. No change shall be made to the basis of our Christian faith. The Church's fundamental expression of the Christian faith is the Nicene Creed and the Apostles' Creed. There shall be no change to the fundamentals stated in these two creeds. No theology in the Chinese church may contradict the truths embodied in these two basic documents.

Church leaders from the US and Hong Kong visiting Wenzhou for the 12th China consultation, 2006.

2. The Scriptures are the canon for truth, and the final authority for Christian faith and practice. The Chinese Church shall make constant efforts to compare our faith to the Scriptures and to discover insight from the Scriptures for our age. The Chinese Church shall follow the guidance of the Holy Spirit in her continuous effort to find God's truth as revealed in the Scriptures and to be constantly challenged by the Word of God to change and to improve.

3. Open discussion and critical thinking are to be promoted and encouraged. Free discourse brings forth new insight that challenges old viewpoints. Diversity of opinions, and even opposing positions, are common for theological discussion. An environment for free expression should be created in order for valuable ideas to emerge.

4. The Chinese Church must make all efforts to avoid divisions during the course of theological construction. No single theological school shall be enthroned as an "official" system in exclusion of others. Civility should be exercised regarding

different theological opinions. Uniformity shall not be imposed and is not the goal.

5. Theological construction is a natural continuation of the development of the Three–Self concept.

6. The objective of theological construction is for Christian theology to be contextualized with Chinese culture, or the incarnation of Logos into China.

Highlighted Topics for Theological Discussion

1. What is the position of man in God's creation? Although the first man failed and was corrupted, are human beings totally worthless in God's eyes?

2. What is the relationship between creation and redemption? Can we say that God's creation fails with the fall of the first man? Why would God redeem us? What is the relationship between creation and redemption?

3. What is the relationship between believers and non–believers? Who is in the scope of God's love? How shall the believing relate to the unbelieving? Accept them or alienate them? What is Christian holiness? What does "set apart to be holy"mean? What is the relationship between faith and good works? Can Christians live in sin?

4. What is the relationship between the Church and the State? Is love of God incompatible with love of one's country? Can we love the Lord and at the same time support the Communist Party? Shall we be totally separate fro m non – believers? Shall Chr istians submit to God alone and not to any temporal government on earth? Shall we listen to the Lord alone without listening to people? Is the Church, a spiritual entity, free from human administration? Is it appropriate for believers and the Church to listen to the government?

5. How can we understand the work of the Holy Spirit? Shall we say that the power of the Holy Spirit is not present if there is no singing of spiritual songs, no spiritual dancing, or no speaking of tongues in that congregation? Shall we say that a church is lifeless because it does not exercise these charismatic gifts?

6. How can we understand the universality and locality of the Church? How can

we understand the relationship between the parts and the body? Shall Christians be "apolitical"? Is "Love for Church and Love for Country" analogous to "Both God and Mammon"?

7. Is the goal of Christianity the end of the world? Is the whole world under the evil one? Is the end of the world its destruction?

8. Shall we say that we should not use our human mind to understand spiritual things? Shall we say that reason not only cannot help us understand God, but actually leads us away from God? Shall we say that God's revelation was given once and for all? Shall we say that progressive revelation is against the Scriptures?

Justification by Faith

Bishop Ting talked about "*dan hua*," the doctrine of "justification by faith," in a conference held in Beijing. *Dan hua* can mean "de–emphasize" in the Chinese language. It can also mean "low–key" or "non–advocating".

Some people have been uncomfortable with *dan hua*. Some suspect that *dan hua* means deleting "justification by faith" from the body of Christian doctrine. This is far from the truth. Allow me to explain by quoting the words of one of my younger colleagues.

One day we were at the same breakfast table with Bishop Ting. Bishop Ting asked our opinion of *dan hua*. My younger colleague spoke first, "There is nothing wrong with *dan hua*. *Dan hua* is not the same as deletion or cancellation. *Dan hua* is simply not emphasizing too much. If we don't emphasize something, that is de–emphasizing." He went on to say that Marxism used to emphasize the saying "Religion is opium to the people." But in recent years, this "opium" analogy has been de–emphasized. This Communist strategy of *dan hua* is to win cooperation from people with religious faith.

Yet people may still ask, "Will this *dan hua* change our Christian faith?"

I want to say that *dan hua* will not change our basic belief. *Dan hua* has been proposed for the purpose of promoting the Gospel so that contemporary Chinese people will understand more accurately what Christians believe and practice.

First, "justification by faith"is an abbreviation of the Reformation saying "justification by grace through faith." It means that God's grace precedes humanity's action of accepting Him. Human beings are accepted by God because of His prevenient grace. God's salvation for mankind has nothing to do with human efforts to earn God's favor. The only appropriate human response to God's grace is acceptance and reliance on Him. By being open to God's grace, we are justified and our relationship with God is restored. This concept is an important breakthrough in Church history since it re-established the position of grace in the Christian theological system.

Second, "justification by faith," the abbreviated form of "justification by grace through faith," has caused much misunderstanding in the Chinese Church. To be blunt, the Chinese translation of "justification by faith" is an inappropriate rendering of the Reformation saying. The word "justification" in Chinese can be understood as "morality" or "uprightness." "Justification by faith" is therefore often misunderstood, particularly among those outside the Church: "Christianity does not advocate good behavior. Those who believe are automatically good and moral people regardless of reality. And in contrast, those who are not believers are immoral and will deserve hell."

Some Christians take "faith" as a magic spell, protecting them from the effects of deliberate sins and assuring their places in heaven. This attitude has caused strong reactions and antipathy towards Christianity among non-believers.

Third, classical theological concepts like "prevenient grace", "grace alone" and "reconciliation with God through grace"are more appropriate and easier for the Chinese Church to understand than the bungled translation of "justification by faith." The purpose of *dan hua* is to affirm that our salvation is not by our own works, nor by the good works of "believing."It is a gross misunderstanding of the Gospel to treat "believing" as a primary good work that merits salvation. In order to purge this misconception of the Gospel, we propose that the intended meaning of "justification by faith" be more appropriately expressed so that the Gospel may be better communicated to the Chinese people.

Conclusion

A colleague of mine once asked," Why should Christianity become compatible with socialist society and not vice versa?" Interestingly enough, at a government meeting not long ago, Mr. Wang Liping, Chairman of the Shanghai Municipal Political Consultative Committee, commented," Who said that the religious community is the only one that should become compatible with socialist society? Communists also need to adjust to be compatible with society. The expectations on us are even more demanding. For example, we now have a market economy. Yet many Communist Party members still retain the old mentality of a planned economy. This mentality is incompatible with present society. Of all people, Party members should be the first to change their mindset."

In order for the Gospel to be proclaimed and for God's Kingdom to expand, Christians need to communicate the grace of God using contemporary words and concepts. Our purpose is to preach the Gospel to all people, including the new generation. Contextualization is necessary for the Gospel ministry and theological construction is a tool for contextualization. The purpose of theological construction is not to change our Christian faith, but to preach the gospel in the language of this time. The greatest challenge to the Chinese Church today is to obey the call of our Lord Jesus Christ for this generation.

基督教哲学在中国:理论和实践的考察

赵敦华

一、什么是基督教哲学?

“基督教哲学”这一概念似乎是顺理成章的,正如人们很少质疑“佛教哲学”、“伊斯兰哲学”或“宗教哲学”等概念的合理性一样。但是,精于概念梳理的西方哲学家从来就没有放松过对“基督教哲学”是否可能这一问题的考查。从历史上看,围绕这一问题展开的争论,比较大的计有三次:第一次发生在早期教父中间,第二次发生在本世纪初的新经院哲学家中间,第三次发生在英美分析哲学家中间。我们可以看一看,从这三次争论中,我们能够得出什么样的结论。

1.中世纪的基督教哲学

基督教诞生伊始,耶稣和他的使徒都强烈地反对犹太教的法师和文人以及希腊哲学家的理性骄傲和文化歧视。使徒保罗在雅典与哲学家辩论,他引用经文说:“我要灭绝智慧人的智慧,废弃聪明人的聪明。”(哥前 1:19),他并警告信徒不要让人“用他的理学和虚空的妄言,不照着基督,乃照着人间的遗传和现世的哲学,就把你们掳去”(歌 2:8)。大多数教父把保罗所反对的哲学理解为希腊人的哲学,他们针锋相对地提倡“野蛮人的哲学”或基督教的哲学。但是,也有人从字面上理解经文,把希腊哲学等同于哲学一般,因而笼统地反对一切哲学。德尔图良就是其中的代表。他有一句名言:“耶路撒冷与雅典能有什么关系呢？"[1]前者代表基督教信仰和经文，后者代表希腊理性和哲学。基督教是否一定要在"耶路撒冷与雅典"两者之间作非此即彼的选择？这是关系到基督教是否能够拥有自身哲学的问题。直到奥古斯丁那里，这些问题才有了当时人们能够普遍接受的答案，基督教哲学的合法性才被确定。

奥古斯丁认为，信仰与理性思维之间并没有矛盾，因为信仰属于"思想"范畴，但并非所有思想都是信仰，信仰只是"用赞同的态度去思想"；[2]反之，用怀疑、批判和反对的态度去思想，都不是信仰，而且是与信仰相矛盾的。除了相同和相反这两种关系之外，理性与信仰还有第三种关系，那就是目标与路径的关系。奥古斯丁把信仰所导致的理性知识叫做理解。他提出了一个著名口号："信仰寻求理解"。这句话的意思并不是强调信仰的不足，似乎没有被理解的信仰只是刚刚起步的不成熟的信仰；奥古斯丁的意思是强调信仰对于理解的先在性。信仰之"寻求"有三个意思：第一，信仰是理解的出发点，第二，信仰是直到如何理解的方向，第三，信仰是达到正确理解的途径。奥古斯丁本人对此的解释是："信仰寻找，理解找到，这就是为什么先知说：'除非你们相信，你们将不会理解'。"[3]

奥古斯丁关于信仰与理解关系问题的论述为基督教哲学提供了神学上的依据，中世纪的基督教哲学家虽然在信仰与理解之间有不同程度的侧重，但"信仰寻求理解"是他们的主调，从安瑟尔谟到阿奎那，莫不如此。

2.本世纪初关于基督教哲学的争论

中世纪哲学家对待哲学与神学、理性与信仰的方式在本世纪初受到质疑：他们真的创造了一种与其他时期的哲学迥然有别的基督教哲学吗？法国著名哲学史家伯里哀(他于20年代出版的5卷本《哲学史》至今仍是最好的法文哲学史著作)在"有基督教哲学吗"一文中首先提出了这样的质疑，并作出了否定的回答。[4]他指出"基督教哲学"从一开始就是一个自相矛盾的概念。这一矛盾在奥古斯丁

---

① 参阅拙著《基督教哲学1500年》，人民出版社，1994，第105—106页。

② 参阅拙著《基督教哲学1500年》，第143页。

③《论三位一体》，卷5，2章2节。所引经文见以7:9，今译为："你们若是不信，定然不得立稳"。

④ E. Brehier, "Ya-t-il une philosophie christienne?", in Revue de Metaphsique et de Morale, 38(1931), pp.131--62.

那里表现为作为创世的永恒之道的希腊哲学观念与作为救赎的成肉身之道的基督教信仰之间的矛盾,这一矛盾导致了奥古斯丁神学被分裂为两部分:非基督教的哲学和非哲学的基督教。同样的矛盾也表现于阿奎那的神学之中:他一方面恪守"哲学是神学婢女"的神学信条,另一方面又相信"理性自主"这一希腊哲学的观念。阿奎那神学中的理性受到双重约束:一方面有来自上面的信仰的约束,另一方面又要依赖较低级的感觉来实现自身;这样一来,原先被肯定的理性的自主性又被否定了,这又是一个矛盾。

伯里哀的观点得到了不少新经院哲学家的支持,他们围绕经院哲学是否基督教哲学的问题,在该派别内部开展了一场激烈的争论。大多数经院哲学家否认经院哲学属于基督教哲学,因为历史和现实中根本不存在所谓的基督教哲学,他们的意见可被概括为以下几点。

第一,从历史上看,经院哲学属于永恒哲学(philosophia perennia)的传统。这一传统并不完全属于基督教,它开始于基督教诞生之前的希腊哲学。中世纪哲学家在希腊哲学消亡之后忠实地继承与弘扬了这一传统。同样,近现代许多哲学家,不论他们与基督教关系如何,也对这一传统作出了重要贡献。新经院哲学家自认为是永恒哲学的忠实继承者和代表者,其原因并不在于他们是忠实的基督徒,而在于他们正确地、充分地使用了上帝赋予人类的自然理性,因而才能忠实地继承永恒哲学的传统。虽然从事永恒哲学的许多人都是基督徒,但这并不能证明永恒哲学是基督教哲学。研究者的社会属性并不能决定他所研究的学科性质,正如许多基督徒对数学、物理学、生物学作出了开创性的贡献,但不能说他们从事的是基督教数学、基督教物理学、基督教生物学。

第二,从理论上分析,哲学与信仰之间并没有必然的、内在的联系。哲学属于理性知识的体系,不屈服于任何权威,不相信任何经不起理性推敲的证据和意见;哲学的精神是批判精神和怀疑精神,是在否定权威的、流行的、盲从的偏见和成见的过程中创立和发展的。另一方面,基督教是信仰体系,绝对相信天启、神迹和圣经的权威,理性仅起附属的、派生的、第二位的作用。虽然哲学家和基督徒都谈论上帝,但哲学家的上帝不同于亚伯拉罕的上帝。哲学与信仰应是两种独立的、平行的、在各自领域行使正当作用的体系。"基督教哲学"这一概念都混淆了哲学与信仰的区别,把两种根本不同的体系合并为一种无所不包的"大全",其结果是既损害了哲学的理性,又不利于基督教的信仰。

第三,从事实上看,历史上和现实中的一些哲学家与教会有密切关系,他们的学说受到教会的赞扬和提倡。比如托马斯主义受到罗马天主教廷的推崇。但是,一种哲学与教会的联系也不能说明这种哲学是基督教哲学,因为这种联系是偶然的,是在某种特定的社会历史条件下产生的。教会的态度与某种哲学的正确性也无必然联系。在中世纪,很多被教会谴责为异端的思想具有永恒的哲学价值,一些被教会推崇为权威的正统思想在哲学史上并无地位。教会与某种哲学的关系表现了意识形态对哲学的影响,这种影响是外在的,在很多情况下对哲学的发展起到阻碍作用。

针对上述反对意见,新经院哲学的哲学史家吉尔松力挽狂澜,竭力论证基督教哲学的合理性和合法性。他指出:"只有从天启与理性之间的内在关系出发,才能赋予'基督教哲学'一词以积极的意义"。[①]从历史上看,基督教信仰赋予哲学新的内容。若无信仰,中世纪哲学家不可能完成对古希腊哲学的改造。中世纪哲学的各方面成果,如本体论,因果观、天命观、人生观、灵魂观、自由观、道德观、自然观、历史观等等,都不是对古代哲学的简单重复,而是把信仰与希腊哲学结合在一起的产物,因此,中世纪哲学是基督教哲学。吉尔松说:"中世纪哲学的精神是基督教深入希腊传统的精神,它在希腊传统之中工作,并从中抽取出某种世界观,基督教的世界观。在主教座堂之前已有希腊神庙和罗马会堂的存在,但不管中世纪建筑在多么大的程度上借助于它的前身,它是特别的,它所包含的富有创造性的新精神无疑是激励着那个时代的哲学家的新精神。"[②]近代以降的哲学家虽然大多批判中世纪士林哲学,但仍然自觉地或不自觉地运用信仰。信仰对他们不是外在的前提或被迫接受的教条,而是运作在理性思维过程之中的精神动力、目标和式范性的原则。哲学史证明,信仰与哲学关系不是外在的,而是内在的;信仰赋予哲学的不是消极内容,而是积极的促进因素。正是根据两者之间内在的、积极的联系,吉尔松提出了"在信仰中建构哲学"的主张。凡是符合这一要求的哲学,就是基督教哲学。在他看来,经院哲学是典型的基督教哲学,这并不是因为它

---

① E. Gilson, The Spirit of Medievial Philosophy, London, 1936, p.35.

② The Spirit of Medievial Philosophy, p. viii.

与天主教会的历史联系,更不是因为它承认教会的意识形态的影响,而是因为经院哲学家根据自己对信仰的理解,对以往的哲学成果加以批判、改造和继承,从而使永恒哲学的传统成为揭示上帝的真理的过程,达到了哲学与天启的统一。

3.当代英美哲学家的基督教哲学

当新经院哲学内部围绕基督教哲学的合法性展开争论的时候,英美哲学界也在否定信仰与理性的结合。本世纪初兴起的分析哲学依据证实原则,否认宗教和道德命题的意义。大多数早期分析哲学家都认为,宗教信仰只是一种主观情感或体验,没有事实作为依据;表达信仰的命题不能被事实证实或证伪,因而没有意义,应从哲学的领域(其合法的任务和方法只是澄清语言的意义)驱逐出去。①

但是,半个世纪之后,英美哲学界却出现了一股回归基督教哲学的潮流;更出人意料的是,英美的很多哲学家是用当初被用来反对基督教哲学的分析哲学的方式来从事基督教哲学的。②这些人组成了“美国基督教哲学家协会”(American Society of Christian Philosophers),从属于“美国哲学协会”,现有成员一千多人。他们出版了《信仰与理性》(Faith and Reason)的刊物,提倡“基督教哲学”或“有神论的哲学”(Theist Philosophy)。从1994年到今年,北京大学哲学系和宗教学系已经与这个学会联合举办了12届“中美哲学宗教学研讨会”,每年一届,有不同的主题,在中国不同地方的大学举行。除了北大之外,厦门大学、山东大学、复旦大学、四川大学、武汉大学都承办过会议。经过多年的交流,中国学者对当代英美的基督教哲学有了比较全面和深入的理解。由中国学者翻译的《当代西方宗教哲学》一书,从《信仰和理性》的刊物上选编了有代表性的论文。这些论文内容很丰富,涉及“理性与信仰”、“上帝存在”、“神正论”、“上帝的属性”、“神迹”、“死亡与不朽”和“宗教对话”等领域。③在“理性与信仰”的关系问题上,英美

---

① 关于分析哲学家反对把宗教信仰哲学理性化的主张,见 A. Flew & A. MacIntre, eds. New Essays in Philosophical Theology, SCM, London, 1955.

② 关于英美哲学的这一趋向,见关启文著,“基督教与近代文化:基督教与分析哲学和存在主义的对话”,《基督教与近代文化学术研讨会(1999年7月)论文集》。

③ 斯图沃德编,《当代西方宗教哲学》,周伟驰等译,赵敦华审订,北京大学出版社,2001年。

的基督教哲学家针对早期分析哲学的批评提出了一系列的反批评。他们指出,从语言分析的角度看问题,当初反对基督教哲学的理由都不能成立,从而从新的角度、用新的方法来界定基督教哲学。

主张哲学与基督教分离的人说,哲学与信仰只有外在关系,哲学家是基督徒这一事实不足以使他的哲学成为基督教哲学, 正如哲学家是男人这一事实并不能构成某种"男性哲学"一样。针对这种观点,基督教哲学家反驳说,基督教信仰虽然不是哲学, 但它与哲学的关系要比与数学等与人的灵性无关的学问密切得多,信仰与哲学的关系的密切程度也不是性别与哲学的关系所能比拟的。①

反对基督教哲学的人不能否认哲学与基督教信仰有密切联系这一历史和事实,但他们否认这种理性对哲学有任何积极的作用,尤其强调这种联系有损于哲学的自主性。针对这种观点,普兰丁格等人提出了"观点主义"(perspectivism)的主张,其意义是,任何哲学理论都有先入为主的观点,没有这种观点的确定中立的哲学是不存在的。普兰丁格说:"我们把许多做哲学之前就已经有了的信念带入哲学之中,我们不得不这样做。问题的关键在于,基督徒有权恪守他们做哲学之前的信念,正如其他人有权这样做一样。"②

反对基督教哲学的人虽然不否认哲学理论不可避免地有一些前提, 但他们说,这些前提是有理性的人都可以接受的,基督教哲学的前提则不同,它是理性以外的,只对那些愿意接受它的人才有效。对此,基督教哲学家反驳说,并没有一个所有人或大多数人都可以接受的理性前提,在其他门类的哲学,如心灵哲学、科学哲学和政治哲学里,人们常常为所依据的前提不同而争论不休,这种状况并不影响这些学科成为哲学,为什么基督教哲学家采用了别人不能接受的前提(信仰)就不能成为哲学了呢?③

反对信仰与哲学相结合的又一重要理由是,哲学的理性有经验作为基础,信仰则是经验不能证实或证伪的。基督教哲学家的反驳是,两者的差别不是有无经

---

① A. F. Holmes, Christianity & Philosophy, IVP, 1969, pp.15—18.

② A. Plantinga, "Advice to Christian Philosophers", in Faith & Philosophy, 1 (1984), p. 268.

③ P. Van Inwaen, "Some Remarks on Plantinga's Advice", in Faith & Philosophy, 16 (1999), p. 166.

验基础的问题，而是有什么样的经验基础的问题。信仰也是有神秘体验的根据的。神秘体验也是一种类型的经验，正如詹姆士在《宗教经验种种》一书里阐述的那样。更重要的是，对于哲学理论而言，一般意义上的经验与神秘经验具有同样的作用。正如分析哲学家奎因等人反对"经验主义教条"所说，经验没有中立的客观性，离不开理论指导，因条件不同而不同的差异性和相对性。经验的这些一般特征，神秘体验也具备。奥斯顿反问道，人们不因为经验的这些特征而否认经验命题能够成为哲学的基础，为什么神秘体验具有这些特征而被视为与理性相对立的局限性，成为否认信仰能够成为哲学的基础的理由呢？这岂不是使用了"双重标准"吗？①

当代英美的基督教哲学家不只是反驳人们的质疑，而且从正面论证基督教信仰。普兰丁格说："用哲学家群体能够接受的语言去反驳相反的意见或论证自己的意见，这是应该做的，但不是要全力以赴做的工作。否则的话，我们就会忽视一项迫切的工作，那就是，把对哲学问题的基督教的思考加以澄清，并加以系统化和深化"。②这里所述的"澄清"与分析哲学的澄清语言意义的工作是一致的。英美的基督教哲学家使用分析哲学的方法，包括逻辑分析的方法、日常语言分析方法等来论证传统的基督教哲学的命题。比如，普兰丁格使用模态逻辑，提出了一个关于上帝存在的本体论证明的现代新版本；克雷格也提出了一个关于上帝存在的宇宙论证明的新版本；在诸如人类的罪与恶、上帝的救赎与神恩、天启与奇迹等问题上，他们也都力图用逻辑和语义分析的方法，证明它们的合理性或可理解性。③如果说，中世纪的经院哲学家使用传统逻辑的方法（即他们所谓的辩证法）把信仰加以系统化和深化，英美基督教哲学家使用现代的逻辑和语言分析的方法，也起到了同样的作用。

---

① W. Alston, Perceiving God, Cornell University Press, 1991.

② A. Plantinga,"Advice to Christian Philosophers", in Faith & Philosophy, 1 (1984), p. 268.

③ 他们的成果集中收集在 Anthology of Contemporary Philosophy of Religion, ed. by M. Stuward, 该书的中译本将由北京大学出版社出版。

4.“基督教哲学”的界定

通过上述历史性的考查,我们可以看出,基督教哲学不是一个理论体系,甚至不囿于一种学说;毋庸说,它是一种历史传统,即用基督教的观点来处置哲学问题的传统。这一传统有两个显著的特点:一是从希腊哲学开端的、在中世纪发扬光大的“永恒哲学”的传统;二是在信仰之中建构哲学。在上面所说的新经院哲学内部的争论中,这两条是对立的:一些人反对“基督教哲学”的概念而提倡“永恒哲学”的传统;反之,提倡基督教哲学的人强调信仰与哲学的结合而否认有一以贯之的永恒传统。我们认为,这两条是可以兼容的。因为,“在信仰中建构哲学”只是基督教哲学的必要条件,但不是它的充分条件。在信仰中建构出来的哲学并非都是基督教哲学。比如,中世纪有些这样建构出来的哲学不符合“永恒哲学”的传统;这些在当时被当作是权威的哲学到后来被人们正当地当作神学。又如,近现代有些哲学家虽然主观上要坚持哲学的自主性而与信仰分离,但他们的信仰仍在潜移默化地起作用,并且,受到这种作用的哲学符合永恒哲学的传统,那么我们也可以把他们的这些哲学思想归于基督教哲学;或至少可以说,这些理论是隐型的基督教哲学。是否符合基督教信仰,有客观标准,这就是要看是否符合《圣经》。对《圣经》可以有不同的理解,但理解也不是主观任意的,自称是正确的理解,一不能与《圣经》的基本教义相矛盾,二不能与理性的基本规则(如逻辑的规则)相矛盾。基督教哲学中的信仰解决第一方面的矛盾,“永恒哲学”的传统解决第二方面的矛盾。

我们可以给西方历史上和现实中的基督教哲学下这样一个宽泛的定义:所谓基督教哲学,是指按照永恒哲学传统的需要和标准,以《圣经》为依据,在犹太—基督教信仰中建构出来的哲学。按照这一界定,基督教哲学应有三个要素:(1)符合《圣经》,(2)永恒哲学传统,(3)在基督教信仰中建构出来。“永恒哲学”即西方哲学的传统,基督教哲学是这一传统之中的一个特殊门类。因此,它的问题、概念、方法和风格与西方哲学其他体系和派别相比,既有历史的连续性,又有自身特殊性。基督教哲学的口号不是“耶路撒冷或雅典”,而是“耶路撒冷和雅典”。一部基督教哲学在西方的历史就是不断重新解释犹太—基督教和希腊思想的历史。

二、基督教哲学在中国传播的条件

基督教哲学到底有没有意义，它的意义是什么？这些问题对于中国人而言，首先不是一个理论问题，而是一个实践问题，即，基督教哲学能不能适合中国的国情和需要？

一般来说，基督教如果对中国现代文化可能产生一些积极的作用，那么，这种作用必定是它能够适合中国文化思想发展需要的一面。中国现代文化曾从西方文化借鉴了不少东西，但由于历史上的藩篱，被借鉴的基督教成分甚少。我们现在来分析一下，这些藩篱是如何造成的，又应如何克服呢？

中西文化的全面遭遇，是在明末清初天主教传入中国时开始的。但是，基督教(天主教以及后来传入的新教)与中国文化之间的相互理解和沟通，却遇到了重重障碍。具体地说，传教士与中国儒家和佛家各自坚持他们的信仰，无法在学理上深入讨论对话。近代基督教各派随着帝国主义侵略势力再次进入中国，激起了中国人"图存保种"的民族主义情感和反抗情绪，当然也不可能对基督教思想进行理性的分析和批判。"五·四"之后，西方思潮涌入中国，知识分子普遍接受了"民主和科学"的观念，但在当时的理论条件下，"民主"是功利主义式的民主，"科学"是实证主义式的科学。两者都是18世纪的启蒙运动纲领的延伸，带有激烈的批判宗教的世俗主义色彩。而后，马克思主义取得全面胜利，也继承了启蒙运动以来的传统，对宗教进行意识形态的批判。基督教更是被谴责为中世纪黑暗时代的代表者，科学和民主时代的落伍者。综上所述，基督教与中国文化之间存在着三大藩篱，即，信仰、民族情感和意识形态。

现在海内外不少有识之士都意识到基督教与中国文化和哲学对话的重要性，积极从事两者的"会通"和"融合"。但是，历史上"信仰"、"民族情感"和"意识形态"三大藩篱如何在现实中仍然存在，对话还很难获得突破性进展。与此同时，在中国出现了一股不大不小的"基督教文化热"。文化问题的核心是哲学。"基督教文化热" 给人的一个启示是，中国人比较容易从哲学上理解和接受基督教思想，而对基督教神学却比较生疏。特别是像基督学、三一神论、原罪说、末世论、救赎论、灵修学和圣事等神学分支，对大多数非基督徒而言，更是难以理解，对中国现代文化很难产生多么大的影响。反之,基督教哲学的本体论(形上学)、知识论、伦理学的观念以及在政治学、经济学、科学、社会学、人类学和历史学、文学艺术等文化领域的应用,是中国人所熟识的西方文化的一部分,有些已经被吸收到中国现代文化之中。

中国人对西方哲学的长期介绍和了解也为中国人接受基督教哲学准备了理论条件。本世纪中国大量译介引入西方哲学,达到两个高峰期,一是"五·四"运动之后的二、三十年代,二是改革开放之后的八九十年代。从古到今的西方哲学主要著作都已被译成中文,重要的西方哲学流派也得到广泛介绍和深入研究。所有哲学系都开设了西方哲学的必修课,没有哲学系的大学也有西方哲学方面的课程。可以说,中国人对西方哲学的了解比西方人对中国哲学的了解更胜一筹。在这样的理论条件下,把基督教哲学作为西方哲学的一部分来讲授和研究是一件顺理成章、水到渠成之事。

就中国基督教而言,有一个如何处理基督教哲学与神学的关系问题。我们所理解的基督教哲学不像西方人理解得那样狭窄,它也包括西方人所说的教理神学的某些基本问题,如圣三、神迹、天启、神学德性等,也可以从哲学角度加以研究。总之,我们所要从事的基督教哲学的内容是中国化的。凡是中国人易于理解和接受的,适合中国文化需要的基督教思想,都应该包括在基督教哲学范围之中。这样做的结果是一方面避免了对基督教哲学的狭窄理解,另一方面也避免了用信仰来囊括神学和哲学的囫囵吞枣式的理解。

基督教哲学与神学的关系问题在西方是一个莫衷一是的问题,不同的派别或倾向有不同的神学,因而也有不同的哲学观念。现在,很多中国人看待基督教,已经摆脱了特定派别的影响,这应该说是一个进步。在这种情况下,我们提出的基督教哲学,以《圣经》和"永恒哲学"的标准,能够把不同的神学观点有机地结合起来。这不但摆脱了不同神学派别之间的一些无谓争论,而且有利于基督教内部各派的和解和联合。

三、基督教哲学对中国现代文化的建设意义

以上从历史和现实的角度谈基督教哲学在中国传播的条件,以下要着重谈

一谈它对中国现代文化的理论意义。为了说明这一点,我们首先回顾一下基督教在西方的命运。从价值论(axiology)的角度看问题,任何成熟的文化都有一个关于真、善、美、圣的价值体系作为其核心。基督教哲学在西方的重要地位是由它对西方文化的重要贡献所决定的,这就是它对于西方价值体系的重要性。基督教对西方文化的特殊贡献在于,它整合了希腊理性精神、希伯来宗教精神和罗马法治精神,建立了一个神圣价值体系。

这一体系在中世纪占据绝对统治地位。17世纪开始的现代化进程实质上是世俗化，原来在西方文化居核心地位的基督教神圣价值观逐渐被排挤到边缘地位，以人类中心主义和科学唯理主义为代表的世俗价值观和世界观占据了中心位置。然而,80年代以后,后现代主义兴起,猛烈地冲击着西方现代文化。后现代主义并不是现代主义的对立面,而是现代主义的世俗化倾向的极端化;它与现代主义一样,作为世俗文化的代表与一切形式的神圣文化相对立,包括与现代主义中残存的或蕴含的神圣因素相对立,比如,现代主义所推崇的大写的“人”和“理性”就是这样的因素,因而遭到后现代主义的批判。后现代主义的“反人本主义”和“反理性主义”实际上是启蒙主义对基督教神圣价值观的批判的彻底化。他们的逻辑是,“上帝死了”之后,人也死了,因为大写的“人”是上帝的替身;信仰主义消亡之后,理性主义也消亡了,因为权威的理性只是信仰。这个逻辑并不错,有错的只是前提。正如尼采所理解的那样,“上帝死了”意味着神圣价值的颠覆。我们还可以补充说,“信仰消亡”意味着没有一切规矩,理性的规矩也无法维持。“如果上帝不存在,什么事情都可以做”,这种想法正是一切相对主义、怀疑主义和虚无主义的理论所依赖的思想前提。

后现代主义虽然不可能超越现代主义而成为独立的文化形态,但它的前提、逻辑和结果都暴露出现代主义的内部矛盾,使现代主义陷入困境,甚至造成了西方文化和精神的危机。要走出这一危机,当然不能沿着从现代主义到后现代主义的路线。现代主义的弊病和后现代主义的乖谬都要靠改变它们的基本前提,才能得到诊治。前提的改变也是一种价值转换(transvaluation),即从彻底的世俗价值观转变为神圣与世俗相结合的价值观。要完成这一价值转换并不意味着回到前现代。仅仅依靠基督教的价值观也难以实现这一价值转换。因此,西方有识之士都认识到在其他传统,尤其是东方传统中吸收他们所需要的文化资源,以匡正西方现代主义与后现代主义所带来的偏差。[①]

基督教哲学对于西方文化的重要性仅仅是我们考虑问题的开始，我们并不是为了西方文化的目的而研究基督教哲学的。我们的目的是中国现代文化和哲学的建设。围绕着这一目的，有两种貌似完全相反的主张，一是中体西用，一是全盘西化，当然还有一些中允之论，如中西合璧，综合创新。那么，基督教哲学的研究是否会引起一些有建设性的新主张呢？这是需要我们深入思考的问题。我们说，中西文化的比较和沟通需要以中国哲学与基督教哲学的比较为突破点和生长点，中国现代文化建设所需要的一些资源可从基督教哲学汲取。

中国现代文化发生的时间较晚，此时，西方现代主义已发展到高峰期，它强劲地影响着世界化和现代化的进程。有鉴于此，我们便不难理解，中国现代文化的世俗精神特别鲜明，这不仅表现于对自己传统的神圣因素的藐视，而且体现在对一般宗教精神的排拒。另一方面，我们也应看到，正如西方启蒙运动以来的现代主义依然保留着一定的神圣价值观，中国现代文化也不乏神圣的因素，这主要表现在马克思主义之中。马克思主义具有神圣性的一面，这是很多人都已看出的道理，有些人因此把马克思主义也看作是一种宗教。我们宁愿相信，马克思主义所具有的神圣因素是非宗教性的。宗教不等于神圣价值体系，有些神圣价值体系是非宗教的，有些宗教实际上是世俗价值体系。马克思主义基本上是世俗的世界观和价值观体系，但其中不乏神圣价值观因素，比如，它的终极目标、历史决定论、革命精神、集体主义和利他主义的道德，都包含有超越人的神圣因素在起支撑作用。也正是这些因素，在五、六十年代支撑着中国人民的精神和社会的稳定。

正如西方现代主义所包含的神圣因素正受到彻底的世俗文化和极端的后现代主义的冲击，中国现代文化所具有的革命精神也面临着由于社会变动、思想解放和精神多样化带来的新情况的挑战。于是有人惊呼“信仰危机”，有人感叹“世风愈下，今不如昔”。对于行将失落的神圣价值观，有人主张利用宗教和传统观念来补偿。比如，现在教会内人士提倡基督教处境化(contextualization)，积极与中国传统文化对话。再如，新儒家站在“本位化”的立场，试图从儒家传统里开发出

① 更详尽的分析，见拙作：“超越的循环：基督教现代性和后现代性三种文化类型的互动关系”，高师宁，何光沪编，《基督教文化与现代化》，中国社会科学出版社，1996。

适合于现代世俗社会的神圣价值观。还比如,当前以孔汉思为代表的普世宗教运动正在推动“全球化”(globalization),要在宗教间对话的基础上建立“全球伦理”。应该看到,在中国社会的现有条件下,可供选择的文化资源还很多,不但有已经中国化了的马克思主义,而且有中国文化传统的优秀成分,还有西方文化中合乎中国国情的成分。①

我们在前面界定的基督教哲学,对于中国人全面理解西方文化传统,对于中西文化比较和会通具有积极的意义和作用。我们在此还要进一步强调,对于中国现代文化所需要的神圣价值观,基督教哲学也可提供必要的资源。应该看到,基督教的信仰与教义与中国传统文化确有一定的间隔,有一些差异是带根本性的,看起来是不可弥合的。两者需要经过某种中介作用,才能进行有效的对话,并最终走向融合。我们以为,这种中介不是别的,那就是基督教哲学与中国传统哲学之间的比较。不管哪一种哲学,都是通过理性的解释,把特殊的信念加以合理化,使之具有最大限度的普遍性与必然性。经过这样的哲学解释和理性处理,基督教与中国文化之间的差异会得到理解,间隔会被打通。比如,基督教的原罪说与儒家的性善论看起来是水火不相容的。但仔细的哲学分析可以表明,基督教哲学家关于原罪的解释并没有否认人性中的善的一面,他们通过对恶的原因的分析,强调的是趋善避恶的艰巨和道德抉择的严峻。另一方面,儒家也从不回避人的堕落的可能性和恶的现实性,他们从天人关系的高度,论证了道德自律的思想。基督教原罪说中关于意志自由的思想和儒家性善论中关于道德自律的思想是人类道德的两条普遍原则,这两种学说不是针锋相对的,而是可以取长补短的。②在其他一些重要问题上,如儒家的“天”和基督教的上帝,儒家的天人关系与基督教的神人关系,儒家的天道观与基督教的自然律,都有相通可比之处,两者都有神圣与世俗相结合的价值观;只不过两者的侧重不同,表达方式不同。通过理性解释和哲学比较,基督教哲学体现的神圣价值观可以与中国传统的价值观相结合,并能适应中国现代文化对神圣文化的需要,甚至可能被吸收在中国现代文化之中。

---

① 关于基督教与中国文化建设关系,详见拙作:“基督教与中国传统和现代文化”,《天津社会科学》,1997年第五期。

② 参见拙作:“中西传统人性论的公度性”,《北京大学学报》,1996年第2期。

四、研究基督教哲学的中国径路

基督教哲学与中国传统哲学的比较,不仅是必要的,而且是可行的;从某种意义上说,这是研究基督教哲学的中国径路。在我们踏上这条径路之前,我们来考查一下,为什么这是一条可行之路。

基督教哲学与中国传统哲学的比较属于跨文化比较研究范畴。在这一广泛的研究领域,人们首先遇到的是一个方法论的问题:不同的语言、文化和思想系统之间究竟有没有“公度性”(commensurability,又译为可公约性)、可比性(comparability)和“兼容性”(compatibility)的问题。在当代科学哲学和认识论领域,一些极端的相对主义者提出了“无公度性”的主张,否认不同的范式(语言的、科学的和信仰的)之间有高低优劣的可比性。很多人依据种种不同的理由,在各种不同的领域反驳“无公度性”的主张。值得注意的是,一些基督教神学家和哲学家认为,不同的宗教信仰是可比的,但却是不兼容的。最近,《维真学刊》翻译发表的阿兰·托伦斯和普兰丁格的文章,充分地表达了主张基督教与其他宗教和哲学不相兼容的“相斥主义”的立场。我们要正视“无公度性”与“相斥主义”的挑战,推进基督教哲学与中国传统哲学的比较。

1.可比性问题

应该承认,过去中西比较哲学有一个通病,那就是找错了对象;比如,拿当代西方哲学家与中国古代圣贤相比,拿西方以逻辑和知识论为中心的哲学派别与中国以伦理和宇宙论为中心的哲学派别相比,拿正在流行的西方价值观与已经或行将没落的中国传统价值观相比,而没有考虑它们之间有无可比性的问题。这些是跨文化的比较研究中经常可见的弊端,它们只能说明,不同文化的某些因素、某些方面没有可比性,而不能说明两者在整体上和在一切方面都没有可比性。拿基督教哲学和中国传统哲学来说,两者之间存在着如此明显的对应或接应关系,以至于我们可以说,两者有着天然的可比性。除了上一节列举的几个重要问题的可比性之外,两者在整体上还有这样一些可比性。

首先,两者在历时性和共时性两方面都有可比性。我们看到,基督教哲学属于西方"永恒哲学"的传统;同样,中国也有一个"永恒哲学"的传统,这就是从西周时期开始的"以德配天"、"敬天保民"的传统,儒家哲学是这一传统的继续和发展。中国先秦两汉时期的哲学与希腊化时期的教父哲学,宋明道学(理学和心学)与经院哲学则是这两大传统上对应的两对重点。

其次,两者的运作方式也有可比性。我们知道,基督教哲学的特点是在信仰之中建构哲学理论。中国传统哲学并不是像基督教那样的宗教信仰体系,但这不是说它只是一种理性活动,与信仰没有关系;恰恰相反,中国哲学中充满着来自经书的信仰命题(belief propositions),理性知识是围绕着信仰命题而展开的,通常是通过对信仰命题的注释和发挥而获得的。不管作为基督教哲学的前提的信仰,还是中国哲学的信仰命题,与其他文化的价值观和理性思维都有一定的包容性。中世纪的基督教哲学对希腊哲学的吸收,近代基督教哲学对形形色色哲学流派的吸收,都是这种包容性的表现。在中国哲学方面,儒道释的合流是通过理性阐释的途径达到的信仰上的融合。

2.公度性问题

当然,基督教的信仰命题与儒家的信仰命题是根本不同的,即使两者在各自的系统中发挥着相似的作用,也还有一个两者是否有公度性的问题。否认基督教哲学和中国哲学两大传统之间有公度性的人没有认识到, 两者的规范和方法都不是一成不变的,而是多样的、可伸缩、可转换的,因此不难在其中找到两者的公度性,或共同适用的规范、方法。有没有公度性的问题不完全是一个事实问题,而是一个解释学的问题。按照一种解释,两个东西或许没有任何相似之处;但按照另一种解释,它们或许非常相似。庄子说:"自其异者视之,肝胆楚越也;自其同者视之,则万物同一也"。(《秋水》)他说的虽然是极端的情况,但他正确地指出,比较是一种"视"。看东西的角度、方法不同,看到的结果也就大相径庭。如果一味强调差异,那么,基督教也不能说是一个统一的传统。孔汉思的新作《基督教》区分了七个范式:早期使徒,早期希腊化,中世纪罗马天主教,宗教改革时期的新教,启蒙时代的现代主义,当今的后现代主义。[①]没有人会因为基督教历史所展现的

① Hans Kung, Christianity, Continuum, New York, 1994.

范式性的分歧而否认基督教信仰的统一性；相反，人们还以这种统一性为公度，去衡量众多的教派和教义。既然如此，为什么不能以同样的方式对待基督教哲学与中国哲学之间范式性的差异呢？这两者的差异与基督教内部范式之间的差异，以及中国哲学内部范式之间的差异，固然有程度和范围大小的不同，但性质是一样的：它们都有赖于一定的解释。人们选择的解释不同，他们所能看到的差异与相似也就不同。有的人也许完全看不到两者的公度性，但不要因此而否认别人所能看到的公度性；同样，看到公度性的人也不要把它看做是客观存在的，不容置疑的。归根到底，承认还是不承认两者的公度性取决于理论上的选择。

我们说，有没有公度性不完全是一个事实问题，但这不是说，它能完全脱离事实判断。基督教哲学与中国哲学之间的公度性是有一定的事实为基础的，这就是我们已经谈到的基督教哲学与中国国情相适应的一面。我们的选择不但是理论上的抉择，也是一种历史性的选择。我们认为，经过了长时期的隔阂，基督教哲学与中国哲学应该有更多的交往。只有经过相当长的碰撞与磨合，才能达到融合；但在碰撞与磨合之前，我们至少要设定双方是能够融合的。公度性是为了融合的目的而设置的比较和交往的基础。从中国现代文化建设的需要出发，承认这个设定比不承认这个设定要较为有利。

3.相斥主义，还是相容主义？

如果说，可比性问题涉及两个对象相比较的可能性，公度性问题涉及被比较对象的同异，那么，兼容性问题涉及的是两者的优劣是非。否认可比性和公度性会导致否认兼容性的结果，否认兼容性亦会导致不同的后果，其中之一就是A.托伦斯和普兰丁格最近提出的“宗教相斥主义”。

确切地说，A.托伦斯和普兰丁格所谓的宗教相斥主义实际上是“基督教相斥主义”。如普兰丁格所说，相斥主义的意思是，凡是与基督教的基本信仰不相符合的信念（不管是自己的，还是哲学的）都是错误的。他把基督教的基本信仰界定为两条；(1)世界是一个全能、全知、全善的上帝创造的，这个上帝是有人格的存在，有目的、有计划、有意图，并能够完成这些目的而行动；(2)人类需要拯救，上帝通过他的圣子的肉身化、生活、牺牲和升天，提供了拯救的唯一道路。无神论否认这两条，基督教以外的其他宗教否认第二条，按照相斥主义的观点，它们都是错误的。[1]

A. 托伦斯说，相斥主义是唯一正确的选择，因为除此以外的立场都是不可能的。在信仰的是非优劣问题上，除了相斥主义外，还有多元主义(彼此不相符合的信仰可以作为独立并行的真理而存在)和相容主义(彼此不相符合的信仰服从一个共同的真理)。后两种立场是不可能的，因为任何关于真假是非的判断都是以一定的信念为前提和标准的；按照某种特定的标准去判断，不可能承认与之不相符合的标准所认定的真理，因此多元主义是不可能的；也不可能让自己认定的真理服从于其他标准所认定的真理，相容主义也是不可能的。A. 托伦斯引用神学家德·考斯特 (D' Costa) 的话说："所有的多元主义，包括所有的相容主义实际上不过是匿名的相斥主义"，因为他们都不可避免地把自己的标准当作代替其他一切标准的普遍标准。[2]

相斥主义的出发点是承认信仰的前提和标准作用，以及信仰的相对性，这些也是多元主义和相容主义的出发点。差别在于，多元主义认为，不同的信仰不可比，无公度，因此不兼容，可各行其是，并行不悖；相容主义认为不同的信仰有公度，可以取长补短，融合为人类共同的真理；相斥主义则认为不同的信仰虽没有公度，但这并不妨碍以基督教信仰为判断真理的前提和标准。

普兰丁格为相斥主义所作的辩护可分两部分：第一部分以信仰的相对性为由说明：以基督教信仰为真理标准是基督徒正当的"理智的权利"，这种权利既没有剥夺其他人不同的道德准则，也没有否定持守其他真理标准的人的"理智的权利"(intellectual right)，因此，既不是非道德的，也没有理性的骄傲。至此，普兰丁格的辩护与持"无公度性"说的相对主义并无什么不同；但是，他并未因此而走向相对主义；个中原因在于，他把基督徒的"理智的权利"变成基督徒必须履行的"认知的义务"(epistemic duty)，即，必须以基督教信仰作为唯一的真理标准，并以此排斥不相容标准的；这是他后一部分辩护的内容。普兰丁格论辩的关键是把一种相对的权利(相对于其他信仰而言的正当性)转变为一种绝对的义务(能够判断自己信仰为唯一真理，并排斥其他信仰的优越性)。我们来看一看，他有没有充

① A. Plantinga, "A Defense of Religious Exclusivism", p. 192.

② A. Torrance, "Religious Studies" or Studying Religion: 150th Anniversary Celebrations, typescript, p.2.

足的理由作出这样的转变呢？

普兰丁格看到，有两种理由：外在的和内在的理由。外在的理由是，作为一个基督徒，一个人不得不这样做，他不得不恪守他的与生俱来的信仰，不得不排斥其他信仰；正如一个伊斯兰教徒也会用同样的态度对待自己的信仰和其他信仰一样。普兰丁格认为完全外在的理由是偶然的、不充分的，他从他的“改革宗的认识论”的立场出发，提出了“合适的功能主义”(proper functionalism)的理由。按照这一理论，如果产生一个信念的认识能力和认识环境是合适的，如果这种认识能力的自然的目的是产生正确的信念，如果这一信念为真的或然性较高，那么这一信念就可被确信为真。这四条标准把真理的主观条件和客观条件概括得很全面，他可以说，不管基督徒还是非基督徒，都要遵守这些真理标准。但是，普兰丁格紧接着做了一个转化，他把加尔文的教义理解为可以取代这些标准的功能。他说，加尔文所说的“神圣的感觉”、“圣灵的内在见证”以及《圣经》揭示的人类的罪和悲惨的状况，都具有满足这些标准的功能，因此都可以视为真理的标准；按照这样的标准，证明基督教的那两条基本信仰为真，其他与之不相容的信仰为假。①

普兰丁格的做法实际上是用信仰来证明信仰，即用某种特殊的教义所具有的认知的功能，来证明基督教一般的教义。我们可以提出这样一个问题：某种特殊教义的认知功能能够代替普遍的真理标准吗？伊斯兰教徒、佛教徒或无神论者的某些特殊信仰也有证明他们各自的一般教义或学说的功能，按照普兰丁格的逻辑，这些特殊信仰岂不也可以取代真理的普遍标准？其他宗教乃至无神论的一般信仰岂不也能用同样的方式证明为真？普兰丁格是在基督教信仰内部证明信仰的真理性的，他从一开始就把与基督教信仰不相容的信仰排除在证明的过程之外。A.托伦斯直截了当地宣称：“总之，关于上帝的言谈在对上帝之道的认识中找到自身的最后基础，而通过迎合与重建的方式使圣灵显现出来，这种认识才会发生。”②如果基督教神学完全建立在圣道或圣灵的显现的基础上，它当然不需要

---

① A. Plantinga, “A Defense of Religious Exclusivism”, pp.213–214.

② A. Torrance, “Religious Studies” or Studying Religion: 150th Anniversary Celebrations, typescript, p.4.

与外部的话语进行对话和交流,相斥主义正是以信仰的封闭性为前提的,它的真理性也只能在一个封闭的信仰体系中被证明。

普兰丁格至多只是证明了,在任何一个封闭的信仰体系中,相斥主义都是正确的,他并没有证明基督教相斥主义为真。因为其他宗教和无神论也可以用同样的证明方式来排斥基督教信仰。如果相斥主义对不同信仰的各方都是真的,宗教对话与交流不仅是不需要的,而且是不可能的。A. 托伦斯说,这正是相斥主义的目标,因为只有当相容主义不可能时,基督教才能"教育"、"解放"那些基督教以外的人,并最终把他们包容进基督教之中(如果他们接受"教育"和"解放"的话)。[①]这些话不禁使我们想起一句经常听到的豪言壮语:"无产阶级只有解放全人类,才能最后解放自己"。试想,如果不同信仰的社会集团都要"教育"和"解放"别人,而不能与别人进行平等的对话,那么,还会有宗教间的宽容和思想宽容可言吗?

现在的基督教哲学家和神学家们没有看到,相斥主义与相容主义是可以相容的,因为两者是针对不同情况说的。在不同意见的对话开始时,对话各方不可避免地持相斥主义;即使有人认为对方的意见与自己是一致的,他也是以自己的意见为基础去理解对方的,仍然是"隐性的相斥主义";就对话的出发点而言,相斥主义是正确的。但是,为了使对话能够有效地进行,并达到积极的成果,对话各方至少要设定,他们的分歧是可以调和的,不同的意见包含着共同的真理;以相容主义为目标的对话的结果很可能是各种意见的融合,不是被融合在一方的意见之中,而是被融合在一种前所未有的新意见之中。因此,就对话的目标与实际所能达到的结果而言,相容主义是正确的。我们应该把对话看作一个过程,一个真理发生和完成的过程;这个过程开始于相斥主义,结束于相容主义。正如黑格尔所说,真理是一个过程。我们现在更要记住:真理不是一开始就掌握在某种特殊身份的人的手中的、他人不能染指的圭臬。

关于相斥主义与相容主义的争论直接涉及基督教哲学研究中的外部研究和内部研究的关系。受中国目前的社会环境和学术条件的制约,中国人目前研究的基督教哲学基本属于外部研究,但是,"外道"与"内学"不应当相互排斥,而应是

---

① "Religious Studies" or Studying Religion, typescript, pp.5-6.

黄山教会的马建华牧师在第一届华人福音事工分享会上发言(杭州,1994)。

相得益彰。内部研究者往往会忽视自己最熟悉的东西，偏爱自己坚信不疑的东西。“不识庐山真面目,只缘身在此山中”。外部研究往往可以克服这些盲点和偏见。同样,外部研究者往往会因为缺乏某种宗教体验和情感,而不理解一些词语的特殊意义;或者会因为自身的立场,有意无意地低估,甚至否定自己所不信仰的观点。内部研究往往可以弥补这方面的不足。

4.用中国人的眼光解读基督教哲学

我们所说的基督教哲学与中国哲学之间的可比性、公度性和兼容性都是以中文为媒介的。这似乎是一个悖论,我们似乎又回到了需要论证不同语言之间是否有公度性的问题。这个问题的解决仍要回到基督教哲学在中国的意义。如前所说,公度性既然是一个理论上的选择,既然是为了中国现代文化建设之需要而设定的,它当然要借助一种特定的语言以及与之联系的思维方式作为它的参照系。任何公度都有参照系,参照系不同则公度也不同,但这只能说明公度的相对性,而不能否定公度性本身。不管以西方语言为媒介或参照的公度,还是以中文为媒介或参照的公度,都是为不同目的和需要而使用的、可以普遍化的标准,正如市尺和英尺都是可以在全世界使用的尺度,并可以互换一样。

使用中文作为媒介的基督教哲学是中国人研究基督教哲学的特点，也是中国人对基督教哲学可能作出的新贡献。我曾在“用中国人的眼光解读西方哲学”一文中说:“中国人离不开自己固有的思维方式。语言是思维的媒体,只要你用中文去翻译、理解和表达西方思想,那么你必然是以中国人的特有方式思维。退一步说,即使你能完全运用外文来理解和表达,几千年的文化传统也仍然会潜移默化地在你脑中起作用。”[①]同理,我们也要用中国人的眼光解读基督教哲学。基督教哲学是西方人(包括古代希腊化地区的人们)发明创造的,但这并不意味着西方人对他们自己的理论具有优先的解释权，也不意味着教会对这种理论有垄断权和裁决权。按照中国人的眼光,特别是按照中国世俗学者的眼光来解读基督教哲学,对于促进中国文化和西方文化,宗教徒和非宗教徒以及宗教间的对话、交流和相互理解,无疑具有重要的意义。

用中国人的眼光来解读基督教哲学,要求我们不只是重复外国人的观点,也不只是翻译介绍外国人的著作。中国人需要做的创造性工作很多。比如,按中国人的思想和语言来理解基督教哲学的观念,创造为人们喜闻乐见的表达形式。再比如,按中国文化建设的需要来选择、组织素材,使基督教哲学与中国哲学之间的可比性凸显出来。还比如,按照中国人的眼光,重新评估和解释一些基督教哲学的理论,使之在中国文化的环境中发生“价值转换”的作用,等等。我们希望,用这种严谨的、开放的和创新的精神,我们能够在从事基督教哲学的教学和研究的过程中，用具有鲜明中国文化特色的基督教哲学的成果，参与全球化的国际对话。

---

① 见拙作:“用中国人的眼光解读西方哲学”,《北京大学学报》,1994 年第四期，第 60 页。

基督教伦理与市场经济的中国

余国良

（此文发表于2006年3月23日在温州举办的第十二届华人事工分享会，会议主题包括“教会为本的社会服务”与“商场信徒服事社会的角色定位”。）

随着中国社会向着实行市场经济的和谐社会目标进一步发展，伦理道德建设的需要也越发显得迫切。伴随着中国社会的高速发展所出现的一些不正常现象，凸显出国民道德建设的重要。这些不正常现象包括：

1.商业道德问题：企业的市场行为不规范，欺诈和造假的行为屡屡发生，甚至到了泛滥的地步。仅近期由中国媒体揭露的食品造假事件就包括安徽阜阳毒奶粉事件、龙口毒粉丝事件、高州毒罐头事件、广州毒酒事件、辽宁海城学生豆奶中毒事件等。接连发生的食品造假事件大大影响了普通市民对食品安全的信心。根据广州社情民意研究中心最近公布的一次调查显示，广州市近八成市民买食品时担心出现卫生安全问题。另外，商家之间也普遍存在着不讲信用，拖欠货款，三角债等令人头疼的问题。媒体中常有因为商业纠纷而引发暴力冲突的报道。商业伦理的缺失导致消费者对商品的信心下降，以及在中国从事商业活动的成本攀升。可以说商业道德的缺乏可能成为阻碍中国市场经济健康发展的一个致命障碍。

2.贪污腐败问题：贪污腐败是许多发展中国家在刺激经济发展的同时常常面临的问题，中国也不例外。根据历届《最高人民检察院工作报告》及相关资料统计，全国各级检察机关1979–1982年查处贪污贿赂等腐败案件总数为98225件，1983–1987年间增至15.5万件，1988–1992年间增至214318件，1993–1997年间更增至387352件(而这时贪污贿赂、挪用公款等腐败案件的立案标准均已提高),18年间查处的贪污贿赂等腐败案件平均每年以22%的速度增长。[①]近几年来被查处的省一级的高官包括黑龙江省原省委副书记、政协主席韩桂芝,江苏省原省委常委、组织部长徐国健,重庆原市委常委、宣传部长张宗海等。中国政府已经意识到,中国社会已经进入了人均GDP从1000美元向3000美元跨越的"黄金时期"和"矛盾凸显期",反腐败的任务在这一阶段尤其严峻。[②]

3.民众道德意识的滑坡:中国民众中存在道德意识滑坡的现象,体现为如见死不救、缺乏诚信和公德意识弱等现象。这已经引起各方面有识之士的关注和疾呼。更为严重的是,公共道德的滑坡已经影响到了下一代,反映在他们的公德意识和责任感上。以最近重庆市对700名中学生的调查及结果为例,当被问及如果有不法分子盗卖毕业试卷自己该怎么办的时候,76%的学生表示要买试卷,九成的学生认为做老实人吃亏,不老实得实惠。如果说谎能为自己带来好处,72.4%的学生愿意说谎。如果自己家旁边有一个生产伪劣食品的加工厂,五成学生会认为事不关己而不去揭发。当对6所小学,14个班级的600余名学生进行问卷调查的时候,发现98.7%的小学生承认自己说过谎话,89%的人曾抄过别人的作业;这些小学生坦言:47%的父母有过不诚信的行为,38%表示无法与父母坦诚交流。[③]

4.婚姻制度面临个人主义纵欲享乐生活方式的挑战:中国的人口学家唐灿在最新一期《中国社会科学院院报》上发表了《城乡社会家庭结构与功能的变迁》,指出中国的婚姻观念正在发生变化,婚姻制度的重要性在下降,传统的婚姻功能正受到"更注重个人价值和生活享乐的价值观和生活方式的挑战,正在被削弱、淡化。"[④]一方面,自1987年至今,中国年轻人的结婚率呈持续下降的趋势,这

---

① 何增科,中国转型期的腐败与反腐败问题研究:一种制度分析(J),载《经济体制比较》,2003年第1期。

② 文盛堂,反腐败:提高执政能力的战略重任,载《2005年:中国社会形势分析与预测》(汝信、陆学艺、李培林主编,社会科学文献出版社,2005年。)

③ www.sina.com.cn/s/2005-7-13/07446420318s.shtml.

④ 唐灿,城乡社会家庭结构与功能的变迁,《中国社科院院报》,theory.people.cn/GB/40551/3317422.html.

主要是因为选择推迟结婚与独身的人增多。另一方面，到2003年底，全国离婚率已经达到2.1%，超过了日本和韩国。而未婚同居的现象迅速发展，并且为社会道德观念所默许。唐灿认为："婚姻对两性关系的约束力在下降，家庭的传统形式受到挑战和排挤。越来越多的性行为不再借助于婚姻的形式，或者逃避这种形式的约束。"①

以上的种种现象表明，在现今经济高速发展的中国，道德建设已经把一个十分严峻的问题摆放在中国社会的面前：如何确保社会的道德底线，以使得经济的发展真正造就一个稳定繁荣和谐的中国。针对道德建设，有人联系到"信仰危机"，认为造成道德滑坡的主要原因是缺乏理想和信仰。我对这个命题暂不作评论，因为道德行为是否一定依托作为终极关怀的信仰作为基础，这个命题尚待商榷。我想说明的是，社会道德对健康的市场经济以及健康的社会是不可或缺的软件基础。而基督徒作为一个有独特信仰支撑的群体，应当可以对整个社会的道德建设做出贡献。

市场经济与伦理道德

有人将中国社会道德滑坡的现象归咎于市场经济。应当承认，当中国社会由实行公有制的传统社会主义向承认和保护私有财产的市民社会转型，由计划经济向市场经济转变的时候，原本建筑在共产主义远景之上的理想主义道德模式确实失去了基础。一些在计划经济时代受到尊崇的行为，如大公无私、集体主义、毫不为己、专门利人等，在如今的人，尤其是青年人听起来是过分具有理想主义色彩的老调。当社会的经济基础已经发生了改变的情况下，企图回到旧计划经济模式下的道德观念显然已不再行得通。

然而，如果认为市场经济没有自己的道德理念，那是一个天大的误解。造成这种误解的原因恐怕有两个：一是对古典市场经济理论对人的欲望合理性的肯定存在误解，以为承认了人的欲望，鼓励自由竞争，即意味着人可以为所欲为。另一个原因是忽视了市场经济在西方社会获得发展的社会历史条件。市场经济在

① 唐灿，城乡社会家庭结构与功能的变迁，《中国社科院院报》。

西方的成功带有历史的机遇性，并非在真空中产生。西方的市场经济发展总是伴随着相应的社会伦理形态而共同发展的。以下是简要的讨论：

一、市场经济的伦理机制

自由市场经济理论的鼻祖亚当·斯密在《国富论》里这样叙述道：

> 随着商业活动的引进，诸如自律、守时等美德伴随而至……其基本的机制是自我的利益，这一原则管制着人的行为，导致人去考虑如何行动方能为自己带来最大的福利。一个商人害怕失掉自己的品格，于是小心翼翼地履行每一个承诺……一名关心自己利益的有头脑的商人宁愿放弃自己的一些权力，也不愿意授人以柄以使得自己的诚信受到质疑。

倘若肤浅地理解市场经济的“自利前提”，那很容易得出结论说：在市场经济道德范畴中，自利是完全合理，甚至天经地义的，所以通过一切手段获取自我的利益也是天经地义的。因此，市场经济无道德原则可言。然而，这种理解所忽略的是市场经济的一个自我约束机制：市场的资源调配功能是通过自由个体的理性选择来实现的。每一名市场的参与者都在接受其他市场参与者和客户的挑选。市场经济的伦理制约机制就形成在这个过程当中：

1.市场的选择机制导致市场的参与者意识到：倘若自己的行为导致他人对自己的诚信失去信心，那将导致自己在生意场上的出局。本人的经验，以及他人成功和失败的教训都会把这个信息传递给他。之所以会出现这样的情况，主要是因为竞争的存在：他人总是可以到更值得信赖的人那里去获得自己所需要的商品和服务。因此，为了保住客户，商家有动机自觉地选择负责的市场行为。

2.于是，参与者就尤其注意自己的行为，尽可能使自己显得可信，并且肯自愿地转换视角，从他人的角度去斟酌自己的行为，为的是建立良好的公共形象，增加商业伙伴和客户对自己的信心。虽然他这样做最终的目的是为了获利，但毕竟是通过了自己的理性来选择了合乎道德的商业行为。

3. 市场参与者，尤其是那些重复性的参与者，通过重复地斟酌和考虑自己的行为以寻求更大的,持久的利益。久而久之重复形成了习惯,道德行为成为了惯例或者制度。

4.大多数市场参与者的选择影响了商业社团,使得社团将大多数从业者所认可的行为方式给予体制化和标准化,形成了社团的自律标准。社团的自律和体制化的行为标准“通常被认为对于一个有序的社会和开化的文明来说乃是必须的。”①

上述的市场制约机制形成过程的描述,有两个要点值得突出强调:

首先,竞争与他人的理性选择是促使市场参与者选择道德行为的主要促动因。在今天的社会中,选择的群体不仅是市场竞争中的其他商家,更是消费者。斯坦博这样说道:

> 每一个人都可以通过是否以投资,贡献人力,享受商品或服务的方式来选择是否支持某一企业以及支持它到什么程度,从而影响企业的商业决定,改善经济环境。如果个体对如何进行商业活动持有一定的见解,他们应当通过个体的选择来体现自己的见解…倘若每一个潜在的相关者(社会的成员)都力所能及地按照良心行事,按照其道德价值观有策略地决定是否支持某些商业行为,那么市场的力量将自发地引导商家去体现这些价值观。②

其次,形成制度的社团标准将构成对商家的“同行约束”和直接约束。社团,或者“俱乐部”的标准往往要比来自政府的约束更加有效。批评自由市场经济的人常常指责在这一制度下政府对企业的约束和对弱者的保护不力。而常常不为西方市场经济体制外的人所了解的是西方商人和专业人士对同行群体的依赖。这些群体往往是比政府更好的执法者和监督者,因为同行了解行业的需要,了解从业者的动机和难处,也了解行业所服务的群体以及他们利益的所在。所以,西方自由市场经济内的群体约束机制是存在的。只是相比计划经济的模式,自由市

---

① Richard M. Ebeling, *Book Review Business Ethics*, www.fff.org/freedom/0300g.asp.

② Eaine Sternberg, *Just Business: Business Ethics in Action*, www.nzbr.org.nz/documents/speeches/speeches-98/business_ethics_and_the_market_economy.doc.html.

场经济下的群体约束更多元化，更具自发性，也更接近实践操作。所以，需要纠正两方面的概念。首先，商业和行业约束不必一定通过政府的权威来实现，因此不可以说没有政府的监管就是没有约束。再者，自由市场经济的操作规则也不一定要根据某种宗教或者哲学的世界观，或者说商业道德行为不一定必须依赖形而上的基础。商业行为的内在动机是简单的一元论——利益的最大化。要在共同体内实现这个目标，需要有符合共同体标准的行为。因此，符合伦理的商业行为体现为理性的选择。换言之，违反这些规则的人不仅被认为是坏蛋，更是傻瓜。

以上讨论的重点是市场经济的伦理制约机制的内在必要性与合理性。但是值得注意的是，当代西方商业社会的伦理传统并非是在真空当中通过人的理性选择而形成的。现代西方资本主义诞生的时代，也正是新教的成熟之时。有的学者认为，这是西方资本主义发展的一次历史机遇，因为新教伦理恰好提出了符合于促进资本主义发展之需要的伦理和价值观，这无疑对资本主义本身起到了推动的作用。下节中的讨论即根据这个观点。

二、新教与资本主义的历史谋和

彼得·汉斯巴兹(Peter Hans-Balz)指出："人和历史的先决条件，人类活动的伦理道德底线，还有特定的政治前提和体制都是市场经济得以满意运作的基础。"[①]汉斯巴兹根据亚当·斯密的论述，总结出市场经济的顺利运作所必须具备的四个条件：

1.个体间的同感，彼此的理解和沟通(Empathy)。

2.普遍的社会伦理标准：因为市场经济的基本环节，包括生产、分销和交换都需要通过合作来完成，因此很难想象市场交易可以在道德真空状态下完成。[②]

3.政府的法律：一般认为社会的规模越庞大，无形的社会道德的约束力也就越有限。为了防止和惩戒不义的行为，社会需要制定可以通过国家强制力来执行的法律。

---

① Hans-Balz Peter, *Some Thoughts on Protestant Social Ethics and Market Economics*.

② Roger Kerr, *Business Ethics and the Market Economy*, www.nzbr.org.nz/documents/speeches/speeches- 98/business_ethics_and_the_market_economy.doc.ht.

4.经济竞争。

其中,教会、学校、社区等传统社会机构对于提升普遍的社会伦理标准具有特殊的贡献。“在提倡个人品格、诚实、信赖、远见和合作的良好传统得以维持的环境下,市场运作的情况最好。而当主要的社会机构得以顺利运作的时候,文化资产也得到最佳的维护与加强。”①

西方市场经济发展的早期,正值新教发展成熟之际。关于基督教新教是否对早期资本主义的形成与成熟起了至关重要的作用,这是一个尚有争议的题目。马克斯·韦伯的《新教伦理与资本主义精神》一书有一段时间在中国引起了很大的关注。但是,韦伯的学说并非是无懈可击的。韦伯写书的时候,市场经济的成功范例基本限于西方,而今天市场经济在一些并无新教传统的地区亦获得了成功,譬如日本、新加坡等。这起码使得基督教新教与市场经济之间的因果关系的假定陷入可疑的境地。

但是无论基督教本身与市场经济之间的因果关系是如何的不确定, 有一点是可以肯定的: 一个清楚统一的社会伦理标准是市场经济的健康发展所必不可少的,无论这个伦理标准的价值观依托是什么。当市场经济在欧洲兴起之初,新教对统一的社会伦理价值观的形成起了推动的作用。因此,新教通过社会伦理意识最起码是间接地推动了市场经济的形成:

1.基督教着眼永恒的价值观对“自利机制”给予一定的约束,发挥了纠正性的作用。它部分抵消了资本主义唯利是图价值观的消极影响,为市场经济注入了公德和利他的新鲜观念。西方的许多神学家强调:基督徒应当以不同于世俗的态度参与市场经济,承认他人的内在价值,而非利用他人作为自己获利的工具。基督教提醒人避免短视把利益看做是唯一的人身目标, 而需要顾及永恒归宿及终极道义的问题。当人把神的角度纳入自己做决定的考虑范围的时候,比较容易产生从事公益和兼顾公平的动机,从而服从利益追逐给予的制约。与此同时,教会、宣教机构和宗教公益事业等社会机构的存在, 使公众看到非受利益驱使的生活方式的可能性。企业并非市场经济的唯一角色。包括教会在内的众多公益和慈善机构也构成了市场活动的主体。往往是这些公益性机构的存在以一种另类的生

---

① Roger Kerr, *Business Ethics and the Market Economy*, www.nzbr.org.nz/documents/speeches/speeches-98/business_ethics_and_the_market_economy.doc.ht.

活方式见证了一套高尚的价值观,从而抵消了唯利是图价值观的负面社会效应。

2.宗教的利他主义为市场经济的公益慈善事业提供了精神支柱。以“自利”为前提的市场经济理论的一个主要缺陷是没有解释社会慈善事业的动机。倘若“自利”能够囊括个体投入市场的全部动机,那么从事社会慈善事业是没有充分理由的。因为很明显,慈善事工的基本性质是非牟利,宗旨是服务。假如“自利”可以解释所有商业活动的动机,则慈善事工的基本动机只能是给从事服务的人带来精神的愉快,从而是变相的“自利”。这一解释的缺陷在于没有考虑慈善事工所需要的巨大财力、人力和情感投入及其过程中的艰难。许多时候从事慈善事工的人所感受到的挫折远远大于其精神的自足。因此,单单从精神自足的动机难以解释为什么有许多人愿意不计代价地从事慈善事工。当然,还有一种可能性,就是捐助人希望能通过行善来扬名。但“办慈善扬名”可能对某些想做“大慈善家”的实业家比较有吸引力,对于很多的中小捐助者恐怕就没有那么大的影响了。而慈善事业不仅是由大实业家来支撑,更需要广大普通捐助者的支持。因此倘若要依赖人对“精神满足”或者“扬名”的需求来支持社会慈善事业,那么社会所不可或缺的慈善事工的机制只能建立在一个极不稳定,摇摇欲坠的基础上。与之相比,基督教的社会事工理念根基于“信徒是财富的管家”这一信念,即基督徒之所以管理财富是为了合理地使用金钱来事奉和见证上帝。用约翰·卫斯理的话说,基督徒应当尽其所能地赚取,尽其所能地积攒,尽其所能地给予。其基本的立意是:应当鼓励基督徒投入赚钱的过程,为的是通过善用金钱与乐善好施来体现财富的真正价值以及基督徒置身现实但超越现世的人生观。

3. 教会的团契生活为基督徒个人的道德规范提供了一定程度的监督和约束。社会化大生产环境下的人际关系与传统村社的人际关系最大的不同点之一在于在社会化大生产的环境下,人的活动范围较少受到地理环境的约束,人与人之间的联系和约束力也比较松散。如果说在传统的村社环境下,道德行为主要是通过人际关系的协调和社团的监督来实现,那么在社会化大生产的条件下,这些传统的制约机制并不存在。这绝不是说在社会化大生产的环境下不存在道德约束机制。如前文所描述,“自利”的动机从理论上讲应当可以促使市场的参与者按照社会所认同的伦理道德原则从事经营,但实际操作中,由于商家与消费者的距离遥远,生产和流通过程的高度社会化与错综复杂导致双方责任难以清楚地界定，导致道德经营行为的商业效益并不是那么迅速和直接的。单纯依赖市场的“自利”机制来调整企业的行为并非那么容易立竿见影。在这种情形下，作为都市中属灵村社的教会对于约束其会员的行为，提供伦理道德督导无疑是有作用的。在资本主义形成的早期，教会是除了政府以外最主要的社会机构，而且基本上每个社会成员都是教会的成员。教会作为拥有明确的世界观和伦理道德目标的群众群体，可以有效地督促会员选择道德的行为。在当时的欧洲，一旦被教会开除可能意味着失去在社会上的名誉和立足之地。教会的道德约束功能相当显而易见。今日教会在西方社会的功能已今非昔比，但仍不失为主要的社会机构之一。同时，参与教会的人数多少与社会道德的总体情况有着显然的关系。美国联邦参议院 Susan Collins 提到：“教导价值和伦理道德的职责属于家庭和教会这些传统社会机构。而今天，联邦政府不得不时而替代这些机构的职能。”[①]

以上的三点简要地概括了基督教新教传统对早期市场经济的形成所起的积极作用。但是，如果很绝对地去主张新教与市场经济之间存在着因果关系，甚至说如果没有宗教改革，就没有市场经济的话，那会引起很大的分歧和质疑。一个突出的问题是，假如换一种宗教或者是文化传统，放在适当的历史机遇里，是否也会发生同样的效果？为什么必须是基督教？有无文化帝国主义之嫌等。但是有一点是比较容易肯定的，即市场经济的形成与新教伦理发展的共时性为双方都提供了历史机遇，使得早期的市场经济可以找到它所需要的伦理道德资源，同时基督教也得到促使其“现代化”的载体。起码新教伦理对西方“市民社会”的道德是作出了贡献的。而这些道德无疑为市场经济所需要，正如 Roger Kerr 所言：“市民社会一直倡导一些众所公认的美德：个体独立、自食其力、社团责任、家庭义务、勤奋工作、克勤克俭、诚实忠信、理智清醒，还有其他。这些美德对于人与人之间的交易是有益的，无论在商业环境还是非商业环境中都是同样。”[②]

---

① “Conversation: Can Government Mandate Ethics”, Ethix, Issue 36, July/August 2004, p. 7.

② Roger Kerr, *Business Ethics and the Market Economy*, www.nzbr.org.nz/documents/speeches/speeches-98/business_ethics_and_the_market_economy.doc.ht.

今日中国社会所需要的伦理道德资源

一、公民意识的培养(Civility)

公民意识的核心是对文明的崇尚，强调社会成员以负责任的心态参与社会生活，同时以尊重、礼貌、讲理的态度对待他人，包括竞争对手。在20年前改革开放之初，中国政府在“五讲四美”的口号下对公民意识给予大力的提倡。在20年以后的今天，政府的功能已经发生了相当的变化，然而培养公民意识的需要不仅依然存在，而且越发迫切。今日中国社会讨论文明礼貌的主要意义在于如何在中国的经济建设已经取得相当成就的情形下维护一个古老的大国“礼仪之邦”的形象。坦诚地说，在今日的中国国民当中依然有一些陋习存在，如不讲秩序，不讲卫生，不爱惜公物等。在外来人的眼中玷污了中国“礼仪之邦”的美好形象。但是比这些更严重的，是存在于陌生人之间的彼此怀疑、冷漠甚至敌视。翻开报纸或者进入网站，常常可以看到见死不救、斗殴、邻里相残的消息。

每一个中国人似乎都经历过两重世界。一重是朋友和熟人的世界，在其中个人获得尊重和安全感，同时也对朋友承担“帮忙”的义务。但是在朋友和熟人的圈子以外则是人际关系错综复杂的陌生人的世界。适用于朋友之间的那种温情和互助，在“社会”上则不再适用。“社会上”的人际关系常常被描述成是冷酷的、只讲利益而没有亲情的，甚至你死我活的竞争关系。对于不甚了解中国社会的外人来说，进入中国所面对着的是一个不可思议的矛盾处境：一方面，朋友对你是那么的好，使你由衷感到中国人很好，很善良。但另一方面，超出了朋友范围的人际关系是那么丑陋，以至于你常常要想“中国人究竟是怎么了？”

可以说，中国社会目前的人际关系是强调义气，但不高举公德。而公德意识恰恰是市场经济和“市民社会”所必需的。所谓的公德，或者公民意识，着重点不在于“我和谁打交道？”而是在于“我是谁？”公民意识的核心是理性地看待自己与他人的关系，尊重社会和谐运作所必须遵循的规则和标准，有意识地收敛自己的个性和陋习，以理智礼貌诚信的方式与他人交往。这就是现代公民社会意义上的文明。在汉语当中“文明”与“礼貌”常常放在一起讲。其实文明并非等同于礼貌。

“文明”的概念含有相当多的内在质地和内心态度的因素。美国哲学界具有代表性的研究公民意识(Civility)的哲学家毛瑞琪博士说过:

> 文明是公开表现出来的谦和礼貌。文明意味与其他人相处的时候表现出照顾他人的感受、节制、良好修养以及礼貌。但是仅仅有外在的礼貌表示还是不够的。文明亦有其内在的方面……要成为良好的公民,我们必须要超越那种仅仅以熟悉程度和亲密度为基础的那种人际关系。我们要学会如何在陌生人当中处事为人,学会友善礼貌地对待别人,其原因不是因为我们彼此相识,而是因为他们与我们同样是人。亚里士多德告诉我们,当我们学得做好公民的技术的时候,也就开始经历人性的昌盛。①

2006年第十二届华人福音事工分享会的主题是基督徒工商业者在社会的福音见证。

培养公民意识的场所,一般认为是社会机构。在今日的中国,最主要的社会机构是家庭、学校和社区。然而,这三者在培养“公民意识”方面的潜力看似并没有完全获得发挥。家庭和学校需要通过对下一代实施教育功能来培养公民意识,然而长期以来,学校和家庭的教育陷入了“应试教育”的误区,导致绝大部分的注意力和教育资源都用到了应试上,从而公民教育无从有效地得以开展。而就社区而言,如今加快的生活节奏,小家庭式的家庭结构以及隐私权意识的上升,使得社区与家庭的纽带日益疏离,甚至邻里之间的关系也相当淡漠。要改变家庭与社区疏离的状况,恐怕需要实现社区的功能向服务型转移,以吸引居民参与社区。然而,这一转型尚需时日。就目前来看,社区在公民教育过程中所能够起的作用依然有限。

---

① Richard Mouw, *Uncommon Decency: Christian Civility in an Uncivil World,* Downers Grove, IL: Intervarcity Press, 1992, pp. 12-14.

二、法律与道德的相辅相成

法律规定了社会成员行为的最低底线。对于违反了法律，跨越了这一底线的人则通过国家的力量给予惩戒。可以说，法律反映了道德的要求。法律对杀人、抢劫、贪污、逃税等行为的惩罚不仅考虑到这些行为所造成的社会成本，更是考虑到这些行为本身的恶性。关于恶性的判断，尤其是将犯罪者的主观意识状态联系量刑，体现出了法律的道德尺度，即根据当时社会的主流道德尺度来判断善与恶。

然而，由于法律特有的强制力，以及执行法律的社会成本，导致社会不能完全仰仗法律来确保社会道德。

1.法律具有特殊的强制力，只能适用于严重危害公共利益的行为，而不适用于一般性违反社会道德准则的行为。譬如，法律可以惩戒对社会危害严重的，榨取钱财数目较大的诈骗行为，但不能用来惩罚违反道德的说谎行为。再如，法律一般只能惩治积极的犯罪行为，而难以惩罚属于“不作为”的情况。以最近在中国备受关注的四川崇州“见死不救案”为例，此案中的被告虽然目睹自己的徒弟溺水而熟视无睹，甚至也不报案。此举引起了社会的公愤，但法院依据法律只能裁定被告的不作为与受害者的溺毙没有实质的因果关系，因此不能判被告承担法律责任，只是对其见死不救的行为给予道德上的谴责。[①]法律与道德的分界在类似的“不作为”案例中尤其明显。“法律惩罚对他人的侵权，但不规定对他人有行善的义务”(No Affirmative Duties)系英美普通法的基本原则之一，在中国法院的案例中也已经得到体现。这一原则非常清楚地显示了法律与道德的界限：法律只是规定了行为的最低底线。法律体现道德，但不能用以执行道德的要求。

2.执行法律的社会成本也导致政府不能通过法律来执行道德的要求。执法是一项高成本的任务。立法需要调研、论证、投票等行动，每一步骤都是高成本的行动。执法需要更大人力和物力的投入。单单就国家机关投入的成本而言，执法

① 《四川见死不救案昨开庭 赔偿请求被驳回原告要上诉》，《天府早报》2005年7月22日版。

就已经是令人望而生畏的任务，更不用说当事人及其家庭所付出的无形成本。倘若对每一件违反社会道德的事件都像违反法律那样给予追究和惩戒，那是个人和社会都承当不起的。因此，企图依靠法律来执行社会道德的要求，到头来的必然结果是国家的机构不堪负担，同时道德的提升本身也不能得到保障。

以上对法律和道德的讨论，涉及道德究竟由谁来执行的问题。主张以立法手段来提升道德的人认为政府可以担任道德警察。但是，就道德本身的性质而言，它是涉及人基本良知的问题。道德并不完全在于规条，而在于人根据内心的良知在每一具体的处境中抉择，作出正当的，起码是不损人利己的决定。同时，实践道德应当依靠体现在社团意识中的道德良知，而非外在的强制约束力。道德本身应该是自然而内在的东西。倘若用法律把道德“外化”，势必把内心良知的声音外化为压制性的规条。很多时候这种外化效应非但不能促进道德，反而刺激人心的逆反机制，诱使人将自然的，内在的道德要求看做是异己的，外在的命令，从而在心理上对原本正当的东西给予抵制。

通过法律与道德的比较，不难得出以下的结论：法律通过设置行为的底线，以强制力确保社会的基本安全和秩序；然而，一个良好的社会道德机制不能单单依靠法律来建设。道德建树是一项涉及人心的工程。

三、企业对社会的责任

在市场经济的环境下，市场的参与者不仅是个人，更是企业。现代企业制度创造出了一个虚拟的个体：公司。在现代公司制度下，企业并非由其业主来控制和操纵，而是通过一群人的协调来产生和运作：它以一群人的财产投入为依托，把这些财产交给另外一些人去经营，所获得的利润由投资者所享有，经营的风险由投资者去承担。在现代公司制度下，投资人，是公司经营行为的直接后果承担者。然而，他们对公司的控制并非是绝对和直接的，而要通过其选定的经营者来实现。

这样，市场行为的道德性问题就变得复杂起来：因为公司不是人，而道德仅对人适用，那么讨论企业的行为是否道德究竟有没有意义？西方的经济伦理学家对这个问题的回答也莫衷一是。澳大利亚哲学家艾文鲍勃(Bob Ewin)和新西兰商业伦理学家克罗加尔(Roger Kerr)都认为：用“慷慨”和“自私”这类的道德字眼来描述公司的行为是没有意义的:“一间公司的成功和不成功可以通过投资者所投入股份的增值来衡量。但公司不可能是‘自私’的。”[①]而美国的商业伦理学家艾瑞斯曼(Albert M. Erisman)和丹贝克(Dennis Bakke)则认为:“商业行为的核心目的是造福他人。”[②]上述观点分歧的直接后果是对企业执行人员的行为标准分歧:可否以普通人的道德范畴去描述企业经营者行为的道德性?如何约束企业经营者的行为?艾瑞斯曼认为,现代商业实体的目标并非是单头的,而是复合的。除了实现投资者股份的增值以外,现代商业企业还拥有两重目的:(1)创造和分发货物及服务以满足人们的需要;(2)创造就业机会,以使得员工可以富有创意地发挥其才能。[③]

以艾瑞斯曼博士的观点为例。艾瑞斯曼博士率先推动美国商业伦理建设。而当“安然”事件发生之后,美国企业界方幡然醒悟,意识到艾瑞斯曼博士的告诫,特别是高科技如何改变了商业的过程与性质及其对商业伦理的影响。艾瑞斯曼博士的企业目的描述可以说是修正了古典市场经济的“自利机制说”,而把伦理和利他的选择视为除了自我利益最大化之外,人出于自我实现的动机而采取的自然行动。这一学说是对强调“自利”的古典市场经济理论的有益平衡。我认为,了解海外经济学家和商业伦理学家对企业经营目标的分歧,应该是有好处的。在社会尚缺乏统一的道德价值观的时候,仓促地把“自利机制”作为企业发展的唯一推动力将是一种危险的尝试。“自利”可能会促使企业经营者从长远经济利益考虑采取道德的行为,但同样有可能促发侥幸心理,诱使经营者为暴利而铤而走险。因此,在中国“和谐社会”的目标下,强调企业的多元目的和社会责任应当是一条更可行的路。不久前我们邀请了 Erisman 博士在燕京神学院、北大等中国大学及国资委研究中心等单位讨论了企业的经营道德与社会责任这个题目,还作客搜狐网站“中外名家系列讲座”,收到了较好的反响。

---

① Roger Kerr, *Business Ethics and the Market Economy*, www.nzbr.org.nz/documents/speeches/speeches-98/business_ethics_and_the_market_economy.doc.ht

② Ethix 35, May/June 2004, The IBTE Conversation with Dennis Bakke, pp.6-14.

③ Albert M. Erisman, *What is the Purpose of Business*.

基督教对于中国社会的道德建设可能作出的贡献

改革开放以后的25年来,宗教,包括基督教在中国获得了惊人的发展。有关调查数据表明,解放初期中国基督徒的人数是70万左右。而如今,中国基督徒的总数估计在三千至四千万。随着基督徒人数的增长以及政府对宗教的越发重视,中国的教会也正在社会生活中发挥日益重要的作用。例如,以1998年抗洪抢险为例,中国基督教协会向社会捐款1000万元,电视台对此专门作了报道。又如,中国基督教协会还专门成立了社会服务委员会,在扶贫、支教、残疾人服务、老人服务、特殊教育等领域都作出了令人瞩目的贡献。

诚然,社会服务是基督徒造益社会的一个重要方面。然而,除了人力和物质资源以外,教会更丰富地拥有的是精神资源。譬如,市场经济需要个体的自律、需要责任、公平和诚信等团体价值观,也需要有慈悲济世的心怀来平衡市场经济的利益机制。这些价值观是内在于基督教的。涵盖这些品质的基本圣经范畴是"圣洁",它带有很多道德含义,提倡公平、正义、清洁、良善、真诚、虚己,反对诡诈、欺压、腐败、恶毒、虚伪和狂傲。此外,教会的另一项宝贵道德资源是基督徒的团契,即共同崇拜、互爱、互相勉励和交通、共存国度盼望的教会。耶稣对门徒说:"你们要彼此相爱,人就认出你们是我的门徒。"此教训的意义在于:教会体现并见证了经由恩典而获得恢复的正常人际关系。

在今日的中国社会,教会的道德资源如何能有益于急切需要道德资源的社会?我想提出三个方面的思考:

一、基督徒的公民意识

一个社会公民意识的提升,需要有一大批社会成员自觉自愿地以一种自律和文明的方式生活,为周围的人提供一种不同寻常的美善榜样。按照基督教的教义,基督徒责无旁贷地传播美善。耶稣基督教导门徒说:"你们是世上的盐。盐若失了味,怎能叫它再咸呢?"

站在基督徒的角度,公民意识意味着带着敬畏感、责任感、公益心和自我节制去生活。美国的伦理哲学家毛瑞琪博士(Dr. Richard Muow)写了一本书,叫做

《非同寻常的美善——在一个不甚文明的社会里活出基督徒的文明样式》(*Uncommon Decency-Christian Civility in an Uncivil World*)。在这本书里,毛博士联系到福音的"Shalom"(平安)内涵来讨论基督徒的公民意识:

> 一个正义的社会有利于品格的培养,且充满和平和公正。圣经的作者很看重这样的正义社会,告诉我们上帝希望地上能充满平安(Shalom)。这个字眼常常被翻译成为"和平",可它的含义要比"没有纷争"丰富得多。当平安临到的时候,万物都按照造物主所意图的样式运作。世人欣喜上帝的美意,因顺服这旨意而富足昌盛。因此基督的门徒应当参与使平安临到的美好事工。作为公义的使者,我们应当努力使得天国的标准积极地造福于公共生活。①

作基督徒即意味着个人与基督有美好的和谐关系,也意味着在上帝所呼召基督徒去经历的任何环境当中,尽其所能地使用所能够获得的所有资源来忠于并彰显天国的标准。上帝呼召人所经历的环境,即包括工作的环境和邻里的环境,也包括教会:"教会是学习公共正义的最基础的环境……基督徒在经历一个过程,即经历上帝的恩典以获得纠正,成为圣洁的美好……做基督徒意味着从属于一个社群以经历校正和圣化。"②

基督徒的公民意识体现在:

1.善待邻舍,善待陌生人:基督徒彰显基督很大程度上体现在与非基督徒的相处过程中。《圣经》教训的一大部分涉及与非基督徒的相处。即便是在选民意识相当强烈的《旧约》经文中,有相当多的篇幅议论选民与外邦人和寄居者的关系,如《利未记》第十九章就是例子。按照旧约的教训,外邦人虽然无份于上帝与以色列列祖的契约,但仍然应当受到和善和公正的对待。在《新约》当中,善待教外人的教训再次得到强调。毛博士认为,这一教训的核心在于"上帝希望我们尊重他人,仅仅因为他人同我们一样是人。"③

---

① Richard J. Mouw, *Uncommon Decency: Christian Civility in an Uncivil World*, Downers Grove, IL: Intervarcity Press, 1992, p. 34.

② *Ibid.*, pp. 38-39.

③ *Ibid.*, p. 41.

善待邻舍的要求体现在今日中国社会的处境中，表现为基督徒打破地域、职业、财富、地位和身份的界限，一视同仁地以公平、友善与相助的态度对待所有的人，哪怕是与自己不相识的人。如果说现实的情形是友善仅仅以熟人为限，那么在基督徒这里，熟人与非熟人的界限不应再留存。善待他人的基础不再是因为别人是我的老乡、或者朋友、或者同事，而是因为他人也是拥有上帝形象的人。尤其值得注意的是《圣经》关于善待外来者和寄居者的教训。在对农民工的歧视还很严重的今日中国社会，基督徒和教会应当首先打破城市对农民工的边缘化，接纳农民工进入城市教会的社团，给予他们应得的关爱和尊重，向周围的人展现不再区分地域与城乡的属天的关爱。

1987 年 CLE 与浙江省教会合作在景宁山区开展扶贫项目，合办了“山宝土特产公司”，引进了优良的香菇菌种并改良了生产方法。

2. 为自己所居住的城邑求福：《耶利米书》29:5–8 记载了上帝对被掳的以色列百姓的教训：“你们要盖造房屋，住在其中，栽种田园，吃其中所产的，娶妻生儿女，为你们的儿子娶妻，使你们的女儿嫁人，生儿养女，在那里生养众多，不至减少。我所使你们被掳到的那城，你们要为那城求平安，为那城祷告耶和华，因为那城得平安，你们也随着得平安。”基督吩咐他的门徒做平安的使者。这既包括和颜悦色地对待他人，力求与众人和睦，也包含为自己的邻舍向上帝代求，寻求自己的邦国和百姓与上帝和睦。基督徒的盼望在彼岸和天家，地上的国度并非我们永久的家园。然而，上帝的要求是，即便在为奴的城市，也要为城邑和邻舍求平安。尽管为奴是很不愉快的经历，但是基督徒到什么地方，就应该把祝福和平安带到那里，更何况是今天的基督徒生活在自己的亲人和同胞中间，就更有理由为邻舍和城邑求福了。

在今日的中国社会，为国家和百姓求福也是基督徒实践福音的具体方式。既然福音的核心是人与上帝的和好，那么基督徒作为福音的受益者和传报者，其生活与事工的目标也在于寻求自己的同胞与上帝和好。基督徒的公民意识并不仅仅在于公益的行动，也在于承担祭司的职责，为自己的百姓求福。

3.基于良心的公民操守意识：公民意识在全社会的效用表现为文明的操守成为全社会的习惯和规范，内化于社会生活，成为调节公民与政府的关系、公民与企业的关系，以及公民与公民关系的和谐行为机制。公民意识的核心价值之一是“自律”。而基督徒相信，自律是圣洁生命的内在要求，其核心为上帝创造的自然秩序和法则。基督徒的公民意识不是基于政府的权威，而是尊重良心的要求。使徒保罗在《加拉太书》5:22-23节里这样描述：“圣灵所结的果子，就是仁爱、喜乐、和平、忍耐、恩慈、良善、信实、温柔、节制。这样的事，没有律法禁止。凡属耶稣基督的人，是已经把肉体连肉体的邪情私欲同钉在十字架上了。”这里，基督徒实践操守的基本动机是内在的改变与良心的促使。公民道德将因此成为上帝公义的外化。

二、超越法律的正义——基督徒与法制规范

法制需要国民以自律给予配合。长期法制的结果也是形成规范与自律。

在基督徒看来，现存的法律和制度是经由上帝的许可而存在的，体现了上帝创造的秩序和应有的自然法则。因此，基督徒要遵守法律。这并非仅仅因为政府的权威使然，更是因为现实的法律体现了上帝所设定的自然法。美国著名法哲学家伯尔曼(Harold Berman)在他的巨著《法律与革命》当中论述道，相信自然法的人们通常认为，人类法最终源于理性和良心并受到理性和良心的检验……任何实在法，不论是制定法还是习惯法，都必须遵守自然法。[①]而在基督徒看来，政府与法律反映了良心的权威。《罗马书》13:1-5说：“在上有权柄的，人人当顺服他；因为没有权柄不是出于上帝的……因为他是上帝的用人，是与你有益的。你若作恶，却当惧怕，因为他不是空空地佩剑。他是上帝的用人，是伸冤的，刑罚那作恶的。所以你们必须顺服，不但是因为刑罚，也是因为良心。”在此，基督徒守法的动机被阐明为敬畏感和良知。

在今日中国社会法律权威需要牢固建立的环境下，教会通过阐明《圣经》的

---

① 哈罗德·伯尔曼，《法律与革命——西方法律传统的形成》，贺卫方、高鸿钧、张志铭、夏勇翻译，中国大百科全书出版社1993年9月出版。

教训，可以在信徒心目中建立“法律神圣”的观念。这一观念的普及将赋予非宗教处境中的法律制度以纵向的深度，鼓励基督徒敬畏公义，自觉守法，作美好的见证，在守法的意识上体现天国身份与公民身份的结合。这一结合的直接根据就是《圣经》。

三、基督教与商业伦理

基督教拒绝以赚钱为唯一目的的商业价值观。相对于传统市场经济以财富的增值为基本目标的经营观，基督徒商业伦理学家提出：商业活动的目的应当包括创造与分发物资以满足人的基本需要的自然性层面，以及发展员工潜能，为员工提供发挥创造性机会的人文关怀层面，以及维护环境与生态平衡的环境责任层面。如此，基督教也鼓励其成员参与商业活动，但其目标有别于世俗的商业经营活动：财富的增值仅仅是目标之一，但不是唯一的目标。因此衡量企业的成功应当从包含伦理层面的多重角度着手，而非单单执著于利益机制。

问题在于，这样的企业模式在现实社会中能否成功？美国商业伦理学家艾瑞斯曼先生认为，这类企业的成功不仅是可能，而且是非常可行的，其理由如此：

1.员工的自豪感——对公司名声与操守感到自豪，这可以成为员工服务企业的动力。

2.员工的表现——员工在开放、有创意和道德环境良好的企业环境下工作效率最高。很难指望声名狼藉的企业会留住一流的员工。

3.客户的忠诚——要保持客人的忠诚，仅仅靠价位、质量和便利还是不够。顾客对公司的声誉可是关注的。

4.取得供应商以及商业伙伴的信任——在今日的市场经济环境中，没有哪个企业是可以撇开他人完全自足的。商业伙伴关系是必须的，而良好的商业伙伴关系取决于彼此的信任。一个道德良好的企业，容易赢得供应商与同行的尊敬。

5.增加投资者的信心——安然假账丑闻的教训是，投资者最终会抛弃那些不顾道德原则的企业。

6.提高企业形象——在当今的信息时代，企业基本上没有什么秘密可言。不法或不当行为的曝光对于企业形象的毁损是显而易见的。而良好的口碑可以给企业带来更多的客源与更好的效益。

7.减少政府的监管和干预——可以说，相当一部分企业的资源是用在应对政府的行政监管上的，包括会计、审计、咨询、律师费等费用。同时，如果政府和公众常常担心不正当或者不负责任的投机性商业行为，那么耗费大量的社会资源去加强监管则是必然的。企业的高道德标准可以有效地减少应付监管的交易成本，并且长远地减少政府监管的必要，从节省资源，提高效益来说都是有益的。

8.避免了诉讼和纠纷——在美国，诉讼的成本是最昂贵的。一个持定了高标准商业道德观的企业，一般不会挖空心思地考虑钻法律的空子，甚至谋求非法的商业利益。这就减少了诉讼的风险。

9.伦理道德原则的绝对性——道德体现了无条件的，内在的善的要求，因此无论在何种环境下都应该遵守。

遵循道德操守的企业要在一个规则尚未健全的市场经济体制下顺利运作和发展，首先需要一个小环境作为起点。基督教会作为遵循天国价值观，同时联系各行各业信徒的纽带，应当有很好的条件把基督徒企业家彼此介绍认识，把他们联系在一起，发展一个以伦理道德为核心的商业网络，以满足互通有无的供需要求，同时也实践以伦理道德为准则的小型商业环境，寻求在商界以作光作盐的方式将良好的商业伦理传播向社会。中国教会作为一个成长中的充满生机的基督教会，正在吸引各行各业的专业人士和企业人士加入。专业人士团契与企业人士团契在海外的发展相当成功，而且已经被证明对社区乃至社会商业环境的改善都是有裨益的。美国的《基督徒商业黄页》就是一个例子。中国的基督教会在这方面的事工尚待起步。但是可以预料，一旦开展以后，基督教会在改善社会商业环境方面是可以大有作为的。

结　论

中国在社会主义市场经济走向成熟的过程中，面临着伦理道德建设的迫切需要，包括培养公民意识，确立道德规范的权威基础和推广商业伦理。而与市场经济同时期获得快速发展的基督教会应当能够在公民意识、道德规范资源，以及商业伦理方面提供有益的贡献。

浅谈“圣经无误”与符合圣经的圣经观

余国良

2005 年6 月

《谈谈当代海外的“福音派”》一文写在 7 年前。文章的目的是澄清国内对海外福音派的一些误解。我一向把自己定位为具有普世化关怀的福音派基督徒,也曾经在读书时及后来的事奉工作中对圣经观下过一些研究的功夫。圣经观一直是福音派鉴别信仰正统与否的核心教义之一。原本基要派对圣经权威的表述一直是用 Inerrancy (圣经字句无误),但这个字眼发生了不少的争论和麻烦。60 年代以后,Infallibility 这个字眼开始被一些福音派机构使用来代替 Inerrancy,而且其使用越来越普遍。我本人比较喜欢 Infallibility 这个字,而且把它翻译成“圣经绝对权威”。(曾有人把 Infallibility 译成“无讹”以对照“无误”。但在中文里这两个词的区别不大。Infallibility 突出的应该是圣经绝对的权威。因此我拒绝采用“圣经无讹”的翻译。虽然“圣经绝对权威”不是普遍的翻译,但是代表了我的立场。)我首先用一点简短的文字,介绍一下从 Inerrancy 到 Infallibility 这个过程。需要说明的是这篇文章中的许多观点代表了作者本人的诠释。

福音派的神学立场,最突出的就是捍卫《圣经》的权威。早期的福音派人士继承了基要派“圣经字句无误”(Inerrancy)的概念来描述《圣经》的权威。然而随着福音派神学观点的发展,发现 Inerrancy 一词有诸多的缺陷,而且并非古代教会对《圣经》权威的表述,它完全是一个现代的概念。为了避免 Inerrancy 字眼为启示神学和《圣经》解释造成的困境,福音派逐渐采用了“圣经绝对权威”(Infallibility)来取代 Inerrancy。围绕着 Infallibility 概念的种种命题也越来越成为福音派内部广泛接受的圣经观。

Inerrancy 这个字眼并非来自于《圣经》,却为什么后来能够主导基要派的圣经观呢？答案还需要追溯到19世纪末和20世纪初西方新教发展的历史。当时“基要主义”和“自由主义”正展开激烈争论。为了抗议当时的自由主义神学对圣经权威的批判，基要派神学家用了Inerrancy这个最强烈的字眼，尽管这个字眼在教父、中古神学家及改教神学家的著作里并没有出现过，而原先只是被天主教传统阵营使用来指教宗“无错谬”的权威。神学家巴克(J I Parker)这样解说道：“之所以使用这个字眼……并非是要从正面去解释什么东西，而是企图通过排除所有错误的立场来维护一个神秘的实在。”

首先使用Inerrancy的是美国基要主义的普林斯顿学派，[1]是当时普林斯顿神学院的教授亚历山大·霍吉(A.A. Hodge)和华菲德(B. B. Warfield)在1881年首先提出[2]，为梅臣(J. Gresham Machen)所继承。普林斯顿派神学的主要动力之一是护教方面的考虑，捍卫传统的基督教信仰，尤其是改革宗信仰以抵制现代主义的侵蚀。然而，需要注意的是，这批生活在现代实证主义文化氛围下的神学家们无形中受到了当时主导学术界的“文献因其命题性陈述而具有真理性”的观点。把这种思路用于圣经，结论就是把《圣经》的文字一概解读为可用真伪标准判别的真理性命题。宗教哲学家林百克(George Lindbeck)这样描述“命题式宗教语言”(propositional statement)：

> 这种观点强调宗教的认知性，着重教义的功能是作为传达信息的命题，或者陈述客观实在的真理性申明。于是，宗教与传统意义上的哲学与科学便如出一辙。虽然这一路线为正统派和不少非正统的基督教派别所追随，但是由于它认为宗教语言的意义取决于认知或者表述信息的功能，它同现代英美分析哲学的宗教观缘分匪浅。[3]

所谓“现代英美分析哲学”的宗教观，指的是用“语言图画说”或者“语言符号

---

① Nancy Murphy, *Beyond Liberalism & Fundamentalism: How modern and postmodern philosophy set the theological agenda* (Harrisburg , PA: Trinity Press International, 1996), p.16.

② M. A. Noll, “Princeton Theology, Old”, *Evangelical Dictionary of Theology*, Walter A. Elwell ed. (Grand Rapids, MI: Baker Books, 1999), p. 877.

③ Lindbeck, George, *The Nature of Doctrine: Religion and Theology in a Postliberal Age* (Philadelphia: Westminster Press, 1984), p.16.

论”解释宗教语言。它是 Inerrancy 的假设前提,认为语言的功能在于指向语言所表达的外在事态,其真实性依据语言所指示的信息是否符合客观事态:“语言是用符号形式表达一般性的观念……语言乃是观念的符号。倘若没有了观点,也就没有了字眼。”[①]Inerrancy 的新添内容在于用“圣经灵感成书”的信念强调既然《圣经》是圣灵启示给作者的,其信息必然为“真”,不可能出现错误和偏差:

> “字句的灵感”意味着圣灵的工作伴随着圣经文献成书的全过程,不论灵感发生的方式究竟如何。圣灵的工作延及圣经写作者选择语言表达作品思想的全过程,也适用于所表达的思想本身。因此,圣经的原文忠实表达了上帝意图写作者所表述的意念,必然精确无误。圣经的语言连同语言所表述的思想都是上帝要赐给世人的启示。[②]

基要派对待“圣经字句无误说”非常严肃,把它列入了基本信仰。大多数主张 Inerrancy 的基要派人士认为圣经的记载在涉及信仰、道德,乃至自然和历史的时候都是绝对没有错误的。基要派的神学家和作家薛华(Francis Schaeffer)这样说:“圣经是否确系真理?问题在于当圣经论及历史和自然的时候,其陈述是否依然是命题性的真理…还是说‘无误’只是在涉及宗教命题的时候才有意义。”薛华接着说:“我们虽然于心不忍,双眼含泪,但是不得不就这个问题划分彼此的立场,尽管这会导致福音派基督徒彼此分离。”[③]

---

① Strong: Augustus H, *Systematic Theology: A Compendium and Commonplace Book*, enl. ed. (Philadelphia: Judson Press, 1907), p.216.

② Hodge, A.A, *Outline of Theology*, enl. ed. (Grand Rapids, MI: Eerdmans, 1949), pp.66–67.

③ www.pastornet.net.au/jmm/aclm/aclm0017.htm.

然而，Inerrancy 毕竟不是一个直接出自《圣经》的概念。《圣经》有提到《圣经》是上帝的话语，是经由圣灵所默示，是有权威的律法和先知之言，但是从来没有使用 Inerrancy 这样的字眼来定义《圣经》的权威性。由此而出现的一个问题是把 Inerrancy 作为基本信仰，甚至用它来判断弟兄的真假，是否有些过？

同时，旧分析哲学在西方已经过时，当今的分析哲学强调语言的动态特征，认为语言的意义并非仅在于静态地指向外在事态，而更多地取决于其所发生的行动情境，甚至语言本身即行动的一部分。语言的真伪标准因此也会受到历史和文化的限制。一些基要派的学者也指出："Inerrancy 应当适用《圣经》成书时代的标准，而非现代人的标准。比方说：新约引用旧约经文，常是引用其意义，而非标准的字句。这样的'无误'也许未达到现代人'无误'的标准，但却是圣经写作时代的标准，这是非常重要的。"[①]在肯定 Inerrancy 的时候，还需要对读者揭示：有些在日常语言当中被认为"错误"的表述，按照《圣经》成书时的标准，不能算是错误。"无误"前面需要加上一大堆的限定词。普鲁斯(Robert Preus)罗列出十条关于"圣经字句无误"的限定：

(1)"无误"并不保证圣经援引其他书卷的引文一字不差地符合原文；

(2)"无误"并不保证圣经对同一事件的多处叙述没有矛盾；

(3)应允许形象化的叙述，不可视之为错误；

(4)读者认同圣经作者的生活处境(Sitz im Leben)、语言的使用，以及其精神和信仰；

(5)圣经的表达使用了当时通行的成语和表达形式；

(6)当描述自然现象的时候，圣经并非采用自然科学的精确表述，而是按照感官所接受的印象用自然语言去描述；

(7) 在文本的题材可确定的情形下，任何形式的古典文学体裁都可视为与"圣经无误"的概念并行不悖；

(8)圣经的历史体裁系特殊的文学表达形式。不能用现代历史科学研究的标准去评判圣经的史料文献。甚至神话学、历史传说研究以及古代文明研究的标准也是不能胜任；

① 陈若愚，《系统神学——基督教教义精要》(香港：天道，2001)，第 112-113 页。

(9)圣经中的年代和家谱并非全备,也不是按照历史时间的顺序记载。这与现代的标准有显著区别;

(10)圣经中的语言是按照发音,而非现代语言学规律来发展的。[①]

当读者对照这张清单的时候,恐怕会感到Inerrancy这个概念的使用与它日常的含义已经相去很远了。可以说,主张"字句无误"的基督教学者在讲"字句无误"的时候,他们的意思已经不是普通的"没有错误",而是在说"圣经的表达方法和我们现代讲话的方式不一样,因此有些我们有疑问的表述不算是错误。"既然这样,为什么一定要用Inerrancy这个字眼,从而把"错误"的概念先提出来,把读者引到"有没有错误"这条窄路上去呢?

Inerrancy这个字眼最大的问题是不加辨别地将现代主义语言分析哲学关于语言的前提假设接受下来,即用"或正或误"的标准评判文献,从而武断地设置一条分界线:要么相信"圣经没有错误",要么接受"圣经有错误",而没有顾及别人对"错误"这个概念本身的疑问。这就等于是把现代主义的"错误"概念强加给所有的人,把所有不同意"无误"说法的人都推到了"圣经有误"这一边。它的另外一个后果是对圣经的读者先行提供了机械的"错误"概念。而读者一旦按照这个现代主义的标准去咬文嚼字,难免得出"圣经有误"的结论。

Inerrancy的难题已经在福音派神学界引发了很多讨论。有些权威的福音派神学家提出,《圣经》固然含有许多信息,但并非所有的信息都为《圣经》所肯定。约翰·斯托德(John Stott)的观点是:"并非圣经当中所有的论述都是正确的,因为并非所有的记载都是圣经所肯定的。"[②]照着斯托德的观点,硬要强调圣经一字一句都属正确乃是幼稚轻率的举动。譬如以《约伯记》当中约伯的三个朋友做例子,他们的言论在《约伯记》中所占的篇幅相当可观,但被上帝责为:"你们议论我不如我的仆人约伯说的是。"(《约伯记》42:7)因此要宣称圣经的宣告"无误",解读者必须洞察作者的意旨,把握宣告的内容。[③]

---

① Robert Preus,"Note on the Inerrancy of Scripture", *Concordia Theological Monthly*, 1965, pp.577, 579.

② www.pastornet.net.au/jmm/aclm/aclm0017.htm.

③ www.pastornet.net.au/jmm/aclm/aclm0017.htm.

于是，有些福音派人士提出来 Infallibility（绝对权威）[①]来代替基要派 Inerrancy(圣经字句无误)。Infallibility 的核心是强调圣经的权威主要体现在其信仰和生活方面的全备与可靠教导,足以带领人得救。对此"绝对权威"的完整陈述,可见贝克出版社的《福音派神学词典》:

> 福音派基督徒视圣经为上帝所默示的文献，系上帝启示的记载，具有至高的权威,系信仰和生活的指南。默示并非机械的听写,而是圣灵指导各卷的作者选用合宜的字眼和语义,虽然他们是在不同的时间和不同的地域写作圣经的。所以圣经的文字及其形象化表达虽受文化制约，但是上帝依然可以通过人类文字的载体传达其永恒无限的圣道。圣经在其所强调的诸事上皆无谬误,且作为上帝心意与目的之充分、权威、全然可靠之表达。虽然如此,圣经中上帝的教导并非自明。若要领悟蕴藏在经文当中的圣意,将其运用于基督徒的生活,必须经由圣灵的带领与照明。[②]

以上《福音派神学词典》中定义福音派圣经观的这段文字,可以说是对福音派圣经权威观比较完备的概括。类似的表述存在于许多福音派机构的信仰宣言中,譬如富勒神学院信仰宣言[③],阿苏萨太平洋大学信仰宣言[④],葛培理事奉机构

---

① "Infallibility" 这个字眼,有人翻译成"无缪"或者"无讹",但是这个字眼原来的意思是指《圣经》在信仰和道德的问题上具有最高的权威性。为了使中文的翻译确切地反映出英文的意思,我把它翻译成"圣经绝对权威"。

② R.V. Pierard, "Evangelicalism", *Evangelical Dictionary of Theology,* Walter A. Elwell ed., Grand Rapids, MI: Baker Books 1999, p. 379.

③ "Scripture is an essential part and trustworthy record of divine self-disclosure. All the books of the Old and New Testaments, given by divine inspiration, are the written Word of God, the only infallible rule of faith and practice. They are to be interpreted according to their context and purpose and in reverent obedience to the Lord who speaks through them in living power."

④ We believe the Bible to be the inspired, the only infallible, authoritative word of God.

信仰宣言①等。

“圣经绝对权威说”可以说是比较接近《圣经》本意的圣经权威观念。之所以这么说，主要有几个原因：

首先，Infallibility 强调了《圣经》是圣灵感动的产品。《提摩太后书》3 章 16 节称：“圣经都是上帝所默示的。”“默示”是《圣经》之所以堪称权威的依据。“默示”不等于听写，而是圣灵使用和提升人的智慧，写出上帝的话来，如《彼得后书》3:15 所言：“就如我们所亲爱的弟兄保罗，照着所赐给他的智慧写了信给你们。”圣灵不必替代写作者的意志，但可以完全控制写作的产品，以完备地传达上帝意欲传递给人的信息。

其次，“圣经绝对权威说”点明了《圣经》在真理教训方面的权威性，比较能体现《提摩太后书》3 章 16 节所讲的“于教训、督责、使人归正、教导人学义，都是有益的，叫属上帝的人得以完全，预备行各样的善事。”“圣经绝对权威说”指出上帝给予人《圣经》的目的是为了启示他自己的属性，表明其心意，昭示符合他心意的道德要求。对《圣经》权威的理解，应当从上帝拯救旨意的大图画着眼。“信仰”和“生活”是对《圣经》启示范围的比较清楚全备的描述。

最后，“圣经绝对权威说”避免了用现代科学实证主义的“错误”概念来评判《圣经》。灵感的权威可以内在于任何一种题材，无论是宣讲、祷告、叙述，还是诗章、颂词和灵歌，都可以述说和传达上帝的心意，启示拯救的信息。当我们把《圣经》的权威定义为“绝对权威”的时候，当听到大卫在诗篇当中的呼求，就不会首先机械地去想“对还是错”，而是明白他在述说神的救恩，并他与神的关系。把《圣经》接受为绝对权威的上帝之道，我们就不容易把它当作说明书或者教科书，而是当作圣灵的述说。

“圣经绝对权威说”是关于《圣经》权威的比较稳健的表达，它不再把注意力放在圣经的外表(约 5:39：“你们查考圣经，因你们以为内中有永生”。)，而是放在圣经的信息和启示乃是基督。有人批评“圣经绝对权威说”是走了自由主义或者新正统路线，但是它与自由主义或者新正统派的圣经观是泾渭分明的：

---

① The Bible to be the infallible Word of God, that it is His holy and inspired Word, and that it is of supreme and final authority.

> 我们强调"圣经是上帝自我启示不可或缺的本质内容和忠实记载"。如此,我们与新正统派的圣经观划清了界限,后者认为圣经本身并非上帝的启示,而是对启示的见证,而启示系上帝在历史中与其子民遭遇的时候发生的。同时我们相信,"新约和旧约的全部书卷是上帝通过灵感赐予世人的,是成文的上帝之道"……这与新正统派的主张形成鲜明对比,后者宣称只是当圣灵向信徒彰显真理的时候,《圣经》才成为上帝的道。[①]

"圣经绝对权威"的提法虽不是所有的福音派都接受,但越来越多堂会和机构采纳了它。它不仅是神学家研讨的题目,也影响了基层教会的解经,体现为对历史和文化处境的重视。从 Inerrancy 出发来解经,偏重语法—文字的分析。而 Infallibility 的角度则更重视通过考察圣经成书的文化和历史背景还原灵感的发生过程,从写作者的角度去发现经文的核心教训和深层含义。富勒神学院的前院长胡伯特就尤其主张:对经文产生的处境和写作目的的研究是正确理解任何一段经文所不可或缺的。[②]随着 Infallibility 的圣经观在福音派基督徒当中的推广,对处境的重视越来越多地成为福音派解经的主流,一个明显的例子是福音派出版商 IVP 的畅销书《你也能带领查经》90 年代的新版完全重写了旧版本,不再强调单一的语法—文字分析,而要求读者查阅参考书,找出经文的历史、文化和语言背景以求确切地释解经文。

---

① Hubbard, David A, "What We Believe and Teach", *Theology, News and Notes*, Special Issue (Pasadena, CA: Fuller Theological Seminary, 1976), p. 4.

② 同上。

结 语

关于圣经观的研讨在启蒙运动以后从来就没有间断过。为很多大陆基督徒所熟悉的"圣经字句无误说"因其缺乏足够的圣经根据,"错误"概念的麻烦,以及以"错误"为强制标准的武断二分,越来越显出其缺陷。而"圣经绝对权威说"主张《圣经》的权威在于其教导的可靠性,因而相比"无误"更能说明圣经权威的要害,因此被许多福音派人士所接受。作为一名海外的基督徒,我想把这个题目向国内对海外福音派有兴趣的朋友作一个简单的介绍,希望可以成为有用的资料。

谈谈当代海外的“福音派”

余国良

（应丁光训主教邀请，为中国基督教领导搜集的资料，写于1998年8月。）

在过去的20年间，我去过中国一百多次，与中国很多教内外人士有来往。有一件令我很惊异的事情，就是发现有很多人把福音派和基要派等同，甚至认为福音派就是基要派，或者是基要派保守立场的一脉相承。但从我的福音派背景，以及几十年同海外福音派打交道的经验来看，我认为并不能用“继承基要派”或是“保守派”这样简单化的标签去理解福音派。无论从福音派产生的历史和他的发展现状看，现代福音派和基要派之间还是有明显区别的。我想在这里通过一些当前的资料，并结合自己理解和经验，对当前海外福音派做一个简单的介绍，希望能对国内教会了解海外福音派有所帮助。

虽然福音派脱胎于基要派，但它绝不只是对原来基要派路线的继承。福音派是由脱离基要派的人士发起的。他们大都不满原基要派盲目排他、反理性和脱离社会的孤立主义立场①。自福音派运动开始时起，发起运动的人士就着力于基督徒的平衡：个人信仰与社会参与的平衡，灵性追求与学术研究的平衡，教会纯洁与合一见证的平衡。这显然有异于基要派孤立刻板的“正统”路线。

早在福音派运动兴起的初期，运动的核心人士就对基要派提出了很多批评。“全美福音派协会”的早期发起人 Ockenga 就曾指出基要派起码犯了几方面的错

① *The Evangelical Movement-Growth, Impact, Controversy, Dialogue* (Mark Ellingsen, Augsburg Publishing House) ,p.97.

误:态度的错误,即怀疑所有不能认同基要派全部信条,以及信仰方式有异于基要派的基督徒;策略的错误,即采取孤立主义的立场,企图建立地域性的纯洁教会;后果的失误,一方面未能影响自由主义神学的传播,同时又未能有效地以基要主义神学去回应社会问题。Edward J. Carnell (Fuller 富勒神学院第二任院长)干脆认为基要派基本上只是一种崇拜“正统”的小派。它的信念并未继承教会历史上的信经信仰。“基要主义”与其说是一场运动,还不如说是一种心态。

Carl F. H Henry(前 Christianity Today 主编)则认为基要主义未能体现基督教世界观的总和,而只是将它的一部分加以突出,并将其神圣化。这种信仰过于彼岸化,过于反理性,使得它不能对社会和文化产生积极的影响。

对基要主义路线反省和批评的结果是使福音派发展出自己的事工路线。与原基要派路线相比,当代福音派路线的特点在于:指出了基要派“时代论”的一些缺陷,立足于对圣经本身信息的发掘;放弃了基要派好战和分离主义的路线,不再强调与接受自由主义学说的主流宗派教会对抗,亦不要求持保守观点的信徒脱离主流教会;注重以福音影响社会生活和文化,革新社会道德和社会风气。从而福音派越来越多地举办学校、研究机构和出版机构,也越来越多地通过媒体传达其呼声。

标志福音派产生的早期事件主要有三个:1942 年全美福音派协会成立(National Association of Evangelicals, 以下简称 NAE), 1947 年富勒神学院成立和 1956 年 (Christianity Today《今日基督教》) 杂志创刊。与此同时,Billy Graham 布道广播巡回亦是早期福音派运动中标志复兴的大事。Billy Graham 的成功为早期福音派运动赢得了大量民众与要人的支持。自 50 年代起,Billy Graham 走进国会和白宫。他的魅力和影响,包括对美国政界人士的影响一直持续到如今①。

美国福音派在他产生之后的 50 年里一直在增长当中。这一增长同时体现在会友人数和事工上。

在美国的社会生活里,宗教始终扮演着相当重要的角色,而福音派在各主流

---

① *The Evangelicals-What They Believe, Who They Are, Where They Are Changing* (David F. Wells and John D. Woodbridge, Abingdon Press), pp.229-239.

宗派中始终占据着重中之重的地位①。根据1990年的统计数字，认为自己是福音派的美国人总数已达到两千九百六十万人（未包括信徒人数在十五万人以下的各宗派）。这一数字已经超过了各主流宗派教会的人数总和(两千八百万)，表明福音派已成为美国新教最大的代表群体②。并且福音派人数还在继续增长之中。有资料表明福音派与天主教是当今基督徒内增长最快的群体。

与此同时，福音派也日趋活跃地参与到美国社会的主流，其影响已辐射到美国社会生活的各个领域。以政界为例，福音派不仅与美国政界人士保持着密切和良好的关系(如前述 Billy Graham)，亦有福音派人士参政的个案。1976年福音派著名人士杰米·卡特出任美国总统，曾使得 Newsweek 把1976年宣称为 The Year of Evangelicals 并惊呼“福音派主导的时代已经开始”。四年之后，当罗纳得·里根竞选美国总统时，如何争取福音派的支持成为竞选者制定策略时的重大考虑因素。为此里根特地聘请“基督教行动联盟”总裁 Robert Billings 担任他的联络官，并迎合福音派的思路安排了他的全部讲演。福音派的支持帮助他登上了总统的宝座③。在以后的历次总统竞选中，宣称自己“重生”好像已经成了必不可少的一项候选声明，以至于“洛杉矶时报” (Los Angles Times) 载文质疑“是选总统呢，还是选主教”。对这样的现象有人欢呼，也有人担忧。但无论是欢呼也好，担忧也好，福音派影响美国政坛已是不争的事实。

福音派与美国政坛右翼的传统关系常常给人错觉，以为福音派总是站在右翼势力这一边。然而总的来说，福音派在美国社会中依然保持着自己独立的声音。福音派亦很多地为社会公益而呐喊。其突出的一个实例为1973年11月福音派的一批主导人士集会芝加哥，并发表了《芝加哥宣言》④，号召福音派一起“作为基督的门徒来抵抗我们国家社会与政治领域的不公平”并“肯定我们作为基督徒

---

① *Virtual America-What Every Church Leader Needs to Know About Ministering in An Age of Spiritual and Technological Revolution* (George Barna, Regal Books).

② *Resurgent Evangelicalism——Mapping Cultural Change Since 1970* (Mark Shibley , University Carolina Press), pp.27.

③ *American Evangelicals and US Military 1942-1993* (Anne Loveland, Louisiana State University Press), p.144-151.

④ *The Chicago Declaration* (Ronald J. Sidered, Creation House), pp.1-3.

公民的责任”。宣言谴责了种族主义,性别压迫,不公的经济制度和军备竞赛,并号召“悔改”。“宣言”所体现的立场以后重现在福音派的历次宣言中(1978年“反核武宣言”,1983的富勒“良心宣言”等)。事实上福音派教会一直希望成为“美国社会的良心”。在定位自己的这一角色时,福音派既注重保守传统的美国社会的道德,也着眼社会公正。这与福音派向来坚持的“平衡”思路是吻合的。福音派在美国社会生活中的瞩目之处还在于它活跃在各个社会专业领域。在美国有许多福音派专业人士社团,例如基督教医师协会,基督教运动家协会,基督教政治家早餐祈祷会,基督徒律师协会,基督徒商人协会等。美国有一个很有影响的基督徒网络,叫做“基督徒黄页”,它以提供诚信的商业关系而著称。福音派组织的基督徒专业人士团体有效地开展了许多事关社工(如医疗服务,法律援助等),亦大大扩展了福音派在社会中的影响。

在经历了多年的发展以后,新生代的福音派人士较之他们的父辈,观念又发生了变化。根据Carl Henry的调查资料,60年代以后成长起来的福音派呈现出以下一些特点:

1. 不仅关心灵魂的得救,亦关怀全人的救赎与健康;

2. 更积极地参与社会政治事务;

3. 喜欢新的崇拜形式;

4. 不再以外在的标准(如衣着,发型,对时髦摇滚乐的态度等)去判断会友的灵命程度;

5. 以新的心态对待教会普世化的问题;

6. 对传统的人生价值观做更积极的评估①。

新福音派人士依然坚守福音派的传统信仰立场,即坚信圣经是信仰生活的绝对权威;相信信者因信称义,获得救恩;相信得救需经历悔改和向基督委身的过程;坚信信徒应顺服基督,积极投入大使命(太28:19)。与此同时,福音派亦敏感于社会环境及需要,并对社会报以积极回应的态度。这使得福音派在50年间在普世联络、社会关怀和学术研究等多方面都取得了丰硕的成果。下面我就这三方面作简单的介绍:

① *Young Evangelicals –Revolution in Orthodoxy* (Richard Queveeaux, Harper & Row , Publishers), pp.40–41.

(一) 福音派与普世运动的关系

美国福音派在教会普世化领域里的进展是很令人瞩目的。原先福音派被认为是基督教范围内对普世运动态度最消极的群体之一。但近年来的一系列实践表明福音派已经突破了排他性的思维,以行动关心和推动教会合一与交通生活。

早在60年代末期就曾有一些福音派的有识之士呼吁放弃唯我独尊的意识,用前瞻性的、包容的思维对待福音派以外的基督徒。福音派的核心期刊《今日基督教》(Christianity Today)前副主编 Frank Gaebelein 就曾指出:"并非仅有福音派才是基督徒。有一些人与我们一样有对历史的、超自然的基督教坚定的信念。他们也敬拜基督为救主,也同样持有圣经观,只是他们没有全部使用我们所使用的词汇,并且他们对教会与教牧的观念有不同于我们的。他们也是基督徒。我们从他们一些人身上也能学到很多东西。"①

2000年2月,第二届帕沙迪纳中国教会事工研讨会的中国教会代表。

富勒神学院是美国福音派最重要的神学研究和培训中心,是福音派神学的大本营。在 Reforming Fundamentalism 一书里,富勒被定位为新福音派思维的主导者②。在富勒早期的年代,学院的课堂上常可以听到对世界基督教会联合会(WCC)、美国全国教会联合会(NCC)以及天主教不甚友好的言论,甚至很多富勒的教授直截了当地称这些团体"敌基督"。但到了70年代末,进入80年代,富勒校园内已很少有人再提及这样的言论。到90年代初,富勒正式开设了"教会历史和普世教会学"课程,并聘请了普世运动与文化研究所(Institute for Ecumenical and Cultural Research)的董事 Richard J. Mouw 担任学院的院长。普世教会正式登上福音派的主流神学院课堂,这很好的代表了福音派在普世运动的问题上

① *Ibid.*, p.141.

② *Reforming Foundation–Fuller Seminary and the Evangelicalism* (George B. Eerdmann Publishing Company).

有实质性的思维突破（Richard J. Mouw 的文章“Humility, Hope and Divine Slowness” p.366 很好的诠释了“Evangelical Ecumenism”）。

福音派与天主教近年来的对话是福音派教会合一见证事工中很令人瞩目的一件事。

1992 年 9 月,几十位福音派与天主教人士聚集一堂,召开了福音派历史上最重要的一次与天主教的对话研讨会。会后双方共同发表了题为“Evangelical and Catholics Together–The Christian Mission in the Third Millennium” 的共同申明。我们可以从这份申明的签字者名单上找到许多知名福音派人士的名字:“监狱团契”总裁 Charles Colson, 富勒神学院校长 Richard Mouw, “校园传道会”总裁 Bill Bright, 惠顿学院校长 Mark Noll 等。

宣言称: 作为当今基督徒范围内最有传福音的负担,也是增长最快的团体,福音派和天主教应当“为基督的爱所激励,决意避免彼此的冲突,并且在冲突存在的地方去共同努力减少和化解冲突…。作为福音派和天主教徒, 我们祈祷让我们在基督之爱里的联合能日益彰显,成为见证上帝和解大能的可见记号。”大会和宣言的重要意义在于:它表明两个曾经互不信任,互相攻击,但同时具有深远影响的基督教团体走到一起,以敞开的态度着手建立弟兄间的和解与协作。

近来的事态发展亦表明福音派与 NCC 的关系发生了显著变化。据洛杉矶时报今年 9 月报道,NCC 已向 NAE 表态希望能探讨建立新的合一架构的可能性。NCC 是美国最大的新教主流教会跨宗教机构,拥有 35 个宗派成员。但 NCC 目前的处境艰难,长期的财务困境已使该机构濒临破产。所以 NCC 董事会已投票,如在三年内能产生一个更有广泛代表性的机构,NCC 有可能被解散。

NAE 日前亦做出反应,表示原 NCC 会员加入 NAE 时只需签署 NAE 的信仰宣言,承认“耶稣基督是上帝的儿子,圣经是上帝所默示的,具有绝对权威的上帝之道”。但 NAE 将不会要求这些新加入的教会割断与 NCC 的关系。

当被问及对此事的看法时,NAE 的总裁 Kevin Mannoia 说:“旧有的,隔断的教会模式已经过时了,取而代之的是我们对异像、事工以及上帝临在的新思维。隔断我们的墙已经倒了, 取而代之的是篱笆”。在谈到福音派身份的问题时, Kevin Mannoia 这样说:“在过去,福音派通过和 NCC 对立的立场来显示自己的特征,而今这种思路已被抛弃。”①

北美的福音派人士在观察上述现象时,不难总结出这些变化绝非偶然。其实在福音派内部一直就有自省和反思的传统。这与宗教改革所倡导的“在圣灵引导下不断改革”以及福音派的“悔改”信息是相吻合的。这种反思与革新的精神在新一代福音派人士身上结出了很好的果子。福音派走向与主流教会对话,与不同的信仰传统对话,正是这种精神的产物。Richard Quebedeaux 在 Young Evangelicals 一书中指出:重开普世对话之门,甚至在多重层面上与其他宗教和意识形态对话,这正是新一代福音派人士的新思路之一。

福音派的教会合一路线有它自己的纲领。Dubuque Theological Seminary 的 Donald Bloesch 曾在谈到福音派的普世参与时指出:“福音派的教会合一路线致力于同其他教会,同分离的弟兄和解,而不是实体性的合一。它并没有把对话看成是达到真理的途径,而是认为对话可以澄清真理,使真理日益明晰。它也与马克思主义及其他宗教对话,为的是推进福音的宣讲,而非建立一种新的文化综合体。②

福音派今天对于教派对话、宗教对话和跨文化对话的态度反映了他们执著真理的一面。当福音派人士发现自己的失误和局限性时,也会回转求教。有一个现实的例子,就是当前国际福音派联盟神学委员会伦理和社会组的召集人 Ronald J. Sider 博士在了解了第三世界国家的教会及西方宣教史后坦言承认:“基督徒必须要把握的一个事实就是‘在以往两千年的时间里,传教活动与殖民化进程一直联系在一起。不管我们怎样去解释这两者背后的关系,显而易见的是西方政治力量的扩张与教会的扩张总是在同一时间发生在同一地点’。既然教会的扩张与政治扩张的关系如此密切,那么就出现一个我们必须与之挣扎的难题:

---

① “Church Councils Seek to Speak with One Voice”, by Larry B. Stammer, *Los Angeles Times*.

② *Young Evangelicals–Revolution in Orthodoxy* (Richard Quebedeaux, Harper & Row, Publishers), pp.40–41.

世俗西方社会发展过程中的价值观在多大程度上充斥着基督教的发展进程？”[①]这是一个诚实的福音派人士 在了解历史以后提出的问题。福音派近年来的发展使我相信：会有越来越多的福音派人士诚实的发问、诚实的祈祷和诚实的探求。中国教会所强调的“彼此尊重，求同存异”原则也是现代福音派所追求与学习的功课。

（二）福音派与社会参与

福音派发展的另一成果是日益积极地参与社会。自60年代以来，社会关怀事工就开始在福音派的总体事工中占据越来越大的比重。福音派人士多认为教会对社会的关怀是基于圣经的信息。1966年Latin American Mission的总裁Horace L. Fenton先生在世界宣教事工会议上说：“许多福音派人士看起来同意认为怜悯与爱心理所当然的是福音信息的一部分，但却没有表现出教会方面具有强烈的社会责任感。好在这并不代表所有的情形。今天有不少的福音派人士对社会关怀的态度已有所改变，并且认识到社会关怀表现出我们对基督的顺服……是什么造成了如此变化？理由之一就是：仔细考察圣经当中关于社会关怀的信息使得许多福音派人士意识到他们无意中忽略了一些圣经所强调的东西。”[②]

自60年代以来，福音派越来越多的关心贫穷、环境、资源、社会道德、青少年教育等社会问题，并积极地批评非公义的现象，发展社会事工。1973年的《芝加哥宣言》是美国福音派社会公益意识高涨的代表性文件。因而1974年的全球福音派会议所发表的《洛桑宣言》里的“懊悔”是对《芝加哥宣言》的一个回应。《洛桑宣言》说道：“因为人是按照上帝的形象造的，所以每一个人，无论种族、宗教、肤色、文化、阶级、性别和年龄，都有其与生俱来的尊严。我们应当因此而尊重与服事人，而非剥削人。我们为自己曾忽视这一真理，并且将社会关怀与传福音对立起来而懊悔。”[③]

---

① *Evangelical and Development——Toward a Theology of Social Change* (Donald J. Sider, The Westminster Press,1981), p.72.

② *The Social Conscience of the Evangelical* (Sherwood Eliot Wirt, Harper & Row Publishers), pp.150–151.

③ *Awakening of Conscience –Historical Essays on American Evangelicalism from the Institute for the Study of American Evangelicals* (D.G. Hart ed., Bakers Books), p.358.

在“Evangelicals and Catholics Together–The Christian Mission in the Third Millennium”宣言里,基督徒的社会责任也被着重提及。宣言的第五部分提到:“基督徒作为个人,以及教会作为整体,应对社会的正当秩序和治理负有责任……我们满怀希望地接受这一责任,知道上帝呼召我们去爱邻舍。我们将为所有人的福祉致力于争取更大程度的社会公益与正义,并相信上帝在他的国度来临时将按真理安顿万物,使我们的努力臻于美善的地步。”

福音派直接举办了许多社会关怀机构,这些机构承担了大量社会关怀的事工。我有一本1998–2000年间基督教各事工机构的目录,其中收录了许多基督教社会关怀机构的资料。我发现这些机构的服务包括:慈善救助,儿童关怀和孤儿院工作、社区建设、扫盲工作、医疗设备、经济开发和技术援助、教育培训等等。其中较有影响的有NAE所属的World Relief, Frank Graham的Samaritan Purse,及北美最大的非政府救助和开发机构World Vision。在今天的美国社会,福音派承担了大部分的社会关怀责任,是全社会公认的富有经验,高效率的社会关怀团体。

福音派还基于圣经的信息,培养其会友的社会正义感、道德良知和社会公益意识。60年代Billy Graham即曾拒绝在一间排斥黑人会友参加礼拜的白人教会讲道。此举曾在当时引起很大反响,亦唤起很多福音派会友反种族歧视的意识。今天,福音派在很大程度上承担起民众道德教育的责任。在福音派的教会讲坛,福音派的学校和机构里人们聆听到很多的关于种族平等与族裔和睦、家庭伦理、性伦理、环境保护、商业伦理等现代人所关注和需要的信息。

值得注意的是,今天的福音派已经把社会关怀工作纳入“全人更新”的福音使命里。福音派神学通过扩展传统的福音范畴(重生,悔改,得救等)把“福音”与“社会关怀”统一了起来。福音已不再被狭隘的理解成只是关系到“个人得救”的问题,而是被看成是全人的完整,人与上帝,人与人的和谐。用福音派神学家Emilio Castro的话来说:“悔改意味着人意识到它与耶稣基督的关系,这随即也意味着意识到他与邻舍的关系——两者是可以分别,但不能分割的……一个人没有与邻舍的正常关系,亦证明了他与上帝没有正常的关系。被理解为‘个人好处’的悔改本不存在。悔改总是被理解为上帝呼召人参与他的事工——即上帝关爱世界的事工。"①

(三)福音派与文化学术发展

福音派问世之初,曾有人批评他"落后"、"保守"和"反理性",这多少是因为福音派产生于美国历史上的"宗教觉醒"时期和其基要派背景。基要运动和美国历史上的几次属灵复兴运动的确表现出比较强烈的反理性主义倾向。更确切地说,与其说他们是反理性的,还不如说是一种独特的、简单化的宗教思维方式,即二分法的世界观,在上帝和撒但、自然和超自然、灵性和世界之间作简单的二分,用"非此即彼"的"光与暗"的范畴去判断一切事物,对不能与传统教义完全吻合的东西即简单的定罪和抛弃。②

这种反知识、反理性的立场是福音派自产生初期就一直批评的。在完整地接受基督教传统的历史信仰,维护"圣经绝对权威"的同时,福音派亦继承了欧洲基督教保守阵营内的理性和学术传统。福音派推崇以 C.S. Lewis 为代表的理性护教路线。 Elton Trueblood 曾经评价 C. S. Lewis 说 "他成就卓越的一生最佳美的硕果之一, 就是他能使得他的读者去批评这样一种荒诞不经, 但却很盛行的观念:即认为理性的园地是为福音的敌人所独占的 "③。这段评语应当很能代表福音派的态度。记得福音派学者和教育家 Charles Malik 在惠顿学院葛培理中心落成礼上作了这样的讲话:"当今的问题不是拯救灵魂,而是赢得理性的头脑。如果你征服整个世界,却没有得到头脑,你很快就会发现你并没有赢得世界。实际上最后的情形可能是:你已经失去了世界。"

早期福音派对基要派反理性态度的批评体现在不少福音派经典著作中。曾受教于瑞士神学家 Karl Barth 的福音派学者 Bernard Ramm 就在《基督教的科学观与圣经观》一书中批评基要派彻底的不信任所有现代思想, 并呼吁福音派人士:"去争取思想界,要确信自己能够区别什么是真正的知识进步,什么是仅以假

---

① *Young Evangelicals –Revolution in Orthodoxy* (Richard Quebedeaux, Harper & Row, Publishers), p.81.

② *Reckoning With the Past–Historical Essays on American Evangelism from the Institute for the Study of American Evangelicals* (D.G. Hart ed., Baker Books), p. 315.

③ *Young Evangelicals –Revolution in Orthodoxy* (Richard Quebedeaux, Harper & Row, Publishers), p.61.

定为基础的无确实根据的推断。"[1]Ramm 和许多运动之初的福音派人士一样看见了这样的需要:须建立福音派独特的立场,它应是介于基要派的排他主义与自由派的世俗主义之间的中间地带。

福音派在神学领域里的突破为这一"中间地带"的建立奠定了很好的基础。这一突破主要体现在两点上,一是适时地提出"圣经绝对权威"学说,一是摒弃基要派"时代论"。

福音派的"圣经绝对权威"学说认真地接受"圣经同时是上帝的话语,也是人的文字"的说法。因为圣经是神的话语,所以在信仰和生活上是唯一的,也是绝对的权威。新福音派的学者否定基要派僵死的"圣经无误论",因为这一圣经理论是以20世纪的"错误"定义来否定圣经的自然性,并否定了"圣经同时是上帝的话语,也是人的文字"。"无误"不是圣经字眼。它原本是从天主教的"宗教无误"一说那里借来的。很可惜这个概念的提出看来是为圣经争取最高的权威,实际上却把圣经人为地框在基要派20世纪的思维和逻辑里,以至于否定了圣经作者在他们时代的自然性。使用"圣经无误"的实际效果是:这种两分法的逻辑把"无误'一词定义的十分狭隘和无理,反倒容易使人产生"圣经有错"的结论;而且所有不赞成这种学说的认识最后都变成"圣经有误"的拥护者。

基于以上考虑,新福音派的学者都愿意使用"圣经绝对权威"(Infallibility),而不愿用"无误"(Inerrancy),以便澄清和划分与基要派的界限。因此福音派研究圣经不再排斥考证学方法。福音派学者 Ladd 即坦言承认"福音派'圣经为用文字记载的上帝之道'的传统信念与冷静的圣经考证学并不对立。""圣经考证学并非用以批评'上帝的话语',而是用以考察上帝的话语怎样被给予世人"。[2]

关于圣经的可靠及圣经的解释,福音派学者大体上已形成了一种通行的信念:"圣经在这样一重意义上是完全可信的:它的信息传达了关于上帝的真知识

① *Between Faith and Criticism–Evangelicals, Scholarship, and the Bible in American* (Mark Noll, Harper & Roll,1986), p.95.

② *Young Evangelicals–Revolution in Orthodoxy* (Richard Quebedeaux, Harper & Row, Publishers), p.76.

以及上帝的作为,尤其是上帝的拯救之道。正当的解释应当考虑作者的意图,语言的使用,文体乃至经文的处境。同时亦承认圣经的神圣起源及有机统一。解释圣经不仅需要哲学和历史学知识,也需要对圣经教导的无条件顺服和对上帝圣灵的依靠。”①

在“时代论”的问题上,福音派也体现了截然不同的立场。福音派的神学家写作了很多批评时代论的著作。福音派对时代论的批评意见集中在以下几个方面:

1.“时代论”武断地将圣经的记载划分成不同的历史时期;

2.“时代论”采用单一的字面解经方式,执著于牵强的“预表”方法;

3.“时代论”将圣经信息分割成块,强调了圣经信息的事件层面,弱化了伦理层面;

4.“时代论”把基督徒盼望与现实生活相分割;

5.“时代论”宣称大公教会“离经叛道”,认为“教会分裂有理”,体现出好战意识,不可恭维。

福音派推崇谨慎的圣经研究。C.H. Dodd, F.F. Bruce, I.H. Marshall, G. Lightfoot, A.A. Hodge 等严谨客观的圣经学者的著作,在福音派的神学院里很受欢迎。同时福音派也产生了自己的学者。许多福音派有志青年走进美国的顶尖学府并随后在福音派的学院和研究机构里崭露头角。Rudolf Nelson 曾撰文称哈佛大学在 1930 年和 1960 年间出了 15 个有名的福音派学者。后来这批人分别到了富勒、惠顿学院、Ashbury 和 Gordon-Conwell 等学院教书。其中 George Ladd 成了新约研究泰斗,而 Kantzer 将毫不起眼的 Trinity Evangelical Divinity School 建设成福音派的学术中心。先后毕业于惠顿学院、普林斯顿神学院的 Bruce Metzger 后来成为举世闻名的旧约专家。另外福音派的英国圣公会的牧师 John Stott 也是备受福音派推崇的学者,他在灵修和护教学方面有很深的造诣。

尤其值得一提的是,不少海外华人也日益关注福音派的学术发展,并委身于华人福音派学术事工。在北美,台湾和香港都有华人福音派的学术研究机构,

① *Ibid.*, p.76.

其中尤以香港的“中国神学研究院”最为突出。它的研究成果代表了现今海外华人福音派学术研究的最高水平。

福音派在1966至1978年间翻译和出版了英文《圣经-新国际版》。这个耗时十多年方完成的版本在问世的前6年内即销售了1100万本(1985年数据)。时至今天,《圣经-新国际版》已成为基督教范围内最受欢迎的圣经版本之一。

福音派还组织出版了大量圣经注释和解经参考书籍。以1985年的统计为例[①],福音派截止当时已出版的有权威性的圣经注释就有如下几种:

New International Commentary on the New Testament (15 volumes by 1985)

By William B. Eerdmans Co.

Tyndale New Testament Commentary (20 volumes by 1985)

By William B. Eerdmans Co.

New Century Bible Commentary (20 volumes by 1985)

By William B. Eerdmans Co.

Tyndale Old Testament Commentary (18 volumes by 1985)

By InterVarsity Press

New International Commentary on the Old Testament (6 volumes by 1985)

By William B. Eerdmans Co.

The Bible Speaks Today (14 volumes by 1985)

By InterVarsity Press

New International Greek Testament Commentary (3 volumes by 1985)

By William B. Eerdmans Co.

Expositor Bible Commentary

By Zondervan Publishing Co.

Good News Commentary Series (8 volumes by 1985)

By Harper & Row

World Biblical Commentary (11 volumes by 1985)

---

① *Between Faith and Criticism-Evangelicals, Scholarship, and the Bible in American* (Mark Noll, Harper & Roll,1986), p.133.

2005年,在第七届中国教会事工研讨会上,主持人美国库克传媒公司总裁梅大卫先生欢迎中国基督教访问团曹圣洁会长。

By World Publishing Co.

据我所知,以上系列已经全部完工。除此以外,1985年以后出版的圣经注释包括:

International Theological Commentary

By William B. Eerdmans Co.

Interpretation: A Bible Commentary for Teaching and Preaching

By John Knox Press

Everyman's Bible Commentary

By Moody Press

New International Biblical Commentary

By Paternoster Press

New International Dictionary of Old Testament Theology and Exegesis (5 volumes)

By William B. Eerdmans Co.

New International Dictionary of New Testament Theology (4 volumes)

By William B. Eerdmans Co.

在今天的美国有众多基督教出版机构支持福音派的文字出版事业。不仅如此，很多非基督教出版机构也积极承印福音派书籍，包括圣经注释与解经用书。在美国的大部分书店里都设有基督教书籍的专柜，且出售的大多是福音派的书。

在这样的大环境下，已经很少有人再把福音派与"蒙昧"联系在一起。相反，福音派的文化事业已受到全社会的肯定和尊重，福音派的机构和学者在美国主流学术圈里也有一定的地位和声望。

结　语

福音派当今的发展体现了我先前提到的"平衡"思路。概括地说，这种平衡体现在三个方面：教会纯洁与合一见证的平衡、个人信仰与社会参与的平衡、灵性追求与学术研究的平衡。相信海外福音派的经验可以对中国教会的事工发展提供参考。由于篇幅有限，我只能介绍一点大概的情况。很盼望能看到中国教会与海外福音派之间有更好的了解，可以在友好和相互尊重的基础上互通有无，彼此交流。相信这会对双方的事工都有好处。我想这一定也符合所有关心天国事工的信徒的共同的愿望。

祂爱普及万千

——读富勒神学院毛瑞琪博士新书有感

余国良

(写于2002年6月,曾发表于《天风》)

毛瑞琪博士(Dr. Richard Muow)是当今美国较有影响的神学家,自90年代中期一直担任美国最大,也拥有顶级学术权威的基督教神学院—富勒神学院的院长。今年4月基督教人士交流协进会(CLE)曾安排毛瑞琪博士访问中国,在南京拜会了丁光训主教,并在金陵协和神学院举办了学术讲座。

最近毛瑞琪博士出版了一本新书,书名叫《祂爱普及万千》(He Shines In All That Is Fair),取自于国内教会熟悉的一首传统赞美诗《这是天父世界》第二段歌词。该书着重讨论"普遍恩典"的神学课题,很多地方涉及"如何看待教会以外的真善美,""基督徒对文化的责任"等当今北美教会热门讨论的问题。由于这些课题也是现今中国教会所关心的,所以我很愿意向国内的同工来介绍这本书。

美国《今日基督教》杂志发表了一篇评论《祂爱普及万千》的书评,标题很有意思,叫《上帝为什么喜欢垒球?》。乍听起来有一点莫名其妙,却是毛博士提出的神学问题的惟妙惟肖插图。毛博士在书里提出的问题是:"救赎范畴是否可以充分涵盖上帝对人类(包括重生的与未重生的)的一切作为?更加具体地说,上帝在评论人的思想、感情和行为的时候是否仅仅以人终局命运为标准?他是否在个人得救的问题以外亦关心'非选民'所采取的行动与取得的成就?"

把它化成日常的问题:上帝是否关心我今天听了一首好的音乐?上帝是否在

乎我欣赏世界杯？钓鱼似乎和救恩无关，上帝是不是喜欢我做？我为什么要做？美国人很多酷爱垒球，上帝是不是在乎基督徒欣赏垒球？这和救恩有关吗？如果和救恩无关，上帝为什么在乎我欣赏垒球？

在"上帝"与垒球之关系的背后隐藏着神学"目的论"的问题：上帝作为的目标究竟是创造，还是拯救？是救恩为了创造，还是创造为了拯救？隐藏着伦理学问题：是否和救恩相关的事物才可以称得上"善"？基督徒的道德评价标准是否仅限于选民的标准？隐藏着信仰和文化历史观的问题：基督徒是否对文化有责任？如果有，是否仅限于批判和解救文化的责任？外在于教会的文化是否有上帝的美意？

"普遍恩典"的神学地位

2003 年，美国富勒神学院访问中国基督教全国两会。

毛博士在书中概述了"普遍恩典"在改革宗神学中的发展脉络，并深入地剖析了 20 年代美国改革宗教会关于"普遍恩典"的一场神学争论。这场争论的结果是确认了"普遍恩典"的神学地位：1924 年美国改革宗总会将这一信念列为教会信条：上帝确实在救恩之外赐给全人类以普遍的恩典，体现在三个方面：(1)赐给受造万物的普遍自然恩赐，如阳光雨露。(2)道德约束，给予人节制罪恶的能力，不至于任凭其堕落的本性随意妄为，导致恶贯满盈。(3)赐给不信的人能力以实施社会性的善。

从改革宗的背景来看，上述的立场是很重要的贡献。传统改革宗的人性论强调"人本性完全堕落"。改革宗标志性文献《西敏寺信纲》特别强调虽然某些重生的人也会有好行为，但由于这些行为并非为着荣耀上帝的目的，所以无善可陈，一文不名。早期改革宗的上述立场是要着重说明人得救无法靠自己的努力，必须仰赖上帝的恩典。但是新的问题也随之而来：如何定位非基督徒所作的好事？是否要一概否定？这个问题是早晚要回答的。随着改革宗信徒大量移民美国，投入北美文化大熔炉，北美改革宗的新移民迫切需要更详细地定位教会同社会的关系，以解放思想，鼓励改革宗的新移民融入北美社会。以上美国改革宗教会的“普遍恩典”的文献就是在这个背景下产生的。《西敏寺信条》成文是在1648年，关于“普遍恩典”的申明发表于1925年。从“无善可陈”到“普遍恩典”，改革宗教会走过了四百年的路，可见神学思想发展之艰辛。

“普遍恩典”的提出，不仅为神学思辨作了铺垫，也在神学讨论中更进一步深入追问：既然神拯救信徒的旨意已经明确无误，普遍恩典的意义又何在？普遍恩典何以反映上帝的荣耀？

为了说明普遍恩典的重要，毛瑞琪博士在书的第三章接近结尾处特地引用了一位颇有影响的基督徒学者的话：“是普遍恩典的教益使我免受精神分裂之苦。”原来这位学者原本在很保守闭塞的基要派团体里长大。他的教会一直教导说所有属世的学问都是邪恶的。身为学者的他曾经为着自己由衷地欣赏某些非基督徒的作品而忐忑不安，无所适从。完全否定教外文化的可取性显然违反了一个学者的常识，引起良心的负担。但爱慕世俗学术成果似与他的信仰理念相违背。直到他了解到“普遍恩典”的教义，方才如释重负，因为在“普遍恩典”的理念里包含了对上帝作为更完整的图画的诠释。身为基督徒，我们因着认识了“普遍恩典”，就能以客观眼光评价与欣赏教会以外的真善美。

那么，到哪里去寻找“普遍恩典”的踪迹呢？毛博士首先提到科学、人文、艺术等研究和创意内的成果。一部蕴含作者创意，体现美的和谐的作品尽管可能不是出自基督徒之手，但其中也可以蕴含着从上帝来的感动。他不一定涉及救恩的主题，作者也不一定是基督徒，但同样可以为我们所欣赏和享受。因为万物都在圣灵恩赐的亮光普洒之中。

毋庸讳言，上帝的感化和工作也可以内在于非信徒的道德生活。毛博士引用神学家 John Bolt 的话说：“我们既然可以相信上帝赐生命的恩赐予不信的人也赋予他们某些自然的禀赋，为什么不能想象上帝藉圣灵的工作影响他们的内心，使他们运作善行呢？……难道不是上帝感动古列王的心，使他下诏允许犹太人回到应许之地吗？”换而言之，基督徒承认并欣赏非信徒道德生活中的良善并非与圣经的信仰有矛盾。《今日基督教》杂志的开头之处写到：“当一名消防队员冲进着火的大楼救助身陷火场的儿童的时候，我们并没有询问这名消防队员是否基督徒，而是褒扬他。”也即是说，虽然基督徒在救恩问题上有着固守的立场，但仍然乐于称赞一切善行，因为它是神恩的闪光。

毛博士在《今日基督教》杂志的采访中，还提到了其他宗教的真理性问题。当谈到“普遍恩典”表现在其他价值观和宗教的信念及实践中时，毛博士坦言，他并非主张其他宗教可以引导人得救，但肯定了其中也有某些真理。他承认：“普遍恩典的神学坚信：虽然另外一些人在宗教信仰或者其他人生的根本问题上与我们有分歧，但他们亦可以领受上帝创造的恩典，因为他们也有出于上帝恩赐的言语或行为。”“普遍恩典”神学的一个有力信息是：“我务要承认在我穆斯林邻舍的言语和行为里头也含有上帝的恩赐。”在谈及其他宗教何以包含真理的时候，毛瑞琪博士引用了加尔文的比喻：他们就像行夜路的人瞬时为闪电所照亮，看见了远处及广阔的景象，但随着闪电瞬间即逝，又回归黑暗的光景。我们不能指责其他宗教无善可陈，因为他们也可能藉着圣灵普遍启示的亮光看到一些“明明可知，叫人无可推诿”的真理。

当“普遍恩典”的神学地位获得承认以后，接下来需要问的问题就是：“普遍恩典”与救恩究竟是何等关系？“普遍恩典”在上帝的计划中扮演何种角色？我们很自然地走向下一个课题：“创造与救赎”。

创造的神学

“普遍恩典”与神学价值观密切相连。只有从神学目的论的角度对上帝的创造和救赎做深入地反思，才可以明了“普遍恩典”的地位。毛博士在书中分析了两种相对的神学价值观：“拣选先在论”和“创造先在论”。前者主张上帝在创造世界之先就已经拣选了属于自己的“选民”，创造在拣选之后，系为上帝拣选旨意的开展搭建了一个舞台。时空中的所有事物都是为了印证和成全上帝拣选的旨意，所有的选民聚拢也即历史的目标。创造先于拣选的观点则认为上帝先有创造，然后再有拣选，救恩是创造工作中最完善的一部分，选民的聚拢系创造的登峰造极。以后者为前提，亦即承认上帝的万有蕴含其内在的自然美善。换言之，在救恩计划之外亦有上帝荣耀的闪光与上帝美善的踪迹，而救恩之卓越绝伦在于它是上帝美意的完全展现。救恩并非否定外在于救恩团体的创造，而是成全。

美国富勒神学院院长 Richard Mouw 与上海华东神学院院长苏德慈座谈。

毛博士无疑认为上述神学澄清是很重要的。全书篇幅共 89 页,而探讨上述课题的篇幅达到 22 页。他坦率地明言自己对“创造先在论的青睐”。他说:“创造先在论承认上帝旨意有丰富多元的成分……对于持此观点的人来说,上帝有理由因为一名运动员的竞技技巧出色而感到愉悦,因为上帝确实可以有多方的美意,他们并非一定受制于救赎的目标,也可以与救赎计划和谐并存。”他引用了神学家白文克(Herman Banvinck)的话说:创造先在的看法可以允许我们认同“上帝的旨意之丰富足以包容整个宇宙的历史,而后者系前者的展开。”

创造先在的神学观点无疑有足够的圣经根据可以维系。《罗马书》1:20-23 并非一段孤立的经文,而是概述了《创世记》至《启示录》的全部背景的钥节。若非肯定上帝所造的万物本身就反映了他的荣耀,就不能够领会人藉着“所造之物”究竟可以晓得什么,也不能领会圣经的很多描述,如上帝称他造的万物为“好”的,或者借助列帮诸王成就他的美意,或者对列邦发出的祝福与审判的话语。由于自然神学很多的使用这段经文,所以传统福音派使用罗 1:20-23 甚为谨慎,生怕读者产生“启示之外寻见救恩”的联想。毛博士在书中主张:欣赏和宣讲这节经文不必拘泥自然神学的联想。在福音派“上帝绝对主权”的理念里,创造完全可以有其正当的荣耀地位。需要突破的是我们对上帝旨意的狭隘领会：即认为整个创造都是为我们一群人得救的过程所设。这种观点很容易陷入表面上以神为中心，实际上以自我为中心的泥潭。上帝对他所创造的万有本身充满了美意和关爱，这是普遍恩典的终极依据。

教会的社会参与

毛博士的书是本神学书，但它包含了对教会事工的深邃意义，所以引起了很多的关注。毛博士本人也敏锐地注意到这种影响。他谈到："任何一种神学都产生相关的社会学。要完全地理解一种神学，唯一的途径是考虑其在社团生活中实现出来会是什么样子。"毛瑞琪博士在基督徒参与社会的问题上有着深入的真知灼见。他敏锐地观察到：美国的基督徒很容易流入两种极端的倾向：要么全盘否定和脱离文化，要么试图接手，想让基督徒来操办整个社会。以上两种立场都有失偏颇。

前者的集中代表是早期美国基要派。由于深受敬虔主义传统影响，他们在以下方面表现出明显的脱离社会的特征：首先是余民的意识，认为世界是敌对信仰的，而主流教会偏离正路，只有一小群真正的基督徒为上帝存留。其实他们持守超脱世界的伦理观，处处区别于主流社会的生活方式，企图建立纯粹的基督徒的生活，最后他们对历史持悲观的态度，不再希望从历史中看到积极的因素和希望，指望基督早日再来以解救历史。

与早期相比较，现代的基要派似乎有"道德十字军"的趋势。不少教会人士扛着基督教的旗帜宣传基督教在文化领域战胜其他价值观而全面地取胜，成为"道德多数派"。一部分基要派人士甚至直接以信仰的名义投入竞选等活动，以致引起很多教外人士对基督教的误解，以为"重生得救"即等于政治右翼。

毛瑞琪博士代表了美国现代福音派的观点。他诚恳地指出"放弃社会参与和企图控制文化这两种倾向都是不足取的。4 月份毛博士在金陵协和神学院的时候曾引用《耶利米书》二十九章来说明圣徒与文化的态度，在本书再次提及。耶利米先知这样教导被流放到巴比伦的以色列遗民：要建造房屋，栽种田园，娶妻生儿，生养众多，同时要“为那城求平安，为那城祷告耶和华，因为那城的平安，你们也随着得平安”。毛博士以此说明基督徒与世界的关系。在创造的计划中，基督徒的境况与人类文化的状况紧紧地联系在一起，就如同“那城的平安”与“你们的平安”的关联一样。他在接受《今日基督教》杂志采访时分析了美国福音派神学家薛华(Schaeffer)的立场，他们的共同点是认为“上帝不只是关心个人的得救，我们生活在世上也不仅仅是为了传福音，或者为了在末世加入得救的行列。上帝关心人类文化当前的境况，这是很根本的。”

“普遍恩典”与中国教会

毛博士的这本书对基督徒生活和事工的启发是超越文化边界的。我很乐意向国内的同工和朋友推荐这本书，因为它涵盖了一些中美两国神学家的思考。实际上当今时代中国教会的神学思想与美国福音派的思想拥有不少共同的兴趣和主题。

首先，怎样看待救恩？我想若详细深究的话，救恩的内涵不仅是救赎个体，也是救赎创造。《圣经》一直强调的一个信息是“代表”，以色列人代表了万民，教会代表了上帝的整个创造(《以弗所书》)。透过与以色列的关系，上帝向万民宣告他的美意。透过迎娶教会成为新妇，上帝使得整个创造重归完整。对救恩的代表性的理解，对正在进行神学思考的中国教会应当是有启发的。中国教会以何种方式代表中华民族在上帝面前的地位？是为同胞求福呢，还是等候“被提”而逃避现状？这涉及对上帝旨意的理解：仅仅是选民呢？还是选民所代表的创造？很高兴能看到今天中国教会的领袖已经给出了明确的异像和答案。

其次是教会与教外同胞的关系。应当承认，即使在美国也非所有的基督徒对这个问题都可以意见一致。中国教会十分明确地提到教会要增进社会的真善美，推动社会的进步，这是十分令人欢欣鼓舞的事。中国教会在基督徒占少数的社会环境下事奉，对基督徒与社会的关系有更多深入的思考，对教外的真善美有很多很好的真知灼见。希望有一天中美两国的神学工作者可以就这个大家共同关心的问题一起来交流。相信在这个问题上中国教会的经验能够成为普世教会的很好见证。

来自美国和大连的艺术家共同完成大连丰收教会的壁画。

最后,联想中国教会的神学思想建设,我想这是一件很必要,也是很好的事。任何教会的神学都是有发展的。先前提到的改革宗就是一个例子。福音派在美国发展了六十多年,也经历了好几次思想的突破。神学是教会的大脑,是健康生命力的主要部分。神学思想建设是教会必须经历的过程,也是保持教会健康的重要因素。

作为美国福音派和改革宗神学的泰斗, 毛博士被誉为当代头脑最清醒的神学思想家之一。他的著作,包括这本书,都是基督教书局的畅销书。我特别将这本书推荐给中国的同工,相信“普遍恩典”的神学可以成为中国教会的祝福。

第二部分

国际化的宗教政策与环境

基督教在中国的传播、发展和前景

王作安

1620年,"五月花"号驶抵美国的普利茅斯。过了187年,英国伦敦传道会牧师马礼逊转道美国到达中国广州,他被看作到中国传播基督教的第一人。按照这一说法,明年是基督教传入中国200周年。当布莱斯特牧师带领102人到达普利茅斯的时候,发现那里是一片蛮荒之地,他们开始着手建立"山巅上的圣城",实现"圣经王国"的理想。

地球另一端,马礼逊发现,19世纪初的中国,封建制度虽然由盛转衰,但几千年形成的文化传统根深叶茂。在宗教政策上,由于罗马教廷否决了利玛窦的传教路线,禁止中国教徒尊孔祭祖,清朝政府实行了长达百年的禁教政策。在这种情形下,马礼逊很难开展他的传教工作。

基督教真正开始大规模传入中国,是在19世纪中叶帝国主义列强用大炮轰开中国大门之后。外国传教士受不平等条约庇护,享有"治外法权",由此引起中国民众不满,冲突时有发生。在纷至沓来的外国传教士中,有一些人参与了殖民者的侵略行动。基督教进入中国的时机、方式以及一些传教士的行为,难免让教会蒙羞,中国人很自然就把传教活动与侵略战争联系起来,称基督教为"洋教",并流传这样一句话:"多一个基督徒,就少一个中国人。"这说明中国民众对基督教的印象不佳,感情上难以认同。

基督教在中国传播遭遇尴尬。为了摆脱这种困境,一些教会人士提出由中国人自办教会的主张,由此在20世纪初兴起了一场自立和"本色化"运动,试图使基督教成为在中华大地上滋养生长的植物。但当时中国教会受西方诸国基督教差传机构控制,他们为了维护本国在华利益,不会真心实意地支持中国人自办教会。中国教会争取自立的努力昙花一现,无果而终。

1949年新中国建立时,中国教会陷入了更深的危机。当人民政府宣布实行宗教信仰自由后,一度陷入恐慌的教会才冷静下来,开始思考教会何去何从的生存大计。

中国教会中的有识之士,面对翻天覆地的社会变化,表现出了远见卓识。他们决定顺应时代大潮,化解政治危机,拯救中国教会。1950年7月28日,吴耀宗等40名中国基督教知名人士发表了《中国基督教在新中国建设中努力的途径》一文,提出中国的教会由中国人自己来办,真正实现自治、自传、自养。三自爱国运动由此发端。

中国教会人士深信,基督教能够成为世界性宗教,就是因为它能够在不同文化背景和社会制度中生存发展,这一点在社会主义的中国也不会例外。

后来的事实证明,在中国政治和经济制度发生深刻变革的历史条件下,中国基督教走上三自爱国道路,是一次成功的自我拯救。中国人自办教会,有利于在政教关系上建立互信,有利于改变基督教在中国人心目中的"洋教"形象,最终有利于基督教在一个主张无神论的政党领导下的社会主义社会中生存和发展。

在重要历史关头,一批中国教会领袖选择留在自己的祖国,留在自己的教会,担当起神圣职责,带领中国基督教走上了三自爱国道路,挽狂澜于既倒,使基督教在中国真正落地,有力推进了基督教融入中国社会的历史进程。没有他们,就不会有今天中国教会的兴旺发展。他们是中国教会真正的脊梁,应当受到敬重。

在经历了"文化大革命"的灾难后,邓小平先生领导中国走上了改革开放之路,中国社会喷发出了无限生机和巨大活力。一度遭到严重破坏的中国教会不仅重新恢复活动,而且教徒数量快速增长,不断有新的教堂落成。

据中国教会统计,目前中国基督徒人数已经超过了1600万。也就是说,信徒数量比1949年增长了20倍以上,这在中国基督教历史上是前所未有的,也是当今普世教会中难得一见的景象。

中国教会的迅速成长有着多方面的原因。

中国的执政党和中国政府对宗教的认识日益深化,肯定了宗教在社会生活中的积极作用,明确了宗教信徒是建设国家的积极力量。这种新观点的提出,改变了人们对宗教的成见，逐渐成为全社会的共识，教会的社会环境一天比一天改善。

随着社会主义市场经济的发展，工业化、城镇化进程的加快，社会利益关系日益复杂，人们思想的独立性明显增强，价值取向日益趋于多元，这就给各个宗教包括基督教的发展提供了难得的机遇和空间。中国教会领袖对此非常敏感，在利用各种方式向人传递神的信息的同时，更加关注基督徒按圣经教诲行事，以自身的向善行为感染身边的人，把更多的人带进了教堂。

当然，机遇与挑战往往相伴而行。中国教会正在成长中，不仅要长身体，还要健全心智。教会人士当然乐于见到羊群扩大，但如果不关注教会内外的各种变化及其影响，采取积极应对措施，加强牧养工作和教会管理工作，提高教徒信仰素质，可能会对中国基督教的长远发展埋下隐患。中国教会领袖应当对此进行冷静思考，正确处理教会发展中出现的矛盾，使基督教在中国得以健康发展。中国社会正在发生的深刻变化，对中国基督教未来发展有着重要影响。如果对中国文化传统和礼仪习俗缺乏了解，对在中国社会处境下传播基督教没有体验，对中国社会正在发生的急速变化感到茫然，就很难对基督教在中国的发展前景做出正确的预测。

当今中国的基督徒数量确实增长很快，但在有13亿人口的国度里依然是很小的一部分，在5000年来延绵不绝的中华文明中依然影响有限。如果随意夸大中国基督徒的人数和社会影响，并以此断定在不久的将来基督教将会改变中国的面貌，是极不严肃的，对基督教在中国的健康发展有百害而无一利。

基督教在未来中国的发展状况，不能只看基督徒数量的增长，更为重要的是，中国教会在社会发展中能否担当起应有的责任。中国提出要构建社会主义和谐社会，也就是要建设一个民主法治、公平正义、诚信友爱、充满活力、安定有序、人与自然和谐相处的社会。这是包括基督徒在内的全国各族人民的共同愿景，大家都愿意为此贡献才智和力量。

中国文化崇尚和谐境界，追求天人和谐、人际和谐、身心和谐。中国教会也倡导和谐，认为福音之所以是福音，就在于神要人同他和好，也要人与人和好。这样，基督教就找到了与中国文化、与中国社会发展方向之间的一个重要契合点，由此深入可以开辟出发挥积极作用和影响的广阔空间。中国教会能不能把握这种历史机遇,关乎中国基督教未来发展的前景。

中国教会的领袖们对此是清醒的,他们的目光投向未来,双脚踏在中国坚实的土地上,不搞哗众取宠,而是辛勤耕耘。开展神学思想建设,培养教牧传道人员,提高广大信徒素质,努力拓展社会服务,是中国教会正在做的事情。

我相信,只要中国教会在中国社会中找准定位,在构建和谐社会中发挥建设性作用,彰显积极影响,就一定会有光明的前景。中美两国教会在平等的基础上进行友好交流,有利于增进两国人民的理解,有利于推进21世纪中美建设性合作关系。基督教讲爱、讲和平、讲理解,因此基督教不应成为中美关系中的摩擦点,而应成为中美关系中的润滑剂。

由于各国历史背景和现实国情不同,各国教会形成了各自不同的一些特点,美国教会不同于中国教会,中国教会也不可能成为美国教会。但中美两国教会都是普世教会的一部分,是弟兄姊妹的关系,应当平等相待、相互尊重和彼此相爱。摆在两国教会面前的困难还很多,但希望就在共同克服困难的努力过程中冉冉升起。

我坚信这一点。

(作者现为国家宗教局局长,本文是作者在2006年中美教会事工研讨会上的演讲,略有删节)

宗教信仰自由辨析

王作安

近年来,无论是出访还是接访,欧美一些国家的政府官员或者专家、学者,常常提出这样一个问题:为什么中国宪法使用“宗教信仰自由”的表述,而不是国际社会通常使用的“宗教自由”的表述?中国是不是只有信仰宗教的自由,而没有宗教活动的自由?提出这样的问题,当然有偏见或者误解的因素,但也与我们很少解释甚至没有解释有关。不可否认,过去我们实际上对这个问题没有引起足够重视,没有给出清晰而有说服力的说法。因此,厘清“宗教信仰自由”与“宗教自由”的关系,正确阐释我国宪法关于宗教问题的规定,不仅有助于解开一些西方人士的疑问,而且有助于我们全面理解和正确贯彻党的宗教信仰自由政策。

涉及宗教方面自由权利的相关概念

在世界各国宪法中,或者在国际人权文书中,涉及宗教方面自由权利的表述不尽相同,其中使用概率比较高的主要有思想自由、良心自由、信仰自由、宗教自由和宗教信仰自由等概念。

从渊源上讲,这些概念都是在西方历史上逐步形成的。西方国家特别是欧洲的一些国家,历史上经历过黑暗的神权统治,所有被教会当局视作异端的思想和主张都被禁止,违者甚至可能会被处以酷刑。因此,这些国家出现思想自由、良心自由、信仰自由的诉求,不仅是必然的,而且首先表现为冲破宗教的禁锢,要求宗教的宽容和自由。这种传统甚至一直影响到现在,有的西方作者在使用以上几种表述时,有时并不加以区别,或者一股脑儿搬出来,就像俄罗斯套娃一样。如果不了解西方思想史或者西方文化传统，很难洞悉这些概念之间的内在历史关联，出现理解上的困惑。

在西方国家，宗教宽容、宗教自由、信仰自由的提出，为思想自由、良心自由的实现打开了一个重要通道，而思想自由、良心自由的提出，又为宗教宽容、宗教自由、信仰自由奠定了理论基础。从这个意义上来讲，以上这些概念、理念或主张之间，有着内在的历史联系和逻辑演进。但从严格的学术规范上来讲，这些表述或者概念，无论是内涵还是外延，都存在明显差异，在使用上不能混淆。思想自由包括信仰自由、意志自由等，信仰宗教的自由则属于信仰自由的范畴。但从本质上讲，思想自由不仅具有信仰宗教自由的一面，还具有不受宗教等既成观念的束缚、进行独立思考的品格。良心自由与宗教信仰自由也是两个不同的概念，只有当人们依据个人的宗教信条作出判断、表达诉求甚至付诸行动时，良心自由才与宗教信仰自由发生紧密联系。这里要特别提一下信仰自由的概念，一般认为信仰自由主要包括宗教信仰的自由和政治信仰的自由两个方面，实际上信仰自由所包含的内容极其广泛，还涉及意识形态、人文主义、科学主义等方面的信仰。如大科学家爱因斯坦，他所信仰的“上帝”，并不是有人想当然地认为就是基督徒信仰的那位全能的上帝，而是浩瀚宇宙的秩序与和谐。显然，这不是通常意义上的宗教信仰，但谁又能否认这不是一种信仰呢？显然，信仰自由所涵盖的内容要比宗教信仰自由宽泛得多，它包括宗教信仰的自由，但却不能仅仅归结为宗教信仰自由。

由此可见，上述所有表述中，只有宗教自由和宗教信仰自由两种表述，才是专门和直接表达宗教方面自由权利的。

宗教方面自由权利的法律保护界限

人们注意到，国际人权文书一般采用宗教自由的概念。《世界人权宣言》第十八条规定：“人人有思想、良心和宗教自由的权利；此项权利包括改变他的宗教或信仰的自由，以及单独或集体、公开或秘密地以教义、实践、礼拜和戒律表示他的宗教或信仰的自由。”《公民权利和政治权利国际公约》第十八条、《消除基于宗教或信仰原因的一切形式的不容忍和歧视宣言》第一条的规定，与《世界人权宣言》以上规定基本相同。由此可见，国际人权文书有关宗教方面自由权利的表述，包括“宗教自由”概念的使用，都是以《世界人权宣言》有关规定为基础或范本的。

与国际人权文书使用同一表述的情形不同，各国宪法有各种各样的表述。事实上，只有瑞典、立陶宛、塞浦路斯、马来西亚等少数国家，宪法中使用“宗教自由”的表述，如《瑞典王国宪法性文件》规定：“宗教自由，即与他人一起加入宗教团体、从事宗教活动的自由。”其他国家主要使用信仰自由、信教自由、宗教信仰自由等表述，不一而足。如《德意志联邦共和国基本法》规定：“信仰、良心的自由，宗教的或世界观的信仰自由不受侵犯。”

分析《世界人权宣言》等国际人权文书有关宗教问题的规定或者表述，涉及宗教方面的自由权利主要包括两个层面，即信仰宗教的自由和实践宗教的自由。信仰宗教的自由，属于思想、内心方面的事情。人们内心信仰宗教或者不信仰宗教、信仰何种宗教或者教派，是私人领域的问题，不涉及公共事务，也与他人权利无关，本质上是完全自由的，不可能加以限制，也不应当加以限制。但我们知道，宗教信仰不可能只停留在内心，它需要表达，并通过个体或加入宗教组织、按照一定仪式进行活动呈现出来。当宗教信仰外化为一种实践活动时，就必然涉及公共利益或者他人的权利，必须要受到道德、法律、公序、良俗等的制约。

表面上看，“宗教自由”与“宗教信仰自由”这两种表述，在涉及宗教方面自由权利的范围上似乎有宽有窄：宗教自由既包括信仰宗教的自由，也包括实践宗教的自由；宗教信仰自由只表明有信仰宗教的自由，未表明有实践宗教的自由。事实上，不能只看使用何种表述，还要看对这种表述的内涵和外延所做的界定，或者看是否另有规定。如俄罗斯宪法中使用了信仰自由、信教自由的概念，同时又对这两个概念进行了解释，包括了信仰宗教的自由权利和实践宗教的自由权利。《德意志联邦共和国基本法》既规定了宗教的信仰自由不受侵犯，又规定“保障宗教活动不受干扰。”因此，判断一个国家是否具有完全的宗教方面的自由权利，仅仅依据宪法上使用了何种表述，是不全面的。

仔细分析国际人权文书关于“宗教自由”的具体规定就会发现，它对待宗教方面自由权利的两个层面，在保护的程度上或者界限上有着比较明显的差异。对信仰宗教的自由并无限制，但对实践宗教的自由做出了必要的限制。《世界人权宣言》、《公民权利和政治权利国际公约》和《消除基于宗教或信仰原因的一切形式的不容忍和歧视宣言》，都宣示人人享有思想、良心和宗教自由的权利，但同时又明文必要的限制。《世界人权宣言》、《公民权利和政治权利国际公约》、《消除基于宗教或信仰原因的一切形式的不容忍和歧视宣言》以及《欧洲人权与基本自由公约》等都规定，表示自己的宗教或信仰的自由,仅只受法律所规定的以及为保障公共安全、秩序、卫生或道德、或他人的基本权利和自由所必需的限制。也就是说,表达和实践宗教并不是随心所欲的,必须防止滥用这种自由对社会和他人造成危害。

各国宪法有关涉及宗教自由权利的相关规定,有的直接写上了限制性条款,有的并无任何明文限制,但前者要多于后者。如《丹麦王国宪法》规定:“公民有权组织宗教团体,按照自己信仰的方式礼拜上帝,但以不传布或不采取有损于良好道德和妨碍公共秩序的言行为限。”《新加坡共和国宪法》规定“人人有信仰、奉行并传播其宗教之权”,同时又规定“本条不准许有破坏于公共秩序、公共卫生、或道德之一般法律之行为”。据有的国外学者统计,有半数以上国家的宪法明文规定宗教活动不得违反公共秩序、公共道德、公共卫生和良善风俗。

有的国家即使在宪法中没有写上限制性条款,也会在有关法律或者判例中弥补,对违反秩序和道德的宗教行为进行惩处。在这方面,美国的情况最为典型。美国宪法第一修正案明确规定:“国会不得制定关于下列事项的法律:设立宗教或者限制其自由实践……”但联邦最高法院通过的一些案例判决,表明“自由实践”并不意味着宗教信徒拥有随心所欲行事的无限权利。最典型的案例是1878年“雷诺兹诉美国案”。在处理摩门教信仰者接受一夫多妻观点这一问题上,最高法院在信仰和行为之间设定了界线,即政府不可以强制人们信仰什么,但为了保障社会秩序,可以管理由宗教信仰引发的行为。最高法院在判决书中指出,法律“不能干涉宗教信仰和见解,但是可以干涉宗教实践。”一夫一妻制是基于美国历史的基本价值取向而确立的婚姻制度,政府有维护正常婚姻制度的权利,摩门教徒可以根据信仰接受一夫多妻观点,但不可以实施一夫多妻。

由此可见,信仰宗教的自由不受限制,实践宗教的自由应受必要的限制,这是国际社会的共识,也是许多国家通行的做法。在这种情况下,有的国家使用“宗教自由”概念,但对宗教行为进行必要的限制;有的国家使用“宗教信仰自由”、“信仰自由”、“信教自由”等概念,同时对这一概念所含范围进行定义,或就实践宗教的自由另行作出规定。至于采取何种表述,一般都从本国的实际情况出发来确定。

我国宪法关于宗教信仰自由权利的规定

1982年第五届全国人民代表大会第五次会议通过的《中华人民共和国宪法》

第三十六条规定：

中华人民共和国公民有宗教信仰自由。

任何国家机关、社会团体和个人不得强制公民信仰宗教或者不信仰宗教，不得歧视信仰宗教的公民和不信仰宗教的公民。

国家保护正常的宗教活动。任何人不得利用宗教进行破坏社会秩序、损害公民身体健康、妨碍国家教育制度的活动。

宗教团体和宗教事务不受外国势力的支配。

与许多国家的宪法相比较，我国宪法关于宗教的规定显然比较完整，而且有自身的特点。第一，既有信教的自由也有不信教的自由，不得强制公民选择信仰宗教或者选择不信仰宗教，不得歧视信仰宗教的公民和不信仰宗教的公民。第二，既有信仰宗教的自由也有实践宗教的自由，如规定"国家保护正常的宗教活动。"第三，既有保护也有限制，如规定"任何人不得利用宗教进行破坏社会秩序、损害公民身体健康、妨碍国家教育制度的活动。"第四，既有对内关系也有对外关系，如规定"宗教团体和宗教事务不受外国势力的支配。"总之，我国宪法赋予公民的宗教信仰自由权利，包括了信仰宗教和实践宗教的自由，同时按照国际社会和大多数国家通行的做法，对实践宗教的自由给予了必要的限制。也就是说，宪法既确认了宗教信仰自由是公民的一项基本权利，同时又明确了保护宗教信仰自由的法律界限。

一些来访的西方人士经常提出这样一个问题：中国宪法规定"国家保护正常的宗教活动"，为什么要加上"正常的"一词？判断标准是什么？正如上文所述，因为表达宗教、实践宗教、开展宗教活动涉及公共利益和他人基本权利，就不能在任何情形下不加区别地加以保护。我国宪法在规定"国家保护正常的宗教活动"之后，接着就进行了限制性规定："任何人不得利用宗教进行破坏社会秩序、损害公民身体健康、妨碍国家教育制度的活动。"从上下文联系起来看，如果有人利用宗教破坏社会秩序、损害公民身体健康、妨碍国家教育制度，就属于不正常的宗教活动，国家当然不能给予保护。前一句话是保护，后一句话是限制，体现了保护与限制的统一。限制少数人滥用权力，是为了保护大多数人的合法权利。

1982年中共中央印发的《关于我国社会主义时期宗教问题的基本观点和基本政策》(中央1982年19号文件)，对宗教信仰自由做了比较具体的说明。文件指出："每个公民既有信仰宗教的自由，也有不信仰宗教的自由；有信仰这种宗教的自由，也有信仰那种宗教的自由；在同一宗教里面，有信仰这个教派的自由，也有信仰那个教派的自由；有过去不信教而现在信教的自由，也有过去信教而现在不信教的自由。”文件又指出：“在宗教活动场所内以及按宗教习惯在教徒自己家里进行的一切正常的宗教活动，如拜佛、诵经、烧香、礼拜、祈祷、讲经、讲道、弥撒、受洗、授戒、封斋、过宗教节日、终傅、追思等等，都由宗教组织和宗教信徒自理，受法律保护，任何人不得加以干涉。”以上两段引文表明，我国宗教信仰自由政策的主要内容，包括信教与不信教的自由、信仰不同宗教或者不同教派的自由、保持和改变宗教信仰的自由、在宗教活动场所和按习惯在教徒自己家里进行正常的宗教活动的自由，是对宪法关于宗教信仰自由权利的具体解释。

改革开放以来，根据宪法规定，我国制定的一些基本法律增加了有关宗教的条款，并陆续制定了一批宗教方面的行政法规、地方性法规和政府规章，对保护公民宗教信仰自由权利和正常的宗教活动，做出了更加具体的规定。如2004年国务院制定颁布的《宗教事务条例》，明确规定公民有宗教信仰自由，国家保护正常的宗教活动，维护宗教团体、宗教活动场所和宗教教职人员的合法权益，任何人不得侵犯。该条例规定的宗教界合法权益范围相当广泛，涉及编印出版宗教书刊、开展宗教教育、进行宗教对外交往、接受宗教捐赠、经销宗教用品、整理宗教典籍、从事宗教学术研究等等。该条例还特别规定，宗教团体、宗教活动场所的合法财产受法律保护，任何组织和个人不得侵占、哄抢、私分、毁坏或者非法查封、扣押、冻结、没收、处分宗教团体、宗教活动场所的合法财产；因城市规划和重点工程建设需要，在拆迁宗教房产时，要充分协商，对被拆迁的宗教房产予以重建或者给予补偿；宗教团体、宗教活动场所依法享受国家规定的减免税优惠。与此同时，该条例对涉及国家利益和社会公共利益的宗教事务进行规范管理。所有这些，使宪法有关宗教的规定进一步具体化，公民宗教信仰自由权利、正常的宗教活动和宗教界的合法权益得到更加有效的法律保护。

宗教信仰自由，作为一项基本人权，应当得到尊重和保护，这是现代国际社会的共识。但由于各国国情不同，实践宗教信仰自由的途径和方式不尽相同，应当彼此尊重，相互鼓励，共同致力于这一正义的事业。我们要在过去工作的基础上，继续积极努力，完善相关的法律和制度，并通过宣传和教育，让宗教信仰自由的理念植根于人们的心中，形成自觉的行为。

全球化处境中的宗教研究与文化交流

卓新平

引　论

自20世纪末以来,“全球化”这一术语在政治、经济、文化等领域中被频频使用。对许多人而言,全球化的趋势看起来既不可避免亦不可抗拒,而不论他们对之是否喜欢。在一个信息和网络的时代,随着数字化和其他高新技术的发展,我们的确已步入了全球化的进程。不过,显然对之仍有反抗,而愿意有其他实践性的选择,或至少在观念上乃如此。这样,我们遂听到了“本土化”和“地域化”等呼声。为找到一种平衡或调和,罗兰·罗伯逊乃发明了“全球地域化”这一术语,以描述这种地域性与全球性之相遇,并缓解二者之间的张势。[1]人们用“全球地域化”的表述,是想要避免全球化之霸权性和纯一化的势头,如担心“全球化”乃等同于“西化”,以及地域性的抵制和反抗等回应,如所谓“文明的冲突”等矛盾激化。[2]在此,我想起了中国哲学中“求同存异”之传统智慧和基督教神学中的“和解”理论。即使根本不能“求同”,我们仍可以孔子“和而不同”[3]的立场或态度来和平共处。当然,这仅仅是一种理想之状。当代世界之实存乃因各种原因而仍然由局部的冲突和竞争所构成。

---

① 罗兰.罗伯逊,“全球地域化:时—空与同质—异质性”,见斯各特.拉希和罗兰.罗伯逊主编:《全球现代性》,伦敦:塞奇出版社,1995。

② 塞缪尔.P.亨廷顿,《文明冲突与世界秩序的重构》,纽约:西蒙与舒斯特出版社,1996。

③ 《论语·子路》二十三章。

在19世纪和20世纪上半叶，世界曾因追求某种政治观念或意识形态上的“国际化”而有许多政治运动,然而其实现未能达成,并留有不少负面后果。与之相比较,人们最初乃将“全球化”理解为一种经济理想或朝向未来发展的趋势。但是人们一旦卷入这一过程,就会很容易地察觉到全球化的政治、经济内容及其后果。帕斯卡尔·卡萨诺瓦清楚地指出,中性术语“全球化”实际上“意指世界政治及经济制度可以被想象为一种单一而能普遍应用之模式的普及化”。同样,在政治、经济或宗教的世界，正如卡萨诺瓦所描述的文学世界那样,“它乃在其成员中的竞争,由此得以确定或统一其体制,而同时也就标示出了其局限”。[1]哪种模式能够成为“单一而能普遍应用”者?它应该怎样达其“普及化”?正是在澄清或解决这些问题所做出的努力或采取的方法上,今日世界恰恰立于冲突与和平、现实与理想之间。只有在这种全球化的处境中,我们才能理解当代宗教的状况,并对之加以认真研究。

一、全球处境与文化交流

我们正感受到全球化的强大气氛。对于我们国际社团、或用一种时髦的表述,对于在“地球村”中的大多数成员而言,全球化乃一种现实和必然。加入联合国和世界贸易组织,已意味着许多国家愿意参加国际社会,并已知晓和接受全球化的进程。在这种选择或决定中,许多国家及其人民正面临着从一个封闭的社会到开放社会,从一种自给自足的经济制度到一种以市场为方向、与外在世界密切关联之经济制度的真实而生动的转型。对许多来自不同社会及政治制度的人们而言,经济全球化会受到鼓励和欢迎,但他们并不希望在意识形态和文化领域中的其他一些全球化性质的卷入。不过,当人们进入全球化的过程之后,则马上就会意识到“全球化”并不仅仅是一种经济现象,其在社会及文化发展上有着更为深远和持久的意义。“全球化”的现代蕴涵实际上与社会、政治和人文等思考有着紧密的联系。全球化不只是经济的竞争或合作,而也意指广远、多维的文化交流。

---

① 帕斯卡尔.卡萨诺瓦,《文学的世界共和国:当代的会聚及概述》,M. P.德贝沃伊斯译,剑桥:哈佛大学出版社,2005,第40页。

经济全球化仅是全球化复杂体系的表层，它可在人类日常生活意识中很快得以直接把握。全球化作为一种文化现象乃包括不同层面:经济和科技领域的全球化乃其物质层面,即其表层,它在文化交流中最容易得以接受和进行操作。政治和法律领域的全球化为其制度层面,它位于其复合体的中层,而在决定这种发展之特色上有其权威性。但在政治观念和法律制度的交流上显然会有许多争议和冲突。这些观念和制度的输出与扩张已遇到强烈反抗,并已产生出许多问题。思想、心理和信仰领域的全球化则为其精神层面，它乃这种发展中的最深层部分,其实现亦最为困难。宗教即属于这一领域,并起着非常重要的作用。“人权”、“民主”、“自由”、“普世宗教”、“全球伦理”等观念的流行,已经反映出这种尝试。基督教的普世教会运动和许多其他宗教中的重新联合也代表着相同的努力。而对这种全球化的典型批判则为反对一种新的“文化帝国主义”之抗议。这种“帝国主义”显露出一种不同类型的“帝国”,它可产生跨越民族国家所有边界的思想和认同,并穿越各种社会及文化结构。它与传统老“帝国”之“军事干涉”相比,则有着更多的“观念渗透”和“文化侵略”。“文明的冲突”正是针对这种全球化的自发反抗,而且也恰好发生在这种精神对抗中。总之,对全球化的实现而言,在物质方面较容易达成共识;在制度方面虽会发生争执,其作用却极为关键;而其在精神方面的实现则最为困难。在这一处境中,宗教的相遇及其与相关社会和文化的关系,对于在当代文化交流中促进相互理解并避免误解,乃有着独特的意义。

1998 年,在深圳举行第五届华人福音事工分享会。

二、在全球化处境中跨国度宗教的发展

根据宗教的传统,每一宗教在其起源意义上都应是地域性和民族性的宗教。许多宗教也保留了其地域和民族特点。而其中一些则经历了跨地域和跨民族的发展，并成为世界性宗教，如基督教、伊斯兰教和佛教。但是，尽管这些宗教有其“世界性”的特征，却仍保留着其地方和民族身份。例如，基督教被称为一种“西方”或“北部”的宗教(即一种“西方国家”的宗教或属于“北部地区”的宗教)，伊斯兰教是一种“阿拉伯”宗教或“南部”的宗教，而佛教则乃“东方”宗教，即一种“东部地区”或“东方国度”的宗教。在全球化的过程中，宗教跨地区和跨国度的发展已成为一种势不可挡的普遍现象。随着社会、政治和经济活动常常突破民族国家的边界及前沿，宗教的宣道亦到处可见。在这种处境中，宗教通过其与贸易、投资、对外交流、教育、文化、移民和婚姻等途径的结合而充分发挥了其渗透能力。我们现正在经历着宗教的“巨大转型”和“跨文化进程”。[①]按照菲利普·詹金斯的见解，基督教作为最大的世界宗教已不再是其原初的“西方”宗教，而正处于从北方到南方、从西方到东方的过渡。因此，“下一个基督王国”应该是在南方。[②]而伊斯兰教作为“全球化的伊斯兰教”(根据奥利维尔·罗伊的看法)也不再是一个仅存在于阿拉伯世界的宗教。事实上，伊斯兰教在欧洲和北美都已成为一个颇有影响的宗教。甚至佛教也已成为一种全球化的宗教。在16世纪时，耶稣会传教士利玛窦曾作为“西僧”而来到中国。与之相对比，我们现在可以在西方国家中看到许多“东僧”。

除了这些传统的世界宗教之外，一些传统的民族宗教现在也有世界范围之传播。犹太教、印度教和锡克教保留为民族宗教仅是因为其民族身份，而根据其传播和分布则早已成为世界宗教。中国的儒教与道教的现状亦与之相似。这些民族宗教的“大流散”现象反映出一种不同的宗教联系。其内在和外在之分界线已越来越模糊。所有这些发展都应该是对全球化的表述及回应。显然，基于全球化的形势，许多宗教组织发展其宣教计划已有了更多的可能性和更明确的方式。而这些宗教跨国度和跨地域的特征在一个全球化的世界中也越来越显示出其重要性。

然而，在当代宗教与全球化的关系中也有含糊不定的矛盾方面。作为“全球

---

① 安德鲁.F.沃尔斯，《基督教历史中的宣教运动：信仰传播之研究》，玛利诺：奥比斯出版社，1996；以及《基督教历史中的跨文化进程：信仰传播及吸收研究》，玛利诺：奥比斯出版社，2002。

② 菲利普.詹金斯，《下一个基督王国：全球化基督教的来临》，牛津：牛津大学出版社，2002。

化"的宗教,它们却更强调其地域化、本土化、处境化或互为处境的发展。在同一宗教中,对于全球化既有抵制又有默认,既有反抗亦有适应,出现了回避与参与两种不同态度之共存。在全球化与地域化之间亦有分离和共融两种态势。随着同一宗教中出现多元、复杂的态度和方向,我们已不再知晓谁应是这同一宗教的正统代表。我们已不得不采用复数形式来表达基于其传统的同一宗教,如诸种基督教、诸种伊斯兰教、诸种佛教等。很难用单一形式来明确地涵括一切。如果我们谈论基督教,则必须清楚说明哪一种基督教和它究竟在哪里。在这一意义上,恰好与其原初本意相悖,"单一而能普遍应用" 的宗教模式之普及化在全球化的过程中消失了。既然某一模式的普及化可能会对其他模式的存在与发展带来危险或灾难, 那么许多地域宗教组织遂更为强调其具体的地域身份认同及其自我意识。在制度上,这些宗教社团有着本土化的努力;而在理论上,则出现了构建其地域神学的热情。这表明其对地域性的特别关注,以抵制全球性,但其考虑本身却是来自对日益逼近的全球化影响或压力的承认。由此可见,反全球化的抵抗本身乃是对全球化之存在的完全意识和承认,以及对其影响的回应。尽管其方法或措施可能为地域性和民族性的,但其对此的意识和视阈却的确是全球性和跨民族性的。

三、全球化过程中宗教的特色

全球化的过程已为当代宗教的发展带来了挑战和机遇。宗教已不可能与社会发展相分离,而必须面对其赖以生存的现代、世俗和公民社会。在其对这一当代社会的适应中,我们也可发现宗教存在的一些特色。

首先,宗教有着从其传统的"神圣"或"神秘"状况向其当代的"世俗"或"公民"状况之转型。世界的"世俗化"对于宗教至少有两种含义:其一为宗教观念对世界而言的"非神话化"①和宗教实践的"祛魅"②。人们现在需要对宗教更为合理和符合逻辑的解释,而不是传统上的"神秘"理解或解释。其二为宗教"进入"和"参与"社会生活。人们也需要宗教更多参与社会并承担社会责任。其结果,我们可以发现"公民宗教"现象或在许多领域的"公民宗教意识"。尽管在"政教分离"

① 鲁道夫.布尔特曼,《新约与神话,新约宣道的非神话化问题》,慕尼黑:凯萨尔出版社,1985。
② 彼得.贝格尔,《神圣的帷幕:宗教社会学理论之要素》,纽约:道尔布戴出版社,1969。

的氛围中宗教组织在社会事务中的制度性参与或卷入已越来越少，人们的“宗教性”却仍对社会有着强大影响。

其次，宗教发展中有着多元化、本土化和普遍化等趋势。在对全球化的回应中，宗教信仰者有着究竟是要“一种宗教”还是要“多种宗教”的争论。宗教意识的“本土”呼声亦很高。在强调宗教特殊性的同时，仍有着追求其普遍性的努力。因此，在宗教需求中，我们可以发现看似对立方向的复杂混合，如全球化对地域化，普世化对本土化，以及普遍性对特殊性。以一种辩证方式来看，在全球化处境中的宗教宣道可被理解为特殊性的普遍化。但在其真理诉求上，某些宗教信仰则可被表述为普遍性的特殊化。同样，若对比全球化与地域化，像罗兰·罗伯逊等人则会用“全球地域化”来展示全球性乃具体体现在地域性之中，而地域性实际上也处于全球性之中。全球性的观念只能从地域和具体的意义上来得以实践。地域性乃全球性的处境化。人们必须从全球视阈来理解地域的特殊性。例如，基督教普世教会发展就强调“一个普世教会”存在于“许多地域性教会”之中。

2005 年全封闭英语培训营的中国神学院老师和教牧同工在洛杉矶 Forest Lawn 纪念园。

第三，由于全球化过程所引起的矛盾和冲突，在宗教中也有可能出现一些极端主义、基要主义和保守主义的发展。为了反抗宗教中的“非传统化”，一些宗教保守团体则会强调“再传统化”。但“传统”在此可能会被误解和滥用，即被作为一种极端的基要主义之标准来追随。

所有这些当代宗教的存在现象都与全球化的过程密切关联。而这些现象及其理由则为当今宗教研究提供了重要的研究对象。无疑，这种研究也应该与我们“地球村”的社会变化相联系。

四、全球化处境中的宗教研究

随着宗教在全球化形势中的新发展，宗教研究也有其新责任和新任务。在宗教研究的早期阶段,学者们的兴趣主要集中在历史、文献的研究,当然有时也与田野调查相结合。当时的重要任务乃是发展在“宗教学”中的各种学科,确定作为这些研究科目的基本特点。在这种研究中,学者们尝试描述不同宗教所代表的各种文化形式,通过揭示其宗教的奥秘来解释这些文化的本质。这种研究本身当然乃典型的文化理解和文化解释。不过,它过于强调宗教的地域个案和本土传统,而缺少其全球视阈。在全球化处境中,宗教研究必须观察各种宗教发展的普遍联系,尤其是发挥其社会研究和比较方法的优势。宗教研究有必要增强其社会关注和社会责任感,因为许多宗教问题在当代世界中都与社会问题有着密切的联系。宗教研究应该坚定地持守其纯学术标准和方向,但同时也必须观察并联结其他社会研究如政治研究、民族研究、经济研究和国际关系研究等领域的思考、方法和目的。宗教的历史研究必须追踪相关宗教的延续、发展和当前状况,以便在当代社会背景中感受到该宗教的脉搏跳动。

在对宗教文化研究的基础上,当今宗教研究应该以宗教相遇和对话的形式来在促进文化交流上做出特别贡献。在“多元文化主义”的意义上,我们的宗教研究现在应该特别注意与“多元文化性”相关联的“多元宗教性”。[①]这种学术研究可以为当前宗教间对话做好准备、提供理想条件。对话乃是交流的理想之途,通过交流则可达到相互理解。因此,没有相互理解,则没有真正的对话。没有对话,则没有相互交流。没有宗教对话作为文化交流,则很难使当今世界达到共识、保持和平。宗教研究可以通过对宗教关注及其意义的学术探究和诠释,来为这种对话和交流建造桥梁,从而在“化解冲突”、达成协商、调和或共识上发挥重要作用。

为了这一责任,宗教研究则不应该纯然保持在其学术“象牙宝塔”之中,而必须涉足宗教在当代世界中的重要社会及文化问题。这意味着宗教研究需要从文化研究发展到跨文化研究,从文本研究发展到处境研究,甚至是互为处境的研究。这样,宗教研究就不只是真正获得了跨学科研究的资格,而且也有能力去发挥争取世界和平和全球和谐的社会功能。

---

① 维戈.莫顿森,《神学与宗教:一种对话》,大拉皮兹:W.B.伊尔德曼斯出版社,2003。

Religious Studies and Cultural Exchanges in the Context of Globalization

Zhuo Xinping

Introduction

Since the end of the 20th century, the term "Globalization" has been frequently used in political, economic, cultural and other areas. The tendency of globalization seems to many people unavoidable and irresistible, whether they like it or dislike it. In an era of information and internet, with digital and other high or new technology, we have entered indeed into the process of globalization. But still, there is obviously resistance and a desire for other practical alternatives, or at least conceptually. So we hear from voices such as "Indigenization"and "Localization". For a balance or compromise, Roland Robertson has invented the term "glocalization"to describe this local-global encounter and to relieve the local-global tension. ① By "glocalization,"people want to avoid both the hegemonic and homogenizing forces of globalization, such as the worry that "Globalization" equals "Westernization", and the resisting and repelling local responses, such as the so-called "clash of civilizations". ② Here, I remember the traditional wisdom of "seeking common ground while maintaining differences" in Chinese philosophy, or of the "irenics" in Christian theology. If there is no "common ground"at all, we can

① Roland Robertson, "Glocalization:Time-Space and Homogeneity-Heterogeneity", in Scott Lash and Roland Robertson eds., *Global Modernities* (London: Sage, 1995).

② Samuel P. Huntington, *The Clash of Civilization and the Remaking of World Order* (New York: Simon and Schuster, 1996).

still have the peaceful coexistence through the attitude or position of "harmony, if not conformity" by Confucius. ① Of course, this is only an ideal state. The reality of the contemporary world is still partly composed of conflicts and competitions because of various reasons.

In the 19th century and the first half of the 20th century, there were many political movements for the "Internationalization" of certain political concepts or ideologies, but their realization failed and had many negative consequences. In contrast, people understand "globalization" as an economic ideal or tendency toward future development at the very beginning. But as soon as they are involved in this process, they discern easily both the economic and the political contents or consequences of the globalization. Pascale Casanova points out clearly that the neutralizing term "globalization" actually "suggests that the world political and economic system can be conceived as the generalization of a single and universally applicable model". The same is true in the political, economic or religious world, just as Casanova has described in the literary world, "it is the competition among its members that defines and unifies the system, while at the same time marking its limits." ② Which model could become the "single and universally applicable" one? How should it reach its "generalization"? In the efforts and methods to clarify or to solve these problems, the world today stands just between conflict and peace, between reality and ideal. Only in this context of globalization can we understand the situation of contemporary religions and make serious studies of these religions.

I. The Global Context and Cultural Exchanges

We are now feeling the strong atmosphere of globalization. It is the reality and necessity for most members in our international community or, with a fashionable expression, in the "global village". Entry into the United Nations

---

① *Confucian Analects*, Book XIII, Tsze-Lu, Chapter XXIII.

② Pascale Casanova, *The World Republic of Letters: Convergences, Inventories of the Present*, trans. M.B.Debevoise (Cambridge: Harvard University Press, 2005), p.40.

and the WTO indicates the willingness of many nations to participate in the international society and the awareness and acceptance of the process of globalization. By this choice or decision, many countries and their people are facing a real living transformation from a closed society to an open society, from a self-sufficient economic system to a market-oriented economic system with the outside world closely connected. For many people from different social and political systems, economic globalization is encouraged and welcomed, but they don't wish further involvement of globalization in ideology and culture. Nevertheless, as people enter into the process of globalization itself, they realize soon that "globalization" is not merely an economic phenomenon, but has more profound and lasting meanings in social and cultural development. In its modern implication, "globalization" actually has close connections with social, political and humanistic considerations. Globalization is not merely economic competition or cooperation, but also profound and multi-dimensional cultural exchanges.

Economic globalization is only the surface layer of the complex of globalization, which can be directly and immediately perceived through the senses in human daily life. As a cultural phenomenon, globalization includes different layers: The globalization in the fields of economics, science and technology is its material layer, namely the surface layer, which could be accepted and operated most easily in cultural exchanges. The globalization in the fields of politics, law and legislation is its institutional layer, which is in the middle of this complex and has its authority in determining the characteristics of such a development. But there are many controversies and conflicts in the exchange of political ideas and legal systems. The exportation and expansion of such ideas and systems have met strong resistance and produced many problems. The globalization in the fields of thought, mentality and faith is its spiritual layer, which is the deepest part of this development, and also most difficult to realize. Religion belongs to this field and plays a very important role. The popularity of concepts such as "human rights", "democracy", "freedom", "universal religion", "global ethics"and so on, already reflect this attempt. And the ecumenical movement in Christianity and reunion in many other religions represent the same effort as well. The typical critique of such a globalization is namely the protest against a new "cultural imperialism". This "imperialism"exposes a different kind of "Empire", which can produce ideas and identities crossing all boundaries of national states and penetrating various structures of societies and cultures. There is more "conceptual penetration" and "cultural aggression" than "military interference" of the traditional old "Empire". The "clash of civilizations" is a spontaneous resistance against this globalization, and happens exactly in its spiritual confrontation. In general, for the realization of globalization, it is easy to reach a consensus in its material aspect, crucial though controversial in its institutional aspect, and most difficult in its spiritual aspect. In this context, the encounter of religions and their relations with the societies and cultures concerned has special significance for promoting mutual understanding and avoiding misunderstanding in contemporary cultural exchanges.

II. The Development of Transnational Religions in the Context of Globalization

According to religious tradition, each religion is, in its origin, a local and national religion. Many religions have retained their local and national characteristics. Some of them have experienced also a translocal and transnational development and become the world religions such as Christianity, Islam and Buddhism. But even by this identification of their "world" characteristics, they still have their local and national identity. For example, Christianity is entitled a "Western"or "Northern"religion (namely a religion of the "Western nations"or the "Northern regions"), Islam is an "Arabian"or "Southern"religion, whereas Buddhism is an "Eastern"religion, which means a religion of "Eastern regions"or "Oriental nations". In the process of globalization, the translocal and transnational development of religions becomes an overwhelming phenomenon. As social, political and economic activities stretch frequently the borders and frontiers of nationalities, religious mission is also everywhere. Through its combination with the flows of trade, investment, foreign exchanges, education, culture, migration and marriage, religion displays fully its penetrating abilities in this context. We are experiencing nowadays a "great transformation" and "cross-cultural process" of religions. ① In the opinion of Philip Jenkins, Christianity as the largest world religion is no longer primarily a "Western" religion, but just in a transition from the North to the South and from the West to the East. So, the "next Christendom" should be in the South. ② Islam as "Globalised Islam" (according to Olivier Roy) is no more a religion existing only in the Arabian world. In fact, Islam is already an influential religion both in Europe and in North America. Even Buddhism has become a globalised religion. In the 16th century, the Jesuit missionary Matteo Ricci came to China as a "Western monk". In contrast, we can see many "Eastern monks" now in the Western countries.

Fuller professor lecturing at Jinling Theological Seminary, Nanjing, 2003.

Besides these traditional world religions, there is worldwide spread of some traditional national religions as well. Judaism, Hinduism and Sikhism remain

① Andrew F. Walls, *The Missionary Movement in Christian History: Studies in the Transmission of Faith* (Maryknoll, Orbis Books, 1996) and *The Cross-Cultural Process in Christian History: Studies in the Transmission and Appropriation of Faith* (Maryknoll, Orbis Books, 2002).

② Philip Jenkins, *The Next Christendom: The Coming of Global Christianity* (Oxford: Oxford University Press, 2002).

national religions only according to their national identities, but they are already world religions according to their location and spread. The same is true of Chinese Confucianism and Taoism. This "Diaspora"phenomenon of these national religions reflects a different kind of religious affiliation. The demarcation line between inside and outside has become more and more indistinct. All these developments should be both expressions of and responses to globalization. Obviously, there are more possibilities and explicit ways in which many religious organizations are developing their missiological programs based upon globalization. And the transnational and translocal characteristics of these religions have become increasingly important in a world of globalization.

However, there is also an ambivalent character in the relationship between contemporary religions and globalization. As "globalised" religions, they put more stresses on their localization, indigenization, contextualization or intercontextual development. In the same religion there is resistance and acquiescence, opposition and accommodati on, avoidance and participation in globalization. There is divergence and confluence between globalization and localization. With the multiplicity and plurality of attitudes and orientations in one religion, we know no more who should be the orthodox representative of the same religion. We have to use the plural forms to entitle the same religion according to its tradition, such as Christian religions, Islamic religions and Buddhist religions. It's difficult and ambiguous to use the singular form to include all. If we talk about Christianity, we have to make it clear which Christianity and where it is. In this sense, opposite to its original meaning, the generalization of a "single and universally applicable" religious model disappears in the process of globalization. Since the generalization of a certain model might bring danger or disaster to the existence and development of other models, many local religious organizations emphasize their concrete local identities and self-consciousness. Institutionally there is an indigenization of such religious communities, and theoretically there is an enthusiasm for constructing local theologies. This shows a special interest in the local over against the global, but the consideration itself comes from the recognition of the approaching influence or pressure of globalization. So the resistance against globalization is namely a kind of full realization or acknowledgement of the existence of globalization and the response to its influence. Though the methods or measures might be local and national, their consciousness and perspective to the matter are indeed global and transnational.

III. The Characteristics of Religions in the Process of Globalization

The process of globalization has brought about both challenges and opportunities for the development of contemporary religions. They can't separate themselves anymore from social development and they have to face the modern, secular and civil society in which they exist. In their accommodation to this contemporary society, we can also find some characteristics of religious existence.

First, there is a transformation of religions from their traditional "sacred" or "mystical" state to their contemporary "secular" or "civil" state. "Secularization" of the world has at least two meanings for religions. The one is the "demythologization" [1] of religious concepts and the "disenchantment" [2] of religious praxis for the world. People now need more reasonable and logical interpretation of religion than traditional "mystical" understanding or explanation. The other is the "entry" and "participation" of religions in the social life. People also need more social participations and social responsibilities of religion. As a result, we can find the phenomenon of "civil religion" or "civil religious consciousness" in many areas. Though in the atmosphere of "separation between state and religion" there is less institutional

---

① Rudolf Bultmann, *Neues Testament und Mythologie. Das Problem der Entmythologisierung der neutestamentlichen Verkundigüng* (München: Kaiser, 1985).

② Peter L. Berger, *The Sacred Canopy. Elements of a Sociological Theory of Religion* (New York: Doubleday and Company, 1969).

participation or involvement of religious organizations in social affairs, the "religiosity" of the people still has strong influence on the society.

Second, there are tendencies of pluralization, indigenization and universalization in religious development. In response to globalization, religious believers have debate for "one religion" or "more religions". "Indigenous" voices for religious consciousness are also very high. By emphasis of religious particularism, there is still an effort for its universalism. So in the religious demand, we can find a complicated mixture of seemingly opposite orientations such as globalization versus localization, universalization versus indigenization, and universalism versus particularism. In a dialectical way, religious mission in a global context could be understood as universalization of particularism. But in its truth affirmation, certain religious beliefs could be expressed as particularism of universalization. Also in contrast between globalization and localization, people such as Roland Robertson would use "glocaliza tion" to show that the global is specifically in the local, and the local is actually in the global as well. The global idea can only be practiced locally and concretely. The local is the contextualization of the global. Man must understand the local particularism from the global perspective. For example, the Christian ecumenical development puts stress on "one universal church" existing in "many local churches".

CLE supports music training and music ministry development in the seminaries in China.

Third, because of the contradictions and conflicts through the process of globalization, there are also possibilities of some extreme fundamentalist and conservative developments in religions. In resistance against "de – traditionalization" of religion, some religious conservative groups emphasize "re –traditionalization". But here, "tradition" might be misunderstood and misused, namely as an extreme fundamentalist standard followed.

All these phenomena of contemporary religious existence have close connections with the process of globalization. And these phenomena and their reasons offer important research objects for the religious studies today. This study should also have connection with the changing society of our "global village".

IV. Religious Studies in the Context of Globalization

With these new developments of religions in a global situation, religious studies also have their new responsibilities and tasks. In the early period of religious studies, the scholars focused their interest mainly in the historical and textual studies, sometimes also combined with field work. At that time, it was important to develop various disciplines and to identify their characteristics as such research subjects in a "science of religions". By doing so, the scholars tried to describe the forms of various cultures represented by different religions and to explain the nature of these cultures through the secret of their religions. This kind of research per se was of course typically cultural understanding and cultural explanation. However, it put too much stress on individual local and indigenous tradition of religions, and lacked a perspective of the global. In the context of globalization, religious studies must observe the universal connections of various religious developments and display especially their advantages in social studies and in comparative methods. It is necessary that religious studies should have more social concerns and social responsibilities, because many religious issues in the contemporary world are closely connected with social problems. Religious studies should keep firmly their pure academic standards and orientations, but should have to observe and connect the consideration, method and purpose of other social studies such as political studies, ethnical studies, economic studies and studies of international relations and so on at the same time. Historical study of religion has to follow the continuation and development of a religion to its present state, and to feel the pulse of religion in its contemporary social setting.

On the basis of cultural understanding of religions, religious studies today should make special contributions to promoting cultural exchanges in the form of religious encounters and dialogues. In the sense of "multiculturalism", our religious studies now should pay more attention to "multireligiosity" connected with "multiculturality". ① This academic study can make preparation for and offer ideal conditions for inter-religious dialogue at present. Dialogue is an ideal way of exchange. Through exchange, a mutual understanding can be reached. So without mutual understanding, there is no real dialogue. Without dialogue, there is no mutual exchange. Without religious dialogue as cultural exchange, it is very difficult for the contemporary world to reach consensus and to keep peace. Religious studies can build up bridges for this dialogue and exchange through its academic exploration and hermeneutics of the concern and the significance of religions, so as to play an important role in "conflict-resolution" and in reaching agreement, compromise or consensus.

For this responsibility, religious studies shouldn't remain purely in their academic "ivory tower", but come into the critical social and cultural issues of religions in the contemporary world. That means that religious studies need to be developed from cultural to cross-cultural studies, from textual to contextual and even intercontextual studies. In this way, religious studies are not only qualified as an interdisciplinary research, but also entitled to play the social function for world peace and global harmony.

① Viggo Mortensen, *Theology and the Religion: a Dialogue* (Grand Rapids, Mich.: W.B. Eerdmars Pub.Co., 2003).

从西方的观点看新颁布的《宗教事务条例》

余国良

（CLE 在 2005 年 3 月在洛杉矶举行了一次就新颁布的《宗教事务条例》的研讨会。此文为研讨会的准备资料。大会上各专家学者提交的论文共 10 篇，都收集在 www.christianityinChina.org.）

2004 年 11 月 30 日，温家宝总理签署了第 426 号国务院令，正式公布了《宗教事务条例》。该条例对宗教活动、宗教团体、宗教活动场所、宗教教职人员、宗教出版物、信教公民的合法权益等作了相当详细的规定，是迄今为止最为完备、最为具体的一部宗教管理法规。《条例》颁布以后，旧的《宗教活动场所管理条例》即行废止，但是外国人在中国参与宗教活动不在《条例》的范围之内，因此 1994 年颁布的《外国人宗教活动管理规定》(144 号条例)依然有效。

这部新的《宗教事务条例》继续强调：国家保障公民的宗教信仰自由，但是公民必须在宪法、法律与法规所规定的范围内行使其宗教信仰自由权利。与此同时，中国的宗教组织奉行独立自主的原则，其机构和事务不受外国势力的支配。但是与过去的宗教管理法规相比，这部新的《条例》增添了一些新的规定，其中有一些是过去的政府文件所未曾提过的。这些新的规定可能会对中国境内的宗教团体和宗教活动产生不小的影响。这些规定包括：

1.制约国家工作人员的规定：《条例》更加强调保护公民的宗教信仰自由的权利，首次明确规定如果国家工作人员在宗教事务管理工作中滥用职权、玩忽职守、徇私舞弊，需要追究其行政，甚至刑事责任。

2.首次以法规的形式对宗教团体的出版物作了明确的规定，明确了宗教团体有权编印内部出版物，并且按照国家出版管理的规定出版公开发行的读物。

《条例》也首次对宗教出版物的内容作了若干明文限制，规定宗教出版物不得破坏信教公民与不信教公民间的和睦相处，不得破坏宗教间以及宗教内部的和睦，不得歧视或侮辱信教或者不信教的公民，不得宣扬宗教极端主义，不得违背宗教的独立自主自办原则。这些限制性的规定明显是以保障社会稳定为出发点的。

3.《条例》对信教公民举行集体宗教活动的场所规定较以前宽松。《条例》第12条规定："信教公民的集体宗教活动，一般应当在经登记的宗教活动场所内举行……"，这似乎暗示有"一般"以外的情况。究竟何种情况是"一般"之外的？

先前国务院宗教局曾经表示，按照本宗教的习惯在家庭中举行的，仅有亲友参加的私人宗教活动不受《宗教活动场所管理条例》的限制。似乎这种小型家庭聚会应属于"一般"之外的例外。除此之外，"一般"之外的情况还包括跨省进行的超过宗教场所容纳规模的宗教活动，或者在宗教场所外举行的大型宗教活动。《条例》第二十二条对这些活动作了明文规定。

4.《条例》第二十二条对跨省、市的大型宗教活动，以及宗教场所外举行的大型宗教活动作了规定，这是先前从来没有过的。以前的做法是宗教活动必须在宗教场所内进行。而新的条例认可了宗教场所外举行的大型宗教活动，前提是必须在活动举行的三十日前向省、自治区、直辖市人民政府宗教事务部门报批，而省、自治区、直辖市人民政府宗教事务部门在收到申请之日起的15日内作出批准或者不批准的决定。也许可以想象，不久的将来西方常见的像葛培理布道会那样的宗教活动将在中国成为可能。

5.《条例》规范了宗教场所外修建的大型露天宗教造像。这一规定也是先前没有过的，其针对的可能主要是佛教和道教。《条例》规定，修建户外大型宗教造像的，需要首先向省、自治区、直辖市人民政府宗教事务部门申请，呈报国务院宗教事务部门批准。另外，除了宗教团体、寺观教堂以外的组织和个人不得修建大型露天宗教造像。

6.《条例》规定保护宗教团体和宗教场所的产业，同时也规定了宗教场所用于宗教活动的房屋、构筑物及其附属的宗教教职人员生活用房不得转让、抵押或者作为实物投资。至此，用于宗教事业的房产将不再能投入市场交易。

7.《条例》将宗教团体与一般的人民团体等同对待，明言宗教团体的登记依照《社会团体登记管理条例》的规定办理。根据新的规定宗教活动场所必须遵守宪法、法律、法规和规章、维护国家统一、民族团结和社会稳定，必须独立自主办教会，必须根据当地居民进行集体宗教活动的需要提出申请，必须有合格的宗教教职人员，必须有必要的资金，必须布局合理，不妨碍周边单位和居民的生产和生活。

8.《条例》第四十六条规定，如果宗教组织或者信教公民对政府的行政行为不服，可以提起行政诉讼。根据中国行政诉讼法的规定，公民如果认为政府的行政行为违法或者不当，或者其合法权益受到侵犯，可以起诉政府。但是，要使诉讼成立，公民必须能够证明政府的行为不符合法律或法规。因此，如果没有明文的法律或条例，宗教组织或信教群众就无法起诉政府，即使他们认为政府的行为违法也是没有办法。《条例》的颁布填补了这个空白。

上述的八点是条例中的新内容。不过从海外的角度看，这些新规定似乎还有不甚清楚的地方。兹从西方的角度提出一些疑问，以供进一步探讨。

1.关于《条例》第七条对宗教出版物内容的限制不禁使人发问：如何界定什么内容可能破坏信教公民与不信教公民的和睦相处，或者不同宗教间的和睦，或

第一届分享会部分同工合影(从左到右)：黎彼得牧师、黄广饶牧师、沈以藩主教、郭安利牧师。

者带有歧视或侮辱性色彩，或者宣扬宗教极端主义？基督教的因信称义、信者得救等教义是否可以被认为“破坏信教公民与不信教公民和睦相处”？禁拜偶像的教义是否属于“破坏不同宗教之间的和睦”？“基督再来”的教义是否宗教极端主义？倘若执法者对条例第七条的解释过于宽泛、或者出现偏差，是否会干涉宗教团体弘扬传统教义的权利？

2.关于用作宗教场所的房地产不得投入交易的规定，是否会影响到教会的自养？现在中国的不少地方宗教团体是通过房地产开发来实现自养的。《条例》实行以后，是否意味着宗教团体的房地产开发活动不能够再进行了？这是否会负面影响宗教场所的发展和扩建？

3.关于宗教场所的登记，从海外来看，困难的是对教职人员的要求。《条例》第二十七条规定教职人员必须“经宗教团体认定，报县级以上人民政府宗教事务部门备案。”按照这一标准，目前合格的宗教教职人员为数不多。拟登记的宗教团体要满足“合格教职人员”的要求明显是有难度的。

4.《条例》规定了宗教团体成立登记的程序，但是没有提到登记的宗教团体是否要加入三自爱国组织。从《条例》的字面看，似乎没有要求新成立的宗教团体加入三自机构。因此对教团登记的管理应该是趋于宽松了。但是从长远看，如果登记的宗教场所与省或者全国宗教团体的关系不甚明确，一些问题和困难可能会继续出现。要解决这些问题也许还不能单单依靠法规。三自与三自外宗教团体的关系恐怕还是需要很多协调。这也许是《条例》之外一项长期的艰巨任务。

5.关于宗教团体不受外国势力支配的规定似乎还可以更加详细一些。以天主教作为例子：天主教的教义认为教宗是普世教会的精神领袖，其关于信仰和道德的教导没有谬误。如果宗教团体不受外国势力支配意味着中国天主教完全否认梵蒂冈的权威，包括属灵权柄，那将显然使中国的天主教不同于世界其他地方的天主教。当然，这个问题有着历史和政治的复杂性，梵蒂冈对中国的态度是造成问题的主要根源之一。“不受外国势力支配”当然地意味着中国教会在组织和经济上要自立。但是如何处理教义上的关系？中国的宗教组织如何看待该宗教在教义上的国际性决议或共识。“独立自主”和“不受外国势力支配”应该作更加细化的定义。

6.西方的一些评论家认为，《条例》虽然体现了从意识上对宗教态度的改变，但是依然强调国家的利益高过宗教的利益,有形的利益超过属灵的委身。政府依然期盼通过加强管理以使宗教发挥某些社会政治功能。然而,宗教基本上是一个终极关怀的体系。如果不能从宗教的终极性出发来理解宗教,任何针对宗教的管理措施都会有相当的局限性的。

7.新的《条例》没有再提“五大宗教”。这似乎表明中国政府对合法宗教的界定可能趋于宽松。但是民间宗教的问题好像在《条例》没有琢磨。有的评论家指出:《条例》基本上是从管理有组织的宗教团体和宗教活动着手规范宗教,尚未顾及发展极快,极容易出问题,同时又难以管理的民间宗教。民间宗教当中最容易发生的问题是其领袖利用其个人影响对跟从者进行控制和洗脑,以及利用迷信敛财。西方很多国家的经验是:对待民间宗教,用社团、财务和税务的法规约束相对比较有效。

8.从海外的角度看,《条例》依然透露出政府对宗教的警惕,警惕的原因主要是两方面:一是担心外国势力的支配,二是顾忌宗教对社会稳定的影响。如果登记的程序可以使得宗教团体和信教公民对其信仰更加坦然,行为更加具有透明度,这将有助于宗教生活在中国的正常化,使宗教群众与中国社会很好地融合。从法规的角度看,需要考虑如何使得注册更加普及与便利,从而使得宗教人士感到坦然,消除戒心,以公开坦白的方式参与社会。

9.《条例》的规定比过去的法规和文件详细了许多,总的来说是将宗教事务管理纳入社会管理的总日程,促进宗教管理的民事化。目前世界各国管理宗教事务的思路主要有两个:一是立宗教法,如法国;二是通过对非盈利财团法人的管理来间接管理宗教,如美国。哪一个途径更加有效?很明显,中国还在探索阶段。《条例》是否有可能逐渐衍变成宗教法,这恐怕还得通过两条途径的比较来决定。

从宗教管理国际化的角度看,《宗教事务条例》的出台是一件好事。《条例》使得政府对宗教事务的管理有法可依。《法规》的出台也有利于外界了解中国政府处理宗教问题的基本思路。相信随着法规的出台与执行,中国对宗教事务的管理将更加沿着法制化与正常化的轨道发展。这对于中国宗教事业,以及宗教领域的国际对话都将起到推动作用。

What's New With The Religious Affairs Regulations?

Danny Yu

(CLE conducted a symposium on the above topic in March, 2005. The following article is part of the introductory materials for the symposium. For the rest of the presentations, please go to www.christianityInChina.org.)

On December 18, 2004, Chinese Premier Wen Jiabao executed the State Council Decree No. 426, which enacted the Religious Affairs Regulations. The Regulations (as they will be known from here on) embody a comprehensiv e set of rules governing religious activities, religious organizations, religious facilities, clergy, religious publications, and also the rights of Chinese citizens under the Religious Freedom Clause of the Chinese Constitution. These new Regulations have replaced the Religious Facilities Registration Regulations enacted in 1994. The previous Registration Regulations were abolished. However, the Foreigner Religious Activities Administration Regulations stand and will continue to be enforced.

According to the Regulations, Chinese citizens enjoy the right to religious freedom, but they must exercise these rights within the framework of the Constitution and various government laws and regulations. At the same time, religious organizations and affairs must be free from the influence of foreign institutions. These provisions are in line with similar regulations promulgated in the past . However, the Regulations warrant attention because they contain provisions never before publicized. These provisions, if enforced, may significantly impact religious organizations and activities in China. The provisions are:

1. Article 38 of the Regulations provide that if state officials abuse their powers, neglect their duties, or exploit their position for personal gain in the course of managing religious affairs, they will be subjected to civil, and possibly criminal,

sanctions.

2. The Regulations have clarified for the first time that religious organizations may print religious publications not only for internal use, but also publications for distribution to the general public in pursuance with state provisions regarding publication management. However, the state also placed restrictions on the contents of religious publications. The banned content is that which would disturb the peaceful coexistence of religious and non-religious citizens, that which would harm the relationship between different religions and the internal harmony within a specific religion, that which would discriminate against or insult believers or non-believers, that which would promote religious extremism, and that which would violate the principles of independence of Chinese religious organizations and affairs from foreign institutions. It was obvious that these restrictions are imposed from the perspective of maintaining social stability.

3. The Regulations have relaxed somewhat the registration requirement for religious facilities. Provision 12 requires that "collective religious activities of religious citizens shall generally be conducted on the premises of registered venues for religious activities (Buddhist temples, Taoist temples, mosques, churches, and other fixed places of religious activities) by the authorities over venues for religious activities or religious organizations."What does"generally"mean? Are there exceptions? The State religious administration authorities indicated before that small-scale religious activities conducted at home in pursuance with religious customs and whose participants are primarily family members, other relatives and friends only, are not subject to registration requirements. This provision is obviously an exception to the previous regulation on collective religious activities. Another exception is addressed in Article 22, which makes provisions for large-scale religious activities that cross provincial boundaries or go outside the venues designated for religious activities.

4. Article 22 of the Regulations provides for large-scale religious activities outside registered facilities or venues. Such provisions are new and without

precedent. No regulations promulgated in the past sanctioned religious activities outside the boundaries of the designated religious facilities. But the new Regulations have made this breakthrough that large-scale religious activities, even if they are not held in the registered religious facilities, are allowed as long as an application is made to the provincial-level religious administration authorities and approval is obtained. The provincial-level religious administration authorities must make a decision of approval or non-approval within 15 days. Under Article 22, massive religious functions held in stadiums, like the Billy Graham Crusade in the West, may be possible some day in China.

5. The Regulations also contain restrictions on large outdoor religious statues or icons. There were no similar provisions before. This provision mainly affects Buddhists and Taoists. According to the Regulations, religious organizations must apply to the provincial-level religious administration authorities for erecting a large outdoor religious statue, and the application must be sent to the State Council for approval. Other than religious organizations, no organization or individual is authorized to erect large religious statues or icons.

6. Article 32 provides that buildings and structures used for religious activities and/or living quarters for leaders, such as parsonages, may not be transferred, mortgaged, or used for the purpose of investing.

7. The Regulations consider religious organizations and other social organizations equally for registration purposes. Registration of religious organizations will be governed by the Regulations on the Management of Registration of Social Organizations. According to the new Regulations, the requirements for registration include: compliance with the constitution, laws and regulations; supporting the unification of the country, the harmony of its people, and social stability; independent management of religious affairs free from overseas control; the existing need for local religious citizens to conduct collective religious activities on a regular basis; qualified leaders; necessary funds; rational setup that does not hamper the normal working and living conditions of businesses

and residents in the vicinity.

8. Article 46 permits Chinese citizens or organizations to file administrative lawsuit against the government if they disagree with the government's administrative decision. Under China's Administrative Litigation Act, the government can be sued as defendants if a citizen believes that an administrative decision is unlawful or inappropriate, therefore violating the citizen's legal rights. However, in order to have a prima facie case, the citizen must prove that the government's decision is inconsistent with an enacted law or regulation. So without the Religious Affairs Regulations, religious organizations have no legal basis to sue the government, even if they believe that the government's administrative decision is unlawful. This problem is now solved with the enactment of the Regulations.

The eight provisions listed above are the newer aspects of the regulations. They are generally progressive in nature. However, from the perspective of foreign organizations and individuals, the following nine points require further clarifications.

1. Article 7 of the Regulations bans any religious publication that does harm to the peaceful coexistence of religious and non-religious citizens, that does harm to the peaceful relationship between different religions, that discriminates against or abuses believers or non-believers, that preaches extremism, and that violates the principle of independence of Chinese religious organizations and affairs from foreign institutions.

How is one to determine what content is in violation of the new regulations? What criteria should be used to make this kind of determination? What if traditional Christian doctrines like "Justification by Faith"are deemed to be offensive to non-believers and construed as "harmful to the peaceful relationship between believers and non-believers?"What about the Christian doctrine condemning idol worship? Could this doctrine be held as harmful to the peaceful coexistence between various religions? Could the Christian eschatological doctrine concerning the return of Jesus be considered extremist? In addition, there is also the concern that if the enforcers construe Article 7 too broadly or incorrectly, the rights of religious organizations to advocate traditional doctrines could be revoked or the doctrines changed.

2. Will the restrictions on the transaction of religious property adversely impact churches' capacity for self-sufficiency? Many religious organizations in China own property, and it is common for religious organizations to enter into contracts with real-estate developers to have properties owned by the church developed. Since the Regulations ban the mortgaging of church-owned properties and using these properties as an investment, religious organizations may have difficulties in obtaining financing for the development and expansion of existing church facilities.

3. Religious facilities seeking registration must have qualified leaders. According to Article 27 of the Regulations, a qualified leader must be confirmed by a religious organization and must be on record with the Religious Administration Department at or above the county level. This requirement may be difficult to meet. Such qualified leaders are few in number, and the failure to retain a qualified leader will bar many religious facilities from registering as a sanctioned venue for religious activity.

4. The Regulations does not require a congregation seeking registration to participate in the Three-Self Patriotic organization in order to be registered. This seems to have relaxed the registration requirements a little. However, the relationship between independent religious congregations and the patriotic religious organizations on the grass-roots or national level remains a concern. Issues and problems will continue to rise if this relationship is not clarified. In addition, regulations alone are not sufficient for solving this problem. Normalizing the relationship between the independent congregations and the Three-Self organization requires a lot of mediation. This obviously falls out of the scope of the Regulations, but is nonetheless related to the underlying purpose of the Regulations.

5. The meaning of the phrase "independent operation of Chinese religions without overseas interference" still needs further clarification. For example, the Roman Catholic Church believes that the Pope is the Vicar of Christ on earth and is therefore inerrant in his teachings about faith and morality. If "independence" of the Chinese Catholic Church means renunciation of the authority of the Vatican, including its spiritual authority, then the identity of the Catholic Church in China and its relationship with the universal Church is compromised. Should the Catholic Church in China be allowed to submit to the spiritual authority of the Vatican, yet remain organizationally and financially independent from the Vatican? This may need a more detailed definition of "independence" and "freedom from overseas interference."

6. Some Western critics believe that though the Chinese government has conceptually changed its traditional view of religion as a negative social element, religion is still relegated to a place of submission under temporal power. The government obviously attempts to regulate religion, expecting it to fulfill certain social-political responsibilities. However, religion is primarily a system of ultimate, rather than temporal concerns. Unless religion is appreciated as such, any effort to regulate religion will prove insufficient.

7. The Regulations do not mention the "Five Major Religions" as previous government documents did. It may be an indication that the government has relaxed its standard in defining legitimate religions. But the Regulations seem not to provide many details about folk religions, which are growing rapidly and chaotically, throughout China. Some critics have pointed out that the Regulations are mainly concerned with regulating organized religions. And the existing rules are not adequate to govern folk religions. The biggest concern with folk religion is that it can be used by a charismatic individual to swindle the followers. The religious history of many Western countries indicates that such issues can be effectively dealt with by corporate, financial and taxation rules.

8. From a foreigner's perspective, the Regulations imply that the Chinese

government is still suspicious of religion. There are two reasons for the suspicion: (1) foreign religious powers will use religion to infiltrate Chinese society, (2) religion may have a negative impact upon the social/political stability of the country. If the registration process helps the religious citizens and organizations to be more open about their faith and more transparent in their conduct, that will lead to a normalization of China's view towards religion. Normalization is an important development goal, so that religions in China will integrate fully into the Chinese society. Furthermore, the Chinese government should aim to make religious registration more accessible, thus promoting the transparency and openness of religious life in China.

9. The Regulations set out detailed provisions that address specific aspects of religious management. The general trend is to incorporate the management of religious organizations and activities into the general structure of civil administration. Will the Chinese government in the future develop these Religious Affairs Regulations into religious laws? There are two approaches to regulate religious affairs in today's world. France is representative of the approach that espouses religious laws. The United States is the representative of the other that regulates through non-profit corporation laws and regulations. Which approach is more effective and efficient? Apparently China is still testing. Will the Religious Affairs Regulations eventually evolve into religious laws? The comparison between the two approaches will be an interesting study.

The enactment of the Regulations is a good sign showing that China is following the international trends regarding the regulation of religious affairs through legal procedures. The Regulations have provided a legal structure upon which the Chinese government may be able to clarify its rationale of how it administers religion within its borders. International governments and religious leaders will be able to refer to the Regulations to help them understand the Chinese government's religious policies. This, hopefully, will be more conducive to a constructive dialogue between the East and the West regarding religious freedom.

从海外的角度谈谈中国的宗教事务管理思路以及海外合作

余国良

2005年5月

作为海外人士，我对中国宗教发展最关心的是宗教生活与宗教事务管理的正常化。可以说，“正常化”是主导着中国近二十几年来经济社会生活各个方面的主导题目。1992年前后，中国领导人邓小平的南巡讲话标志着中共高层真正打破了选择经济模式的意识形态框框，突破了一度困扰中国领导层的“姓资姓社”的难题，毅然提出了“社会主义市场经济”的目标，奠定了此后十几年的繁荣局面。在这段时间，中国中央政府的施政思路已经走上了理性、务实、效率的专业化轨道。“正常化”代表着这样的一种局面，即政府和民间都能够以平和的心态和中性的眼光看待共同关心的社会现象，并且诉诸正当的程序解决异见与纠纷。

宗教领域的正常化将是衡量中国社会进步的一个重要的指标。这是因为长期以来，宗教被当作主流意识形态批判的对象，在社会中被边缘化，在课本中被妖魔化。然而，一度在中国社会中受到排斥和压制的宗教，随着改革开放后的中国社会对精神价值基础的呼唤，重新走进了公众的视野与舆论的焦点，正在被新式的眼光所注视和打量。然而，宗教在中国曾是一个太敏感的问题。要使得宗教在中国社会有正常的地位，尤其是知识分子中间“去妖魔化”，起码有三个问题需要解决，或者说有三重障碍要挪去：宗教如何与马克思主义相容、对宗教事务的管理如何做到社会化和专业化，以及如何处理宗教领域的国际交往。

一、马克思主义与宗教

我本人对马克思主义应当说是门外汉，但是对马克思主义的不少学说一直很有兴趣。早在伯克利读书的时候，我就看过马克思主义的政治经济学理论和阶级分析论。后来读神学的时候因为涉及解放神学的题目，对马克思、恩格斯、列宁的著作有更多的涉猎。70年代以后一直跟中国大学和政府机构打交道，因此有更多的机会了解马克思主义在现今中国的发展，尤其是邓小平理论对马克思主义真理观的阐述。

可以说，中华民族就其性格和气质来说是重实效而不甚纠缠于理论。与其他西方学说相比，马克思主义的特点之一也在于它的实践性。也许因为这个缘故，马克思主义比较容易为中国人所接受，尤其是为早年寻找救国出路的中国革命者所接受。在马克思的理论体系当中，占据核心地位的其实是马克思主体的政治经济学，以及通过对社会生产结构的分析而揭示人类社会发展规律的历史唯物论。这些题目的提出是根据马克思对早期上升阶段的资本主义社会生产组织形式的观察，所提出的解决方案也是根据对社会生产组织形式的批判和剖析。无神论是马克思主义的构成部分，但并非其核心主张。“有神”或者“无神”的论断并不能影响马克思主义在实践中的有效或无效。而且马克思主义对“有神”或“无神”的题目并非花大笔墨去深究，而是明显借用了同时代欧洲，尤其是德国的哲学家和理论家的著述，例如“宗教是对客观世界的歪曲与虚幻的反映”实际是借用并发展了费尔巴哈的主张。

中国教科书对宗教的正式定义是“宗教是对现实世界的歪曲、虚幻的反映”，是“被压迫者借以逃避苦难现世的精神慰藉”，是“统治者用来欺骗被统治者，维护其统治地位的精神工具”，并且引用马克思的话说宗教是“精神的鸦片”。这一对宗教的定义被认为是马克思主义宗教论的经典，在初中的课本里就已经出现。可以说几乎所有受过教育的中国人都被灌输了对宗教的消极看法。这样做的后果无形中对信教的群众造成心理压力。可以说大陆教科书定义的宗教，以及以“鸦片论”为主导的宗教观不仅仅对推动社会主义在中国的发展没有什么现实的益处，反而更加造成社会舆论歧视宗教，使信教群众感到自卑和抵触，产生“非我族类”心态。要解决宗教与社会主义社会相适应的问题,必然需要解决理念与情绪上的对立。一方面说“我宽容你,给你自由”,另一方面又说“你是后进的,是歪曲的世界观”,这显然不能从根本上解决问题。

中国的政府和学术界近几年来展开了对新时期宗教工作的讨论, 重点不仅仅停留在如何管理宗教事务,而是如何正确认识马克思主义的宗教观,从根本上理顺宗教与社会主义社会的关系。不少学者提出“宗教是精神的鸦片”并不能够概括马克思对宗教的看法,更不能简单地认为马克思主张“宗教是麻醉人民的鸦片”,需要更多地看到马克思对宗教更加客观积极的评价。在论到“宗教是麻醉人民的鸦片”的时候,有学者指出这是后来列宁的观点。甚至有人提出列宁对宗教也不是一味否定的。列宁对宗教的积极作用也有过很多中肯的评价与肯定,只是在以后极“左”思潮泛滥的环境下被抹杀了。坦诚地说,宗教确实有被政治势力利用的可能。宗教对于一部分人确实起到过麻醉精神,忘却现实痛苦的作用。但“鸦片”并不是宗教的本质属性。宗教的负面作用更多地可以归结为当事人的心理状态,对世界先有的态度以及其他各种消极负面因素。就好像钻戒也可以被用来自杀一样,宗教被片面理解,甚至滥用并不总是因为宗教本身的原因,而是往往有着环境的因素和当事人心理和经历的原因。

宗教的基本信念是“有神”。就问题的本身来说“有神”与“无神”是一个关于物质世界之精神基础的深奥的哲学命题,不是三言两语可以讲得清楚的,并且直到目前为止都无法确切实证的。借用黑格尔与马克思的模式谈谈有神—无神论的历史沿革:如果说古典的有神论是一个“正题”,而启蒙运动与其后的现代主义所支持的无神论是一个“反题”,那么进入后现代以后的多元化局面可以是一个“合题”。对于带领中国人民迈向现代化的中国共产党来说,其基本的哲学立场似乎不应该是承续一个“反题”,而应该是一个代表先进文化的“合题”。政府的宗教政策出发点无需维系于一个哲学命题。“有神”与“无神”原本也不是政府需要处理的问题。政府的职能之一是维护宽松友好繁荣的文化学术环境,对“有神”与“无神”的探讨应该是学者的职能。政府的“合题”即包容与协调各种观点和立场的先进文化,大目标是促进人民的幸福生活和社会公共福利。

在国际舞台上,宗教有时与反动势力联系在一起。政府对宗教的顾虑可能与担心宗教的政治立场有关系。但是纵观历史,还是有许多宗教支持进步力量的例子。西方有很多反对不公义的旧体制,推动民主权利与社会进步的运动是由宗教人士倡导的,甚至宗教的标志与口号成为鼓舞斗志的旌旗。印度甘地的“非暴力不合作运动”,美国以马丁·路德·金牧师领导的黑人民权运动,南非黑人主教迪斯蒙·图图领导反种族隔离运动等都是很典型的例子。与武装斗争的形式不同,宗教界人士所倡导的抗争形式一般提倡非暴力与“民权形式的非顺从”(Civil Disobedience)。但是尽管不诉诸武装形式,这些“民权形式”的斗争形式仍然取得胜利,以最小的财产和生命代价换来深刻的社会变革。为什么?因为宗教具有深刻的道德影响力,也是因为一些宗教界的先进人士选择了站在人民的一边,对抗不公正。宗教绝不等同于守旧,甚至反动。中国也出现过很多宗教界的进步人士,如吴耀宗、吴贻芳、圆瑛法师等。据说吴耀宗先生还说过,他对马克思主义99.5%是赞成的,但是还是有一点点保留,那就是对它的无神论。

在今天的社会主义环境下谈宗教,一个很现实的原因就是因为在一个健康的社会机体里面,宗教发挥着不可替代的功能。这些功能包括:(1)灵性指导功能;(2)道德规范功能;(3)社会救助功能。倘若宗教不能正常地发挥其功能,社会机体就会出现病变。基本上每个正常运作的社会都保有宗教正常发展的空间。倘若宗教不能通过正常的渠道发挥功能,那人们就会寻找宗教的替代品,这些替代品常常是很危险的,如历史上的民族主义,法西斯主义等。历史上当有政权企图用人为意识形态替代传统宗教的时候,结果难免陷入集体的疯狂,如纳粹德国和中国“文革”就是例子。

(1)灵性指导功能:人需要为自己的有限生存寻找终极依托。人的灵魂深处找寻生存的意义,这是一个客观的需求。宗教系通过符号的系统和礼仪的方式对人的终极关怀给予回应。既然人心的终极关怀是客观存在的心理现象,就需要在整个社会的文化结构当中为终极关怀找到合适的位置。正是基于这一点,在中国社会主义的文化当中,宗教是结构性的一部分。事实上宗教在目前中国发展非常的快。不单单是传统宗教获得发展,很多形式的民间宗教也发展迅速。然而目前的宗教团体因为资源、人力与政策方面的限制,似乎无法回应满足如此大范围的需求。正是在这一背景下,一些非正统的灵性团体获得了滋生的空间。“法轮功”的一度盛行就是一个例子。这个例子也暴露出目前中国宗教管理的空白:在1999年政府取缔“法轮功”之前,并没有哪个政府机构去管理像“法轮功”那样的组织,导致传统宗教组织在为"什么可以做,什么不可以做"绞尽脑汁的同时,"法轮功"一直扩展其势力,最终引起了高层的警觉。管理有形的宗教容易,但疏导人的终极关怀则很难。对待宗教问题,还是要从人的根本需要着手。

(2)道德规范功能:宗教之于道德,如同树根之于枝叶。离开了宗教,道德就变成了条条框框的规则。离开了宗教,道德家就只能曰其然,但无法曰其所以然。行为的规范需要精神价值观作为依托,因此道德离不开宗教。道德因为宗教而拥有神圣性。宗教把道德行为规范与作为宇宙秩序的终极伦理要求以及个体的义务及最终命运联系起来,成为道德伦理关系的本体论根基,也为道德行为提供了无形的赏罚系统。宗教诉诸人内心的良知和对神的敬畏来影响人的决定,调整人的行为,系"自愿抉择"与"自律行为"。因为宗教自律的存在,道德的执行不再单纯依靠外在强制力,而诉诸内在的自律。最后,宗教通过其社团对个体的行为提供指导和监督。同时信仰宗教者的团体(如教会)形成的社团规范和社团压力引导着信徒的行为遵循社团所认可的模式。因为以上的特点,宗教具有相当有效的道德规范功能。鼓励宗教团体发挥其伦理道德领域的规范功能对于影响和提高整个国民道德无疑是有相当大的好处的。

(3)社会救助功能:宗教关注人生存的群体性,把人与人之间的互济和慈善看作个体对生命的义务。因此,今日世界的宗教团体常常是慈善救济活动的主力军,甚至在许多国家和地区,宗教慈善机构填补了当地慈善事业的空白,成为社会所不可或缺的恩慈之手及社会良知。宗教团体对社会慈善事业为什么能作出特殊的贡献?首先是宗教向来有乐施好善的传统。基督教称"施比受更为有福",佛教则主张"救人一命,胜造七级浮屠。""服务人群"与"宣道"一样,是宗教自定义的事工目标的重要组成方面。其次,宗教机构能够调集大量的社会资源投入社会慈善工作。这包括人力资源,主要是大量有足够热情,不计酬报投入社会事工的义务工作人员。同时由于宗教具有广泛的群众性和号召力,所以也比较容易为社会事工筹集款项。最后,由于内在于宗教价值观的人道主义济世精神,宗教机构在从事社会救助的同时,往往注重给关怀对象以心理慰藉,起到身心并济的双重效果。目前的中国社会对弱势群体的关怀日益成为首要的话题。社会关怀事工是否成功直接关系到中国社会的稳定。在这种背景下,突出宗教的社会救助功能,发挥其积极影响无疑是具有深远意义的一件事。

综上所述，当代中国的先进文化撇不开灵性的问题，因此无法回避宗教。宗教应当是中国先进文化当中的自然组成部分。并且由于宗教所具有的以上三方面的功能，它在中国文化的整个体系中应当成为一股起推进作用的积极力量。

二、公民社会公共政策目标下的宗教事务管理

由政府对宗教事务直接进行管理，这是为数不多的国家采取的做法。中国现有的宗教事务管理的格局，既借鉴了苏联的体制，也是应付建国之初巩固政权的切实需要。

西方人对中国的宗教事务管理模式有些成见，认为为管理宗教事务专门设立行政部门无异于限制宗教团体的自主权，结果必定束缚宗教的发展。西方人存这样的看法在所难免，因为西方的政治传统强调分权和自制，政府的权力受到诸多限制，而宗教团体被认为应该完全自主，除非触犯法律，否则不能受政府的干涉。然而，“9·11”以后，美国也意识到了宗教团体可能，甚至很容易被利用来进行非法活动，开始考虑策略来对某些宗教组织进行监督，只是苦于没有一个现成的行政框架来处理这层问题。目前在美国能被用来约束宗教团体的手段非常有限，一般需要通过财务和税务的法律，以及普通的刑事法律。

2002年，在庆祝金陵协和神学院50周年庆典上，叶小文局长与韩文藻先生亲切交谈。

中国的宗教事务行政管理体制已经运行了近60年。在以往的20年间，各大宗教在中国经历了迅速的发展。中国的宗教事务管理体制在此过程中的作用是一个有争议的问题。种种现象显示，中国的宗教事务管理体制并没有像海外预料的那样限制宗教，反而在某些情况下可以帮助宗教。譬如在涉及教团房产纠纷的时候，宗教团体往往没有能力和财力去自己出面解决问题，而由宗教事务部门出面代表政府去协调更容易。又譬如，宗教行政管理部门担当了沟通政府与教团的

作用,可以及时把教团的需要与问题反映给政府,也把政府的思路和信息转达给教团与信教群众。这个教团与政府的沟通机制,在美国是没有的。这种机制的存在更有利于促成政府与教会在诸如社会事工等公共领域的合作。再如,由于各宗教同属一个宗教行政管理部门指导，各宗教的领袖常常有机会在一起讨论、开会,就重大问题交换意见。这极有利于各宗教之间的沟通。中国目前的五大宗教都在发展,但是各宗教间得以友好共处,相安无事,现有的宗教事务管理机制功不可没。

当然,作为政府部门,宗教行政管理部门的首要职能是执行政府的法律和政策。政府政策的方向,也是宗教行政管理部门实施政府行为的方向。回顾中国的宗教政策所走过的道路，再从历史的处境来观察目前中国的宗教政策所处的阶段,可以得出结论:目前中国政府的基本宗教政策对宗教发展是有利的。

自 1949 年以来,中国的宗教政策经历过以下几个主要发展时期:

1.自建国初期到 50 年代初,宗教政策以团结宗教界的亲共人士、划清宗教与帝国主义与旧势力的界限为主。当时的主导思路是“统一战线”,团结一切可以团结的力量来反对国家内部和外部敌人。政府对宗教团体和宗教人士的要求是:站稳立场,划清界限,将宗教活动纳入民间爱国运动的轨道。这一思路以周恩来总理接见中国基督教人士代表的时候所讲的一段话为代表:“基督教最大的问题,是它同帝国主义的关系问题。中国基督教会要成为中国自己的基督教会,必须肃清其内部的帝国主义的影响与力量,按照三自(自治、自养、自传)的精神,提高民族自觉,恢复宗教团体的本来面目,使自己健全起来。”当时宗教政策的主导思想其实也是“相适应”,即宗教(尤其是天主教与基督教)与新民主主义中国的新面貌相适应。正是在这样的背景之下产生了基督教内的三自爱国运动与天主教内的自圣主教运动。

2.第二个阶段是 1958 年至 1966 年“文革”前的阶段。这一阶段的中国已经完成了对资本主义工商业的社会主义改造,中国社会全面进入了社会主义阶段。意识形态在这一阶段被突出和强调。这一阶段的主题是“加速进入社会主义”,宗教生活陷入低潮,大量的寺观、教堂因各种原因关闭,大量宗教教职人员还俗。政府在该阶段的基本思路是“宗教自然消亡论”,即认为随着社会主义建设运动的深入,剥削阶级的消灭,宗教产生和赖以生存的社会根源已经铲除,宗教将走一条自然消亡的道路。在一般干部和民众的意识里,信仰宗教是“后进”的表现,甚至会对个人的事业发展造成阻力。

3.第三个阶段是1966-1979年。当时中国社会进入了“文化大革命”,整个社会先是处于极端无政府状态。进入70年代后,“文革”初期的混乱局面开始得到整顿,中美建交等事件标志着中国在国际舞台上开始获得接纳并产生影响。1977年粉碎“四人帮”标志着“文革”结束。在上述阶段,公开的宗教场所被全部关闭,宗教信仰和宗教活动无法正常进行,整个中国社会的有形宗教生活陷入瘫痪。但是后来的事实表明,宗教在中国并没有销声匿迹。地下的宗教活动依然在进行,甚至呈增长状态。这一时期,中国既无宗教管理部门,也没有宗教政策。

4. 第四个阶段,即1979年迄今,是中国社会全面正常化和走向国际的26年。这一阶段中国政府以经济建设为中心,实施改革开放的政策,以务实的精神制定国策。中国领导人认定宗教的存在和发展有其合理性。这一认识包含两个主要方面:一是认为宗教的存在有其悠久的历史渊源,并且将在社会主义的中国长期存在。同时,政府也认同宗教涉及人的信念与感情寄托的深层问题,政府不能用行政手段来干预个人信仰,更无法压制宗教。宗教管理的目标不再是限制宗教,而是发挥宗教的积极社会效应,限制其消极社会效应,引导其融入和适应实行市场经济的社会主义中国。

有些海外人士指责中国政府利用公开的宗教以达到政治的目的。这个指责的一个缺陷是没有很清楚地看到“政治目的”在不同时代的差别。若在中国意识形态挂帅的几十年前,“政治目的”的内涵还比较清楚。然而今日的中国政府已经在淡化意识形态,强调“和谐社会”的公共福利目标。如果现阶段的“政治目的”是公共福利,那么要求宗教团体参与促进这一目标似无不妥的地方,因为为邻舍求福,为社会求公义与安宁一直也是宗教的目标之一。类似的题目常常出现在各种宗教的传统祷文当中,也向来不被认为是宗教世俗化或政治化的表现。对于中国政府对宗教团体发出的促进和谐社会的呼吁,一种看法是把它作政治化的理解,这层理解的前提依然是用泛意识形态的眼光看中国政府。另一种理解则偏重宗教的济世理想与社会公共福利目标的重合。如果采用前瞻性的眼光,不难发现“和谐社会”的呼吁下存在着宗教团体参与社会建设的广阔机遇。

谈中国的宗教事务管理,势必要了解中国宗教局。海外一直存在一个印象,以为中国的宗教局是“意识形态警察”,是宗教执法部门。其实根据中国政府的定义,宗教局的职能是多重多头的。执行宗教场所登记的法规只是宗教局职能的一个方面,而且就宗教局的工作量来说,只是一个不太主要的方面。宗教局更主要的职能是协调宗教团体同政府的关系,为政府制定宗教领域的政策与立法提供意见和信息,以及落实政府的宗教政策。现阶段的中国宗教事务管理的一个主要课题是专业化,体现在宗教事务管理部门的职能与行政目标上。

宗教局工作的一个重要方面是“依法保护公民宗教信仰自由,保护宗教团体和宗教场所的合法权利,保护宗教教职人员履行正常的教务活动,保护群众正常的宗教活动。”由政府的宗教政策执行部门出面保护,这在今天的中国实际上是宗教信仰自由得以落实难以缺少的方面,尤其是当教团的利益受到来自地方政府与实力单位侵害的时候。一个比较明显的例子是教会房产问题。“文革”结束,教会开放之初,被侵占教产的回收一度是个非常棘手的任务。当时中央和地方的宗教行政管理部门加大力度介入,才导致各地教堂的房产顺利收回,教会重新恢复开放。20 多年中,教产纠纷在各地一直存在着,尤其是中国实行市场经济以后,不动产因为牵涉到巨大的经济利益,愈发成为侵占单位不肯放手的肥肉,回收教产愈发困难,政府宗教部门的支持对于企图回收教产的宗教单位来说就更为重要。举个例子,不久前中国基督教全国两会成功回收了上海汉口路原三一堂作为两会的新会址,其中国家宗教事务部门功不可没。西方人士往往不理解何以宗教信仰自由需要政府保护,以为政府的支持有违政教分离的原则。但从中国的国情来说,宗教团体,尤其是基督教和天主教的团体远未在社会中形成势力,加之地方政府往往出于地方利益和对中央政策理解的偏差,在执行宗教政策过程中出现各种保障不利,甚至侵害教团利益的现象。因此,由宗教行政管理部门出面保护宗教的利益在很多情况下是唯一有效的保障教团利益和宗教信仰自由的做法。

宗教局还担任着调查研究、政策咨议的职能。宗教局的工作包括“调查国内外宗教现状、宗教理论问题”和“草拟宗教方面的法律、法规,研究和制定部门规章和有关宗教工作的具体政策。”近二十几年来,国家宗教局及世界宗教研究所对海内外宗教的研究和调查作了大量的工作,出版了大量图书。世界宗教研究所出版的《世界宗教研究》期刊已经成为国内研究宗教的权威核心刊物。国家宗教局草拟的《宗教事务条例》已由国务院签署颁布，成为国内管理宗教事务的第一部综合性行政法规。宗教局作为沟通政府与宗教团体的部门，对国内宗教的现状掌握了第一手资料，比较容易将掌握的信息整理上达政府决策层，在调研工作方面无疑具有优势。此外，宗教局作为高度专业的政府行政部门，也比较容易集中一批专业研究人员从事研究工作。

宗教局还负责协调政府与宗教团体的关系。这种协调既包括把政府的政策与意图沟通给宗教界，也包括把宗教界的想法和需要沟通给政府。这种官方行政程序以外的沟通渠道是西方的政府模式所不具有的，但却恰恰是中国模式的行政管理赖以运作的手段之一。在理想的中国政府机关部门，上下级之间始终保持着一种类似个人关系的理解和默契，这种默契也存在于政府与其所服务的对象之间。默契的存在可以使得各方的行动受到信用的约束，行动的时候各方自愿地根据默契的共识来自我调整，从而省却了许多官方程式的繁文缛节。在宗教事务管理的领域，情形也是如此。政府常常需要把他们的意图传达给民间具有决策影响力的人，而民间社团的领导人也常常需要领悟政府的思路和意图，以便把握大环境的风向，调整社团的行动。政府与社团之间需要一种沟通的渠道和机制，而宗教事务局恰恰是一个很好的促进沟通与协调的机制。宗教局的官员常常参加宗教团体的各种活动，也经常邀请各宗教团体的领袖来沟通与座谈，了解宗教团体的需要。这种长年的双向沟通机制的存在很能适应中国环境下协调政府与教团双方关系的需要。海外对中国宗教管理另一个一直存在的误解之一是认为宗教局是教团领导人的领导，是宗教团体的上级。其实很多时候教团的领导人通过人大、政协的渠道可能做到比宗教局局长还要高的位置，从而成为部委的“首长”，如基督教领导人丁光训、天主教的傅铁山就是例子。“领导”的讲法并不确切。从中方自己一贯使用的“协调”一词来理解宗教局与宗教团体的关系应当比海外认为的“领导”更加恰当。

最后，宗教局还承担着执行法律的职能，包括对宗教团体和活动场所进行登记，以及对违反法律的活动进行取缔。宗教行政管理部门登记宗教团体和场所的权利在新近颁布的《宗教事务条例》中得到了进一步的明确。与海外很多人所认为的情形相反，执法并非宗教事务管理部门的传统职能，而是随着近年来包括宗教场所登记在内的各项法规逐步完善而逐渐发展起来的一项新职能。执行法律是一项艰巨的工作，尤其是随着中国立法进程的加强与行政诉讼制度的完善，政府的行政行为越来越可能受到司法权力的监督，任何政府违反或错误解释法律将带来直接的经济后果。这不但对政府执法能力的加强是一种敦促，同时对于国家宗教局和地方各级宗教管理部门来说，实际上也是一项行政能力的挑战。

今天中国的宗教行政部门要成功地履行以上谈到的各项政府职能，专业化是必经之路。几年来宗教行政管理部门的发展及宗教行政人员水平有所提高也表明中国的宗教行政管理正逐渐走向专业化的道路。与过去国务院宗教局的人员配置比较，今日国家宗教局的各部门主要领导和业务干部，基本上都拥有相关专业的大学以上学历，一半以上拥有硕士、博士学位，或者正在进修研究生课程。国家宗教局新招收公务员要求候选人具有研究生以上学历。最近《宗教事务条例》的颁布，也表明对宗教事务的管理正在走向依法行政的方向。我们CLE不久前还就这个题目，专门组织了讨论。在此我不再赘述。

由CLE援建的黄山教牧同工退修写作楼

宗教事务管理部门或许可以从西方一门叫做“公共政策”的新兴学科受到启发。这门学科专门讨论政府的功能和效率，力图指导政府制定最大化地增进社会效益的政策目标与政策方案，以及讨论如何确保政策方案得到正确地实施，如何评估政策方案的实施以及从实施中获得的资料去改进方案。中国政府近几年对这门学科也越来越重视，并且不断地派人到国外学习公共政策。可以预见这一趋势将产生积极的效果，即中国政府的施政将因为“公共政策”理念的引入日益走上专业、科学与高效的轨道。从宗教行政管理部门的角度来说，主要的职责范围是宗教政策的执行。我想在这里借用美国公共政策大师马兹马尼(Dan Mazmanian)与撒巴提亚 (Paul Sabatier)的一张图表，以此帮助我的讨论：

公共政策执行的变量图表

问题的易处理性：

1.技术难题

2.目标群体行为的多样性

3.目标群体占全民的比例

4.对目标群体所期望的行为改变幅度

对政策执行进行规范的能力：

1. 清楚并系统化的目标
2. 充分表明因果关联的理论基础
3. 财政资源的分配
4. 执行机构内部及不同机构之间的权力系统化整合。
5. 执行机构的决策规则。
6. 工作人员的选择。
7. 外来人员可否通过正式途径参与行政

非法定的影响政策执行的变量：

1. 社会经济环境与科技水平。
2. 公众的支持。
3. 选民团体的态度和资源。
4. 最高行政领导层的支持。
5. 执行政策的官员对政策的忠诚度和行政能力

执行过程的五个阶段

1.执行机构的措施的顺从　2.目标群体对现实影响力

3.行政行为的行政措施果效　4.公众所看到的行政措施果效

5.法律的重大修订

借用这张图表是想说明,对宗教事务管理如同其他政策的落实一样,是一项社会化的工作,受到目标群体、行政机构、行政机构所处的政府环境、政府所处的外部环境等诸多因素的牵制。实施一项政策,其意图是改变目标群体的行为,以期通过目标群体行为的改变制造正面的社会效应。政策之执行归根到底落实到五个阶段。首先是为政策目标而制定的各项措施为目标群体所认同和遵守。由于政策的最终目标是实现预期的正面社会效应，因此需要考察目标群体的社会影响力以了解政策措施能否达到预期效应。对政府行政行为是否达到预期目标的评估构成政策执行的第三个阶段。第四阶段讨论的是被看到的行政措施的效果。许多时候,影响上层决策的并非是政策所达到的实际效果,而是在被看到的政策执行的效果。在政府对选民直接负责的传统民主西方社会中,至关重要的是公众眼中的政策执行效果。而在决策权相对集中的东方政治文化氛围中,至关重要的因素是长官眼中的政策执行效果。可见的政策执行效果往往是影响政府政策调整的关键。这种政策执行效果大多数情况下是依据实际的政策执行效果,但是其反映实际效果可能有这样那样的偏差。第五阶段是法律的修订。由于决策者所了解的是可见的政策执行效果,所以当规范性的规则,如法律等需要修改的时候,真正起作用的也是可见的政策执行效果,而非实际的效果。

用在宗教政策的执行上,如果说宗教政策的目标是使宗教有益于当前与今后中国社会的集体公共福利，渠道是宗教团体和信徒负责任的自觉自律行为，那宗教管理部门的职能则很大程度上在于通过保护、协调、鼓励、管理等多重手段,促使宗教社团做出符合其传统教义、增进社会福利的行为。宗教团体应被鼓励充分地发挥其社会影响力,以保证其从积极的方面影响社会,达到增进社会大福利的效应。而宗教政策的执行所产生的实际效果,以及其投射在决策者意识中而形成的可见效果,将影响国家的决策者对宗教政策的调整,从而进一步影响宗教团体在社会中活动的空间和运作的方式。明确宗教事务管理的公共政策目标,其明显的好处之一是确认当前中国的宗教事务管理是以实现政府的服务功能为出发点和目标,而衡量宗教事务管理的准绳是施政的效率。具有中国特色的宗教行政管理体制因此可以在公民社会的理念和环境下继续发挥其优越性。

当然,成功地实施符合公民社会要求的宗教事务管理需要考虑多方面的因素,需要各个方面的配合。在中国当前形势下,宗教管理更处在一个转型期,需要长期的社会统筹给予协助。

首先,宗教事务管理的目标群体具有多样性。这里的目标群体并不单单是已经登记的宗教组织,还包括家庭宗教活动。宗教政策设计的对象十分多元化。对于占相当比例的家庭活动的教徒来说,从“地下”到“地上”是一个很大的行为模式的转变,其行动方式、领导方式、决策方式、财务管理方式、监督机制都会产生根本性的变化。另外,还需要考虑非主流宗教。对于各种各样非主流宗教、准宗教,甚至邪教的活动,国家宗教局已经设立了“业务四司”来处理五大宗教以外的民间宗教问题。这表明中国政府已经认识到宗教工作目标群体的复杂性,并且做了行政机构的相对调整来应对。

其次,宗教的社会管理涉及国安、公安、司法、宗教、民政、外交等各个部门。各个部门的权限与协调恐怕是以后宗教立法的重点之一。需要理清各个部门之间的关系,明确行政职能划分。尤其需要明确的行政管理措施和强制执法措施执行部门与程序,涉及行政调查、行政执法、司法调查、司法起诉等程序。在美国的做法是:一般政府不干预教义问题。然而一旦出现违法现象,如人身控制,税务欺诈,贩运毒品、财务欺诈等等,即由司法部、国税局等相应部门进行调查,甚至起诉。如此对宗教团体的法律行动一般不被认为是对宗教行为的干预,而属于一般社会执法行为。在中国,宗教活动与宗教组织涉及多个行政领域。分清对这些方面进行管理的部门及其程序是重要的。

最后,加强宗教团体自律的能力也是构成宗教政策执行的关键。其中特别要紧的是注重领袖的培养,以促进宗教团体内部的积极变革。本地宗教领袖的影响力和素质极其重要。东方社会毕竟是靠人格力量与人心凝聚产生影响力的社会结构模式。进行心理与人格建设,培养得力的领袖的途径很多。从行政方面入手是要铲除“奴性”产生的温床,改革管理体制,由“管”向“服务”转变,鼓励教会领袖的责任意识和人格独立意识;从培训方面入手是加强心理人格方面的训练,应当从神学院就抓起,同时设立配套的服务设施,如心理辅导等等;而若从教牧方面入手则是鼓励个性化牧养模式的尝试和发挥,给予教牧同工,尤其是年轻人探索和发挥的空间,从潜力的发展方面发展培养他们的自信,帮助他们在工作中学习领袖艺术和建立人格。另外,宗教行政管理部门的协调与沟通职能在教团自律方面,也许还可以进一步加强。

总之,对宗教事务管理实现专业化,这适应了新时期社会化的宗教管理的需要。宗教政策直接的目标群体是信仰宗教的群众与宗教团体,目的是促进宗教活动的全面正常化,发挥其积极的社会效益。而其潜在的受益面是全社会,同时也是全球的宗教团体。意识到宗教工作的影响面无疑可以指导日常的政策执行,扩展执行政策过程中的思路,扩大视野,促成积极的果效。

三、当前宗教对国际交往的推动及宗教领域内的国际交往

宗教具有国际性的特征,而且在国际舞台上的地位日益重要。全世界60多亿人口,三分之二以上信奉宗教。基督教、天主教和伊斯兰教信众在近年来都在持续增长,其原因部分归因于传统信教国家人口的自然增长,如中东、拉美的人口增长,然而还有一个重要的原因是宗教的宣教活动比较活跃,主要是基督教和伊斯兰教。除此之外,佛教近年来在北美和西欧赢得了不少发展的空间,尤其是在上层和知识界受到欢迎,只是西方的学佛者多倾慕佛教的哲学与修身法,学佛但不一定把佛法当成宗教,因此学佛者虽然多,但严格意义上的佛教徒较难统计。

宗教打破原来文化与地域的局限已经是一个很普遍的现象。佛教在西方的成功,伊斯兰教在西方的壮大,基督教和天主教在韩国以及非洲的发展都是明显的例子。造成这种现象的原因有好几个。其一是移民及日益频繁便捷的国际往来。譬如,阿拉伯移民在美国密西根建立了自己的聚居地以后,伊斯兰教在当地形成了势力。类似的情况也发生在法国、英国等传统基督教国家。又如,大量华裔居民定居洛杉矶,吸引台湾佛光山在洛杉矶置地修庙,以至洛杉矶附近的西来寺成为规模恢宏的北美佛教第一大寺院,建制规模堪与一些国内名刹媲美。其二归因于宗派教团的宣教活动。这方面以基督教、天主教与伊斯兰教尤为活跃。基督教信仰以"圣道"和日常道德实践为核心,不太受到场地仪式的限制,且普世宣教是基督教的传统核心教义之一,因此基督教传教活动尤其活跃,传播尤其迅速。许多堂会直接间接地参与宣教活动,如直接派遣宣教士,或以祷告或捐助的方式支持宣教士等。基督教的传教活动并不局限在一定的地域,在全世界都有展开,尤其以拉美和非洲极为成功。近年来,越来越多的基督教传教士对伊斯兰

世界表现出极大的兴趣。其三，后现代的西方对灵性事务的兴趣，也是促成宗教继续发展和壮大的因素。进入后现代的西方正在摒弃启蒙运动以后由实证理性主义主导的一元价值观，对异域文化的宽容与神秘事物的兴趣正在新一代受过高等教育的西方人中间发展。这对于宗教，尤其是非西方宗教的发展都无疑是温床。

在中国，一旦谈起宗教的跨国影响，难免会涉及"渗透"的话题。"渗透"其实是一个政治，而非宗教概念，其核心的忧虑是西方宗教被利用作为从政治上影响中国，甚至颠覆中国政府的工具。由于对"渗透"的顾忌，以及基督教和天主教在历史上曾被帝国主义利用来侵略中国的历史，中国政府对海外的宗教机构多持怀疑态度。可以说，对于那些对中国事工有兴趣而与中方正面接触的西方基督教机构，中方基本上是以礼款待，但在具体工作方面不希望他们加入。而与此同时，许多机构并没有和中方打招呼，却已经在中国进行活动，有的甚至已经历时十多年，成就了一定的规模。对这些已经成为既定事实的中国事工，中方往往只能听之任之。

我并不代表所有的海外机构，无法为海外的中国事工背书，解释我们的意图和心态。更不能替美国政府解说有否计划通过基督教机构从事一些对中国不利的活动。但是就美国而言，从事中国事工的基督教机构是一个不太大的圈子，彼此之间都有一定的了解。凭我二十几年来对北美基督教中国事工圈的认识，我可以说这圈里的人九成以上对中国都抱有良好的愿望。我还认识一些在美国政府内工作的基督徒，他们对中国的政府和教会也是存着祝福的心态，希望看到中国政局的稳定与宗教信仰自由得到保障。

可惜的是，海外媒体和基督教机构报道中国宗教消息却常常比较负面。之所以有这种态度，有历史的原因，也有文化心理上的隔阂。具体地说，有三个方面的因素需要考虑。

首先是中国执政党的无神论官方立场。西方宗教界人士对中国的成见，很大程度上与中国官方申明的无神论世界观有关系。尽管中国已经一再表示官方不干涉公民的有神论信仰，也不太可能动用官方的宣传机器在党外大肆宣传无神论，但是海外人士仍旧认为只要中国政府依然以无神论作为意识形态指导，则从根本和长远上不可能认同宗教，一旦有机会，还是会对宗教进行压制和迫害。中国官方取缔"法轮功"的行动,已经被西方媒体渲染成以无神论镇压有神论的新一轮"宗教迫害",从而再度引起对中国宗教政策的猜测和批评。

其次,"文革"时期宗教所受到的冲击和迫害尚留在西方人的印象当中,甚至时至今日依然是西方影视媒体的故事片素材。早年新中国成立之初至朝鲜战争时期,中国就驱逐了一批西方传教士。这些传教士回到西方以后,把自己的经历结合当时中国政府镇压反革命运动,对西方宣讲,造成了相当广泛的舆论效应,在当时西方人的脑海中留下了共产党迫害宗教,杀人如麻的狰狞面目。"文革"时期,宗教在中国受到冲击,"文革"后一批在"文革"时期受到过迫害的基督教人士出走海外,有的将自己的遭遇在海外著述出版,有些已经成为西方基督教广有知名度的经典之作,如郑念女士的《上海生死劫》等。这可以算作海外了解中国宗教迫害的第二波。近些年来,中国政府展开了打击邪教的行动。一些被定为"邪教"派别的成员来到西方,以举办报纸、网站等方式再次对"宗教迫害"作了大肆渲染,尤其是把当前打击邪教的行动与历史上驱逐传教士、镇压反革命,以及"文革"等事件相提并论,辅之以游说、游行、公众表演"酷刑"等行动,再次把中国迫害宗教的概念灌输给西方听众。

1998 年应 CLE 邀请中国国家宗教局杨同祥副局长和孙锡培牧师访问美国华盛顿,拜访全美福音派协会副总裁 Richard Cizik。

其三,海外华人教会对中国的态度,也是影响美国主流对中国宗教自由观点的一个重要原因。总体来说,除却近二十多年来从大陆来到美国定居的新移民,老几波的海外华人,尤其是早年曾在大陆生活过,后来离开了大陆的那一批人,情感上都倾向于国民党台湾,包括我本人在内亦是如此。这种"铁幕情节"影响到华人教会的使命意识。不少老一辈的海外华人甚至直到今天还是认为只有共产党跨了台,中国的福音事工才有出路。好在随着大陆的开放,以及年轻几辈的台湾同海外华人对大陆政府的往来增加,这种对大陆的传统芥蒂正在渐消。

海外华人教会一直是影响美国政府与媒体态度的一个重要因素。国外基督教很多,甚至可以说大多数关于中国的信息,均来自华人的资料源。由此可以明显地看出,华人教会对中国政府由来已久的成见如何在很大程度上影响美政府及媒体所收到的信息。这些信息进入了媒体或者国会以后,往往根据使用者的需要被剪裁以适于各种用途,而中国宗教状况的消息往往被炒作了起来。

可喜的是,近年来改变局面的势头越来越明显。首先是就国际的大局势来说,中国的长期稳定和繁荣是包括美国在内的绝大多数国家利益的所在。虽然中美之间存在着一些利益冲突,但更多的是彼此的需要,尤其是现今美国与伊斯兰世界的关系已经陷入僵局,在朝核谈判等问题上也需要中国的配合,且美国经济与中、日为主导的亚洲经济板块的表现息息相关。在今后可见的相当长的一段时间里,美中关系应以合作为主,虽然不排除局部摩擦的出现。另外,海外,包括很多海外华人也已经看清楚了,共产党在中国执政是不能改变的既定事实。如果还是坚持与共产党的关系是“你死我活”,那就很难举办成功的中国事工。

面对海外这种客观存在的需要,改变海外机构的思路,现在是很好的时机。在美国从事中国事工的基督教机构,可大致分为三个层次。第一层次的机构有二十个左右的研究机构,是美国政府关于中国宗教自由信息的主要来源渠道。这些机构对中国的态度和立场基本已经定调,要改变它们是比较困难的。第二层次的机构估计大约在200-300个之间,机构的主要工作就是中国事工。这些机构比较专业;因为渠道的缘故,大部分都以地下的方式在中国工作。第三层次的机构则是那些不是专门关注中国,但不时对中国事工有兴趣的机构。这一层次的机构很难计算,但应有几千家。

有关民间的来往,可重点针对第二层次的两百到三百个机构,给予引导。最有效的做法就是提供信息,尤其是西方所报道的宗教迫害事件,中方给予回应,提供可靠的信息。譬如前段时间海外对华南教会龚胜亮的被捕作了大幅的报道,此事曾一度被作为重大的宗教迫害事件。后来中方提供了一些照片和资料,从而帮助了解了事件的真相,也最后改变了西方社会对这事件的结论。

另一个做法是从行动上引导海外事工机构,鼓励它们通过合法的渠道参与中国事工。需要说明的是,海外人士和机构,包括已经吸纳了北美文化的华人机构,都是从“行动”的角度来给自己定位的。可以说,北美基本上没有只宣传而不行动的机构,否则筹款马上会出现问题,很快就生存不下去。因此只要是中国开放政策不变,就没有办法阻止海外机构行动。要防止“渗透”的现象出现,不是禁止海外机构的行动,而是引导这些机构,让他们在可见与合法的范围内行动。

美国有个机构叫 Better Business Bureau,它通过设立“优良企业”与“问题企业”名单的做法,将企业的信誉公之于众,以帮助消费者选择信誉良好的企业,同时帮助企业改善自身的诚信度。其实中方可以参照这种做法,弄一个名单,把那些遵纪守法,用意良善的外方机构的资料公布出来,如此中方单位可以一目了然哪些机构可以放心地合作做事,也给外方机构一个敦促和鼓励,让他们知道倘若以公开和道德的方式对待中国事工,中方还是欢迎同他们合作的。

回到关于“渗透”的问题。反对渗透主要是防止宗教被用来达到政治的意图,至于像西方宗教影响东方,东方宗教风靡西方等文化现象,不应该是“反渗透”所要打击的对象。如上文所言,当今世界宗教的发展,以及原单一文化地区宗教向多元化发展,都是后现代和全球化环境下的大趋势,不需要人为阻止。另外,反渗透最有效的做法应该是打开公开合作的渠道。我们 CLE 和 ESEC 在中国做过不少事,深知只要抱诚实的态度,建立相互的信任,在中国开展事工完全是可行的。但对于很多没有与中国政府打过交道的海外机构来说,若能有经合法渠道在中国参与事工的例子,自然会在海外基督教事工圈内产生影响力,因为在公开路线可行的情形下,走地下路线就没有意义了。怕的是走公开路线什么都不被允许做,但走地下路线却实际上什么都可以做,就像美国有一些机构宣传在中国做了多少多少事,而且还给人感觉是冒着很大的危险做的。虽然很多时候这些机构实际所做的事并没有多少,但是一旦冠以“地下”,就具有很强的宣传效力。其实,如果正式渠道打开了,不正常的现象自然会减少。旧做法的误区是:在公开场合下讨论交流与合作的时候顾虑重重,阻碍层层,以至于很多海外宗教机构和宗教人士反映:与中国教会谈合作和发展十分困难。但是同时,走地下渠道的海外机构在那里大行其事,办地下培训,甚至地下神学院都很顺利,还在北美大作宣传,获得更多的资金。“对送上门来的拼命管,对管不到的也就不管”这样的

2005 年的第十一届华人福音事工分享会在青岛举行,主题是自闭症儿童康复。

思路,是导致“走后门比走前门容易许多”现象的主因,使得有些原本想走合法渠道的,最后也“领悟了诀窍”,转而走了“地下”路线。

结 论

中国的国际威望日益提高,且将来会越发成为世人瞩目的焦点。中国宗教工作的开展也因此越来越引起国际关注。作为一名海外华人基督徒,我殷切希望中国的宗教事务发展能够跟上时代的脉动,更愿在中国的宗教事务发展中尽一些微薄之力。

[**编者按**] 中国于2004年颁发的《宗教事务条例》标志着中国第一部宗教管理行政法规的出台。海外对此众说纷纭,批评的声音曾一度占了上风。大概在海外许多人的眼里,中国政府出台什么《条例》总不是一件好的事情,其结果是又有更多的东西将被管制。CLE于2005年3月在美国组织了一次研讨活动,目的是探讨新的《宗教事务条例》的新意及其对教会事工的影响。相关文章都发表在www.christianityinchina.org的网站上,其中正、反两方面的观点都有。这些文章中,尤其以加州大学洛杉矶分校中国研究中心汤维强主任的文章最具代表性。汤主任对历次中国关于宗教的行政法规、地方性法规与政策文件作了系统地总结,指出《条例》扩展了中国宗教团体和宗教场所被允许从事的活动的范围,实际上为宗教行政管理执法提供了一个比以往更系统却更宽松的框架。汤主任的文章引起了包括美国政府在内的各方的重视,他的观点已经为美国政府的外交决策层所考虑。

中国政教关系的新框架

——谈2005年3月生效的《宗教事务条例》

汤维强

I. 引言

《宗教事务条例》由中国国务院于2004年11月30日颁布,2005年3月1日生效。这是改革开放以来中国中央政府颁布的第一部综合性宗教管理法规。在此之前,国务院曾在1994年颁布过三套法规,但这三套法规针对的都是宗教事务管理领域里的一些具体问题,即外国人在中国参加宗教活动、宗教活动场所的管理，以及对宗教场所实施登记的程序[1]。此外，中国也曾在1982、1985和1991年制定过全国性政策性文件以处理宗教事务管理某些方面的问题。但是前两套是中共的党内文件[2]，对象是中共党员。1991年的文件是由中共中央和国务院联合发布的[3]，系指导政府决策的内部政策性文件，而没有通过大众传媒向全国公众传播。自1994至2003年间，有几个省份颁布了宗教事务管理的综合性条例。但是它们仅仅是作为地方性法规而存在，其管辖的范围极其有限[4]。

宗教事务管理的综合性法规

作为改革开放以后的第一部综合性宗教事务管理的法规，《宗教事务条例》虽非由全国人大正式颁布的正式法律，但是依然享有其为行政法规的权威性和约束力。如表一所示，《条例》的七大部分涵盖了中国宗教事务管理的所有重要方面：总则(第1–5条)、宗教团体(第6–11条)、宗教活动场所(第12–26条)、宗教教职人员(第27–29条)、宗教财产(第30–37条)、法律责任(第38–46条)、附则(第47–48条)。《条例》与采用了原有地方性条例几乎相同的组织结构，和几乎完全一样的标题与顺序。但是有一个明显的不同是，原来地方性法规当中常见，以及1994年国务院令中也涵盖的“海外联系”与“宗教活动”两章，在《条例》里没有作为章节出现。其中的原因有可能是因为中国政府对宗教界的海外交流的政策有所改变，同时对登记场所以外进行的宗教活动是否一定属非法立场也有所松动。

---

① 《中华人民共和国境内外国人宗教活动管理规定》(1994年1月31日国务院第144号令发布)；《宗教活动场所管理条例》(1994年1月31日国务院第145号令发布)；《宗教场所登记办法》(1994年4月13日国务院宗教事务局发布)。以上文件的非官方英文译本见 *Chinese Law and Government* (March–April, 2000), pp. 64–70.

② 《关于我国社会主义时期宗教问题的基本观点和基本政策》(1982年3月)；《中共中央办公厅调查组关于落实党的宗教政策及有关问题的调查报告》(1985年12月10日)。英文译本见 *Chinese Law and Government* (March–April, 2000), pp. 17–45.

③ 《中共中央、国务院关于进一步做好宗教工作若干问题的通知》(1991年2月5日)。英文译本见 *Chinese Law and Government* (March–April, 2000), pp. 56–63.

④ 上海(1996年3月1日)、辽宁(1998年11月11日)、广东(2000年6月30日)、江苏(2002年6月1日)，以及北京(2000年6月30日)的地方宗教管理法规的非官方英文译本见 *Chinese Law and Government* (May–June, 2003), pp. 49–80。

里程碑式的文献

《条例》的重要性并不仅仅在于它是毛泽东时代以后中国政府就宗教事务的管理所颁布的第一部综合性法规。它的重要性还体现在它长久的立法过程，广泛而深入的咨议程序，以及政府就这部法规对干部进行培训普及的力度。它作为一部主要的政府文献显示了政府宗教事务管理政策的重大变更。

《条例》的立法筹备工作始于 1999 年[①]，其正式起草于 2000 年在国务院的主持下开始[②]。《条例》的讨论稿于翌年完成，于 2001 年全国宗教工作会上被提交讨论。在采纳了全国宗教工作者的建议对文件进行了修改以后，《条例》草案被提交国务院法制办公室审查。草案历经三波咨议，于 2004 年 7 月 7 日通过了最后审查，并经由国务院总理温家宝签署，于 2004 年 11 月 30 日正式颁布，2005 年 3 月 1 日正式生效[③]。

在条例制订审查的过程中，起草者参考了其他国家和地区的类似立法，征询了政府内外有关宗教政策制定与执行的组织与个人。在条例的最初调研和准备阶段，国务院召集了几次研讨会以向中央和地方的统战部门以及宗教管理部门、宗教团体和学术界征求意见。在国务院审阅草案的阶段，也向省级政府、中共中央，以及国家的政府部门征求正式的意见。起草者还同全国宗教团体的领袖、宗教、法律和人权领域的专家展开了专门的讨论。起草者还专门走访了一些省份的宗教事务官员、宗教团体领袖、宗教界人士和信徒[④]。在《条例》起早的过程中，政府向各方征询意见的广泛程度和细致程度是中国宗教管理立法史上前所未有的。政府在《条例》上所下的功夫并未止于文件的起草。政府在 2005 年的 1 月和 2 月开展了全国范围内的宣传普及活动。在普及活动的肇始阶段，中共中央组织部、统战部、国家宗教事务局、国家行政学院以及国务院法律事务办公室于 1 月底在北京联合举办了特别研讨班。为了强调这次研讨活动的重要，与会者受到了

---

① 《法制日报》，2004 年 12 月 20 日。
② 《宗教事务条例》，宗教文化出版社，2005，第 55 页。
③ *Ibid.*, pp. 55–56.
④ *op. cit.*

以贾庆林(中共中央政治局常委、中国全国政协主席)为首的党和国家领导级人物的接见[1]。在北京以外的地方性研讨班起码有5个,组织单位是统战部、国家宗教局和国务院法制办公室。其中第一个培训班举办的地区是广州,第五个是在西安,两个研讨班各为期三天,每个有超过400人参加。与会者聆听国家宗教事务局的官员所作的报告,并且参与讨论[2]。另外根据中国媒体的报道,中国各地举办的省级宗教和统战干部研讨班的地区有:四川、江苏、云南、山西、海南、江西和青海[3]。来自江苏的消息说江苏全省各市以及106个县的民族和宗教干部参加了为期两天的研讨活动[4]。四川的研讨班则有6市的120名官员参加。四川的这次研讨班是一个全省培训计划的组成部分，该计划拟对全省各市和地区一级的所有统战和宗教事务官员提供《法规》培训[5]。直辖市北京和上海,及广州、成都、青岛和梅州召开了这样的研讨班[6]。广州的研讨班有400名以上市级和县级的统战和宗教干部参加[7]。

II. 政教关系的新架构

《条例》的重要性在于它创制了处理政教关系的新架构,其方向是依法管理宗教事务。它着力于改变现存的以行政许可权为手段的微观管理体系,转向通过

---

① 新华社,北京,2005年1月26日。

② 广州的研讨班是这一系列研讨班当中的第一个,参与者来自江苏、江西、浙江、安徽、福建和广东,时间为1月12–14日。见《中山日报》2005年1月14日报到。第五个大区性的研讨班是在西安举行的,时间是1月29–31日,参加者是市级以上的统战部及宗教、民族事务管理部门。见《西安日报》2005年1月30日。

③ 《四川日报》2005年2月23日;《云南日报》2005年2月16日;新华社西宁,2004年12月22日;《江西日报》2005年2月23日;《海南日报》2005年2月26日。网站资料:http://www/jiangsu.gov.cn,2005年2月26日搜索。

④ 网站资料:http://www/jiangsu.gov.cn,2005年2月28日查阅。

⑤ 《四川日报》2005年2月23日。

⑥ 《北京日报》2005年2月2日;《文汇报》2005年2月5日;青岛人文网2005年2月4日;成都日报2005年2月22日;网站资料:http://mzzj.meizhou.gov.cn,2005年2月28日查阅。

⑦ 网站资料:http://www.News.fjnet.com,2005年2月28日查阅。

立法、后续性监督和监察为手段的法规性管理体系。它赋予宗教机构更大的自治权,同时限制政府机构的权力。

一、依法管理

新的《条例》在几个相当重要的方面体现出政府正在走向依法管理宗教事务。新的《条例》规定了就宗教事务管理作出行政决定的清晰标准,将这些标准置于现有中国法律的框架之内,并且规定在对政府行政行为有异议的情况之下可以通过行政复议和司法程序寻求救济。这些措施使得《条例》比原有的大多数中央和地方性宗教管理文件往前进了一步。

浙江宗教事务访问团于2006年访问美国,在洛杉矶接受当地教牧同工的热烈欢迎。

1.透明度及非武断的标准

《条例》设置了一套行政标准来规范和指导政府对以下宗教活动的管理:宗教团体的登记与解散的程序;宗教教职人员的认定;宗教活动场所设立和撤销(第14条、41条);宗教教育机构的设立(第9条)和宗教出版物内容的核准(第7条)。规范行政行为的手段是通过可操作的具体标准。譬如,第9条规定:要申请设立宗教院校(神学院等),宗教团体必须证明其拥有:(1)明确的培养目标、办学章程和课程设置计划;(2)符合培养条件的生源;(3)必要的办学资金以及稳定的经费来源;(4)办学的场地和设备;(5)专职的负责人、合格的专职教师和内部管理组织;(6)合理布局。另外,要设立一个新的宗教活动场所,宗教团体必须证明:(1)当地宗教人口有举行集体宗教活动的经常性需要;(2)有主持宗教活动的专职人员;(3)有足够的资金;(4)合宜的选址,不会影响周围单位和居民的生产和生活;(5)与第3条(遵守国家的宪法、法律和法规)以及第4条(宗教团体独立自主)没有冲突。

2.与中国现有法律接轨

《条例》将中国宗教事务的管理置于中国现有法律的框架之内,特别是宗教团体的设立、变更和撤销将按照《社会团体登记条例》处理。宗教团体的章程也必须符合相应的国家法律的规定(第6条)。宗教出版物的出版程序及其内容的限制也将比照对非宗教出版物的管理,按照《出版管理条例》来处置(第7条)。大型宗教活动将按照《中华人民共和国集会、游行和示威法》管理(第10条)。

《条例》还规定了宗教团体的内部管理须遵照现有国家有关人事、财务、会计、公安、消防、文物保护、卫生防疫的法律和法规。宗教团体还必须接受地方劳动、税务、公共卫生以及其他政府部门的监督和管理(第18条)。

3.有关行政复议和诉讼的规定

为了减少政府部门武断行政的现象,《条例》包含了行政复议和行政诉讼的规定。《条例》第46条规定可以针对宗教事务管理局的行政决定提出复议请求。《条例》对复议请求人的资格,请求复议的行政决定的种类,提起复议的时限没有限制性规定。具体规范行政复议的法律是《行政复议法》。《条例》第46条还规定:有关方面有权不接受行政复议的结果,进而将宗教事务局告上法庭,通过《行政诉讼法》对行政决定进行申诉。《行政诉讼法》规定了行政诉讼的条件、程序,以及法院处理行政诉讼的司法职权。

二、新的法规机制

《条例》体现了中国政教关系的根本性变化。如同经济领域内的改革导致国务院的许多经济管理机构下放了某些行政权力一样,《条例》透视出:宗教事务局的职能正在从微观管理向宏观管理转型。在经济的领域内,转型的发生伴随着企业管理和规范的三重转变:首先,行政管理部门不再负责日常生产、供应、分销、人事、财务,以及原料分配的管理。其次,对企业的管理转而依赖管理商务、就业、生产安全、融资、税务的经济法律。最后,为了促进政府在管理经济活动中的理性决策,建立了一套许可证制度,以规范政府的行政决定。

1.取消政府批准的要求

在《条例》条文也显示出以上所提到的三个走向,即通过总体性的法律规定与细化的监督规则,政府的管理方式由行政许可型的微观管理模式向新型的法规管理模式转化。首先,需要宗教管理部门批准的宗教活动之数量和种类大大减少了。如表二所列,新的《条例》不再要求就以下的宗教活动取得宗教管理局的事先批准:1)在登记宗教活动场所以外举行的宗教活动;2)在这些宗教活动场所举办的宗教训练;3)宗教活动场所的新建和翻修;4)宗教出版物、艺术品和电子载体的制作、销售、发行和仓储;5)宗教活动场所教职人员的人数以及负责人。同时,《条例》没有要求地方宗教局就涉外宗教活动给予批准。此前,这些领域都是国家和地方的宗教管理部门严格掌控的。这些涉外活动包括中外之间的双向交流,涵盖:1)海外人士访问,以及接受出访的邀请;2)参加和主持宗教活动;3)培训,以及接受宗教教育。

2.新的管理要求

新的法规规定了新型的管理措施,以此取代了旧有的,通过地方宗教干部的行政决定来实现的微观管理模式。按照依次递增的管理程度排列,这些措施包括:1)报告事项:在宗教活动场所内发生的重大事故(第23条),以及宗教活动场所的收支情况,使用捐赠情况(第36条)。2)备案事项:经宗教团体认定的宗教教职人员(第27条)、宗教活动场所管理组织的成员(第17条)、宗教活动场所主要教职人员的赴任与离任(第28条)。3)登记事项:宗教团体的成立、变更和注销(第6条);教产的所有权和土地的使用权(第27条)。4)申请批准事项:设立宗教院校(第8条);宗教场所的设立、建筑、改建(第13,25条);大规模宗教活动(第22条)。地方宗教事务部门还有权对宗教活动场所遵守法律、法规、规章的情况,建立和执行场所管理制度情况,登记项目变更情况,以及宗教活动和涉外活动情况进行监督检查(第19条)。除了宗教事务局以外,其他政府职能部门也可以就人员、财务、会计、治安、消防、文物保护、卫生防疫等事项对宗教活动场所实施指导、监督和监察(第18条)。

三、走向宗教事务的自治及政府权力约束

《条例》的新概念之一是承认宗教组织的自治权利,其拥有与管理自有财产的权利,以及政府与宗教意识形态的分离。同时,它规范了国家和地方政府管理宗教事务的权限,使政府对宗教事务的管理受制于新近颁布的法律和法规,防止行政机关滥用权力。

1.宗教团体自治权力的增加

原有的地方性条例规定宗教团体、场所、或者宗教教育机构必须坚持爱国主

义、社会主义和中国共产党的领导(四川 1993 年,河北 1993 年,宁夏 1994 年,重庆 1994 年,吉林 1998 年)。一些地方的宗教管理法规还规定宗教团体必须教育其教职人员和信徒坚持爱国主义与社会主义(上海 1996,广东 2000;江苏 2002)。宁夏(1994 年)还规定宗教教职人员在举行宗教活动的时候必须高举国家主权,抵制非法活动,揭露犯罪行为(第 20,21 条)。这些规定通常出现在中国共产主义青年团、妇女联合会、工会、民主党派、科协、艺术家协会、新闻工作者协会的章程里面。在新的《条例》当中却没有再要求宗教团体和个人公开支持主流的国家意识形态。

对宗教团体自治权利的承认还体现在:《条例》不再要求宗教团体就宗教教职人员资格的认定、注册,以及年检请示地方宗教管理机构的批准(重庆 1993 年,第 4 条)。《条例》规定了在一般情况下,宗教团体有权认定教职人员的资格。例外的情形是:藏传佛教的活佛需要由国家宗教事务局或者省级以上政府批准(第 27 条)。天主教主教的任命需要报国家宗教事务局备案(第 27 条)。同样,《条例》也不再要求申请就读宗教院校的信徒获得宗教事务局的批准(河北 1993 年),或者宗教场所向地方宗教事务局提交年度报告(河南 1997 年,重庆 1994 年)。

1998 年,中国国家宗教事务局杨同祥副局长访问洛杉矶。

宗教团体的自治权还体现在《条例》保护教产的若干规定,这些规定在先前的一些省级地方法规当中也有出现(海南 1997,吉林 1998,河北 2003),但并非全部(如青海 1992,宁夏 1993,云南 1998 的法规就没有提到)。考虑到"文革"期间对寺观教堂的大肆破坏,《条例》规定了对宗教教产的总体性保护。受到保护的不仅限于有形产业(房屋,构筑物,设备),也包括教会收入。《法规》不仅规定了剥夺和没收教产属于非法,还禁止非法关闭与冻结银行账户(第 30 条)。就政府征用土地的问题,《条例》规定:如果为了城市规划和重点工程项目的需要拆迁征用宗教产业,必须事先征得宗教场所所属的主管单位的同意,并且按照市场价格提供补偿(第33条)。另一条款规范宗教产业的使用权。先前,如果有非宗教单位使用宗教活动场地用作非宗教的商业用途,或者拍摄电影或者组织展览会,根据地方性的宗教事务管理条例,使用单位必须获得地方宗教事务局,而非宗教场所或者宗教团体的同意。第25条规定使用单位必须获得宗教活动场所并且县级以上宗教事务管理局的同意方能按计划用途使用宗教场地。

2.规范政府权力

《条例》在更大程度承认宗教团体自治权的同时,还约束了政府机构管理宗教事务的权力。与原来各省颁布的宗教事务条例相比,新的《条例》的标题表征了这种新型的政府与宗教团体关系。早先的法规标题为《宗教事务管理条例》,暗示了政府与宗教之间是上下级的关系,类似于经理与员工,领导与下属,长官与百姓。而新的《条例》明显采用了更具亲和力的标题。尽管政府与宗教之间的现实关系依然可能维持上下级似的秩序,《条例》标题的改变暗示了政府对宗教态度的改变。

比姿态更进一步的是《条例》所规定的一些限制政府权力的措施:1)明确规定了受到法律保护的宗教活动;2)再次肯定了一些为先前的法规所承认的宗教活动;3)提出了一些先前的政策性文件所没有提到的宗教团体的新权利。如表5所示,受到法律保护的宗教活动包括那些按照宗教团体的章程开展的活动(第6条),由宗教教职人员主持的活动,整理宗教经籍,以及宗教文化研究工作(第29条)。先前没有赋予宗教团体的权利包括:1)宗教活动场所自行编辑和印刷内部发行物(21条);2)宗教团体与宗教场所接受海外组织或者个人的捐赠(35条);3)大型露天宗教造像(24条)。表5还列出了一些先前为政府所承认,现由《条例》确认的权利。此外,还有一些是先前需要宗教局批准,而今不再需要批准的权利。相对于"报批",事后通知及备案的要求显然对宗教组织的自主权涉入程度要小很多。这明显削减了国家和地方政府机关管理宗教事务的权力。

从更加广阔的方面说,《条例》吸收了全国人大今年来通过的旨在改进政府行政的四套法律。2003年的《行政许可法》减少了需要政府机关批准的社会与经济活动的数量,将政府掌控转变为社会单位自律,变事先管理为事后管理,以及通过明确发放许可证的标准及作出行政决定的时间来防止行政滥权。《行政复议法》因为行政决定而使得生计和福利受到影响的个人与团体可以有第二次申诉的机会。《行政诉讼法》赋予公民及团体就政府的错误行政行为起诉政府官员及机构的权利。《行政处罚法》规定了政府官员在何种情况下会因为滥用职权或者玩忽职守而受到处罚。

从本质上说，这四套法律重新定义了政府与国家，公民与市民社会之间的关系。它们也约束了政府机关的权利，同时保护了公民与私营板块的利益。《条例》包含了以上四套规范行政的国家法律的要件。有关建立宗教院校(第8，第9条)，建立宗教活动场所的手续(第13–15条)，大型宗教活动(第22条)，以及大型宗教造像(第24条)的手续使用行政许可法，该法律规定了申请行政许可的程序，发放行政许可的标准，做出行政决议的时限，目的是防止政府武断行政。如上所示，《条例》还允许就宗教事务的行政管理措施提出行政复议，其程序由《行政复议法》所规定(第46条)。《条例》同时还规定宗教团体与个人可以根据《行政诉讼法》起诉特定的宗教管理部门(第46条)。同时，对政府官员的滥用职权，玩忽职守，徇私舞弊的行为则可以根据《行政处罚法》给予惩治。这四套管理政府行政行为的法律作为一个整体起到了限制政府权力的作用，对于宗教干部亦是如此。

结 论

《宗教事务条例》(2005年3月1日生效) 是中国改革时期宗教政策发展史上的重要里程碑。比起1982，1985，1991和1994年中国所颁布的全国性党和政府的宗教政策文件，《条例》是最具有综合性的一部。《条例》采纳了先前10年里各省级宗教法规中具有改革性的成分，赋予宗教团体与个人更大的自主权。《条例》的制定历时6年，包含了三波向宗教界人士、学者、法律工作者与人权专家征求意见的过程。根据各方的建议，《条例》经过了多次修改，反映了各方的意见。在2005年第一季度，中国在全国范围内展开了《条例》的宣传活动，并组织中央、省、市、县级的统战、宗教与公安干部学习《条例》体现的新政策。《条例》立法过程中的征询范围、立法的历程，以及宣传的广度和深度是中国宗教事务管理史上从未有过的。

从具体内容上说,《条例》首次明文规定宗教团体可以:1)接受海外组织和个人的捐助;2)出版和印刷供内部使用的宗教出版物;并且 3)建造大型的户外宗教造像。处理具体规定上的放宽,取消了先前对许多有关宗教场所、宗教教职人员以及海外联络的教团行为需要实现报宗教局批准的要求,表明《条例》走向一个新的管理框架。这一新的管理框架采用了一套更加软性的要求,仅要求宗教组织和场所通知宗教事务局备案,后者有权监督与检查,而不是就特定的宗教活动批准或行政决定。

《条例》与经济管理与行政改革的趋势合流,引进了更具有透明度的机制,明确规定了政府运用规范手段的标准。正如政府管理经济和规范企业的手法一样,新的宗教事务政策通过现存的管理人事、财务、会计,以及社团登记的有关法律来管理宗教事务。宗教团体需服从现有的社团登记法律、新闻出版法律、游行、集会和示威法律。同时,《法规》规定政府的行为受制于四套约束行政权力的法律:行政复议法、行政诉讼法、行政许可法和行政处罚法,从而约束了政府的权力。

现在要估计《宗教事务条例》的影响力还为时尚早。但是总的方向是清楚的。新的政策性取向是通过法律管理宗教事务,通过事后的监督检查手段,而非事前批准的方式来实现管理,以及赋予宗教团体以更大的机构自主权。在过去的 20 年里,中国的宗教政策落后于经济、对外投资和贸易、科学和技术、教育和娱乐的发展。在上述领域内,中国的操作已经与国际合流。现在尚不清楚是否同样的发展会发生于宗教,但是《条例》所指出的方向无疑是令人鼓舞的。

表一：2005 年国务院《宗教事务条例》与原有地方性法规的比较

2005《宗教事务条例》条目	上海(11/30/95)	北京(7/18/02)	广东(6/30/00)	江苏(2/5/02)	吉林(5/1/98)	河北(7/18/03)	辽宁(11/11/98)
第一章总则(第 1 条－第 5 条)	第 1 条－第 8 条	第 1 条－第 5 条	第 1 条－第 8 条	第 1 条－第 6 条	第 1 条－第 8 条	第 1 条－第 7 条	第 1 条－第 7 条
第二章 宗教团体(第 6 条－第 11 条)	第 9 条－第 14 条	第 6 条－第 12 条	第 9 条－第 12 条	第 7 条，第 9 条－第 12 条	第 9 条－第 14 条	第 8 条－第 12 条	第 8 条－第 12 条
第三章 宗教活动场所(第 12 条－第 26 条)	第 19 条－第 28 条	第 17 条－第 21 条(与第 22－27 条"宗教活动"合并	第 13 条－第 25 条	第 17 条，第 23－25 条	第 19 条－第 30 条	第 17 条－第 26 条	第 13 条－第 21 条
第四章 宗教教职人员(第 27 条－第 29 条)	第 15 条－第 18 条	第 13 条－第 16 条	第 26 条－第 32 条	第 8 条，第 13－15 条	第 15 条－第 18 条	第 13 条－第 16 条	第 22 条－第 26 条
第五章 宗教财产(第 30 条－第 37 条)	第 40 条－第 46 条	第 32 条－第 36 条	第 43 条－第 48 条	第 26 条－第 31 条	第 34 条－第 40 条	第 39 条－第 42 条	第 32 条－第 36 条
第六章 法律责任(第 38 条－第 46 条)	第 54 条－第 59 条	第 43 条－第 49 条	第 63 条－第 68 条	第 38 条－第 43 条	第 47 条－第 56 条	第 50 条－第 57 条	第 42 条－第 48 条
第七章 附则(第 47 条－第 48 条)	第 44 条－第 45 条	第 57 条－第 60 条	第 58 条－第 59 条	第 49 条－第 50 条			

2005《条例》中所没有的章节

海外联络	第 47 条－第 53 条	第 37 条－第 42 条	第 54 条－第 62 条	第 32 条－第 37 条	第 41 条－第 46 条	第 43 条－第 49 条	第 37 条－第 41 条
宗教活动	第 29 条－第 34 条		第 33 条－第 36 条	第 16 条，第 19 条－第 22 条	第 31 条－第 33 条	第 27 条－第 32 条	第 27 条－第 31 条
宗教院校	第 35 条－第 39 条		第 37 条－第 42 条			第 33 条－第 38 条	
宗教出版物		第 28 条－第 31 条	第 49 条－第 53 条				

表二：需要报批的宗教活动

需要报宗教局批准的宗教活动	2005《条例》	地方性法规
I. 与宗教场所相关的事务		
在注册的宗教场所以外开展宗教活动	不需要	需要（海南 1997 年法规，吉林 1998 年法规）
建造或者改建宗教活动场所	不需要	需要（梅州 2004 年法规）
印制宗教出版物与艺术品；制造、销售、分销、存储宗教出版物与电子产品。	不需要	需要（深圳 1999 年法规，河北 2003 年法规，梅州 2004 年法规）
在宗教活动场所举培训班	不需要	需要（宁夏 1994 年法规，吉林 1998 年法规，海南 1997 年法规，河北 2003 年法规，梅州 2004 年法规）
II. 与宗教教职人员有关的宗教事务		
在某一宗教场所服务的宗教教职人员数量	不需要	需要（宁夏 1994 年法规）
宗教活动场所负责人	不需要	需要（宁夏 1994 年法规）
III. 与海外联络有关的宗教事务		
邀请海外宗教团体或宗教人士访问当地，或者接受邀请出访。	不需要	需要（宁夏 1994 年法规，深圳 1999 年法规）
外地宗教教职人员参加当地的宗教活动	不需要	需要（河北 1993 年法规，海南 1997 年法规，吉林 1998 年法规）
当地宗教教职人员出省参加或者主持宗教活动。	不需要	需要（吉林 1998 年法规）
宗教教职人员出国受训或者学习	不需要	需要（河北 2003 年法规）
宗教院校接受域外人士	不需要	
供外国人参加宗教活动的临时场所	不需要	需要（梅州 2004 年法规）

表三：对宗教团体和场所的管理措施

I. 宗教团体和宗教场所的义务：
A. 报告 1）收支情况，接受、使用捐赠情况（第36条）。 2）宗教场所内发生的重大事故（第23条）。
B. 备案 1）经宗教团体认定的宗教教职人员（第27条）。 2）宗教活动场所管理组织的成员（第17条）。 3）宗教教职人员担任或者离任宗教活动场所主要教职（第28条）。
C. 登记 1）宗教团体的成立、变更和注销（第6条）。 2）宗教产业的产权和使用权（第31条）。
D. 申请批准 1）设立宗教活动场所（第13条）。 2）设立宗教院校（第8条）。 3）组织超过宗教活动场所容纳规模的大型宗教活动（第22条）。
II. 接受地方宗教局的监督检查
宗教活动场所遵守法律、法规、规章情况，涉外活动情况、登记项目变更情况，建立和执行场所管理制度情况（第19条）。
III. 接受地方政府相应职能部门的监督检查
宗教活动场所人员、财务、会计、治安、消防、文物保护、卫生防疫等管理制度（第18条）。

表四：宗教组织和人员的自治权

宗教组织与教职人员的政治自治权	2005《条例》	省级地方性法规
I. 独立于国家意识形态		
宗教团体和宗教场所、宗教院校、教职人员坚持爱国主义，拥护社会主义及共产党的领导。	没有规定	有规定（河北 1993 年法规，2003 年法规；重庆 1994 年法规；吉林 1998 年法规；四川 1993 年法规；宁夏 1994 年法规；新疆 1994 年法规。
要求宗教教职人员维护国家主权，抵制非法行为，揭露犯罪行为。	没有规定	有规定（宁夏 1994 年法规）
宗教团体对教职人员和信徒开展爱国主义、社会主义，以及法制教育。	没有规定	有规定（上海和江苏法规；广东法规规定必须开展爱国主义和法制教育，但是没有提社会主义。）
II. 教团自治		
宗教局对宗教教职人员的资格进行审查、认定与再认定。	没有规定	有规定（重庆 1993 年法规）
宗教局批准申请人申请就读宗教院校。	没有规定	有规定（河北 2003 年法规）
宗教活动场所向宗教局提交年度报告	没有规定	有规定（海南 1997 年法规，重庆 1994 年法规）
可否接受海外捐赠	可以	不可以（天津 1997 年法规就补贴与传教经费作了规定；1994 年宁夏法规；1999 年深圳法规；1997 年海南法规。）
III. 教产		
保护教团合法使用的土地，拥有的房屋、构筑物、设施，以及其他合法的财产和收益不受侵占、哄抢、私分、毁损、或者非法查封、扣押、冻结、没收、处分（第 30 条）。	有规定	有规定（海南 1997 年法规，吉林 1998 年法规，河北 2003 年法规） 没有规定（青海 1992 年法规，宁夏 1993 年法规，云南 1998 年法规）
因为城市规划或者重点工程建设需要拆迁宗教团体或者场所的房屋和构筑物的，须经各方协商同意，并且给付合理补偿（第 33 条）。	有规定	有规定（深圳 1999） 没有规定（宁夏 1993）
在宗教场所内设立商业网点，举办陈列展览，拍摄电影电视片，需要得到县级以上政府宗教事务部门的同意（第 25 条）	有规定	没有规定（宁夏 1993，深圳 1999）

表五: 法律所保护的宗教权力，以及《条例》所新规定及重申的权力

I. 法律保护的宗教活动
宗教团体按照章程开展的活动（第 6 条）。
宗教教职人员主持宗教活动、举行宗教仪式、从事宗教经籍整理、进行宗教文化研究等活动（第 29 条）。
II.《条例》所新规定的权利
接受境外组织与个人的捐赠（第 35 条）。
编印宗教内部资料性出版物（第 21 条）。
大型露天宗教造像（第 24 条）。
III. 先前有所提及，《条例》加以重申的权力
1）不受外部干涉的权利；2）宗教财产不得不予补偿而以扣押和转让；不得未经许可使用和以其他方式侵犯宗教财产；3）从境内团体和个人接受财务捐赠的权利；4）出售宗教物品、艺术品和出版物的权利；5）民主选举宗教场所管理机构；6）接收宗教留学人员；7）申请行政复议及行政诉讼的权力。

A new Framework for State-Religion Relations: The Regulations on Religious Affairs of China, March 2005

JAMES TONG

I. Introduction

Promulgated by the State Council on November 30th, 2004, to take effect on March 1, 2005, the "Regulations on Religious Affairs" (hereafter Regulations) is the first comprehensive set of central government statutes on religion in the reform period. Three sets of regulations, all promulgated by the State Council in 1994, were concerned with specific issues of the religious activities of foreigners in China, the management of sites of religious activities, and their registration procedures. [①] More broadly-gauged national-level policy documents, covering different areas of religious affairs, were issued in 1982, 1985 and 1991. But the first two were documents of the Central Committee of the Chinese Communist Party, [②] written for and distributed among Party organizations to Party members. While the 1991 document was jointly issued by the Party's Central Committee

① State Council of the People's Republic of China, "Provisions on the Administration of Religious Activities of Aliens within the Territory of the People's Republic of China", Order 144" (January 31, 1994); "Regulations regarding the Management of Sites of Religious Activities, Order 145" (January 31, 1994); "Registration Procedures for Sites of Religious Activities" (May 1, 1994). For an unofficial English language translation, see *Chinese Law and Government* (March-April, 2000), pp. 64-70.

② Central Committee of the Chinese Communist Party, "The Basic Viewpoint and Policy on the Religious Question during our Country's Socialist Period, No. 19" (March 31, 1982); "Survey Report concerning the Implementation of the Party's Policies on Religion and Relevant Issues" (December 10, 1985), English translations in *Chinese Law and Government* (March-April, 2000), pp. 17-45.

and the State Council, [①] it was more an internal policy document designed for official use, not promulgate d through the nation's mass media for public distribution. Several provinces have also promulgated comprehensive regulations on religious affairs from 1994 to 2003, but these were provincial level documents with circumscribed areas of jurisdiction.[②]

Comprehensive Administrative Regulations on Religious Affairs

As the first set of comprehensive statutes on religious affairs in the post-Mao era, the Regulations do not have the force of law promulgated by the National People's Congress, China's national legislature, but it is still the authoritative and official administrative regulations that are legally binding on its intended constituents. As shown in Table-1, its seven sections on General Provisions (Art. 1-5), Religious Bodies (Art. 6-11), Sites of Religious Activities (12-26), Religious Personnel (Art. 27-29), Religious Property (Art. 30-37), Legal Liability (Art. 38-46), and Supplementary Provisions (Art. 47 -48) are designed to cover all important aspects of religious affairs in China. In organization, it is structured under almost identical headings, and in almost identical order, as the earlier provincial regulations. Conspicuousl y missing are the headings of "Foreign Contact" and "Religious Activities", which can be found in almost all earlier provincial regulations, and the subjec t of the 1994 State Council decree. Their absence may be attributed to the chang e in official policy towards international religious contact, and relaxation on the illegality of conducting religious activities outside designated religious venues.

---

① Central Committee of the Chinese Communist Party and the State Council of the People's Republic of China, "Circular on Some Problems concerning the Further Improvement of Work on Religion, Document No. 6" (February 5, 1991), English translations in *Chinese Law and Government* (March-April, 2000), pp. 56-63.

② For unofficial English texts of provincial regulations on religious affairs promulgated by Shanghai (March 1, 1996), Liaoning (November 11, 1998), Guangdong (June 30, 2000), Jiangsu (June 1, 2002), Beijing (July 18, 2002), see *Chinese Law and Government* (May-June, 2003), pp. 49-80.

Historical Landmark

The importance of the Regulations does not only rest with its being the first comprehensive administrative decree on religious affairs in the post-Mao period. Its significance also lies in its protracted legislative history, it s extensive consultation with policy constituencies, a nationwide campaign to educate religious affairs cadres, and its status as a major government documen t enunciating major policy change in China's management of religious affairs.

Groundwork for preparing the Regulations began in 1999, [1] and the drafting process was initiated in 2000 by the State Council. [2] A discussion draft was completed by the following year, and vetted for comments and suggestions at the National Religious Work Conference later in 2001. Incor porating their input, the Draft Regulations was presented to the Legal System Office [fazhi bangongshi] of the State Council for review. After the three successive waves of extensive consultation with concerned parties, the Draft Regulations passed the final scrutiny at a State Council meeting on July 7, 2004, then was signed by Premier Wen Jiaboa for official promulgation on November 30, 2004, to take effect on March 1, 2005.[3]

Along the way, the document drafters consulted related legislation in other nations as well as regions, and solicited the views of many groups and individuals in the religious policy community in and outside the government. At the initial research and preparation stage, the State Council convened several seminars and discussion meetings to get the feedback from the United Front and Religious Affairs departments in both the central and local governments, and from religious organizations and academia. During the review stage when the Draft Regulations

---

① *Fazhi ribao*, December 20, 2004.

② *Zongjiao shiwu tiaoli* [Regulations on Religious Affairs], Beijing: Zongjiao wenhua chubanshe, 2005, p. 55.

③ *Ibid.*, pp. 55-56.

were scrutinized by the State Council, the law drafting department requested formal comments from provincial governments and the central party and state agencies. It also convened special discussion sessions with the heads of national religious organizations, as well as specialists on religion, law, and human rights. Drafters took field trips to consult with religious affairs officials, heads of religious organizations, religious personnel, and the faithful in select provinces.① The extensive consultation with concerned parties in and outside the regime, in both the central and provincial governments, those belonging to religious as well as secular communities, is unprecedented in the legislative history of religious affairs in China.

Official effort on the Regulations did not stop with the completion of the drafting process. A nationwide publicity campaign was launched in January and February, 2005 to propagate the Regulations throughout China. To kick-off the campaign, a special training seminar on the Regulations was jointly organized by the Organization Department, the United Front Department, the State Religious Affairs Bureau, the National Public Administration College, and the Legal Affairs Office of the State Council in late January in Beijing. To underscore its importance, the participants were greeted by a delegation of top party and state officials, headed by Jia Qinglin, member of the Standing Committee of the Politburo, and Chairman of the National People's Political Consultative Committee.② Outside Beijing, at least five regional seminars were also organized by the United Front Department, the State Religious Affairs Bureau and the State Department Legal Affairs Office, to educate clusters of provincial cadres in religious affairs, united front, and legal affairs. In both the first regional seminar convened in Guangzhou, and the fifth in Xian, over 400 attendees participated in the three-day seminar, where they listened to presentations by the State Religious

① *op. cit.*

② Xinhua, Beijing, January 26, 2005.

Affairs Bureau and engaged in discussions.[①] At the province level, training seminars for religious affairs and united front department cadres were also reported at Sichuan, Jiangsu, Yunnan, Shanxi, Hainan, Jiangxi and Qinghai provinces.[②] Where data are reported, religious and ethnic affairs cadres in Jiangsu's cities and 106 counties attended the two-day seminar.[③] The Sichuan seminar was attended by 120 officials in six municipalities, as part of a program where all municipal and prefectural level cadres in united front and religious affairs departments in the province would receive training on the Regulations.[④] Metropolitan Beijing and Shanghai, as well as the municipalities of Guangzhou, Chengdu, Qingdao and Meizhou also convened such training seminars.[⑤] The Guangzhou seminar was attended by over 400 cadres from united front and religious affairs at the city and county level.[⑥]

II. A New Framework for State-Religion Relations

The significance of the Regulations rests with its creation of a new framework governing State-Religion relations. It moves towards the rule of law in managing religious affairs. It attempts to change the existing system of micro-management

---

① The Regional Training Seminar in Guangzhou was the first of the series, with participants from Jiangsu, Jiangxi, Zhejiang, Anhui, Fujian and Guangdong, meeting from January 12-14, see *Zhongshan ribao,* January 14, 2005. The 5th Regional Training Seminar was held in Xian, from January 29-31, where cadres in the United Front Department, Religious Affairs Department, and Ethnic Affairs Department at the city or higher levels participated, see Shaanxi ribao, January 30, 2005.

② *Sichuan ribao,* February 23, 2005; *Yunnan ribao,* February 16, 2005; Xinhua, Xining, December 22, 2004; *Jiangxi ribao,* Feburary 23, 2005; *Hainan ribao,* February 26, 2005; http://www/jiangsu.gov.cn, accessed by author on February 28, 2005.

③ http://www/jiangsu.gov.cn, accessed by author on February 28, 2005.

④ *Sichuan ribao,* February 23, 2005.

⑤ *Beijing ribao,* February 2, 2005; *Wenhui bao,* Feburary 5, 2005; renwenwang, Qingdao, February 4, 2005; Chengdu ribao, February 22, 2005; http://mzzj.meizhou.gov.cn, accessed by author on February 28, 2005.

⑥ http://www.*News.fjnet.com,* accessed by author on February 28, 2005.

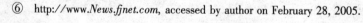

by department approval to a system of regulation through legal stipulation and post–hoc supervision and inspection. It confers greater institutional autonomy to religious organizations while restricting the power of state and local agencies. These are discussed below.

A. Rule of Law

The new Regulations move towards the rule of law in religious affairs in several important respects. More than most recent central or local regulations on religious affairs, it stipulates clear administrative norms in managing religious affairs, place the latter in the system of existing laws in China, and introduce provisions for administrative appeal and judicial challenge.

a. Transparency and Non–arbitrary Norms

The Regulations promulgate the set of administrative norms to determine, or at least guide, the process of governing the registration and de–registration of religious organizations, the certification and decertification of religious personnel, the establishment and de–establishment of religious venues (Art. 14, 41), the setting–up of institutes of religious education (Art. 9), and the approval of permissible content of religious publications (Art. 7). Many of these norms are not stated in general principles but in specific criteria for operational decision–making. For instance, to establish an institute of religious education (seminary, theologate), Art. 9 of the Regulations stipulates that the religious organization needs to show that it has: 1) a curriculum, a charter with clear and definite training objectives; 2) the source of students with the training requirements; 3) necessary funds and stable financial resources; 4) sites, facilities, and equipments for the school; 5) full–time administrators, qualified full–time teachers, and an internal management; and 6) rational overall arrangement [heli buju]. To qualify for the establishment of a new religious place of worship, the religious organization needs to show: 1) frequent need for local religious citizens to worship collectively; 2) presence of qualified personnel to preside over religious activities; 3) possession of necessary funds; 4) appropriate location that would not interfere with the production and livelihood of neighboring units and residents; and 5) non–contravention with Art. 3 (compliance with the State Constitution, laws, regulations, rules) and Art. 4 (independence and self–reliance of religious organizations) of the Regulations.

b. Integration with China's Existing Laws

The Regulations place the management of religious affairs in China's existing laws and their respective juridical authority. In particular, the establishment, alteration, and cancellation of religious organizations will be handled in accordance with the "Regulations on Registration Administration of Associations", the provisions of the constitutions and by–laws of religious organizations also need to comply with the same set of statutes (Art. 6). Both the religious publication process, and restrictions on its content, will also be treated like non–religious publications, following the stipulations of the "Regulations on Publication Administration"(Art. 7). Large scale religious activities are likewise governed by the "Law on Assembly, Demonstration, Protest of the People's Republic of China" (Art. 40).

The Regulations also stipulate the internal management of religious organizations need to comply with existing laws on personnel, finance, accounting, public security, fire control, cultural relics protection, sanitation and epidemic prevention. On these matters of corporate management, they would also be subject to the supervision and inspection of local labor, taxation, public health, and other government agencies (Art. 18).

c. Provision of Administrative Appeals and Judicial Contest

To reduce arbitrariness in official decision–making, the Regulations also provide for a system of administrative appeals and challenge in courts. Art. 46 stipulates that administrative decisions by the Religious Affairs Bureau can be appealed. There is no restriction on who may lodge an appeal, over what types of decisions, or within a specified time period. Although not stated in the Regulations, the provision allows the concerned party to contest the administrative decision through the stipulations of the "Administrative Appeal Law" [xingzheng fuyi fa] which codifies the process. Art. 46 also stipulates that the concerned party also has the right not to accept the decision of administrative appeal, and to take the Religious Affairs Bureau to court, thus making the administrative decision subject to the "Administrative Litigation Law", which stipulates conditions, procedures, as well as juridical authority to handle such litigations, and offers legal protection for the civilian litigants who challenge the decisions of government officials.

B. The New Regulatory Mechanism

The Regulations reflect systemic changes in the official state–religion relationship. As in economic liberalization, where the economic management agencies in the State Council shed many of its administrative powers and authority, a movement of the function of the Religious Affairs Bureau away from micro–management towards macro regulation can be seen in the new Regulations. In the economic realm, the movement was accompanied by three changes in enterprise management and regulation. First, the administrative department no longer managed the day to day production, supply, distribution, personnel, finance, and material allocation functions of the enterprises under its jurisdiction. Second, it relies on the set of economic management laws governing commerce, employment, industrial safety, finance and tax to regulate economic activity across industries. Third, to introduce rationality in economic activities that require regulatory discretions, a permit system is deployed to manage decision–making that requires administrative supervision.

a. Elimination of Approval Requirements

These three trends away from a micro–management system by ministerial approval towards a new management framework of regulation through overall legal stipulation and well–defined supervision rules can also be seen in the provisions of the Regulations. First, there is a substantial reduction in the number and type of religious activities that require the approval of local Religious Affairs Bureaus. As shown in Table–2, the Regulations no longer require local RAB approval of: 1) conducting religious activities outside registered sites of religious activities; 2) organizing religion training classes in these sites; 3) the construction and rebuilding of these sites; 4) the production, sale, distribution, and storage of religious publications, artwork, and electronic products; and 5) the number of religious personnel in and the President of sites of religious activities. The Regulations also no longer require local RAB approval of activities relating to foreign religious contact, an area that was closely regulated by both the national and local religious affairs bureaus. These include the two-way contact for religious personnel to and from China to engage in 1) visits, and issuing or accepting invitations for visits; 2) participating or presiding in religious activities; 3) training and studying religious education programs.

b. The New Regulatory Requirements

Instead of micro-management through discretionary approvals of local RAB's, the new Regulations specify different types of regulatory mechanisms. In ascending order of government control, religious organizations are required to contact the local RAB to: 1) report [baogao] serious incidents occurring in sites of religious activities (Art. 23); as well as its revenue and expenditure, receipt and use of extraterritorial financial contributions (Art. 36); 2) *report to record* [bei-an] religious personnel certified by religious organizations (Art. 27); the composition of the Management Organization of sites of religious activities (Art. 17); and the assumption of and departure from leading posts of such sites (Art. 28); 3) *register* [dengji] the establishment, alteration, and termination of religious organizations (Art. 6); and ownership and management of religious property (Art. 27); and 4) *apply for approval* [shenqing pizhun] for the establishment of institutes of religious education (Art.8); the establishment, construction and renovation of sites of religious activities (Art. 13, 25), and the organization of large scale religious activities (Art. 22). On its own, the local RABs are authorized to engage in supervision and inspection [jiandu jiancha] activities, over the extent of law compliance of sites of religious activities, those related to foreign contact, changes in registered items, the construction and implementation of management systems of such sites (Art. 19). Beyond the RABs, as noted earlier, other local government agencies are authorized to supervise and inspect the management systems of personnel, finance, accounting, public security, fire-prevention, public health, and protection of cultural relics in sites of religious activities (Art. 18).

C. Towards Religion Autonomy and Circumscribed State

There is a new recognition in the Regulations for the autonomy of religious organizations in self-government, in its rights to own and manage its property, and in the separation of state and religious ideology. At the same time, it also restricts the authority of state and local agencies in managing religious affairs, and subject the latter to recently promulgated laws checking the arbitrary exercise of power.

a. Increasing Autonomy of Religious Organizations

Previous provincial regulations have stipulated that religious organizations, venues, or institutes of religious education need to be patriotic and to support socialism and the leadership of the Chinese Communist Party (Sichuan, 1993; Hebei, 1993, 2003; Ningxia, 1994; Chongqing, 1994; Jilin 1998). There was the additional provision in some provincial regulations that religious organizations need to educate their personnel and believers in patriotism and socialism (Shanghai 1996; Guangdong, 2000; Jiangsu 2002). Ningxia (1994) added the requirement that religious professionals need to demonstrate support for national sovereignty, and that they ought to "boycott illegal activities, and expose various criminal behavior" in performing their religious activities (Art. 20, 21). These exhortations of desirable conduct are commonly found in the constitutions and by-laws of the Communist Youth League, Women Federation, Worker Unions, minority political parties, and a host of federations of scientists, performing artists, and journalists controlled by the Chinese Communist Party. Such requirements for religious organizations and personnel to voice support for the prevailing state ideology are not stipulated in the Regulations.

Recognition of the right of religious organizations in self-government can also be seen in the absence of requirements that religious organizations subject themselves to the authority of the local religious affairs bureau in examining candidates before they can be registered as religious personnel, in certifying religious personnel, and in annual re–certification of such professionals (Chongqing, 1993, art. 4). In general, the Regulations stipulate that the certifying authority rests with the religious organizations. The exceptions are the Living Buddha in Tibet, who would need to be approved by the Religious Affairs Bureau or the local government at the Municipal level or higher (Art. 27). Bishops in the Catholic Church need to be reported for the record of the Religious Affairs Bureau at the national level (Art. 27). Likewise, there is no requirement in the Regulations for local Religious Affairs Bureaus to approve applicants to Institutes of Religious Education, as in Hebei (1993), or for religious venues to submit annual reports to the local RAB (Hainan, 1997, Chongqing, 1994).

The autonomy of religious organizations can also be seen in stipulations protecting their property rights, which were provided in some earlier provincial regulations (Hainan, 1997, Jilin, 1998, Hebei, 2003) but not in others (Qinghai, 1992, Ningxia, 1993, Yunnan, 1998). Mindful of the destruction of temples and monasteries during the Cultural Revolution, the Regulations stipulate a blanket order for protecting religious property. The protection applies to not only physical property (houses, structures, equipment), but also financial assets (proceeds of religious venues). They outlaw not only seizure and confiscation, but also illegal closure and freezing of bank accounts (Art. 30). Relating to issues of eminent domain, when the religious property is needed for city planning and key construction projects, the consent of the management organization of religious venues needs to be sought prior to demolition or relocation, and compensation based on market appraisal offered (Art. 33). A separate stipulation pertains not only to ownership but user rights of religious property. When outside parties had use of religious venues for commercial vending, producing movies or organizing exhibitions, the protocol stipulated in some earlier provincial regulations was to obtain permission from the local Religious Affairs Bureau but not the religious venues or the religious organizations. Art. 25 of the Regulations stipulates that consent must be sought from both the religious venues as well as the Religious

Affairs Bureau higher than the county level.

b. Circumscribing State Power

In tandem with greater recognition of the autonomy of religious organizations, the Regulations also restrict the power of government agencies in managing religious affairs.

The essence of the new set of relationships is epitomized in a comparison of title of the current set of Regulations with those of earlier regulations promulgated by some provinces. Earlier regulations were entitled "Regulations on the Management of Religious Affairs", suggesting that the relationship between state and religion was a hierarchical relationship with asymmetrical power between the manager and the managed, leader and the led, ruler and the ruled. In deliberating on the title of the document, the authorities consciously chose the more religion-friendly title. While the actual relationship between the state and religion is likely to remain hierarchical, the change in title also suggests a change in the official government attitude towards religion.

Beyond policy symbolism, the Regulations also circumscribe state power by clearly specifying the set of religious activities that are 1) protected by law; 2) stated in earlier regulations as permissible and reaffirmed in its provisions; 3) provision for new rights of religious organizations not previously granted in policy documents. As shown in Table-5, religious activities protected by law include those conducted according to articles of its associations (Art. 6); and those presided by religious personnel, the sorting out [zhengli] of religious scriptures, and engaging in religious cultural research (Art. 29). Provision of rights not previously granted include: 1) receiving extraterritorial students for institutes of religious education (Art. 10); 2) compilation and printing of internal publications by sites of religious activities (Art. 21); 3) acceptance of financial contributions from extraterritorial organizations or individuals by religious organizations or venues (Art. 35); 4) construction of large outdoor religious icons (Art. 24). Also shown in Table-5 is the list of rights previously enunciated and reaffirmed in the

Regulations. To these should be added the set of religious activities where RAB approval is no longer required, as noted earlier. The much less invasive requirement to merely inform and report the RAB, and not to seek prior permission, clearly erode the power of state and local agencies in managing these religious activities.

More generally, the Regulations also draw on the stipulations of four sets of laws that the National People's Congress passed in recent years to implement administrative reform. The Administrative Permit Law (2003) reduces the number of economic and social activities that require approval by government agencies, shifts government control to self-regulation by social units, replaces ante with post-hoc monitoring, and curtails arbitrary bureaucratic power by specifying the criteria of granting permits and the time period within which bureaucratic decisions must be made. The Administrative Appeal Law provides a second chance for citizens and organizations who do not accept administrative decisions affecting their livelihood and welfare. The Administrative Litigation Law empowers citizens and organizations to sue government officials and agencies over wrongful administrative decisions made by bureaucrats. The Administrative Penalty Law stipulates conditions under which government officials will be punished for abuse of power or negligence of administrative duties. In essence, these four sets of laws redefine the relationship between the government and citizens, state and civil society. They circumscribe the power of government agencies and protect the rights of citizens and the private sector.

Elements of the four sets of administrative laws can be found in the Regulations. The procedure to establish new institutes of religious education (Art. 8, 9), sites of religious activities (Art. 13-15), large scale religious activities (Art. 22), and the construction of large outdoor religious icons (Art. 24) follows the Administrative Permit Law, that prescribes process of application, the criteria for granting permission, and the maximum response time, thus eliminating arbitrariness in administrative decision-making. As noted earlier, the Regulations also allow for administrative appeal in the management of religious affairs, a process that is provided in the Administrative Appeal Law (Art. 46). The stipulation (Art. 46) in the Regulations that religious personnel or organizations can institute a lawsuit against the given religious affairs department clearly rests on the provision of the Administrative Litigation Law. Likewise, the legal basis for sanctioning government officials for abuse of power, negligence, fraud, or engaging in illegal behavior in managing religious affairs (Art. 38) rests on the Administrative Penalty Law. In combination, these four sets of laws governing bureaucracy serve the purpose of circumscribing state power in its administration of religious affairs.

Conclusion

The "Regulations on Religious Affairs" (March 1, 2005) is a major landmark in religious policy in China in the reform period. It is the most comprehensive in scope among the preceding set of national-level government and party documents on religious policy issued in 1982, 1985, 1991, and 1994. It integrates the reform features in provincial religious regulations in the past decade and broadens the scope of liberalization. Six years in its making, the process involves three waves of extensive consultation with religious leaders, academic scholars, legal professionals, and human rights specialists, whose inputs were incorporated in successive drafts of the Regulations. A nationwide campaign to propagate the new policy was organized at the national, regional, provincial, and municipal levels, where central and local cadres in United Front, Religious Affairs, and Public Security, down to the city and county levels, were mobilized to study the new policy in the first quarter of 2005. The extensive scope of consultation, the duration of the drafting process, the breadth and depth of the dissemination effort, are unprecedented in the history of the PRC in regulating religion.

In terms of specific stipulations, the Regulations provide, for the first time, the rights of the religious organizations to: 1) enroll extraterritorial students to study in China's institutes of religious education; 2) accept financial contributions from extraterritorial organizations or individuals; 3) produce and print religious publications for internal distribution; and 4) construct large, outdoor religious icons. Going beyond specific stipulations, the Regulations move towards a new regulatory framework that sheds much of the requirements for prior approval by the local Religious Affairs Bureau governing activities on religious venues, religious personnel, and contact with extraterritorial religious organizations. Instead, the new regulatory framework is built on a much softer set of requirements for religious organizations and venues to inform and report to local Religious Affairs Bureaus, and for the latter to supervise and inspect, rather than to approve and rule on specific religious activities.

Converging with other trends in economic management and administrative reform, the new Regulations also introduce greater transparency in stipulating clearly specified norms governing the regulatory process. As in economic regulation and enterprise management reform, the new policy place the regulation of religious activities in the system of existing laws on personnel, finance, accounting, and other aspects of corporate management. Religious organizations are now also subject to the provisions in existing statutes on registration of social organizations, restrictions of content of publications, and those on assembly, demonstrations, and protest. At the same time, the Regulations circumscribe state authority in regulating religious activities by subjecting bureaucrats to four sets of new legislation that limit the administrative powers of the Administrative Appeal Law, the Administrative Litigation Law, the Administrative Permit Law and the Administrative Penalty Law. For the first time, the Regulations provide the right of religious organizations to lodge administrative appeals and to challenge administrative acts in courts.

It is too early to decipher the magnitude of the impact of the new Regulations. But the direction is clear. The movement towards the rule of law in religious affairs, the new regulatory system based on inspecting, informing, and reporting rather than ex –ante approval, and the increasing institutional autonomy of religious organizations is certainly welcome policy. For over two decades, China's religious policy has lagged behind those in economic management, international trade and investments, science and technology, education and entertainment, where there has been a convergence of domestic and international institutions and practice. It is not clear whether the same convergence will take place in religious affairs, but it is at least a promising beginning.

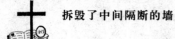

Table 1: Comparison of Organization of 2005 SC Regulations and Regulations adopted by Provincial People's Congresses

Sections in 2005 SC Regulations (no. of articles)	Shanghai (11/30/95)	Beijing (7/18/02)	Guangdong (6/30/00)	Jiangsu (2/5/02)	Jilin (5/1/98)	Hebei, (7/18/03)	Liaoning (11/11/98)
I. General Principles (1-5)	1-8	1-5	1-8	1-6	1-8	1-7	1-7
II. Religious Bodies (6-11)	9-14	6-12	9-12	7,9-12	9-14	8-12	8-12
III. Religious Venues (12-26)	19-28	17-21 (combined with Religious Activities, 22-27)	13-25	17,23-25	19-30	17-26	13-21
IV. Religious Professionals (27-29)	15-18	13-16	26-32	8, 13-15	15-18	13-16	22-26
V. Religious Property (30-37)	40-46	32-36	43-48	26-31	34-40	39-42	32-36
VI. Legal Liabilities (38-46)	54-59	43-49	63-68	38-43	47-56	50-57	42-48
VII. Supplementary Provisions (47-48)				44-45	57-60	58-59	49-50
Sections not in 2005 SC							
Regulations							
Foreign Contacts	47-53	37-42	54-62	32-37	41-46	43-49	37-41
Religious Activities	29-34		33-36	16,19-22	31-33	27-32	27-31
Religious Institutes	35-39		37-42			33-38	
Religious Publications		28-31	49-53				

Table 2: Requirement for Approval of Religious Activities

Religious Activities Requiring Local RAB Approval	2005 SC Regulations	Provincial Regulations
I. Relating to Sites of Religious Activities		
Conducting religious activities outside registered religious venues	No	Yes (Hainan, 1997, Jilin, 1998)
Construct or rebuild religious venues	No	Yes (Meizhou, 2004)
Production of religious publications, and artwork; the production, sale, distribution, and storage of religious publications and electronic products	No	Yes (Shenzhen, 1999, Hebei, 2003, Meizhou, 2004)
Conducting Religion Training classes in sites of religious activities	No	Yes (Ningxia 1994, Jilin, 1998, Hainan, 1997, Hebei, 2003, Meizhou, 2004)
II. Relating to Religious Personnel		
No. of religious personnel in religious venues	No	Yes (Ningxia, 1994)
Presidents of religious venues	No	Yes (Nignxia, 1994)
III. Relating to contact with foreign religious organizations		
Inviting foreign religious organizations or professionals to visit locally, or accept their invitations to visit abroad	No	Yes (Ningxia, 1994; Shenzhen, 1999)
Extraterritorial religious professionals participating in local religious activities	No	Yes (Hebei, 1993, Hainan, 1997, Jilin 1998)
Local religious professionals going outside province to participate or preside religious activities	No	Yes (Jilin 1998)
Religious Professionals going abroad for training and study	No	Yes (Hebei, 2003)
Accepting extraterritorial students for religious education institutes	No	
Temporary religious venues for foreigners	No	Yes (Meizhou, 2004)

Table 3: Regulatory Requirements over Religious Organizations and Venues

I. Requirements for RO and RV to contact RAB to:
B. Report〔baogao〕 1) revenue and expenditure, receipt and use of extraterritorial financial contributions (Art. 36); 2) serious incidents in religious venues (Art. 23)
B. Report to record〔bei - an〕
1) Religious Professional certified by religious organizations (Art. 27)
2) Management Organization of sites of religious activities (Art. 17)
3) Assumption and Leaving leading posts of religious venues by religious professionals (Art. 28)
C. Register〔dengji〕
1) Establishment, alteration, and termination of religious organizations (Art. 6)
2) Ownership and management of religious property (Art. 31)
D. Apply for permission〔shengqing pizhun〕for
1) Establishment of sites of religious activities (Art. 13), their construction and renovation (Art. 25)
2) Establishment of institutes of religious education (Art. 8)
3) Organization of large scale religious activities (Art. 22)
II. Requirement for Supervision, Inspection〔jiandu, jiancha〕by Local RAB
1) extent of law compliance of sites of religious activities, those related to foreign contact, changes in registered items, the construction and implementation of management systems of such sites (Art. 19).
III. Requirement for Supervision and Inspection by Relevant Local Government Agencies
1) Management system of sites of religious activities in Personnel, finance, accounting, public security, fire - prevention, public health, protection of cultural relics (Art. 18)

Table 4: Autonomy of Religious Organization and Personnel

Political Autonomy of Religious Organization and Personnel	2005 SC Regulations	Provincial Regulations
I. Freedom from State Ideology		
Requirement of Religious Organization, or Venue, or Schools, or Professional to demonstrate patriotism, support for CCP Leadership and socialism;	No	Yes (Hebei, 1993, 2003, Chongqing, 1994; Jilin 1998, Sichuan 1993, Ningxia, 1994; Xinjiang, 1994)
Requirement of Religious Professional to support national sovereignty, or to boycott illegal activities and expose criminal behavior	No	Yes (Ningxia, 1994)
Obligation for Religious organizations to educate religious personnel and believers in patriotism, socialism, and law	No	Yes (for Shanghai and Jiangsu, patriotism and law for Guangdong, but not socialism)
II. Self - Government		
Requirement of local RAB to examine, certify, and re - certify religious professionals	No	Yes (Chongqing, 1993)
Requirement for local RAB to approve applicants to Institutes of Religious Education	No	Yes (Hebei, 2003)
Requirement for Religious Venues to submit annual report to local RAB	No	Yes (Hainan, 1997, Chongqing, 1994)
Ability to accept foreign financial contributions	Yes	No (for subsidies and proselytizing funds, Tianjin, 1997, Ningxia, 1994; Shenzhen, 1999, Hainan, 1997)
III. Property Rights		
Protection of land, houses, structures, facilities and proceeds of religious venues from encroachment, looting, dividing, damaging, destroying, sealing up, impounding, freezing, confiscating, and disposal by another party (Art. 30)		Yes (Hainan, 1997, Jilin, 1998, Hebei, 2003) No (Qinghai, 1992, Ningxia, 1993, Yunnan, 1998)
Requirement of consent to demolition or relocation with fair compensation when religious venue is needed by city planning and key construction projects (Art. 33)	Yes	Yes (Shenzhen, 1999) No (Ningxia, 1993)
Establishment of commercial vendors, organization of exhibitions, shooting movies in religious venues requires approval of its management (Art. 25)	Yes	No (Ningxia, 1993; (Shenzhen, 1999)

Table 5: Religious Activities that are Protected by Law, stipulated as Reaffirmed and New Rights

I. Religious Activities Protected by Law
Religious activities conducted in according to articles of its associations (Art. 6)
Religious activities and rituals presided by religious personnel, sorting out religious scriptures, engaging in religious cultural research (Art. 29)
II. New Rights stipulated in the Regulations
Acceptance of extraterritorial students for institutes of religious education (Art. 10)
Acceptance of financial contributions from extraterritorial organizations or individuals by religious organizations or venues (Art. 35);
Production and printing of religious publications for internal distribution (Art. 21)
Construction of large religious icons (Art. 24)
Right to administrative appeal and judicial contest (Art. 46)
III. Rights previously stated and reaffirmed in the Regulations
1) Protection from non – interference; 2) protection of properties from gratuitous seizure or transfer; unauthorized use and encroachment; 3) Right to receive financial contributions from domestic individuals and organizations; 4) right to sell religious articles, artwork, and publications; 5) Democratic election of management organization of religious venues

第三部分

基督教事工的本土化思考与国际化合作

Introducing the Chinese Protestant Church to the Major Denominations in the USA and Canada

Cao Shengjie

(CLE invited Rev.Dr.Cao Shengjie in 2003 to visit the USA. This was her speech to North American churches in October.)

You must have heard a lot about the Protestant Church in China. What I am going to let you know today is our present feeling and our thoughts for the future.

Concerning the exterior environment, the Communist Party, the ruling party in China, has gained a further theoretical understanding toward religions in recent years. In December 2001, the Communist Party and the State Council held a national conference jointly on religious works. There are two areas in its understanding toward religions that are worthy of being mentioned.

First, "the long-term existence of religions is the most fundamental" is pointed out. In the past, the Party believed in its theory that the existence of religions is based on the poverty and pain of the people, caused by the exploiting class. After the victory of the revolution, therefore, the vanishing of religions was often mentioned. The Ultra-leftist thinking of wiping out religions was from the above mind-set. Now, however, the Party has realized that the objective law of the development of religions must be respected. The existence of religions is not solely for the reason of class, but also has its natural, social and cognitive reasons. Jiang Zemin rightly pointed out, "The vanishing of religions may take longer time than the vanishing of classes and countries." We believe that people´s religious needs are perpetual. For the Party, however, it is a great progress in its theory to admit that religions will exist longer than classes and countries. With such a theory, our country will not"wipe out religions"purposely in the preliminary stage of socialism, but take an active attitude to be adaptable to religions.

Secondly,"the key point is to deeply understand the mass characters of religious issues" is discerned. It is common sense that every religion has its believers. The issue is how a society shall evaluate those who have religious beliefs. In the past, the traditional Marxist theory emphasized that religions only had negative functions, and society often saw religious believers as"backward in thinking", and the negative force in society. Presently, the Party realizes that religions have two-fold functions, that they can play both active roles and negative roles in society. It looks at religious believers with new views. Jiang Zemin says,"There are over two hundred million people who have different religious beliefs. They are an active force in constructing socialism with Chinese characteristics."We believe that it is a healthy attitude to recognize that religious believers are an active force. We welcome the attitude. Lately, the Chinese Communist Party brought forth a significant theory of "Three -Representatives" (including that the Party must represent the fundamental interest of the majority of Chinese people). Religious people are a part of the majority people. The purpose for our state constituting the policy of the freedom of religious beliefs is to guarantee basic rights. Religious believers can play the same active role as the non-believers to make contributions in the construction of our country. This puts the implementation of religious policy on solid ground.

Besides "to carry out the policy of religious freedom thoroughly", Jiang Zemin also brought forth "to manage religious affairs according to the law". Our state is emphasizing "running the country by law". We approve it. During the Cultural Revolution, there was no law at all. The Constitution was completely ignored. At that time, not only religions, but all people suffered. According to our understanding, "religious affairs"does not refer to religious faith, liturgy, or provisions. It refers to the relations and actions of the body of a religion (e.g. Protestant Church) with the State, society, etc. On those aspects, the State and

Rev. Dr. Cao Shengjie speaking at the 2006 China Bible Ministry Exhibition in Atlanta.

society should pay their regards. Our Church should be law-abiding as churches in other countries are. When the State constitutes laws regarding religions, it should consult the religious bodies.

The above-mentioned situation really encourages us. Our mission is expanding. There are over 1,500 enrolments in our 18 seminaries and Bible schools this year. In recent years, China Eastern Seminary, Zhejiang Seminary, Guangdong Union Theological Seminary, and Mid South Seminary have built new campuses. The campus of Nanjing Union Theological Seminary is too old to be renovated. It cannot be taken down to be rebuilt either, since it is protected as a cultural relic. Thus, we have decided, to build a new campus for it in the University City of Nanjing. The Jiangsu Provincial administration gives its full support by transferring 20,000 square meters of land to us at the lowest price. Now the new campus is being designed, and its foundations will be laid in the near future. Concerning the grass roots churches, there are over 160 church meeting points in Shanghai, including those in its suburb areas. Among those, two-thirds are newly built or newly renovated. The funds for the construction and renovation are mostly from local church members or donations from urban churches to suburban churches. A huge church with a capacity of 5,000 will be built in Hangzhou, the city well known for its West Lake scenic area.

Presently, the exterior condition is very favorable for our church development. We cannot see big problems in the numerical growth of church members or church sites. The most important issue in running our church well is to see our target clearly and make an effort.

We concentrate on two areas that are closely related to the situation of our country.

First, our church shall be compatible with our socialist society. Some overseas people do not quite understand this, and even believe that we will not be able to utter our "prophetic voice" in the biblical way. In China the total population is about 1,300 million. Of that, there is a Christian population of over 16 million that constitutes a little bit more than one percent of the entire population. In Chinese history, there was no religion that was able to be the ruling power, and there was no religious war, either. The possibility of a religion to develop is determined by its ability to be understood by society, and to coexist with other social groups harmoniously. Taking our Protestant Church for instance, we must show our people that Christians are an active force in our society and able to make contributions to the development of our country and the progress of our society, and have distinguished concepts of values and moral behaviors derived from their inner selves. One of the reasons that the Protestant Church in China has been developing fast is that we are emphasizing our social witness to be the light and salt in the society and that a good Christian must be a good citizen at the same time. For a healthy development of our Church, we are undertaking the reconstruction of theological thinking. That will provide a healthy understanding of the Bible to our Christians, so that they will no longer misuse certain Bible verses to create confrontations between believers and non-believers. We are portraying a merciful God who wants us to promote social progress. Christianity shall pay attention to rational thinking and eliminate the tendency of superstition in rural churches. In the aspect of church mission, we are strengthening training to provide better-trained seminary teachers and personnel in church management and administration of our churches in order to run our churches well. We have also established social service departments to help our Christians care about the needy people around our churches and express their love. At the same time, we also participate in the discussion of social issues through the People´s Congress and People´s Political Consultative Conference on different levels, and bring forth our critiques and suggestions concerning social problems.

Second, our Chinese Church will continue to firmly maintain our independent position. When the western missionaries brought Christianity into China in the 19th Century, it was unfortunately tainted by Western colonialism. In the past, the Christian Church in China could not be rooted among our people because of the "foreign burden". In over 50 years, the Three-Self Patriotic movement changed the "foreign image" of the Christian Church in China. Now it is the 21st Century, and China has been accepted as a member of WTO. China is opening even more. Some churches and missions outside of China are reconsidering their mission methodology, and showing mutual respect to different cultures. In such a situation, we are happy to have more opportunities to share with overseas churches equally. You are good partners of the Chinese Church, and gave us a lot of support without conditions in recent years. We appreciate that you support us walking on our "independent" path with concrete actions. Additionally, we should make it clear that there are still some people who make their own agendas according to their own needs and imaginations, particularly when they feel the need to "help" us. Some of them "come in and evangelize" without consultation with us. Some try to restore their own denominations. Some even encourage us to oppose our State and society and oppose our Three-Self Principle. We certainly do not buy that. Recently, the former Chairman of the national TSPM, Luo Guanzong, published a book "Historical Lessons Speaking to Today". It records a lot of materials relating to foreign missions and foreign missionaries in China before the establishment of New China. In the book, the missionarie s who did good things are positively affirmed. But those who did wrongly are also pointed out. We do not have the habit of showing the historical faults. Th e reason for us to do so is, firstly to respect history, secondly to educate the next generation that our"independence and self reliance"is hard earned, and finally to make clear distinction between right and wrong in our foreign relations today. In foreign relations, we are willing to learn anything that is beneficial to us. Our work, however, must be done according to the need of our Chinese Church, not to return to the old path of "mission field" in the 19th Century.

We are very happy that our efforts in the above two areas are supported by our Christians, our people and our country, and also supported by many Christians in the world.

We believe that the Protestant Church in China has a bright future. Bishop K.H. Ting drew a beautiful blueprint for us recently that says that Christianity in China must be built into a Church that is full of humanity, rationality and morality, that is loved by God and also loves God. Only such a Church will be able to play an active role in our society and also make its contributions to the Church universal.

Let us, from different places, join our hands and strive for the same goal of our glorious God.

人子来是要服事人

邓福村

我们中国教会一直在谈“办好教会”,原则问题大家有共识,譬如坚持自立、自传、自养原则,要使教会的规章制度更健全,加强民主管理、人才培养等。但是办好教会的内容决不单单就是这些,在《马太福音》第二十八章里,主耶稣托付门徒把他的名传到地极,叫万民作他的门徒。可以说教会从起初,对教会使命的认识就是与教会周围还未信主的人联系在一起的。教会的核心使命就是要在神的恩典与周围未信的人群之间作传递和作见证,让神的恩典临到众人,也创造条件让更多的人可以作基督的门徒。所以我们办好教会,绝对不是要关起门来办一个大型宗教机构,或仅仅建造一些华丽的教堂,而是让教会能够在社会中真正地成为盐——要使得周边的环境,乃至整个社会因为教会和基督徒的存在而变得有味。我们中国的教会不能像旧约的以色列人那样因为自己是“选民”而自满,而应该一直不断地寻找机会,把上帝的福音介绍给我们周围的人。这福音的核心就是“道成肉身”的基督。

中国的社会目前正处在一个充满机遇的当口。经济的起飞与社会的进步对国民的素质和社会环境的软件提出了更高的要求。教会理当在这个过程中高举人性、公义和道德的标准,为社会发展的伦理精神环境做出贡献。余国良博士在《基督教与当代中国的社会与文化——从宣教学的角度看中国教会的神学思想建设》一文当中提出了七个方面的思考。这七个方面的讨论,触及了当下中国教会的需要。另外,我们高兴能够看到国内的学者们也参与到这场讨论中来,而且还贡献出不少颇有见地的文章,确实令我有耳目一新的感觉。我们基督教界参与社会,得到了这么多来自教外的鼓励,这确实让我感到十分的兴奋。希望以后中国教会与我们的学术界朋友能有更多切磋。

在目前阶段,我们基督教界参与社会的主要方式还是在社会服务的领域。爱德基金会作为一个由基督徒发起的社会服务团体，参与社会事工已经有些年月了。而我们基督教两会直接参与社会服务,则还是刚刚起步。我现在作为中国基督教两会的社会服务部的主要负责人,还是就教会的社会服务谈几点看法。

就基督教的教义神学而言更是清楚明白地表明道成肉身的基督既是人子又是神子。既有完全的人性,又有完全的神性。耶稣说"人子来不是要受人的服事乃是要服事人,并且要舍命作多人的赎价。"这句话的上半句说的是人子基督及其使命，下半句说的是神子基督及其使命。可以说服务邻舍并非是教会的兼带工作,而内在于教会的核心使命当中。从我们信仰和生活的最高权威《圣经》出发,可以说以下五个方面的《圣经》信息构成了我们中国基督教参与社会的教义信托。

一、"道成肉身"的信仰

基督来到世界,不仅是以"道"的方式临到世人,也是以肉身住在世人中间。当基督在世工作的时候,他不仅关心世人的灵魂救赎,同时也关心他们的肉身需要。上帝爱世人不仅爱他们的灵魂,也爱他们的肉身。耶稣基督医治各种各样的身体遭受疾患的人,包括瞎眼的、瘸腿的、哑巴的、血漏的等有需要的人。基督应该既是救赎人的神子基督,又是服事人的人子基督。50 年代后中国基督教有段时间忽视了传讲服事人的人子基督,在教会内只讲救赎灵魂的神子基督,几乎停止了所有服务社会关爱人群的事工。80 年代中期国家号召社会力量参与社会服务和社会公益事业。此时丁光训主教等中国基督教人士与一些非基督教人士,共同组建爱德基金会从事社会服务活动,20 年来得到社会各方面的好评。

二、"关爱弱势群体"的偏重

《圣经》的道德教训有一个特征,就是特别重视看顾那些有需要而软弱困苦的人。上帝传给摩西的律法多次提出要照顾孤儿和寡妇,还很多次提到寄居的。旧约的先知尤其激烈地抨击不公义的社会现象,要求给贫穷困苦的人伸冤。在

《新约》当中，主耶稣在世时的告诫和示范，也要门徒“周济穷人”，善事要作在“最小的弟兄身上”。好撒玛利人帮助遭受强盗打劫的人远胜于死守教条而面对受伤者无动于衷的祭司和利未人。主耶稣的这些教导清楚地告诉门徒要扶贫济困，关爱弱势群体。《圣经》的信息表明，对于那些没有势力而需要帮助的人，虽然可能为世界所轻看，也有可能被忽视，但上帝没有忘记他们的存在，更加关心他们的福祉。如果没有看到《圣经》信息的这个偏重，就等于失落了基督教神学的一个至要的重点。教会作为基督的身体，上帝的事工之手，理当按照上帝的心意看顾那些上帝所着重看顾的人。

三、“你们给他们吃”的命令。

耶稣吩咐门徒“你们给他们吃”，表明服务人群不是一个口头的、肤浅的道理，而是具体行动的要求。在“五饼二鱼”的故事里，主耶稣和门徒面对听了一整天主耶稣讲道而饥肠辘辘的人群，表现是截然不同的。门徒要求主耶稣吩咐众人散开各自觅食，而主耶稣则吩咐门徒说“你们给他们吃！”，这就清楚地表明耶稣基督不仅只关心让人们听天国道理，他同样地关心人们肉身的需要。而且基督是吩咐门徒说：“你们给他们吃！”他不仅自己供应人的现实需要，而且把这个使命托付给了他的门徒。所以教会在关爱人群的事工上有份，而不应该推托说这不是教会的工作就不去做。

在浙江神学院新校院舍动土典礼上，孙锡培牧师、邓福村牧师与 CLE 代表杜赛尔先生合影。

四、“施比受更为有福”的应许

奉献精神是服务社会的基础。服务者与受服务者孰轻孰重。虽然在商品社会的现实环境中消费者备受重视，但在永生的国度里，施比受更为有福。在教会中，“奉献”常常被提到，但对“奉献”的实践还需要更多努力。而且奉献的内容是多方面的，它包括使出金钱、人力、物力、知识等资源，用于服务社会的事工。基督教的价值观当中，尤其突出从永恒来衡量得失。所以从神学的角度，我们可以得出“施比受更为有福”的结论。信徒如何相信这个应许，如何把这个应许应用于生活，这是所有教会的牧长们需要考虑的。教会应乐于看到信徒把自己领受的资源与恩赐除了拿出来服务教会，还要供给社会和邻舍的需要。教会也可以搭配信徒各样的恩赐，用以发展特定的事工。目前，全国两会社会服务部正发掘国内资源，着力引导教会信徒，把部分奉献建堂资源转向社会服务项目。

五、“让人人献出一点爱”的呼召。

从神学的角度看，上帝的创造赋予了每个人各自的恩赐。而我们怎样使用这些恩赐，与我们生命的成就感和满足感很有关系。每个人都需要根据神所赋予他的，拿出来用于神所关爱的世界，如此我们才能够完成神给予我们的使命，也享受生活的富足感。上面提到的“五饼二鱼”的神迹：五个饼两条鱼对于解决五千人的饭食是微不足道的：但这份小小的奉献，经过主耶稣的祝福，不但让5000人吃饱，余剩下来的还装满了12个篮子。“我们爱，因为神先爱我们。”“从来没有人见过神，我们若能彼此相爱神就住在我们里面。”“道成肉身住在我们中间，充充满满地有恩典有真理，我也见过他的荣光，正是父独生子的荣光。”中国基督教“两会”社会服务部就是本着这样的信念，在推动基层教会开展社会服务事工的。

从“道成肉身”的基本信仰，到认识《圣经》信息对弱者的偏重，到领受上帝的命令，经历上帝的应许，直到自主地回应上帝的呼召，这可以代表教会领受托付而参与社会服务的过程，也是我们中国教会正在经历的功课。

80年代中期，随着我国改革开放的开展，人们对于社会服务事业的观念有了新的发展，那就是：社会福利和社会服务事业应该发动社会力量来办，国家号召社会组织参与社会服务事业。当时中国教会正忙于落实政策恢复教会正常活动，还无条件顾及社会服务事工。丁光训主教等一些教会领袖们抓住这个机遇，以个人身份组织基督徒与非基督徒合作共事的爱德基金会开展社会服务事工。它开展的社会服务项目涵盖：教育、农村发展、救灾、防盲、医卫、社会福利等诸多领域。它的三个一点的资金动作(即：政府拨一点、社区受益者自筹一点、爱德基金会支持一点)形式为海外基督教社会服务组织机构参与中国的社会服务事业提供有效的管道。

爱德基金会的社会服务参与，为基督徒参加社会事工提供了很好的先例和经验，随着教会事工的深入发展和神学水平的提高，教会认识到了社会服务本身就是教会事工的一个部分。全国两会社会服务部就是根据这一看见，回应社会的需要所建立起来的教会内的一个组织机构。它目前的工作包括：

1.推动、组织基层教会开展基层教会力所能及的社会服务事工。它现在推动的项目有：老人院、居家老人服务、乡镇教会办的小诊所、孤儿院、艾滋病防治知识培训、自闭症康复训练、失学儿童助学、资助自然灾害损毁教堂的修复、贫困地区教牧人员生活补助；

2.着力发掘国内教会资源，组织交流及专业培训，提倡互助；

3.尽可能引进海外有关社会服务组织机构的合作项目。

在众多的项目中，我想特别介绍一下自闭症的项目。自闭症是国内的医学和康复界过去不曾引起足够注意的问题，近十年来才逐渐引起社会的重视。由于国内对自闭症的研究一度很缺乏，国内很多罹患自闭症病儿的家长常常感觉很无助。不少家庭因为自闭症孩子的缘故而失去了幸福，有的甚至夫妻离异。

2000 年的时候，青岛一对信徒石贵成、方静举办了青岛以琳自闭儿训练部。这对夫妇本人即拥有一个自闭症病儿。这个自闭症中心得到了教会的支持。许多基督徒都来到中心帮忙，中心大部分的员工是信徒。中心还附设了一个帮助病儿父母的辅导项目，这是一个很大的需要，因为自闭症父母的压力都很大，有的还因为病孩的缘故家庭离异。由了解他们痛苦的人提供辅导，这对他们帮助很大。教会每周还派义工帮忙，信徒还为中心提供捐赠。除此之外，培训部还组织培训，并举办自闭症咨询的网站。在多方的支持和关心下，以琳成为基督徒服务社会的一个成功范例。

2005 年 4 月 14~16 日，中国基督教两会召开全国自闭症会议，向各个教会介绍这个工作。计划将在 2006 年杭州和上海开办新的自闭症儿童中心。

以上是我们教会参与社会事工的例子之一，希望这样的例子以后能够更多。教会对社会服务是负有使命的。教会也只有在完成自己的使命中，方能确定自己的社会定位，领会自己连接神与世人的关系。我们中国教会要努力响应呼召来完成这个使命。

城市化进程中的中国基督教

黄剑波

近代历史见证了一个快速城市化的过程。1900年,全球人口只有大约9%左右生活在城市。到2000年,世界城市人口的比例已经达到50%。人口由农村向城市的这个转移被称为“人类历史上最大的人口迁移”。

中国历来以农立国,直至20世纪80年代仍有80%的人口居住在乡村,以务农为生。与此相对应,中国基督徒也以农民为主,乡村教会的人数大致占全国信徒的80%以上。

但80年代以后,社会形态逐渐由农业转为工商业,城市里的工作机会和人力需要日渐增长,而农村社会则出现大量剩余劳动力。在短短二十年中,已经有一亿中国农村青壮年人口迁移到城市。而且,这个趋势还在继续之中。与此相对应,基督徒也“由农村包围城市”,居住在城市的基督徒和聚会点都不断在增加。

在这个基督徒个体和教会向城市转移的过程中,无论是作为转移来源的乡村教会,还是承担起接受部分乡村信徒的城市教会,或是城市新移民和流动工人新建立的教会,都经历了相当大的社会、文化和信仰上的冲击。信徒个体和教会都在经历信仰和组织上的重组和转型。不少人看到了这个转型过程中的危机,也有人注意到了其中所包含的机遇,更多人则相信这是一个对基督教来说机遇和挑战并存的历史时刻。

城市化的进程

"城市化(urbanization)"大概是近年来最为热门的词汇之一了。人类生产和生活方式由农村型向城市型转化的历史过程，表现为农村人口向城市人口转化以及城市不断发展和完善的过程。通常,城市化水平以城市人口占总人口的百分比这一指标来衡量。由于人口向城市集中或迁移的过程,不仅包含了人口的迁移,还包含了经济、社会、空间等多方面的转换,因此,城市化一词主要包含四个方面的含义:一是人口的转换,即农业人口向非农业人口的转换;二是地域的转换,即由于城市数量增多、城市规模扩大(包括城市自身的不断发展和完善),农业用地向非农业用地转换;三是经济结构的转换,即生产要素特别是劳动力和资本等从农业向非农产业转换;四是生活方式的转换,即由农村生活方式转变为城市生活方式,包括农村的现代化过程(闽捷,2002)。

从根本上讲,城市化是伴随工业化的自然发展过程。在一个实现了现代化的国家,农村人口占多数是不可想象的,没有城市化就不可能实现现代化。从某种意义上说,人类发展的文明史也是一部城市发展史和城市化进程史。考察世界各发达国家社会经济发展的历史，无一例外地经历了农村劳动力向城市非农产业转移的过程。因此,许多人相信,在中国的现代化进程中,城市化同样是必经之路。

综观世界各国城市化的历史过程,可以发现大体都经历了由慢到快、由快到慢，直至停滞不前的曲线发展过程，这一过程直接与社会经济发展水平密切相关。1949 年，中国的城市化水平只有 10.6%，当时世界城市化的平均水平是 29%,欧美等发达国家的城市化水平早已超过 60%。改革开放前,由于工农业生产落后、经济基础薄弱以及与城市化相关的政策、制度等原因,城市化进程起伏徘徊,直到 1978 年城市化水平仍低于 18%。改革开放后,工农业生产迅速发展,经济基础日益增强,城市化进程随之加快。从 1978 年到 2000 年,小城镇由 2176 个增加到 20312 个,城市数量由 190 个增加到 663 个,其中大城市、特大城市及超大城市 93 个,城市化水平显著提高。2000 年城市化率达到 36.09%。

从城市化水平看,世界城市化发展的规律表明,一个国家或地区的城市化水平达到30%左右时,城市化进程将进入快速发展阶段,这是一个不可逆转的客观规律。从经济发展水平看,世界银行对全球133个国家的统计资料表明,当人均国内生产总值从700美元提高到1000~1500美元、经济步入中等发展中国家行列时,城市化进程加快,城市人口占总人口比重将达到40%~60%。有专家分析,在未来的十几年中,中国的人均GDP(国内生产总值)将从1997年的800多美元,提高到2010年的1200美元甚至更高。城市化和经济发展水平的指标都表明,中国城市化的列车已驶入快车道,进入快速发展的阶段。有预测到2020年中国城镇化水平将达到50%甚至更高(李景国,2003)。另据2001年召开的第十四届全国中小城市经济社会问题研讨会的介绍,预计在未来20年,中国城市化率将达到54%以上,城镇人口将首次超过农村人口。①

中国的城市发展可以分为两大类,一是大城市的扩张,二是小城镇的广泛发展。在一些经济相对发达的地区甚至还出现了与发达国家类似的大都市带②,例如京津塘地区、珠江三角洲地区、长江三角洲地区等。尽管中国的城市发展也广泛呈现郊区城市化的现象③,但却仍然主要是乡村转化为城市郊区的形式,而不是发达国家那种城市人口向乡村的迁移④。

城市化与社会变迁

张村是西北地区的一个普通村庄，作者曾经在这里进行长期的参与观察研

---

① 中国人口信息网《人口信息快讯》2001年第8期。www.cpirc.org.cn/rkkx/2001_8.htm.

② 20世纪50年代以来,在某些城市密集地区,由于郊区城市化的作用,城市不断向四周蔓延,城市用地比例越来越高,使城市与城市间的农田分界带日渐模糊,城市地域出现连成一片的趋势,形成大都市带。

③ 20世纪中期,一些发达国家由于大城市人口激增,市区地价不断上涨,加之汽车的普遍使用、交通设施的现代化、人们生活水平改善后对人口低密度地区独立住宅的追求,城市中上阶层人口向城市市郊或外围地带移居,成为人口的主要流向,而从农村向城市的迁移逐渐退居次要地位。随后,各类服务部门纷纷迁往郊区。

④ 当然,在北京、上海这些大都市,也出现一些收入较高的人群主动向郊区迁移的现象,但规模还不大。同时,他们选择居住的是环境更好的远郊区,而不是民工群体主要居住的近郊区或城乡结合部。

究。根据户口册显示，该村的人口大约为3000。然而，在过去短短的几年中，村庄的常住人口急剧下降，据村里人估计已经不到一半。而据我自己的观察，情况甚至更为严重。村庄里每个家庭的青壮年，尤其是男性基本上都已经外出，或者到附近的中小城市，或者远赴一些沿海城镇。一些家庭甚至举家外迁，连春节这样的时节也不再回来。留下来的人口中，基本上以老人、妇女和小孩为主。在一定程度来说，张村已经快成为一个“空村”了。

然而，张村并不是一个孤立的独特现象。相反，这个小社区所反映的是整个国家，尤其是中西部乡村社区的人口流动过程。据国家统计局的数据显示，2002年全国外出务工农民为9400万①，其中出省的为4000万，而仅四川一省就有1300万，其中700万出省务工。

推动乡村人口外出的一个宏观因素在于发达地区与不发达地区之间所形成的“中心—边缘格局”(Frank, 1967)。而来自中心的生产体系的扩展破坏了边缘地区的传统经济结构和组织，造成劳动力的失业和剩余劳力的出现，同时中心的发展又越来越需要大量的廉价劳动力，大量人口于是从边缘流向中心(Castell, 1975; Caslets and Kosack, 1973; Weist, 1979)。这样，中心与边缘形成相互依附(dependency)和彼此联结(articulation)的态势。就张村而言，附近的天水市无疑是中心，是多数张村人选择打工的首要选择地点。而天水市则在很大程度上也依赖像张村这样的边缘村庄为其提供大量廉价劳动力，满足其城市社会维持和发展的需要。因此，天水的城市化进程对张村及其他边缘村的经济状况和村民是否外出务工的影响相当显著。

受宏观因素的影响，村民个体之所以要部分时间地离开土地，甚至完全抛弃土地，主要就是因为他们发现必须到城市中寻找工作机会，用以补充家用。换言之，他们不得不选择离开自己的村庄。作者在拜访一位村民时发现他家就只老两口在家，两个孩子都到西安打工去了。他一边叹气一边说：“没办法，种地没啥盼头，交完公粮、提留，加上肥料、农药，一年到头，不算人工钱，就没剩下几个。出去打工的话，再怎么说也还是能讨个生活，给家里补贴点钱买肥料、买盐巴、交提留，要不然就是不行。”张村小学的校长也说：“要说我们这样的小村，学费也不

① 国务院总理温家宝2003年上任后的第一次记者招待会上所提及的数字更大，他认为是1亿2千万。

高，有些家庭要是不出门去找几个钱，还就是交不起。"李运坤(2003)在安徽胡镇教会的调查也发现类似的情况：

> 据同工们说，现在农村人均收入太低了，人们生活很困难，不外出待在家里没办法。理论上两个观点(1)胡镇和全国各地农村一样，当前农业产品结构单一，加上工业也不发达，农产品价格低。国家入世前后的这几年农产品劣于欧美国家水平，小麦、水稻的价格已经下降到历史最低纪录：小麦每斤五角(以前七角)、水稻每斤三角(以前五角)。按人均占地一亩，小麦、水稻亩产六百至一千斤计算，农民每年人均总收入不足1000元。(2)农民负担重。胡镇农民现在税务沉重，地方税务很少按中央法定单项征收之税收程序，而是个人亩产、各项摊派混在一块。每年人均亩产、缴税140–180元，再减去投资成本，农民的利润所剩无几，农民苦不堪言，只有出外谋生。

这个日见加速的城市化进程以及大量村民的外出务工给乡村社会带来的好处是显而易见的，村民的生活有了很多的改善。据国家统计局的前述数据显示，2002年由这些民工所创的产值高达5500亿，其中2300亿在其打工地点城市消费了，因此这些民工不仅满足了城市的工作需求，还进行了总体数量较大的低端消费，他们对城市经济社会的发展功不可没。但是，更大部分的产值通过邮寄和携带流通到了民工的来源地，共3200亿，仅四川一省民工每年邮寄回家就约为400亿。

然而，城市化的进程也带来了巨大的社会变迁，产生了一系列复杂的社会问题，其中一个直接的反应就是大量的人口迁移。而且这种人口迁移不同于工程或生态移民，军事或政治移民等传统移民形式，它是全方位在进行，无论是移出地，还是移入地，其范围之广史无前例[①]。另外，由于中国的城市化是在短短二十年中高速进行，人口流动的数量更是惊人。近些年来中国的铁路、公路以及航空运输系统得到高速的发展，但仍然不时传出超负荷运转的警告。另外，"春运"也就成

---

① 当然我们也能发现这种移民形式的一些基本趋向，如乡村向城市，中西部向东部，不发达地区向发达地区；再如河南人到北京较多，四川人到广东较多，安徽人到上海较多等。

了中国近年来一个独特的社会文化现象，以至“春节”在一定程度上成了对于流动人口的“春劫”。

人口大流动所带来的不仅是农民工对城市经济生活的贡献，以及他们通过汇寄现金的方式对家乡经济的推动，更重要的是带来了社会关系的深刻变化。这些流动人口构成了对传统户籍制度，以及城乡分割体系的挑战。这些习惯了农村比较宽敞的生活环境的农民工在进入城市之后，其生活空间突然被压缩到一个很狭小的地步。这种生活空间的变化所导致的不仅仅是简单的人际关系问题，也是一个社会交往和控制体系的问题。也就是说，传统上农村的那种乡村社区式的或亲戚网络式的交往和控制体系在进入城市后，突然之间就在很大程度上失去了原有的功能。尽管也有研究表明进入城市的人们仍然在一定范围内运用乡村原有的人脉和关系①，但是其广度和深度都无法与过去相比拟。

这种大规模的人口流动，尤其是青年人的流动也产生了不少的家庭和社会问题。在乡村，其中一个表现就是空巢家庭的大量产生。一种情况是年青的夫妻外出务工，家中要么留下的只有年迈的老人，或者就是老人加上小孩。另一种情况的问题则更为显著一些，即年青的丈夫单独外出务工，而家中只留下妻子和孩子。这种长期的两地分居当然会产生性需求得不到正常满足的情况，以至于在一些城市不时发生农民工强奸的事件，以及城市边缘地区大量出现的专门针对农民工群体的低端性服务市场。

社会上广泛存在的拖欠农民工工资的现象，对农民工的社会歧视的现象，以及贫富的过度差距等也催生了一种广泛的仇富心态，甚至社会仇恨心态。这种心态则导致了一些为达致富或生存的目的而采取的非理性手段，犯罪和暴力的事件时有发生。更令人担忧的则是这种城市无产者的出现及其群体的不断增大，社会的不安定因素也随之不断加增，正如一句民谣所说：没钱的怕有钱的，有钱的怕有权的，有权的怕什么都没有的。随着一个社会这种“没有什么可失去的，所失去的不过是锁链”的人群的增长，社会崩溃的危险系数也就会随之上升。

---

① 如项飙(2002)对北京的浙江村的研究就发现这些浙江商人们的其中一个社会关系网络就仍然是亲戚，或者是同乡，甚至同村关系。

变迁的阵痛：城市化对基督教的影响和挑战

幸运的是，政府和知识界都已经察觉到以上这些社会问题，并提出和实施了一些相应的政策和措施，包括对拖欠民工工资问题的关注，对三农问题的关注等。正如一些有识之士所指出的，在这个剧烈的社会变迁过程中，作为社会良心的基督教和基督徒也应当有所承担，帮助建设一个理性的和谐社会。当然这一方面要依赖教会和信徒的主动参与和争取，也决定于政府和社会提供给基督教的空间到底能有多大。不过在讨论基督教能在其中有何给予之前，我们需要先来检索一下城市化进程对基督教有什么样的影响。

关于中国基督教的形态问题，一直都有不同的说法。不过由于这里考察的是城市化的问题，我们姑且采纳一个简单的二分法，即乡村教会和城市教会。通常来说，乡村教会受到经登记的教会系统的控制和影响都不大①，一些大型的乡村教会系统甚至完全是与经登记的教会系统相对立的。在此我们将之简化为两个类型：名义上属于经登记的教会系统的乡村教会以及独立的乡村教会系统。

城市教会的形态也很多样，但为了分析之便，也尽量简化归类。经登记的教会系统在城市的力量相对比较强大，尽管内部也有差异，但大致还能归为一类。未登记的基督教私设聚会点的城市教会则基本上可以分为两大类型：一是传统的家庭聚会，二是新兴的年青专业人士聚会。传统的家庭聚会多数是由一些1949年以前归信的老基督徒及其后代，或通过他们传福音而归信的基督徒所建立的教会。这些教会多半承袭传统的基要信仰，聚会方式保守，信徒来自各行各业，但以年长者为多。新兴的年青专业人士聚会主要是1990年代以来的新型未登记的基督教私设聚会点教会，其形成多以大学生团契为开端，当这些学生毕业后进入各个行业，就成为所谓的专业人士(professional)。其聚会也逐渐由纯学生的团契向年青的专业人士和大学生为主的教会转型②。这一类的教会通常不拘泥于传统的聚会方式，在神学上也更有反思的空间和兴趣，同时还比较关注福音与

① 需要指出的是，不少乡村教会在名义上是附属于经登记的教会体系的，尽管在实际的教会管理、教导和运作方面几乎完全是自立的。

② 这一类教会中也有相当部分是由海归派基督徒所建立或构成。

社会、福音与文化的关系[1]。这当然与其主体成员的构成有关,他们基本上存在这么一些共同点:高教育程度;低年龄阶段;较高的收入和社会地位。

当农村基督徒随着城市化大潮涌入城市的时候，尽管也有一些信徒因为各种原因不再聚会,甚至逐渐脱离教会。但是其信仰的内在需求,以及在城市生活中的种种压力和问题使得他们急需找到能够提供属灵供养和生命关怀的教会。对于这些对城市并不熟悉的农村信徒来说，可见的经登记的教会系统的大教堂成为了第一个选择。然而,大教堂本身已经严重超负荷运转。北京、上海、广州这样的大型城市,公开的教堂资源实在太过稀少,以至于每个教堂几乎都至少有2堂,甚至3堂的主日聚会。而每一堂聚会仍然是人山人海,满满当当。就算这些民工信徒在教堂里找到了一个座位,但他们却很难得到具体的属灵牧养和关怀,因为教堂的神职人员对于城市已有的信徒已经应接不暇了,实在没有余力来关注这些大量涌入的新信徒[2]。

CLE 于 1998 年捐赠的燕京神学院电脑中心

一个有意思的现象是,那些参加经登记的教会系统聚会的民工信徒通常都来自名义上属于经登记的教会系统的乡村教会。他们对于经登记的教会与未登记的基督教私设聚会点没有什么明确的概念,但是,对于那些来自独立的乡村教会系统的民工信徒来说,他们由于在家乡的教会一直对这个问题很敏锐,通常会选择参加未登记的基督教私设聚会点的聚会。

可是，城市里的未登记的基督教私设聚会点聚会的教会形态与乡村教会的差异及其接受能力的限制都使得这一批的民工基督徒难以进入，就算进入了也难以真正融入。

---

① 参见主扬,《中国城市教会的发展与需要》,见《中国与福音》月讯第33期。

② 当然,一些教堂已经开始关注这个新群体,并专门开设了相关的团契和小组,但总体来说仍然是杯水车薪。

城市里多数的未登记的基督教私设聚会点聚会人数都在50人以下,一些教会内部甚至有聚会人数尽量保持20–30之间的不成文的共识①。其原因除了政治社会环境之外,城市人口众多、居住空间狭小拥挤也是一个客观的事实。由于这些客观的原因,城市未登记的基督教私设聚会点教会确实没有这个能力接受大量涌入的民工信徒。

对于这些民工基督徒来说,由于教育和社会背景的差异,以及教会形态上的差异,使得他们对于进入新兴的年青专业人士教会心存疑虑。反之,这些专业人士教会也觉得无法和这些民工信徒交往,也无力提供给他们相应的牧养和关怀。因此,通常来说,民工基督徒会更倾向于参加传统未登记的基督教私设聚会点的聚会。

但是,传统未登记的基督教私设聚会点在教会拓展方面通常比较谨慎,对传道人的要求也相对较高。而大量新来的民工信徒的加入就直接要求教会做出反应,建立新的聚会点,而这与传统未登记的基督教私设聚会点一向的特征是不吻合的。同时,由于传统教会里年长者较多,尽管在基要信仰上彼此的共同点较多,但由于多数进城的民工信徒都是年轻人,其间毕竟存在一些年龄错位的问题。另外一个很多人不愿意承认的因素在于,由于这些愿意参加未登记的基督教私设聚会点聚会的民工基督徒通常来自独立的乡村教会系统,尤其是一些大型的教会系统,他们也有来自母教会上层力图扩展教会,在城市建立教会的愿望,而这多少会让城市教会的领袖们心存疑虑,担心成为这些大型教会系统扩张中被吞并的牺牲品。

由于这些不同的因素和顾虑,这些大量涌入城市的乡村基督徒不得不考虑新的出路。尤其是随着城市化的不断深入和加速,进入城市的基督徒人数不断增加,在一些城市已经出现了专门的民工聚会。由于他们的教会形态在很大程度上仍然保持了乡村教会的特征,在此暂且称之为"都市里的乡村教会"。大致来说,这一类的教会产生有两种情况,一部分是一些信徒出于自己信仰的需要自发而

---

① 根据与一些未登记的基督教私设聚会点教会领袖的交谈,他们之所以有这样的共识,大概有几个方面的考虑。首先是教会外因素的考虑:政治和安全因素;聚会场所限制的因素。但他们也都提到了教会内因素的考虑:人数太少缺乏教会团体的动力,不是一个健全的教会;但人数太多则无法满足信徒个体灵命的需要;更为重要的是,不少教会领袖相信这样不断的裂分,能保持一个外向的异象,不仅是一个促使"工人"产生的有效方式,更是一个健康教会当有的型态。

成,以及乡村大型教会系统有意识地进行城市宣教和植堂的努力的结果。目前没有任何可信的准确数据表明这类教会的现状及其增长情况，但是，毋庸置疑的是,由于这类教会对于民工信徒天然的亲和力(affinity),其增长之快可以说是令人结舌。例如,北方某大城市的一个民工教会,其建立大致始于2002年,当时不过2对夫妻,短短3年之后,已经成为有近20个聚会点,信徒1000多人的规模。而在南方某大城市也有这样类似的现象，尽管其建立教会要稍早一些，大约在2000年前后,但到现在已经拥有3000多信徒。需要指出的是,这些教会的增长并不仅仅是收容那些进入城市的民工基督徒,也包括在民工中传福音新近归信的信徒。

乡村基督徒大量进入城市固然一方面使得城市已有教会在信徒人数上增加了,甚至也建立了一些新的民工教会。但这个进程对于乡村原有的教会来说影响似乎显得更为显著,甚至可以说是危机。其中一个直接的后果就是在很多乡村教会都出现的信徒人数上的萎缩。尽管这样的萎缩并不能说明乡村基督教本身就一定倒退了,基督教在乡村的发展就一定停滞了,但是由于大量信徒,尤其是青年信徒的外出,使得乡村教会至少在表现上显得甚为萧条。张村教会号称拥有1 000人左右的信徒,然而目前能经常参加聚会的,就算把主日聚会、查经聚会、祷告会、唱诗会都算上,每个礼拜也不过200多人①。近些年来,基本上只有春节期间的“年会”才大致能恢复以前聚会的光景,因为此时大量外出的信徒都会回家过节。张村教会长老叹息说:“教会这些年软弱了。”尽管张村教会的个案或许显得过于黯淡,但是这却是整个乡村教会大致的情形,只不过严重程度不一而已。

在城市化这个社会转型的过程中，乡村教会转型中所面临的不仅仅是信徒的外出而已,另一个严峻的挑战是教牧人员的流失,从而带来教会的牧养不足,甚至出现教会的负增长。据李运坤(2003)报道:

> 2003年元月,笔者对皖北农村胡镇教会点(目前信徒约5000人)进行了调查,发现其教会教牧人中打工走了很多同工弟兄姐妹,其教会教牧14人中,走了七位讲道同工。两位诗歌领唱同工,一对夫妻执

① 当然这个计算并不是将参加这些不同聚会的信徒人数重复计算,因为不同形式的聚会总会吸引不同的信徒。另外,前面也提到过,张村教会所谓的1000人的信徒本身就包括了信徒家庭中那些平常难以参加聚会的人员,例如需要上学的孩子,以及行动困难的老人等。

事，据小尼姐妹介绍，此几位同工走后，信徒听道出现供应困难。现在晚间聚会已不如从前场场有人讲，经常中断无人。诗歌领唱、培训也中断了，教会中无人识谱，圣工出差同工也明显地减少。据另一位邵振弟兄介绍，此种情况胡镇周边几个教会点也存在。

乡村教会的这个状况使得不少人开始思想中国基督教的发展前景问题。有鉴于城市化进程的加快和进深，一些人开始将注意力转向城市，包括一些有远见乡村教会也提出向城市宣教的异象，即所谓"农村包围城市"[①]。事实上，一些有能力的乡村教会也有意识地派遣宣教士进入城市。不过，通常这都是一些形成了相当体系的乡村教会系统才能做到的，特别是所谓的"中国家庭教会五大家"。一般的乡村教会通常少有这样的宣教异象，就算有也只是有心无力。

然而，城市已有教会也有自己独特的问题和需要。正如前面所说，无论是经登记的教会还是未登记的基督教私设聚会点教会，一方面都存在着接受能力限制的问题，另一方面还存在着乡村教会传统与城市教会传统的差异的问题。看起来那些专门面对民工群体的新型城市教会才是真正满足这些进城的乡村基督徒的有效渠道。

虽然我们已经看到一些民工教会的成功案例，但是，由于城乡生活方式的差异等诸多因素的影响，民工教会的生存和发展也存在相当多的挑战。政府的管制等外在因素姑且不论，仅简单列举如下几个教会内部的因素。

1.更为紧张的工作方式

城市生活的压力和需要都要大于乡村，而这也造就了一种更为紧张的工作方式。过去在乡村的生活尽管也很艰辛，但无疑拥有更多的闲暇时间，信徒也有更多的时间读经、祷告和聚会。而现在，城市里的工作和生活都要求更为紧凑，因此不免会减少读经、祷告和聚会的时间。这当然会影响到民工教会的聚会问题，尤其会影响到教牧同工的培养，因为那无疑需要更多的时间投入。事实上，这不仅是时间的问题。由于在城市里要满足基本生活的标准远远高于乡村，一些在乡村还可以在农闲时候大量参与教会事工的传道人由于生活所迫，也不得不减少

① 这并不意味着乡村不再需要关注和宣教，事实上，在相当长一段时期之内，中国基督教的信徒构成主体仍将是农民。

参与。尽管也存在一些夫妻一人主要工作，另一人主要传道的情况，但通常生活压力也非常大。因此，城市的民工教会比乡村教会更为需要由教会供养的专职传道人①。与此相关，专业的神学训练也就越发必要。

2.更为个体性的生活方式

尽管这些进入城市的乡村基督徒仍然在一定程度上保留了原有的地缘、血缘等传统交往脉络，但他们也逐渐发现，城市生活越来越趋向于个体化。在家庭生活方面也是如此，核心家庭逐渐成为一种共识。个人的发展成为更为看重的价值，而这会促使物质主义或消费主义在信徒生活中的抬头。相应的，这些信徒对于参与教会或聚会等群体生活的兴趣也会有所减弱。

3.更为理性化的信仰方式

乡村基督教的信徒多半是透过神迹奇事，福音传播速度很快。事实上，目前的民工教会的基本信仰形态仍然是乡村式的，即情感投入和见证比较多。但是，居住在城市里的人，通常文化程度和见识更多，主要是透过理性的方式归信，例如听道、阅读福音单张和书刊。因此，当这些民工教会试图超越自己的群体，向这些城市居民传福音时，就会遇到一定的难度。

这些不同的因素叠加在一起，使得城市里难以形成有吸引力的基督徒社区。以至于"许多培训老师难免对城市的弟兄姊妹感到失望，觉得他们不像农村的弟兄姊妹那样渴慕神的话语，那样的吃苦耐劳、殷勤服事主。"②

基督教在城市：历史、现实与机遇

在考察当前中国城市基督教的发展之前，我们或许有必要简要回顾一下早

---

① 但是，由于乡村教会传统的影响，民工教会对于供养传道人是相当谨慎，甚至迟疑的。这一方面是因为本身教会确实财力不足，另一方面则更多的是受到传道人就应当清苦专心服侍的传统观念的影响。

② 主扬，《中国城市教会的发展与需要》，见《中国与福音》月讯第33期。

期基督教在罗马帝国的快速扩张过程的一些特征。宗教社会学家斯塔克(2005)对早期基督教历史的研究指出,基督教主要是一个城市现象。早期使徒以及教父们主要是在地中海沿岸的城市进行宣教和牧养的工作，例如亚历山大、耶路撒冷、安提阿、哥林多、罗马等。那么,我们是否有理由相信城市的规模对其基督教化有影响呢？哈纳克认为:“一个城市的规模越大,基督教信众的人数就越多(这一点即使是相对的,也是可能的)(Harnack1908:2:327)。费舍尔在其关于城市亚文化理论的著名研究中也提出这样的观点:“一个地方的城市化程度越高，其突破传统的速度就越快”(Fisher1975;1328)。他认为一个城市的人口越多,越容易形成一个构成新的非传统的次文化所需要的“关键人群”,这在一个非主流的宗教运动中更是如此。因此,费舍尔断言:城市越大,形成一个构成基督教会的关键人群的速度也就越快。而当前中国的现实则是,大型甚至超大型的城市相当多,远远超出世界平均水平。这一点也就成为一些学者看好基督教在城市里的发展前景的原因①。

除了这个城市特征之外,早期基督教在犹太人中进行了成功的宣教。当时有相当数量的希腊化犹太人归信基督教，而且这种趋势一直持续到大约公元 4 世纪末 5 世纪初。其原因首先就在于文化的延续性。基督教不但与分散各地的犹太文化有高度的连续性,而且与希腊文化因素也有高度的一致性。另一个原因则是一个社会学命题:一个社会运动主要从以下人员中吸收新成员,即已经与该群体成员存在着或形成了人际关系和情感纽带。而那些大流散中的犹太人正是早期从耶路撒冷出发去传播基督教信仰的传教士的亲人和朋友。事实上,很多传教士(包括保罗自己)都是大流散中的犹太人。就算犹太人归信基督教持续的时间没有那么长,但学界公认直到公元 2 世纪很长的一段时间里,犹太人是皈依基督教的主要人群。哈纳克指出:

> 大流散中的犹太人会堂为基督教团体在全帝国范围的兴起和壮大提供了最重要的准备。这些会堂所形成的网络为基督教的传播和发展提供了场所和方向,就这样,这一新宗教在以亚伯拉罕之神和摩西

① 这当然也包括其他非传统的宗教或次文化的发展。

之神的名义所负的使命下，找到了已为自己准备好的一个新的空间(Harnack1908:1:1)。

当前中国城市化的进程固然极大地冲击了传统的乡村社区，甚至对传统人际关系网络的破坏。但是这并不意味着传统与现代就一定是对立的，传统必将会被现代所“同化”。沃尔斯的“城市性”(Urbanism)概念与雷德菲尔德的“乡土—城市连续体”(folk-urban continuum) 概念所构成的沃尔斯—雷德菲尔德模式就认为，从农村到城市的迁移是一个原有人际关系解组，移民不断个人化，而最后失去自己原有文化特征和社会关系的过程(Kearney,1986)。萨维(Sauvy,1966)等人也认为随着时间的推移，来自传统文化的人必将会“与过去决裂”，失去“特殊群体感”，而被融入现代文化统一体中。而在事实上，我们可以看到更多现代与传统并存(coexisting)的现象，人们在现代社会中仍然利用传统网络谋求自己的生存和发展。波兰尼在其经济人类学研究中提出的“嵌入”(embeddedness)理论认为经济行为是在别的社会关系网络中得以发生的，波尔特斯(Portes,1993)则进一步用“强制的信任”来解释人们为什么能够在这个被嵌入的网络中更好地操作其经济行为，指出在紧密团结的团体中，人们会把集体的规则置于个人的眼前利益之上①。因此，尽管现代经济社会体系处于绝对的强势，但进入城市生活的乡民们却在实际操作中仍然自觉地利用原有的传统网络，如血缘、地缘、姻亲等，以及新建立的关系网络，如朋友、信仰等，来谋求自己最大的利益(项飙,2000)。

对于基督教来说，这些传统的网络也仍然是可以利用的资源。事实上，城市里的民工教会在一定程度上也体现了地域性这个特点，例如同为温州的基督徒更容易聚合在一起，而同为河南的基督徒也更容易彼此联络。这其中除了一个语言的问题之外，传统文化连续体也是一个不容忽略的因素。因此，从宣教策略上来考虑的话，民工教会理当充分利用农民原有的各种地缘、血缘纽带，以及他们在城市中新近形成的行业、友谊关系。

早期基督教得以迅速传播的另一个因素则在于其发达的交通系统和贸易。

---

① 波尔特斯(Portes,1993,pp1325)认为有两点理由使得人们愿意这么做，一是因为人们相信这会带来长远的利益，人们“知道”集体对个人的制约将带来好处。其次，更为重要的是，如果你做了集体期望之外的事，你将被“驱逐”。

正如米克斯所指出的："罗马帝国的人与他们之前以及他们之后直到19世纪的人相比，他们的旅行都更加频繁和容易。"（转引自斯塔克，2005）这些旅行和贸易所带来的直接后果就是相互的沟通、文化的交流、建立在血缘基础上的人际网络关系、友谊，以及商业。而这些因素对基督教传播之前的准备工作而言至关重要，因为人口的流动对于信仰的传播更为有利。众所周知，对一些规范的遵从是人际关系依附的结果，因为在某种程度上我们珍视与他人的关系，为了保有他们的尊重我们便遵从这些规范。当缺乏这种依附关系时，人们有更多的自由去背离这些规范。因此，城市社会中对传统人际关系的解构，或者说对人际依附关系强度的减弱，就会出现利于非规范的观念或信仰植入的机会。在现代研究里，学者们发现非传统的行为与不同程度的人口变动和不稳定性有着非常强的关联。比如说在美国和加拿大，新移入的或刚从一个居住地移到另一地的人口比例较大的地方，参与非传统宗教活动人口的比例也就比较高(Stark and Bainbridge, 1985)。

前面已经提到，当大量人口在短时间迅速涌入空间有限的城市后，会产生一系列的社会问题。事实上，极度的生活落差和城市生活不断加增的压力所导致的还有大量的心理需要，甚至心理疾病。而这些又汇聚累积成为广泛的灵性需要。

同时，由于新社区和新移民对新宗教的接受程度高于原住居民，而基督教对于多数中国人来说，仍然是一种"新宗教"。马格文认为，一个社区越是静态，越能凭借各种既有管道传递及保卫传统的社会分层及文化习俗，传统的社会和文化屏障就越牢固，接受新信仰的难度就越大。反之，在一个动荡的时代里，传统价值不容易保持，也不容易对个体成员产生制约，文化或信仰转变的可能性大大提高[①]。他还指出，移民，无论是从一个社区进入一个新的社区，还是曾经移居外地的还乡客，由于与原来的地理、文化和社会的脉络关联不紧，也是比较容易接受新信仰的群体(McGavran，1990)。

---

① 梁家麟(1999，238页)也指出，如果一个社会的主流文化陷入严重的危机中，如其有效性遭到普遍的质疑，群体成员为求存的缘故主动求变求新，就更会增添外来宗教进入的机会。而基督教在中国20世纪前20年的"黄金时期"就是因为当时的社会极度动荡，而且主流文化陷入严重危机之中。而在1980年代以后中国知识分子归信基督教的现象也与社会上普遍存在的"信仰危机"有关。

民间信仰一般来说具有强烈的地域性和社区性的色彩，通常也是一个地区民众身份认同和关系维系的重要象征。在乡党亲友的牵制影响下，社区成员要改变宗教信仰并不容易。但是，移民既然离开了原属的社区，原有的民间信仰便不再容易维持，同时他们也不一定能融入新社区，以及接受新的地域性民间信仰。这就为作为外来信仰的基督教提供了传播的机会。徐铭和马哲海(1994)在江西武宁的调查发现，当地居民大多接受传统的民间信仰及与民间信仰接近的佛教，而外省籍的移民却更倾向基督教。他们认为，“由于外省籍移民离乡背井，不容易接受地域性的民间信仰，大多信仰基督教，使得佛教的发展多少与否与外省籍移民的增长形成相反的关系。”据1992年6月福音杂志《桥》第53期一篇名为“客家教会古往今来”的报道，在广东许多地方，外省民工信教的比例要比本地人要高。1989年《桥》第33期“煤矿山城里的一个雏形聚会点”这篇文章报道说，广东曲江县某煤矿的矿工主要来自潮汕地区。他们从1957年到1975年间分批来到山区落户，并保留潮汕一带的风俗。1980年代以后，潮汕地区基督教得到快速的发展，而该煤矿也因为经济发展后回乡探亲及与家乡往来的日益频繁，基督教也随之得到极大的发展。

结论：谁动了我的奶酪？

城市化的进程似乎已经是无法阻挡了，而且其对基督教的影响和挑战无疑也是巨大的。但是任何社会变迁在带来挑战的同时也会提供一些新的机会，能否在挑战中抓住机遇的关键就在于能否及时地认识并适应变化，为变化做好预备。因为有变化就意味着有机会，尽管这同时意味着有危机。对一些教会来说，已经或者还将会发出“谁动了我的奶酪”的惊叹或哀怨，但也许对另一些教会来说，他们能尽快适应变化，并去寻找新的“奶酪”，而且可能是更大、更好的“奶酪”。对于他们来说，问题就不是“谁动了我的奶酪”，而是“我能动谁的奶酪”了。

参考文献：

1. 李运坤，《皖北农村胡镇教牧打工现象透视》，见《今日教会》2003年8月。

2. 李景国，《中国百姓蓝皮书·城市化》，2003：社会科学文献出版社。

3. 梁家麟,《改革开放以来的中国农村教会》,香港:建道神学院,1999。

4. 闽　捷,《城市化未来的路怎么走》,见《北京青年报》2002年9月2日。

5. 斯塔克,《基督教的兴起》,黄剑波、高民贵译,2005:上海古籍出版社(待版)。

6. 项　飙,《跨越边界的社区:北京"浙江村"的生活史》,2000:三联出版社。

7. Caslets and Kosack. 1973. Immigrant Workers and Class Structure in West Europe. London: Oxford Press.

8. Castell, 1975. Immigrant Workers and Class Struggle in Advanced Capitalism: the West European Experience. In Political and Society. 5(1).

9. Fischer, Claude S. 1975. "Toward a Subcultural Theory of Urbanism." American Journal of Sociology 80:1319–1341.

10. Frank, 1967. Capitalism and Underdevelopment in Latin America. New York: Monthly Review Press.

11. Harnack, 1908. The Mission and Expansion of Christianity in the First ThreeCenturies. Translated by James Moffatt. 2 vols. New York: G. P. Putnam's Sons.

12. Kearney, 1986. From the Invisible Hand to Visible Feet: Anthropological Studies of Migration and Development. In Annual Review of Anthropology, 15:331–361.

13. McGavran, Donald. 1990. Understanding Church Growth. Grand Rapids: Eerdans.

14. Portes,1993. Economic Sociology and the Sociology of Immigration: a Conceptual Overview. In The Economic Sociology of Immigration. New York: Russell Sage Foundation.

15. Sauvey, Alfred. 1966. General Theory of Population. New York: Basic Books.

16. Stark and Bainbridge,1985. The Future of Religion: Secularization, Revival, and Cult Formation. Berkeley and Los Angeles: University of California Press.

17. Weist, 1979. Anthropological Perspectives on Return Migration: a Critical Commentary. In Papers in Anthropology. 20.

基督教和当代中国的法制和法治

周青风

一、论题的提出：基督教与东方西方

强调基督教对法制建设的意义不是西方中心主义的提法，因为西方现代性的问题恰恰也是西方对基督教的信仰困惑、丧失的结果。

人类面临的最根本问题向来如一：人是什么？人生的意义何在？人之去处在何方？这是一个真正的哲学问题、宗教问题。但是孔老夫子的一句话："未知生，焉知死"把中国人将这个问题从现世剥离开来，就这样使中国的法律及其适用失去超验性的社会基础。昂格尔认为，中国没有产生法治的主要原因在于中国没有形成现代型法的秩序的历史条件，而超验性的宗教基础是众多历史条件中不可或缺的一个。①

但是我们依然可以这样提出问题：无论是中国人还是西方人所面临的基本问题有两个，如何应对人世中的缺憾、又如何建立并维持有秩序的统治。这不仅是哲学问题、宗教问题，也是且首先是一个法律问题。可见法律制度和宗教哲学

---

① 参见昂格尔，《现代社会中的法律》，中国政法大学出版社，1994。

季卫东也在《法治秩序的建构》一书中谈到：昂格尔的着眼点是"中国的导致帝政统一的各种现象与西方的产生民族国家的各种现象之间存在许多共同之处，但是两者的法制结果却很不一样。"中国形成的主要表现为行政命令的官僚法（管理型法），而西方形成自主的普遍适用的法律体系和法律至上的观念。为什么中国没有法治精神，昂格尔认为主要原因在于缺乏形成现代型法秩序的历史条件——集团的多元主义、自然法理论及其超越性宗教的基础。

面对的最深层的问题别无二致。伯尔曼在其《法律与宗教》中更加深刻地描述了法律与信仰的关系:“在法律和宗教彼此分离的地方，法律很容易退化为僵死的法条,宗教则易于变为狂信。”

现代法律制度(宪政法律制度)是从西方开始的,立宪政府的理论和实践可能是西方世界所取得的最大的政治成就，而且西方法律制度的生成是以基督教文化为其根基的。面对这一不争的事实,我们所要质疑和探讨的是这一来自西方的成就只适用于西方?抑或这一成就既不是一个世纪也不是一个民族所成就的?现代法律制度的生成是否以存在一种宗教的和哲学的支持为先决条件？而这种培育其成长的宗教和哲学是否还会继续影响着立宪政府的生存和发展?或者该理论被不具有支持其产生的宗教或哲学的民族或国家采纳时，其存在情况又将如何?

马克斯·韦伯在其《新教伦理与资本主义精神》一书中阐述了基督新教对养成资本主义经济制度的社会精神气质的影响。然而就某些宗教观念对于一个社会的法律精神的养成以及对法律制度发展所产生的影响，一般来说是最难把握的问题。尤其今天我们是站在基督教文明而非儒教文明的基础上来谈论中国法律问题。

当然我们决不可以有这样的偏见,认为凡是近代的就是西方的,而西方的就是重要的。我们也不可以因为民族主义而放弃对人类共同文明的享用。其实,许多西方学者在研究中国现代性问题时,也避免用西方的话语来看待中国。柯文在《在中国发现历史——中国中心主义在美国的兴起》一文中说:“研究中国历史，特别是研究西方冲击之后的中国历史的美国学者，最严重的问题一直是由于种族中心主义造成的歪曲。”[①]但问题在于,基督教是西方的吗?宪政的法律制度是西方的吗?

其实我们是在不经意地忽略或故意忘却一个事实:“西方”只是一个相对的概念。伯尔曼就说,西方不是一个地域性概念,西方是不能借助罗盘找到的。西方是具有强烈时间性的文化方面的词汇。它不仅仅是一种思想,也是一个社会共同体。“在数百年中,能够和简单地等同于西方基督教世界中的人们。”从这个观点

① 柯文,《在中国发现历史——中国中心主义在美国的兴起》,中华书局,第53页。

出发,西方不是指古希腊、古罗马和以色列民族,而是指转而吸收古希腊、古罗马和希伯来典籍并予以改造的诸民族。所以,有着丰厚的基督教文化的奠基,是西方的重要表征。

我们观看20世纪的历史时,会发现中国人所谓的西方文化是经过精选的、个人心目中的西方形象来理解的,甚至那些所谓的"全盘西化"者也不过是按照自己心中的西方来改造中国。如胡适就只希望采纳西方的科学和民主,反对采纳西方的基督教;而且,"他心目中的科学和民主都带有明显的杜威学派的烙印,不能一般代表西方类型的科学和民主。"①因为我们不了解基督教,所以我们不了解西方之治;因为我们对西方的误读,所以一并把基督教给误读了。中国一开始对现代法律制度就是雾里看花,因为我们想要探求西方法律精神的时候,就首先被科学主义理性精神和民族主义的国家伦理窒息了。从"五·四"一直到现在,这种状况没有改变过。所以刘小枫呼吁,汉语思想可以、而且应该从基督教精神来解决现代性历史哲学问题,就像黑格尔、尼采、韦伯他们所做的,而不应站在科学主义的理性精神或者本土的民族主义国家伦理的思想位置上去。或许可以因此揭开别的洞天。②

如此,也许可以理解本文为什么试图通过基督教信仰的角度来解读中国的法制和法治问题。当然,对现代法律及其在中国的运作的理解极为复杂。尤其想在思想概念领域如人民主权、基督教和进步、自由等概念直接作出中国式的回应几乎不可能。在此只是提供一个视角,来探讨基督教精神在西方法律生成中的地位乃至如何保守其法律可以被信仰,以及西方现代性的失却的根源在于对基督教信仰的背离等经验和教训,来探讨基督教信仰在中国法制建设中的发挥作用的可能性和可行性。也即来探讨基督教伦理和法律伦理的普世性问题。

二、从法律制度的设计层面上看:法律应该是可以被信仰的法律

"没有信仰的法律将退化为僵死的教条;法律因宗教而获得神圣性"。离开基

---

① 《在中国发现历史——中国中心主义在美国的兴起》第5页。

② 刘小枫,《圣灵降临的叙事》,生活.读书.新知 三联书店,2003,第15页。

督教的法治观，法律就会被描绘成世俗的理性的功利的制度——一种达到某种目的的手段。随着中国法治建设的深化，我们越来越多地关注这样的命题，即没有正义的法律就像没有灵魂的肉体；而且哪怕是正义的法律如果不被信仰，也不会带来正义之果。这样就使得本篇论文题目所涉及的基督教和中国法律建设的结合有了契合点。

自希特勒以纳粹主义的法律治理欧洲十多年后，人们重新回味自然法的价值，强调“恶法非法”。立宪主义的法律制度要求法律是良善之法，它们以保障人的价值尊严为终极目标，它们与理性要求人们要正直和诚实的内容并不冲突。于是一系列的法律制度应运而生，政教分离、人人机会平等、彼此承担责任、代议制政府、分权制度、新闻自由、宗教信仰自由、集会自由、审判遵循正当程序、无罪推定、言论和出版自由，宗教自由，反对自证有罪之权，陪审团不受法官支配，不受非法监禁之权，以及其他诸如此类的权利与自由成为贯穿在宪法和法律之中的主要观念。而这些法律原则和规定无一不在宇宙的道德秩序中有其渊源。伯尔曼在检测这些原则和规则时说它们“即便不是出自《圣经》原本，也是符合《圣经》的。”[①]当我们回顾世界立宪运动的历史，我们就不难发现，宪政制度正是随着基督教信仰传播扎根并被不断理性化、细腻化、制度化的产物。在《超验正义——宪政的宗教之维》一书中，卡尔·弗里德里希通过对柏拉图以来到康德为止的正义观的历史梳理，阐述了作为西方宪政核心理念的正义与基督教信仰和基督教神学之间错综复杂的关系。在叙述方法上弗里德里希尽量避免陷入狭隘的西方中心主义，因为，他试图寻找的是宪政法律制度的普世性，因为它们源自一个普世的宗教。[②]

而基督教之与西方，不仅仅因它是西方法律制度的一个源泉，更在于它在社会生活的各个领域培植了一种精神价值，使之成为法律适用的一个背景。托克维

---

① 《法律与宗教》第112页卡。

② 尔·弗里德里希说：“当然，在断言西方的宪政论是基督教文化的一部分时，我们所遵从的是一种现代的信念，即认为一切文化现象都应被视为一整套相互关联的价值观、利益和信仰的体系的呈显”(第2页)。在这里，作者显然以一种历史社会学的视角进入了对宪政基础的考察，这套从西方历史中发展出来的制度文明不仅仅是西方的，也属于世界，作者试图为宪政寻找最大可能的普世性。

尔在《论美国的民主》正是如此反复强调了基督教信仰是如何把广袤的美洲大陆上各种不同民主结合起来,以及给予他们面对现实和憧憬未来的方式。

当前中国无论在重建自己的历史还是重建我们的社会控制机制，在很大程度上一直依靠从西方带来词汇、概念和分析框架,尤其作为近代产物的宪法、民法、刑法、行政法、诉讼法。当今世界的法律教育和法律文献拿伯尔曼的话来说,是“不可思议地狭隘”,因为各国所学习的民法、刑法、诉讼法、宪法以及其他的部门法,和世界其他国家的教授和编写的差不多一样。中国也是如此,但是当我们在移植这些人类的共有财富时，我们对于这些法律知识和法律制度背后的文化背景和宗教的根源却自觉或不自觉地加以遗漏或忽略。当然,如果仅仅把法律视为一个规则体系的时候，那么我们还是可以从制定和实施这些规则的政治权威的意志或政策中发现其最后的渊源。问题是法律不仅仅是“实证法”,仅由规则或“规范一般化”构成,不仅仅是国家立法机关、行政和司法机关颁布的成文法、规章和决议构成的“技术组合”;还应该是“自然法”(拿卡尔·弗里德里希的话说,自然法可以透过上帝根植于人类的理性为一切人所知),即还有“法律正义的理念,一个为历史上所有法律秩序以不同形式宣明的理念”[①],应该有高级法的信念。这一信念在西方盛行了几个世纪,它掩藏在诸如像“正当的法律程序”、“法律的平等保护”等传统西方法律概念之中。之所以有这种信念,主要因为当时人们普遍相信上帝是高级法的终极创造者。

那么至少会有以下问题存在:我们如果忽略现代法律制度的宗教之维,我们的理解就会有缺陷。如果我们没有共同的精神价值,没有一套共同的人性概念,没有一套人们和社会的关系的概念和生活目的的概念，我们如何理解以同样概念和文献表达出来的法律?

这也正是中国的一些有洞见的学者所忧心深思着的地方。梁治平先生在《法律与宗教》一书的代译序中以“死亡与再生:新世纪的曙光”为题,谈到我们传统的法律并不是西方人惯常理解的那种,毋宁说,“他们不是法律,反倒简直是压制法律的东西。”[②]它们是执行道德的工具,是附加了刑罚的礼。而我们文化独特性

① 伯尔曼,《法律与宗教》,梁治平译,中国政法大学出版社,2003,第135页。

② 黑格尔,《哲学演讲录》卷一,第119页。

还表现在政治的道德化上,(这与西方政治中的“无赖假设”、“分权制衡”、“消极国家观”的理念是相反的)。这种政治道德化建立在一种久远的家国不分的传统上,造成家与国、道德与法律、个人生活和公共生活浑然不分的特殊格局,形成一直影响到今天的特殊的“政教合一”的模式。1949年后,我们追随苏联,摈弃儒家义理和西方法律,但是这种政治治理传统并没有改变。

而今天我们所依赖的法律制度如议会制、宪法的财产权原则、基本人权原则、分权制衡和有限政府原则、法治原则完全不同于我们的传统、文化和我们的经验所给予我们的。不像西方国家哪怕像近代社会契约和由被治者同意的政府概念都可以在加尔文宗的教派自治主义找到宗教的基础。那么“一种本质上是西方文化产物的原则、制度,如何能够唤起我们对于终极目的和神圣事物的意识,又怎么能够激发我们乐于为之献身的信仰和激情?”梁先生的答案是中国人需要死亡和再生,反省过去,以人类社会一员的身份参与到人类中去。“以全人类的精神养料滋养自己,又以自己独特的经验去解决人类问题。”①

当我们试图将由基督教传统衍生而来西方法律传统与我们的文化传统结合,我们不得不审视它所反映的信仰体系。而伯尔曼在他的多篇论文中则暗示,基督教信仰所带来的精神统合“不会压抑对血缘和地域的忠诚,也肯定不是对不同地方、地区和国家共同体的同一化,或者让它们屈从于某种世界国家。毋宁说,它是这些共同体因对一个神圣的精神本体的共同信仰而得超越,这个神圣的精神本体将指导包括法律程序在内的诸过程,借此,世界所有文化正被逐渐结合起来,它们的共同关切也得到满足。”②

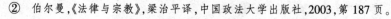

① 参见梁治平,《死亡与再生:新世纪的曙光》,《法律与宗教》中国政法大学出版社,2003,第1–15页。

② 伯尔曼,《法律与宗教》,梁治平译,中国政法大学出版社,2003,第187页。

三、治国者的良知与依法治国：公义使邦国高举，罪恶是人民的羞辱

在上面部分的论述中，我们试图阐明，法律是应该可以被信仰的法律，法律因宗教而获得神圣性，宪政制度的法律必有高级法的背景。这种强调，尤其在法律面临着"正义与仁慈的紧张，一般规则与它在特殊案件适用过程中的紧张，以及法律合理、功利的一面与其仪式、传统、权威和普遍性的更具神秘色彩的方面之间的紧张"①时，达到特定的社会制度中持守规则（世俗方面）和正义（神圣方面）之间的微妙平衡。这种规则与自由裁量、严格法与衡平的结合是经由治理者来实现的，治国者的良知为依法治国提供一个道德前设。因为支配政治运作的所有做法，其基础是这些公民群体的精神气质。

在这里，虽然"法治"的对立面是人治，但它所强调的是统治的权威问题。在法治国家中，统治的权威不是个人而是法律，是法律说了算，法律是"国王"，而不是"国王"是法律。当然"法治"理论并非排除对治理者良知的诉求，一个国家要有良好的治理，首先依赖于一群有良知的治理者。麦迪逊也说过："每一政治宪法的目的就是，或者说应该是，首先为统治者获得具有最高智慧来辨别和最高道德来追求社会公共公益的人；其次，当他们继续受到公众委托时，采取最有效的预防方法来使他们廉洁奉公。"②特别要强调的是，这里所涉及的对治理者（或统治者）的道德诉求和中国传统的"清官文化"的概念是不一样的。中国传统"清官文化"和今天的"清明政治"是要求统治者的道德自律，把"廉政"寄托于治理者的道德

---

① 伯尔曼，《法律与宗教》，梁治平译，中国政法大学出版社，2003，第125页。

② 汉密尔顿、杰伊、麦迪逊，《联邦主义者文集》第57篇(Federalist No.57) 程逢如等译，商务印书馆，1997，第290页。

自觉。按照“无赖假设”[1],要求掌握权力的人依照自律不滥用权力,这是乌托邦的理想。所以西方的宪政制度的设置,主要依仗制度对人的弱点进行限制。但我们都很清楚,真正的“他律”并非来自人所设置的制度,因制度并非完美,真正的“他律”在于对人的理性思考到不可思考处的敬畏,哪怕在信奉无神论宗教的国度,上帝也已经将他的律法刻写进他们的心中——所以“良知发现”往往比“道德自觉”来得更为彻底,更没有虚伪性。

孙中山先生一生戎马,他激进而充满矛盾的宪政方案最终没有在中国实现。几近晚年,孙中山看透了中国问题的积重之处,他临终遗言告诫他的同僚:“当敬畏那当敬畏者,不当敬畏那不当敬畏者。”当然孙中山时代的中国对西方法律制度充满误读(包括孙氏本人),但是,孙中山看到了中国“法治不行”的最终原因:没有敬畏感的官僚和没有敬畏感的麻木的民众。没有承诺、热情、敬畏和信仰,会使一切法律和秩序失去意义。

中国传统的王道之政,虽然强调仁政,但缺乏他律的制约,“仁政”也只成为理想而已。在儒家“内圣”、“外王”思想的指导下,中国古代的法是通过其伦理性而获得规范的有效性,但伦理道德的内省性、任意性、散乱性和世俗性又使中国古代的法最终屈服于人。这也是中国和西方在人治和法治道路上分道扬镳的原因之一。余国良先生把它归结为中国法治建设的难题之一:“中国传统哲学虽非一直认为执政者可以拥有无限的权利。但是从来没有尝试用法律来制约权力。作为官方主流意识形态的儒家认为君主治国需依赖仁政和王道。道依然高过政权,制约政权。然而道并不是通过成文的文献和法典来体现,而是通过仁德的统治者来体现。这实际上还是形成了法律与政权的合一。所以在中国文化当中有法制的概念,但是从来没有制约权力的机制。中国社会基本上一直是人治社会,社会秩序以人际关系为中心运作。这种秩序维系于亲情、关系和面子,在农业社会是非

---

① 18世纪英国自由主义思想家休谟指出:“许多政论家已经确立这样一项原则:即在设计任何政府制度和确定该制度中的若干制约和监控机构时,必须把每个成员都假定为是一无赖,并设想他的一切作为都是为了谋求私利,别无其他目的。”“必须把每个人都设想为无赖之徒确实是条正确的政治箴言。”这就是“无赖假设”命题。如果说关于国家起源的性恶论以全体人类为分析对象的话,“无赖假设”则主要针对统治者和掌权者。

常有效的,而面对社会大生产和全社会交易的市场经济则显得缺乏系统性、一致性和透明度,从而实际上混淆了秩序,增加了交易成本。”

基督教从本质上来说是一种宗教伦理,它关注的根本在于个人生命的得救,而不是群体的生活道德秩序和社会的公义或平等。基督教能够提供的不过是个人绝对价值的概念和上帝为世界安排的自然秩序的概念。但是是什么使得基督教能够甚至应该在我们的社会生活中起作用?从而使其成为一个国家政治伦理的一部分?并且影响国家的政治生活?除了它能够为信仰它的治理者提供“良知的棒喝”外,它在多大程度上可以影响一个国家的政治法律生活?

诸如美国这样的国家,在其国家政治伦理中显然信奉《圣经·箴言》所言“公义使邦国高举,罪恶是人民的羞辱”。尽管美国严格地奉行政教分离制度,但是其制度设置中,将基督教的宗教伦理转为政治伦理的痕迹随处可见。比如,每年一度的“总统早餐会”、“州长早餐会”,以祈祷的方式谋求政治的和谐和妥协,抹平一些因政治分歧带来的伤害;公职人员的就职宣誓仪式,将宗教的权威带进政治生活。在美国违背誓言作伪证在刑法上属于重罪。

尽管基督教无意于在政治伦理中占一席之地,但是,在古代西方,基督教和斯多亚自然法的结合,形成西方基督教自己的政治伦理,它的确为后世法律制度和人类秩序的良好设立发挥了作用。而近代以来出现的种种思想,尤其在康德准确地指出正义信仰的超理性特征而告诉人类我们无法从终极理性上最终论证宪政的超验基础,使得这一萌芽于柏拉图,明确于圣奥古斯丁,而成熟于托马斯·阿奎那,又经由加尔文主义推进的宪政传统被终结,这也成为当代西方危机的滥觞。

所以当特洛尔奇忧心忡忡地构想如何使基督教世界观仍然保有对生活总体的发言权时,刘小枫不无痛心地说,基督教从未对汉语世界的生活总体有过发言权。

基督教对中国法治建设中所正在建构的政治伦理要有所影响,首先必须排除以下两个难题:一,因现代化过程中民族国家之间的政治冲突而强化了基督教与儒家文化主义的冲突。二,基督教面临来自欧洲近代科学思想的排挤。近代科学理论资源多为西欧启蒙以来的种种哲学主张。刘小枫说,其实基督教在欧美和我们一样被共同置于现代性的历史语境之中。

四、民情:法律应该被信仰

法国贵族托克维尔在1831年5月9日抵达美国,在美国考察了9个月,回国之后写就《论美国的民主》。托克维尔认为,美国的民主共和制的生成得益于法制、自然环境与民情,三者中民情为最重要的因素。民情(moeurs)一词,其含意与其拉丁文原字mores一样,"它不仅指通常所说的心理习惯方面的东西,而且包括人们拥有的各种见解和社会上流行的不同观点,以及人们的生活习惯所遵循的全部思想"。托克维尔的民情实际上就是"一个民族的整个道德和精神面貌"。而最重要的民情因素是宗教和教育因素。托克维尔发现,宗教不仅仅是人的理性对理性不能及的非理性的一种认信和仰望,它同时也是一种有关政治秩序的学说。托克维尔看到,宗教在美国是一种政治设施,有助于维护美国的民主共和制度。托克维尔考察了基督新教和天主教是如何影响了民主共和政治,基督信仰本身是怎样影响美国的政治社会。宗教信仰虽然不谈自由,但很好地教导美国人行使自由的技巧。宗教的影响是间接的,通过引导民情、通过约束家庭对国家发生约束作用。此外,托克维尔说宗教还影响了人们的资质,虽然身处自由之国,自由最容易被滥用,但宗教却制止了这一倾向。当然托克维尔也发现,美国实行严格的政教分离,这是宗教何以在美国发挥巨大影响力的最重要原因。在美国,神职人员不担任任何公职,许多州的法律禁止他们担任公职,舆论也不同意神职人员从政。托克维尔说,美国宗教之所以有活力,是因为它超越政治。

托克维尔认为美国民主的成功,很大程度上归功于美国的民情:"美国的立法者在以权利观反对忌妒感上,在以宗教道德的固定不变对抗政界的经常变动上,在以人们的经验弥补他们的理论无知上,在以人们处事的熟练习惯抵消欲望的急切上,并不是没有取得成功。"[1]

---

① 参见《论美国的民主》,商务印书馆。

托克维尔描绘的是一幅田园图画，就像加尔文日内瓦公国上的实验田。民情的重要性对每个国家都是不言而喻的。基督教养成的民情有其特点：这是一群既独立又善于合作的一个群体；愿意服从世俗的权威，但又能持守敬畏感和良知的底线；遵纪守法，诚实本分……除了托克维尔笔下的美国，只要有基督教传统的国家都可见一斑。就像孟德斯鸠在《法意》(第20卷第7章)说英国人"在世上所有民族中取得了三项最长足的进展，即虔诚、贸易和自由"。信仰也使得犹太人真正成为律法的民族，《旧约》中的律法书对于古代希伯来民族意味着"一种深刻的道德严肃性和个人责任感"。律法思想所达到的深度与广度，以其超验的规范力量指引着希伯来民族共同体中每一个成员的个人责任感和对于律法的道德和祭祀戒律的追求。

基督教信仰可以培养人们的虔诚感。加尔文主张，虔诚的人喜悦法律，他不仅因之获得智慧，而且"被激发去服从"。在加尔文看来："法律乃是每日帮助他们(基督徒)更好和更加切实地理解神意的绝佳手段，他们渴求这种认识，并且因这种认识坚定其信念。因为，尽管仆从已经受到获得其主人认可这种最强烈意愿的影响，对他来说，细心询问和遵从其主人的命令，以便不致违背他们，依然是必要的。……其次，由于我们不仅需要指导，而且需要告诫……"[①]当有人发问说，这里所谈法律包括世俗法吗？加尔文认为不仅包括道德法，而且也包括市民法的相应部分。路得派和加尔文派都认为法律不仅借助于刑罚的威胁阻止不安分之徒行恶，也可以于有德生活之途引导信徒。伯尔曼说："虔诚的人应当不仅乐于服从诸如十诫中所见的许多道德原则，而且愿意接受世俗法中的这类原则，如争讼的公正裁决，政府行为合法性的司法审查，因过失致人伤害的人应就其损害提供赔偿的规则，无罪推定……"[②]可见，基督教信仰使信徒基于敬畏感和良知而守法，而这种守法的动机将最为可靠。

中国的法制建设也需要国民的自律以配合。中国法制的一个症结在于法律缺乏权威。法律一开始就不具有神圣性。当然究其原因，一方面是长期以来，我们仅把法律理解成是维护既定秩序的工具，这种法律实证主义的危险是：取消了法

---

① 加尔文，*Institutes of the Christian Religion.*

② 伯尔曼，《法律与宗教》，梁治平译，中国政法大学出版社，2003，第85-86页。

律内在的自然合理性与神圣性，使法律规则相对化，法治精神屈服于政治目的。在法与政治的界限变得暧昧不清的时候，怎样避免法律性的决定受制于国家的强制性权力，一直是中国不能解决的问题。另一个重要原因就是民情：权利意识淡薄、勤劳但不节制、有爱心但没有公义感、群体无意识表现明显、高举集体主义却没有责任感、出自对政治家的不信任和对真挚的轻蔑而表现出来的漠然、权威的衰弱、怀疑习俗和传统，在日常生活中缺乏平衡：是应该谦逊还是为自己的权利大声疾呼？自己在整个机制中该处在什么位置？这种"身份危机"、"缺乏自尊"在遵纪守法和不满社会中难以找到平衡等等。而在与法律的关系上，则疏于守法，不守规则，公民意识极其淡薄。从历史上看，笼罩中国千百年之久的贤人德政的传统中，不可能存在法律神圣的观念。在民间，血缘和地缘的特殊关系比国家制度更有效力。中国人可以很容易拜倒在某种权势之下，但他们实际上对其膜拜的对象不存敬畏之心。伯尔曼在《法律与宗教》中反复警示我们："法律必须信仰，否则它将形同虚设。"

其实我们的确面临如何改造我们的国民性，重建适合宪政制度的中国文化问题。尽管我们一直强调西方法律制度和基督教信仰的普世性，但我们依然"不得不承认非西方各国的现代化是以迎接西方挑战开始的，所有成功的实例都在不同程度上吸取西方现代经济、政治和社会制度中合理的，可以普遍化的方面"[①]。日本人就像当年学习唐朝制度，今天则以"脱亚入欧"的过激的、易招物议的口号表明脱胎换骨的决心。而在解决其国民性的问题上，看来日本人是抓住了问题的核心之处，据说当年，慈禧太后派五大臣出访欧洲的同时，日本也派出它的使团，日本学者回去后给天皇的建议是"欧洲立宪的精神是宗教"。于是日本开始造神运动。当然日本世俗宗教是一场人走向神的运动，这注定在日本，其立宪活动走不出民族主义和军国主义的怪圈。而中国，许多学者做了研究，说明中国已经有了许多极其可贵的变化，但是我们始终没有触及核心问题——宗教问题。如果没有宗教的神圣观念作为支点，法律就缺乏获得尊重所需要的神圣性。

我想强调的是，这里所提及的国民性重塑的主要方向是国民的法律品格和公民品格。相比其他宗教，基督教更能为此提供最终极和深刻的渊源。当然，从感

① 季卫东，《法治秩序的建构》，中国政法大学出版社，1999，第269页。

情上，中国人也许更认同于儒教、道教或佛教。从历史上看，儒佛之道的确可以为我们提供人生伦理的指引，（如同世界上其他的宗教），但是它们也的确没有为我们提供适合于宪政制度的政治伦理。而中国人之所以不愿理解基督教，一是认为它是西方的；二是因为基督教在中国不很悠久的传播历史中，在国人的感觉中有大部分是伴随着中国的屈辱历史，我们的情感记忆让我们不自觉地对它怀有偏见。但是，偏见常常会让我们变得狭隘。既然民主法制已经没有国界，为什么这种生成并支持这种法律制度的宗教却有着地域和血统的界限？

基督教在中国法制建设中的作用，是否只有在认信的前提下才能发挥作用呢？余国良先生谈到基督教的特定教义和组织形式也可以对中国社会有所贡献。比如在解决社会冲突的时候，从美国近些年来的经验来看：由于诉讼泛滥、各级法院不胜负担，冲突解决的任务淤积于法院，导致诉讼成本飙升，资源极大浪费。在这种情形下，美国的司法界正在努力寻找低成本的非诉讼冲突解决途径。“非诉讼冲突解决”是美国近十年来发展最快的新兴行业之一。美国法学工作者很快发现：教会传统上一直就是冲突解决的宝贵渠道和资源，并且可以继续在这个领域有所作为。应运而生的是一些基督徒冲突解决和调解、仲裁机构。Pepperdine Law School 拥有排名全美第一的 Strauss 仲裁研究所与争议解决中心。教会有着丰富的圣经和神学资源来应对冲突解决的问题。可以预料：如果教会能在涉及其成员的冲突解决方面起到和解的作用，可以对促进社会法制环境与社会风气起到积极的影响。

结　语

刘小枫在《汉语神学和历史哲学》的论文中，一直试图告诉中国人，从“五·四”以来，我们真的一直没有读懂西方。我们也一直不能理解黑格尔的那句让中国知识人黯然神伤的断言：凡属于“精神”的，一概离中国人“很远”。因为这里面有两条脉络，一条是基督教精神（与东方基督教只有纯粹的神学不同，西方基督教除了纯粹的神学，还有纯粹的哲学和法学）；一条就是在历史长河中不停赋予新内容的“欧洲精神”（欧洲精神有希腊的理性精神和音乐精神；希伯来启示精神；大公的欧洲精神；现代以后的科学主义的欧洲精神）。刘小枫说“基督教精神

2000年,阳光明媚的一天,美国残疾人事工知名人士强尼女士与张栩医生的轮椅双双爬上了中国的长城。

原本并不就是,现代之后就更不是统一的欧洲精神。"而我们试图理解的基督教精神早就被已然形成的现代语义结构——科学主义理性精神和民族主义国家伦理替代和淹没了。所以如果我们想在历史哲学中理解基督教,我们就永远不可能理解黑格尔所说的精神。正因如此,在阐明基督教和法律关系的时候,今日西方人所面临的危机和我们面临的危机在以下的表现上是一样的:"并非法律过分神圣化,或者宗教过度律法化,不是它们过于一体化的危机,而是它们过于分离破碎的危机。"[①]对今日西方人来说,是需要回归基督教精神的时候,利奥·施特劳斯作回归到古典哲学的思考时,他花在《圣经》上的时间要远多于花在柏拉图上。而对于中国人来说,可能还是一个认识、选择和走向的时候。因着对人性本质和对人的深切关怀,我们别无选择地选择了宪政的法律制度体系。而法律需要宗教赋予其精神、方向和获得尊敬所需要的神圣性。故此,本文探求基督教和中国法制和法治之间的关系的意义就在于此。

① 伯尔曼,《法律与宗教》,梁治平译。中国政法大学出版社,2003,第126页。

文明的冲击与汇流

——基督教与中国当代精神之架构

刘孝廷

无可否认,中国的古老文明目前正经受着一种完全不同于以往的强大外来冲击,也就是西方文明的冲击。这种冲击在近代不是没有过,但都没有像今天这样夹杂着新的全球化势头和强劲经济实力的定向化程度这样明显、形势激烈和严峻。当美国的亨廷顿先生有感于西方的衰落而提出“文明的冲突”时,他是在考虑自身的文化前途。但是比起仍属于强势的西方文明来,目前处在弱处和守势的中华文明所遭受的挑战可能要严重得多,因为对她来说已经不是什么冲突,而是地地道道的外来冲击。也就是说,对西方来说可能引起冲突的东西,对中国来说则成了严重的冲击。而且,作为强势的西方文化如不是企图占有和挤轧弱势文化,也谈不上冲突,至少可以“相安无事”。就如同美国如果不四处插手,也不会出现自身的恐怖一样,因为恐怖总是要回赠“恐怖”者的。对中国来说,近代以降,一向是西方人想要撞开她的大门。这就是文化或文明交往中的不对等性。这个冲击对于中华文明可谓性命攸关、喜忧参半。它使得中国文化在当代的发展充满极其复杂的变数。喜者,外来文化为自己提供了一种资源和发展的契机;忧者,本土文化的保持成了一个十分迫切的问题。弄不好,固持几千年的传统可能会在冲突中丧失得一干二净。因此,我们必须应答的一个非常现实的文化难题是,面对西方文明,中国文化究竟如何抉择。尤其是如何在文化的建构中面对作为“他者”的基督教,就是一个非常现实而又严峻的问题。

一、从“三教”到“三足”
——现代文明冲击下中国精神之流向

关于不同文明之间的关系,此前已有不少学者做了比较详细的专门性研究,如,梁漱溟先生关于中西文化的宏观对比,香港的何世明牧师关于中西宗教思想的对比,以及许多学者关于中西哲学的对比,都是基础性的工作。但是,这些对比基本上都是一种长时段的比较,而且更多的是诉诸于历史。不仅今日的现实反差和不平衡是他们所没有也不可能完全看到的,而且他们在比较中几乎完全忽视了马克思主义在中国大陆的独特思想存在,从而难免纸上谈兵之嫌。对此,本文的一个基本态度是,关于中西文化的对比不可能只是在一个抽象的历史空场中讨论,不可能不对现实有所顾及和对某种价值观有所偏重。就像“世界上一切大理论都起源于其创立者实际生活中的某一点深切感受一样。”①

1.越来越不纯粹是文化现实

就中国的历史而言,人们一般公认,儒学是传统文化的主干,但是鸦片战争以后,这种格局被打破,各种思潮涌入中国,经过几十年摩荡,在中国大陆又形成了文化发展的新“三足”——“中西马”。

“中”即中国传统文化,所不同的是其中已经不纯粹是中华文化的原创内容,而是包含外来的佛教文化成分,尽管有中国人自己的改造在其中;“西”即西方文化,这是一个比较宽泛的说法。但西方文化主要是基督教文化,所以用其单指基督教文化也不为错。在现有的四大教中,基督徒的数量可能是最多的,而且主要集中在乡村和落后地区。这是很值得研究的一种社会精神结构现象。“马”即马克思主义。由于政治斗争的缘故,马克思主义已经在中国大陆的意识形态中获得一统地位。马克思主义本来属于西学,马克思主义在中国的传播大概算是西学对中国所曾发生的最大影响。但因为马克思自己认为他的学说是对西方文化的颠倒而拒绝认同,又加中国人将其奉为人类至尊,所以在中国只能单属一派。

①李慎之,《数量优势下的恐惧》,《太平洋学报》1997年第2期。

这样一来,就出现了一种不同于以往的新的文化景观:在旧的“三教”合流中,中国文化的两支——儒和道共同面对单一的外来佛教;现在的新“三足”则是中国文化作为一支面对外来文化的两股力量。也就是说,中国的传统文化并不占主流,而且她近300年以来原创力急剧下降,在近代更是一直被当作愚昧落后而受到排挤和压抑。所以,我们说当前中国文化中传统的成分越来越少和不纯粹,形势越来越复杂和严峻。这样一个直白的文化现实,如果看不到,就无法提出任何有价值的意见和建议,并不感到奇怪。

2.革故吸异是必由之路

问题在于,中国目前的这种精神现象究竟能说明什么呢?

其一,从主体角度来看,说明人是有多种精神需求的,而且随着生活条件和环境的变化,精神需求的内容与形式也会发生变化。过去,人们被黄土板结在土地上,通过小农经济、宗法家族制度和官本位制这些古中国在经济、组织、政治方面的刚性指标或“根本大法”的组合与调剂,形成了“超强的聚合机制”。[①]那时,社会的中心是乡村和乡间组织的网式结构,人们被这张网普遍地罩在土地上,精神也明显地受到了当时的环境和制度的严重影响,没有明确的追求和复杂的想法。但是,今天他们面对的世界发生了根本变化,由于工业化,城市已经成了社会的中心(这以城市人口超过三分之一为标志),实际上,许多地方的农村已经无法作为一个完整的文化实体而存在。于是,以农社为基础的单一精神约束,其能力和功效开始弱化,长期隐藏或压抑在底层的原始需求与内在渴望在走向世界的过程中逐步释放出来,人们开始比较和选择,他们也有条件和理由去追求自己的理想、幸福和自由;而且,社会的客观机制事实上也在某种程度上允许和鼓励他们去这样做,因为“发展是硬道理”,而不这样,社会就不发展,中国就无法走向现代化。这说明,中国人的精神结构正在一统的背景下走向多样化,精神正在不断地自我解放。

其二,从社会运行上看,在由旧的计划经济向市场经济的转型中,中国社会正在发生双重“断裂”,即以不同物质生产方式为支撑的文明体系的断裂,以及由

① 沈大德、吴廷嘉,《黄土板结》,浙江人民出版社,1994,第231页。

此所导致的收益分配差距拉大形成的社会内部机体的断裂，从而形成巨大的精神分化和思想断层。由于社会结构的转变和主体选择的多样化，特别是由于人口流动的加剧和传媒的影响，形成了由村社文化向都市文化的转向，使得在权力控制较弱的城乡之间出现拉开了的文化断裂，并留下巨大的文化对流层，因此使得人们的精神空间骤然放大，再用原有的资源去填补，从总量上已经窘迫得捉襟见肘，从方式上已经老套得力不从心，于是各种精神意识便"乘虚而入"，从中角逐市场份额。这至少表明中国人的精神结构已不像从前那样的浑然一体，而是开始彻底分化和重建。实际上，新的一轮精神大战已经烟尘四起。其中，基督教比儒道释抢占了更多的"地盘"和信众，已经稳稳地守住了进一步扩大战果的滩头阵地和社会基础。基督教今天在中国的遭遇可以说与17、18世纪的来华传教士迥然不同，这与中国人当下的生存状况和基督教的特点有直接关系。它预示着，外来文化在很大程度上将要占领中国的精神市场，而我们再像从前那样把许多事情掺和在一起，不分青红皂白一并做简单化处理，早已不合时宜。

其三，中国社会的发展需要一种宗教情结来归并，因为从某种意义上说，没有宗教的社会就等于精神缺少法度和规矩。而规矩和规则是目前我们这个社会最急缺的东西，但它必须在精神层面获得充分的认可之后，形成一种内在的约束，才可能在实践和行动中践行和履约。这样，社会也才有秩序。当然，中华文化古代没有形成以神学为主导的局面，宗教主要也不是社会反抗的武器，在某种程度上倒是社会矛盾的减压器或调和剂。所谓"麻醉人民的精神鸦片"，只不过是从负面的意义上说的。中国不是宗教一统天下，但其中有着丰富的宗教因子，大众有着广泛的宗教情感，社会表现出一个宗教和非宗教多元并存的舞台，相互摩荡保持着自身的稳定性，只不过宗教表现为有限的存在(特别是民间宗教)而已，这也同样表现为近代没有挑战神学的历史。民间信仰虽然有着宽泛性、多样性和表达的随意性特点，较之正统宗教粗糙无文，但可以吸引那些将精神寄托在宗教超越性上的人们，成为宗教存在的社会基础。因此，基督教的传入，它的前仆后继的精神化追求和宗教思维的"启发"作用，都可能归并中国人的宗教情结，将其序化，导向一种更精致的精神境界，形成完整的宗教理念，从而成为一个精神序化的国度。

其四，中国传统文化遇到了真正的对手，不排除精神解体的可能性。虽然中国人古来有祖先崇拜和尊老的传统,可是根据我们的不完全接触,这些人一旦改信上帝之后,他们的终极追求、终极价值和终极解释就发生了根本的转变。由于基督教的信仰系统与作为强力的科学结合得特别紧密,已经能够非常自如地应答来自各个方面的质疑,所以在回答中国社会百姓的疑问时就显得十分自如而有力量,这极大地增加了它的言说的可信度,是儒道释所望尘莫及的。虽然他们也曾经在这方面做过不少努力,但毕竟基督教和科学是一个支脉、得天独厚,从而就获得了当代话语权。由于中国本来就没有经过从多神教向一神教转化的精神洗礼,完全是通过“自然宗教”——血亲伦理很松散地笼络在一起的,长期以来主要以其体大形散、无为自化的自然运行方式来维系,非常不牢固,因此在新的强势文化冲击下,原有的精神结构就面临严重分化甚至解体的可能。一个很典型的例子是“五·四”运动的“打倒孔家店”和“文化大革命”的“破四旧”运动,一下子就搞乱了中国人的价值观和精神秩序,使社会的道德风貌永远无法完全恢复到从前的状况。这次,基督教文明借重发达国家强劲的经济优势“硬性”介入,远非“五·四”和“文革”所能比,因此可能会给中国的文化前景带来巨大的变数。

其五,精神文明建设是时下中国最为迫切的任务。中国在今天的发展虽然于物质生活上比发达国家还有一定差距,但已相距不远,唯精神文明建设之间的距离还没有多大改变。而对这一点,人类的历史早已明确,没有现代精神,就不可能有真正的现代化。对此,韦伯的近代思想文化史研究有明确的结论:市场经济需要一种“资本主义精神”。西方将其叫做“新教伦理”,它使一切卑微的职业劳动和世俗生活获得了宗教的意义,从而使得通过勤奋节俭而发财致富成为一种神圣的事业。这就把荣耀上帝的精神动力和发财致富的经济动机有机地结合起来。当前,中国正在号召建设和谐社会,但和谐社会及和谐社会的精神状况是什么样子,现在并不清楚,这是需要研究设计的。

其六,中国当下的文化状况使我们看到了异文化的价值。东西文化之间完全可以互补,特别是在中国形成新的形态。这可能是我们的一相情愿,也可能是一次际遇,因为文化的融合往往只有在弱势群体中才有可能,就像日本以儒家文化为基础吸收西方文化一样。正所谓“相反者相成”。

二、多元媾和 五“行”相生

——未来中华文明精神基础之构架

探讨未来中华文明之可能运势当然首先需要明确她现有的基础和可能引进的新因素是什么。人们一致公认,作为中国文化主干的儒学并不是单一起源,更不是单线发展的。儒学与诸子百家一样,是在东周社会变革或转型之际出现的。其中,华夏初民丰富的文化创造和百家争鸣灿烂的思想智慧是儒学的精神源头。历史上儒学的每一次转型都要借重外来力量的输入,如儒道互补、三教合流,都为儒学的发展注入了不竭的思想资源和内在动力。正因此,才将儒学分为一期的原始儒学、二期的一尊儒学和三期(即三教合流时期)的新儒学。实际上,儒学的三期反映中国文化的发展脉络。一期儒学时中华文化百花齐放、争奇斗妍,表现出原始旺盛的迹象。二期儒学则是经过相互交流碰撞,儒学和道学从中胜出,而儒学更强一筹。汉初汉末的社会动荡反映了儒道两家相互竞秀的文化状况。此后,佛法东来正是因了这一情境。释家首先与处于劣势的道家对接,形成一种民间文化,然后才为儒学接受,经千年咀嚼涵化,终成三教合流局面。这就是有宋以来中国文化的基本格局,至于其他成分则基本是起背景和辅助作用。

那么,未来的中国文化可能会是什么样子呢?这是个见仁见智的问题。有人将流行于港台和海外的“新儒学”当作新的样板,虽情有可原,却难于领受。因为众所周知,现代新儒学是承继宋明理学发展而来的,它较早地淋受了欧风美雨,主张吸收西方哲学的某些内容和方法,从形而上学的高度给予儒学的道德理想和人生境界以新的论证。虽然他们对宋明理学也不尽满意而且多有批评,但无论如何,宋明理学还是与现代新儒学表现出某种基本精神上的一致性。这种一致性在于他们都是要面对外来文化的冲击,重新阐述和发挥儒学的内圣之学,重新确立儒学的伦理精神象征,以便使儒学一脉相承的道统得以延续和光大。现代新儒学的可贵之处在于它不仅有危机意识,而且主张要摆脱近代以来的民族危机,首先必须采取一种直觉的进路,体验地认同我们民族苦难的文明,并从自己的传统文化特别是“伦理精神象征”及其相应的价值系统中挖掘出具有文明活力的源头活水,以作为吸收外来文化和实现民族文化之重建的基础和动力。这种道德理想主义的立场使他们陷入两难境地，既感于传统文化的缺陷，却又因为基本不了解当代最广大的大陆中国人的生活，无法介入其中发挥作用，更缺乏广大的回旋空间，因而难于走出“内圣外王”的老路。[①]所以，今天的中国文化建设必须有一种最广大的融合。中国传统儒学要完成现代转型，也是如此。海外儒学正可以作为其中的桥梁和中介。这将是人类文明史上一次最为伟大而壮丽的风云际会。

1.“四期儒学”乃五“教”合流

依着惯例，我们暂且把即将到来的新的中国文化叫“四期儒学”。为什么这样讲，那就是，不管我们怎样与传统决裂，全体中国文化的基础和主干肯定还是儒学；而且，就是大陆的中国人，其对马克思主义在很多时候也是从儒家的角度去理解的。大陆上流行的马克思主义在很大程度上就是儒式马克思主义，人们习惯上称之为“中国特色社会主义”或“东方马克思主义”，这其中就包含了太多的中国意味，而表现在行动上的儒家特点就更明显了，这也是我们和西方文化的重大区别。

有人不仅要问，第四期的儒学究竟包含哪些成分以及它们之间的关系会是怎样的呢？要完整地回答这个问题是非常困难的，也可能本来就没有确定的谜底。所以，下面的讨论只是一种尝试性的说明。

简单地说，第四期儒学的结构有可能是“一体两翼三足五元”。[②]所谓“一体”就是中华文化作为一个总体不可分割。这不是来自哪个人的喜好或一相情愿，而是源于中华文化千年一脉不可更改的事实。“两翼”就是中外两大文化源头和组成，它们代表了人类现有文化的两极，而不是过去人们说的“阴阳”两翼。其中的一翼是以儒道释为主要成分的中国传统文化，一翼是以基督教文化为总纲的西方文化。“三足”，就是人们常说的“中西马”。“五元”就是儒学、道学、佛学、基督教和马克思主义五大文化要素，“五元”融会在一起可谓“五教”合流、“五行相生”。只是，人们对前四种要素疑义可能不大，对第五种要素或许有疑问。其实，几乎所有的研究者都不自觉地忽略了一个重要的事实，那就是马克思主义主导

① 郑家栋，《现代新儒学概论》，广西人民出版社，1990，第18页。
② 刘孝廷，《原型控制与张力文化》，《自然辩证法研究》2002，第7期。

中国大陆半个世纪以上的既成事实，一些人只是想把西方文化接在中国传统文化上，而忘记了所谓传统文化在今天已经得到了巨大的改造，特别是由于语言“现代化”，学习古汉语和学外语的难度已经差不多。由于这里涉及怎样理解和对待马克思主义及其在中国的地位问题，对此，海内外华人的态度可能是不一致的。

2.马克思主义是必要组成部分

中国大陆比较流行的看法，是把马克思主义当作现有的传统之一。其实，这样理解，不单是以承认既有事实为基础，也有对马克思主义的另面把握在其中。那就是马克思主义本也属于基督教文化传统，尽管马克思本人声称自己是彻底的无神论者。或许，在西方人看来，他们之间的差别十分明显，但在东方的中国人看来，都属于一个支脉，因为它们在方式上是相通的，都是“西方”的。这就像两个外国人，彼此认为差别很明显，而我们可能认为他们长得差不多一样。就实际情况而言，马克思主要是西方文化的儿子，他有“两希”——希腊和希伯来情结，他的思想是“两希”文化传统——理性与信仰的综合体，是这两种文化冲突与调和的思想结晶。在这方面，马克思对基督教的颠倒和对黑格尔的颠倒在形式上是一样的。可惜，中国人对希腊之“希”缘木求鱼、隔岸观火，而对希伯来之“希”则明修栈道、暗渡陈仓。喊民主，长期不见民主，反崇拜却天天搞崇拜。结果，健全的民主体制或政治文明尽管没有充分建立，而造神运动和极权崇拜却曾是此起彼伏。这说明，马克思主义是中国人按照他们自己的需要和方式来理解和接受的，已不再是正统或原本的马克思主义了。中国大陆长期以来批教条主义和本本主义，就已经明确了这一点。这样的马克思主义当然也不是正统的基督教文化，而是已经有了东西方结合之后再创造的意味，就像佛学进入中国以后出现的禅宗一样，是地地道道中国的东西，最简单的如内地的禅宗与藏传佛教就大不一样。马克思主义之于基督教更是如此。

当然，这里面存在许多问题，就是马克思主义在中国的传播和发挥影响也经历了一系列曲折的过程，而且有着惨痛的教训，其中不乏走板变样的成分，严重影响了中国文化的发展。如今，这一问题正在引起重视，多元文化的研究已开始有了一定的规模，一些过去的禁区正在逐步开禁。这理所当然地使人们重新思考起儒学的命运和中国文化的未来问题，因为毕竟我们不能拔掉自己的文化之根在世界上游荡，那才是真正可怕的“幽灵”。

总之，马克思主义最初虽然抑制了基督教思想在中国的发展，但它毕竟是基督教文化之根上开出的智慧花朵，因而在一定意义上也为基督教思想在中国的传播铺通了道路；否则，近年来就不会有那么多人顺畅地转信基督教。这恐怕也是许多人所没有预料到的。

3.基督教是新鲜要素

既然有了马克思主义，又干吗还要基督教呢？而他们在欧洲是死敌。这是因为文化是个多元综合体，它不应拒绝任何有积极价值的东西，更何况基督教文化经过两千多年的发展，不仅形成了自己独特的传统和个性，而且随着西方的进步也确立了它当下的社会优势。中国正在改革开放，其中主要是向西方开放，这就必须严肃地接纳和吸收西方的基督教文化，因为接受西方影响的题中应有之意当然是接受西方文化的影响，而这个文化主要是以基督教为核心的。因此，不是我们想要接受影响，而是不得不接受，否则，也谈不到真正的开放。

中国神学院代表团1996年访问美国威敦城的葛理翰中心。

此外，就马克思主义而言，它在将天国世俗化以后，使人类放弃了其伟大而虚幻的缔造者，开始建设自己的乐园。这固然在某种意义上肯定了人的主体性；但是，共产主义没有解决共时性问题，理想与现实还表现为一种单维的时间顺序上的展开，只能“与时俱进”，不能同时呈现，因此无法最终解决人的心理寄托特别是精神的额外需求问题；而且，由于目标失去了神圣，人实际被迫承受起繁重的未来负担，而未来总是衬托着现实的农业国家奔向现代化过程中的丑陋与残酷；于是，通往理想之国的入场券变得非常昂贵，生活也就变得十分艰难；这样，佛道才被用来聊以自慰，派上了用场。可是，实际上，基督教在这方面要比我们的本土宗教便捷的多，基督教有投射的实在论的信仰方式对中国是极有吸引力的；基督教所相信的上帝具有的三大属性即超越性、贯注性、内蕴性①，并把自身看作是一种具有普遍意义的宗教，它的天国既有非共时性(未来理想)的一面，又有共时性(底下的内心解脱及上帝随时与人同在)的一面，从而解决了人的当下性需求。其中的救赎(解脱和自律)意识对个人的精神困惑和心理危机具有减压作用，疗效明显。所以，说基督教“新”主要是它作为新的要素会给中华文化带来新的活力。

三、大胆开放　大力挖潜
——中国面对外来文明冲击之必选

按照文化发展的基本原则，外来文明的冲击也许并非坏事，因为外来文化的挤轧必然导致本土文化的变革和自新。就像近代“西方世界在表面上非常吃力地抵抗着奥斯曼帝国的外来压力时，它却在内部成功地进行了一系列重大的经济、政治和思想文化变革”，②从而完成文艺复兴一样。对此，中国文化应该有充分的精神准备和超迈的姿态。

1.积极鼓励多样文化共生

---

① 何世明，《融贯神学与儒家思想》，宗教文化出版社，1999。

② 赵林，《告别洪荒》，东方出版中心，1998，第14页。

中国文化发展到今天，虽然不能说内力枯竭，但从鸦片战争到"五·四"运动，已经看出是强弩之末。之所以如此，就是因为长期的对外封锁、对内专制，缺少不同文化的交流和文化间的争鸣，从而导致文化资源匮乏和文化活力的下降。因此，要重振雄风必须接受新的外来文化的影响。在这方面，一要避免唯我独尊的态度，二要避免走入普遍主义的误区。过去我们吃了不少唯我独尊的亏，如今我们又在吃普遍主义的亏。但普遍主义在认识论和方法论上是科学主义的同道，而且极容易导向专制主义。当普遍主义成为意识形态时，想要求多样化的个性存在是不可能的。于是，没有了百家争鸣，就等于自动取消了中华文化复兴的可能。就连亨廷顿先生也不得不坚持以为："在一贯是多元文化的世界里，建构性的取向应当是摈弃普遍主义、承认多样性并寻求共性。"当然，这样一来，又需要寻找人类存在的道德文化纽带。这个纽带即"某种历史交会点，这就是对未来巨大潜在意义的道德文化感受"。[①]可见，多样性的文化建设之路，无论中国还是基督教都要遵守，否则就没有出路。儒学之可贵就在于它不是"宗"自己为教，否则就没有海纳百川的活力和胸怀了。当然，文化的融合需要想象力。儒家文化讲究和而不同和一体之仁。在这两种文化政策之间保持必要的张力，是儒家文明和中国文化能够得以不断延续的重要前提。

由于这样一种文化观，除了空间的概念，当代中国社会的发展当然不能把具有其他内涵和导向的宗教排除在外。现代社会表现为如何以法治为基础，重建道德社会，而法律的基础是理性，道德的基础是人文，人文的最后根据，可能要诉诸于宗教。特别是当代社会，人们的追求多样化、个性化，要形成统一的社会整体，除了法律、道德之外，还要有更深层次的信仰的力量，在这方面宗教所具有的心理治疗、精神整合、减缓社会压力、调整社会关系包括人与自然的关系的作用，就成为社会发展的重要文化力量。可以说，如果没有宗教的参与和调解，中国的发展还要走许多弯路、付出很大代价。譬如，大多数中国人从前受的是无神论教育，结果导致人们无法全面地理解和看待宗教，更无法恰当地正视宗教的社会价值，因此，社会一旦出现了宗教问题，往往束手无策、不知如何应对。"法轮功"事件就是一个明显的例证。

---

① [美]瑞恩，《异中之同：人的自我完善》，北京大学出版社，2001，第32页。

在过去的一个多世纪里，中国学界对宗教一向所持的反对态度总体上并没有多大改变。今天在社会上占统治地位的声音依然是要用各种各样的东西来取代宗教。曾经在西方出现过的具有现代特色的各种宗教替代物也都登上中国的舞台。其中，尤以“审美代替宗教”这个口号最具有影响力。按照其说法，审美不仅兼有宗教的优点，而且还可以避免宗教的缺点，何况中国文化本是审美的，是乐感文化，而不是罪感文化，中国智慧的基本特征是实用理性，其最高层次是美学而非宗教。中华民族的豁达乐观中闪耀着朴素辩证法的光辉，所谓“天人合一”也就是审美的境界，所以审美比宗教更适合中国人的生活。这实际上是一种文人意识和文人矫情的普遍化，因为审美生活的确立是需要相当的条件的，这一点对发展中国家的大多数人口几乎是不可想象、根本无法实现的。相反，宗教却很容易为最贫困最落后甚至最没有文化的人群所接受。所以，中国社会必须正视宗教，不能简单幼稚和情感化地以审美来代替宗教。①

2.主动有效地吸纳基督教

由于前述原因，中国必须对一切有价值的外界文化开放，特别是主动对基督教开放。那么，究竟怎样开放呢？

首先，不要简单地以为马克思主义与基督教就是截然对立的。马克思主义与基督教有差别，这是事实，但不像一般人想象得那样简单而纯粹，而是有着复杂的渗透与区别的关系。对中国人而言，它们来自西方，都有着改造社会、救世济民的普世追求；就对中国文化的关系而言，它们彼此之间的差别要小得多，所以我们作为非西方的文化看客，不必过分天真地夸大人家的对立，而是要采取一种宽容和非介入的态度。何况，即使真的有对立，现在马克思主义已经获得了绝对优势的一统地位，也应该有一种宽大的气度。对此，列宁曾说过，“只有用全人类知识丰富自己的头脑，才能成为共产主义者。”这对那些简单盲目拒斥宗教的人应该是个警训，至少他们的做法还不像个共产主义者，那还有什么资格随便批评别人。

其次，没有必要对基督教产生过度的文化恐惧。目前，中国社会对基督教发展及其后果的态度和评价，从“中西马”的角度看主要有三种：其一，是文化忧

① 刘宗坤，《等待上帝，还是等待戈多？》，中国社会出版社，1996，第268页。

虑。这来自对传统文化的一种虔诚。虽然中华文化博大圆融，讲究兼容并蓄，但外来文化的强大冲击，特别是经过“五·四”以来文化洗礼所导致的精神混乱，使一些人对基督教的快速涌入顾虑重重。其二，是文化乐观与希望。这主要是一批有西化意识或倾向人士的态度，他们痛感于中国传统文化中落后的一面，特别是由于中国人精神信仰的不纯粹所导致的社会转型中的混乱，而主张发展基督教，重建信仰世界，认为这样可以解决中国社会发展中的许多问题。其三，是文化拒斥。但不管怎样，锁闭国门和自我恐惧都是不必要的，事实上也是解决不了问题的。当然，这样发展的结果，中国传统文化面对其他“二足”这样真正的对手，在新的强势文化冲击下，原有的精神结构很难保证还是完整的一块。但中华文化向以其体大形散、无为自化的自然运行方式来维系，总是以无为自正的方式实现自新，因此不管什么文化进入中国，都很难最终成为强势实现真正的一统，而不过是成为其中的一个部分。对此，应有充分的精神估计和自信。

再者，积极开发基督教的精神价值。中国人以往虽然也讲“吾日三省吾身”，但总的看在精神方面的需求和建树是比较弱的，因为中国人一向讲究随遇而安不求甚解，如老子讲“唯忽唯晃”，孔子讲“未知生，焉知死”，就是明证。中国历史上也没有精神英雄，文化之中也没有明确的“精神元”和精神维度，所有的英雄都是事功英雄。最明显的如中国人的国民意识就比较弱，甚至到现在公民身份证还叫“居民身份证”。中国科学的理论建构不足，就与精神因子偏弱和知识论不发达有关。虽然由于三教合流，中国文化在宋以后发生了“内在性的转向”[①]，开始进行系统的文化反省，其中理学、心学有了这种努力，但从总体上看还仅限于精英范围；虽然在民间也有了“生死事小，失节事大”，乃至还走过了头、搞起了“贞节牌坊”等，但主要还是伦理范围的东西，在纯精神上没有任何长进，更没有广泛地大众化。对此，黑格尔独具慧眼，看出中国人民族性方面的显著特色就是“凡是属于‘精神’的一切——在实际上和理论上，绝对没有束缚的伦常、道德、情绪、内在的‘宗教’、‘科学’和真正的‘艺术’——一概都离他们很远。”[②]虽然黑格尔说得有点

① 刘子健，《中国转向内在》，江苏人民出版社，2002。

② [德]黑格尔，《历史哲学》，上海书店出版社，1999，第143页。

过，但中国古来教权从未高过王权，所以也就不存在或没有单独的精神的维度(西周分封、秦王设郡,从此定型)。现在东西方文化相互影响,西方文化精神性的一面和中国文化具有强烈的互补作用,所以我们应当积极地吸收,重建自己的精神田园。其中主要是方式方法上的重建,为此必须掰出一个精神维度。在这方面,基督教的末世学理论具有独特的作用。中国古代文化作为原型文化没有发生明确的分裂,也就没有西方那样激烈的矛盾,中国文化也没有明确的危机意识,所以没有关于矛盾协调的系统理论或结论,这样也就没有关于未来、关于末世的系统学说。而基督教一向有这方面的意识:“今天我们已经确信人类在进行着最后一顿晚餐”。①由于伟大的宗教都承认这样一种力量,这种力量超越了人类个体的欲望而使生活具有一个更高的目的。②正好中国目前正在努力走向未来,进行和谐社会的建设,如果没有合理的未来观,就会出现许多问题。这样,宗教末世论的思想对中国就具有了双重价值。

3.发掘潜力回应时代变革

首先,做好思想的“上浮”与文化的“下沉”工作。在对中国文化和历史的研究中,列文森独具慧眼,不仅看到了儒学强调的内在性和指向过去的价值取向与基督教的超越的和进步的观念相反，而且看到了在近代社会转型中儒学由能够兼容百家、具有普遍意义的“天下”学说变成了具有“国性”的区域学说的残酷事实。③这说明我们与西方的差别时代性大于彼此的不同,这种差别主要是时间性的而非区域性的,这使我们看到,如果不想仅仅成为考古学的对象,就必须奋力地“追赶时间”往前走。近年来的国际冲突,典型地反映了力量或实力在当今这个世界上意味着什么。文化的发展显然应服从于社会发展这个使命。而一个文明体系的精神根基是不可能轻易地被抛弃和被替代的，这种精神根基就是文明赖以维系的宗教——伦理价值系统。为此,必须做好思想的上浮与文化的下沉工作。“上

① 甘绍平,《伦理智慧》,中国发展出版社,2000,第143页。

② [美]瑞恩,《异中之同:人的自我完善》,北京大学出版社,2001,第34页。

③ [美]列文森,《儒教中国及其现代命运》,中国社会科学出版社,2000,第362–364页。

浮”即到达高的境界，“下沉”则是沉到大众百姓的层面，将“天行健，君子自强不息”和“地势坤，君子厚德载物”的华夏精神发扬光大。对此，美国学者瑞恩说得好：“如果多样性未经人文的陶冶，如果它不是心系更高的生命、生活，而仅仅是表达了武断、任性与怪癖，那么，他就会带来种种波动、反复，甚至更糟的后果。”因此，“必须面向更高的生活，充分发挥人性，尽量提升生存的价值；同时，需要对人类的自私自大做出强有力的制衡；除了谦恭与克制，真正的相互尊重外，还需要有一种共享更高人性的意识，承认存在着一种能以多种形式出现的更高人性。这种人性深深植根于文化的土壤中，并获得其中最优秀成分的滋养。事实上，真正强大的文化体系也不会静止、僵化于某种固定的特殊模式之中，它必然不断发展自身，以满足不同时代、不同地域的需要而成为生命的原动力。”①

其次，挖掘中国文化的信仰价值。从前轴心时代到轴心时代，中国文化演进的突出特色是人文性和人间性，从而它的理性更多的是人文的、实践的理性。其理性化主要是人文实践的理性化，这在春秋时代更为明显。不管文化形态上的“以道德代宗教”(梁漱溟)，或在民众生活中体现的“实用理性”(李泽厚)，其根源皆在于此。当然，这种人文实践的理性化，并不企图消解一切神圣性，礼乐文化在理性化祛巫的同时，珍视地保留着神圣性与神圣感，使人对神圣性的需要在文明、教养、礼仪中仍得到体现。②这就是说，人性之仁与神性之爱具有一定的相似性。中国本土文化虽没有强烈的宗教意识，但并不意味着其中没有宗教成分。姑且不说早就有本土的宗教——道教，就是在人们常说的中国文化的主干儒学中也有一定的宗教情感，因为信仰作为精神的内在成分是无法剔除的。王治心先生曾经将中华民族传统信仰的特点概括为：没有人主出奴的成见，信仰有绝对的自由，所以没有宗教上的争端，任何外来宗教都可宽容；在信仰上没有明确的限制，没有教权集中的约束，一个人可以同时信几种宗教；政教分离较早，彼此较少约束；宗教形式比较灵活多样，没有统一固定的格式；虽然各地信仰有很大差别，但都认为天是至高无上的主宰，为一切伦理道德的根源。③也就是说，不是中国人没

① [美]瑞恩，《异中之同：人的自我完善》，北京大学出版社，2001，第2–3页。

② 陈来，《古代宗教与伦理》，三联书店，1996，第12页。

③ 王治心，《中国宗教思想史大纲》，东方出版社，1996，第8页。

有信仰和宗教意识，而是没有强化到西方那样的程度，实际上在宗教层次上还处于多神论阶段。因此，正当中西文化会通之时，积极开发本土文化的宗教价值，追求人性和神性的合一，对于有效地接受基督教、培养人们对民族文化的宗教般情感、保有自己的文化血脉是非常重要的。

最后，应当看到，在现代化运动中，举凡已经或者将要现代化的国家都在重新肯定他们自身的文化价值。这也就是所谓地方性叙事的合法性问题。中国文化在21世纪振兴的希望恰恰在于通过自我批判的方式，从自己的文化传统重建精神砥柱，以此作为嫁接西方先进的物质文化和制度文化的本根。为此，在全球化的进程中必须肯定“地方性知识”或叙事的价值。而这或许只有在外来文化的压力下重建才会有真正的融合和发展，所以我们要把这看做是机会，而不单是压力。

四、宜人宜己　融通自助

——基督教华传之所资

众所周知，基督教对于近代中国的开化是发挥了很重要的作用的，但由于基督教与当时西方的殖民扩张联系在一起，真假难分，结果教会教育变成了文化侵略或文化殖民，最后受到了遏制。这就迫使所有有志于在中国传播基督教的人们不能不认真思考一些基本问题，从中吸取经验教训。

1.牢记华传之史训

首先，基督教来华不应是进行国力炫耀或文化殖民，因为原则上它不应属于任何国家。而且必须明确，基督教进入罗马的情景与佛教进入中土的情景是完全不同的，因为在希腊罗马时代还是多神教，人们的信仰很乱，基督教的进入刚好实现了由多神教向一神教的转型；而中国在后汉时代已经完成了独尊儒术的文化整合运动；从根本上说，家族—宗族组织与政治权力同形同构，是中国早期文明社会的一个重要特点，商周国家就是宗族组织的扩大或国家化。中国的皇权大都出于自身统治的稳定性需要，而成了传统的坚定维护者，佛教进入东土只能先居于末流，由此形成了后来的交往模式。基督教作为有自己主张和目的的外来宗教，显然不会被永久地容忍其随意传教。近代来华传教士的命运就能很好地说明问题。所以，基督教自身也要能够适应中国，其来华的直接目的应当是在民，而非在教，否则就不是普遍意义的人文宗教，而成了为教而教的文化殖民，在中国肯定站不住脚。中国近代关于中西体用的争论就是为此而起。因此，一定要牢记，只有民乐，才有教兴。

事实上基督教能够进入中国，必须是在伴随中国精神的重建中才有可能，必须是在中国文化已经有了巨大的空间可以进入时才有可能。而当前的中国可以说具备了这样的条件，主要是从计划经济到市场经济的转变，从乡村社会向城市社会的转变，这使得已有的文化和文化心理发生了断裂，出现了用原有的方式无法控制的巨大的精神和信仰空间，“法轮功”的出现就是这种状况的一种反映。这些都表明，在考虑基督教进入中国时必须首先考虑中国自身的需求，而不是基督教的需求，或至少是基督教要在充分考虑中国人的需求时再研究怎样发展自己。历史上中禅的出现对佛教传入的影响，应该值得基督教借鉴。如此一来，香港何世明牧师“使基督教信仰与儒家思想互相融会而又以基督之道一以贯之”，作为“中华基督教融贯神学的主要原则”，从而建立“神学化儒学”的想法，则未免过于单纯和天真。特别是他把基督教与西方文化简单区隔开，认为“基督教是普世的宗教，西方文化绝对不能代表基督教”的做法，颇有掩耳盗铃之嫌。[①]因为去掉了基督教，西方文化又剩下了什么呢？另外，他把中华古人所崇拜之“天”与基督教之“天”相提并论，甚至用基督教解读儒学，如果仅是作为在华宣教的一种手段，似无不可，但若本人以为就是那么一码事，则难免有望文生义之嫌。因为中国古代的“天”并非“天帝”之天，而是具有多义性，如自然运行之天，主宰、根源之天，生成调和之天，道德、理法之天等，不能做单一的理解。对此，日本学者沟口雄三倒是看得更清楚。[②]同样，何世明先生引述耶稣在《马太福音》5:17中的话“莫想我来要废掉律法和先知；我来不是要废掉，乃是要成全”，以此作为基督教进入中国的口号，恐怕也只是一相情愿，很难让人感觉真是那么一

① 何世明，《融贯神学与儒家思想》，宗教文化出版社，1999，第4–10页。

② [日]沟口雄三，《中国的思想》，中国社会科学出版社，1995，第6页。

回事,因为本来没有外部的入侵,中国人自己过得也还是可以的,不需要什么人来拯救,中国人也没有什么救赎或拯救意识。但何先生的想法反映了外来文化与本土文化的基本矛盾。如果不想激化这个矛盾,就不要抱着类似的意念和想法进行传教,而只能采取类似当初佛教的做法,仅仅为了普度众生,从而达到无为而有为的目的。否则,必然因遭到文化精英们的强烈反对而难于在中国扎根。

其次,必须因地制宜,在观念、目标和方法上都有变化。由于中西方在宗教观念上有很大差别:中国人对自然神灵的情感和供奉,更多的是出于侥幸获取功利的目的,而并非出于真诚的信仰;基督教是一种个人化的宗教,而中国的宗教往往带有族群性质;基督教乃是一种理性化的信仰,而中国人信仰中的成分比较杂多,很难说都是出于理性。二者最根本的差别是天人合一与天人相分两种世界观的差异。[①]因此,基督教在中国的传播必须考虑这些特点,在信仰要求上实事求是,不必局限在一个层次。但中国人企图不费吹灰之力、随支随取地就获得神助的廉价信仰传统,与基督教长期以来形成的戒律森严的信仰规范具有很大的差别,这必然会对基督教原有的笃信方式构成一种巨大的影响或冲击,导致其改变。因此,基督教在保持基本精神不变的前提下,应学会处境化思考,不拘泥于形式和手段,这样才可以获得更广泛的社会认同。当然,在这个过程中儒家也会转变,而实际上最终发生的可能是一个"双转"的过程。

再次,必须关注最基层的大众。中国古代的外来宗教一向都是先由民间接受,然后才逐渐融入整个社会。基督教也只能如此,因为民间是意识形态统治和信仰坚定性最薄弱的边缘地带,最容易接受外来文化的影响。因此,在未来的中国,由政府掌握主权、由教会或教徒开办各级学校和慈善机构或许不是不可行的。[②]特别是在广大山区和农村落后地区大力扫盲、脱贫,又需要有奉献和凝聚力的团体来组织他们,基督教会可能是最恰当的一个组织。

最后,争取精英群体的认同。众所周知,当今中国的文化结构是人为铸造的

---

① 魏光奇,《天人之际》,首都师范大学出版社,2000,第 112–114 页。

② 王忠欣,《基督教与中国近现代教育》,湖北教育出版社,2000,第 177 页。

一个核心化与精英化的“社会”圈层，大部分人不在圈层内部。也就是说，这个“社会”中有力量和影响的人只占很小的一部分，但却决定社会的走向，从而出现了一个以城市的部分掌权者为核心的“权力中心”、城市—农村逐渐由中间向外扩散的圈层结构。正如郝大维和安乐哲所指出的，在中国“社会同它的经济和政治活动的观念和价值观之间有极大的连续性，不了解中国的高层文化的特点，那么在同中国人打交道时，即使在最实践的层次上也会处处碰壁。”①何况中国近些年已经广泛地进行了无神论教育，甚至以无神论国家著称。这样一来，信徒们就容易被精英们看成是迷信和愚昧，被指责成文化卖国主义，从而打入异类，失去市场。相反，一旦精英文化圈对此有了比较恰当的认识，则许多问题就可能事半功倍、一路顺畅。

2.调正当下之姿态

由于中国精神市场的广阔性，任何一种思潮要全部把它占领都是不可能的。目前，对中国来说，基督教还只能算是他者，既是固有文化的他者，也是马克思主义的他者。目前“三足”融会的局面还远未形成。因此，基督教要在中国精神市场的天下三分中分得更多的份额，还需要做许多属于他者的工作。

首先，主动适应国情。基督教在中国传播主要有两种途径，一是来华传教士的活动，二是中国人自己的介绍与宣传。但不论哪种方式都必须考虑中国国情。中国不同于别国，特别是一些小国，她有自己的文化传统和性格。由于儒道释的长期交往和影响，中国已经形成了接纳和涵化外来文化及其影响的独特方式，使得任何外来文化必须入乡随俗、接受改造。那种企图按照单一形象来塑造世界的欲望，不仅是非常幼稚的，而且在中国也是绝对行不通的。

显然，新的世纪之初，在中国已经持续了一个多世纪的中西、古今、圣俗之争还将继续下去，并且历史的转型为宗教提供了一个前所未有的机会，但面对这种情形，宗教本身必须首先主动行动。“一种宗教必须适合它所立足的社会”，如果它不能很好地适应形势而改变，就将失去历史所给予的最后一次机会。特别地，

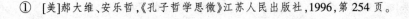

① [美]郝大维、安乐哲，《孔子哲学思微》江苏人民出版社，1996，第254页。

后现代社会将不会再有哪一种宗教独步天下的时代，各种宗教之间以对话取代对抗，在相互尊重的基础上共存共荣是必然趋势和选择。“如果这些宗教中的任何一种思想想征服这个世界，它必须有更大的适应性才能实现。”[①]这就要看哪种宗教能够应时顺势、脱去它的神秘外衣，走下圣坛，自如地走进世俗世界，让每一个被世俗文化浸染的生灵都能听到它的福音。就此，对于宗教经文作出符合中国现实的阐释使其比以往的经文更容易让人接受，将是知识论上的首位工作。如明末士大夫们对传教士所宣扬的“启示真理”的诘问和辩难就表明“虽然他们容易接受宇宙间有主宰这类观念，但只有这些观念具有本体论或宇宙生成论的哲学意义时，他们才能理解并接受之。”[②]而“基督教的力量或许在于它比其他宗教更能使其适应新的变化而又不丧失它的本质特征”。[③]

其次，充分理解和把握中国精神文化的非宗教性传统。中华文化在古代从来没有形成以神学为主导的局面，宗教甚至不是社会反抗的武器，在某种程度上倒是社会矛盾的减压器或调和剂。马克思主义无神论之所以能在中国迅速传播，并占据主导地位，在一定意义上就与中国的无神论传统有关，特别是与儒家的精神追求有关。尤其后现代社会将不会再是哪一门宗教独步天下的时代，各种宗教之间以对话取代对抗，在相互尊重的基础上共存共荣是必然趋势和选择。于是，基督教在传播的观念、目标、方法甚至信仰的形式上都应有所变化。而这对于新教来说是不困难的。否则，只是把中国当作文化下游实施单向度的信仰传播，将会遭到一切文化守成者的抗拒。

再次，处理好与马克思主义的关系。虽然马克思主义作为后来者曾经抑制了基督教思想在中国的发展，但相对于中国文化，它毕竟是基督教的近亲，是基督教文化之根上开出的智慧花朵。马克思主义在捣毁中国人传统精神结构方面发挥了历史上没有任何力量能起到的作用，因而也在一定意义上为基督教思想在中国的传播铺通了道路；否则，近年来就不会有那么多人毫无障碍地转信基督教。从这个意义上说，在西方互相敌视的基督教和马克思主义，在中国倒有可能

---

① [英]凯莱特，《宗教的故事》，江苏人民出版社，1999，第 529 页。

② 孙尚杨，《基督教与明末儒学》，1994，第 251 页。

③ [英]凯莱特，《宗教的故事》，江苏人民出版社，1999，第 529 页。

联手合作。对此,基督教的智者们很有必要考虑如何"由马入中"的问题,包括对马克思主义做出符合基督教的解释。

3.自我调整与创新

由于基督教来华依仗的西方强势的经济与社会基础,人们就容易把事情看成是单向度的。其实,问题可能还有另一面。那就是,鉴于基督教信仰在西方已呈衰微状态(亨廷顿),那么,它之进入中国不应简单看成是对当地的贡献,也还有中国对基督教贡献的一面,因为它恰恰是在中国找到了用武之地。所以,在逻辑上不能简单以为基督教进入中国只是在救中国人,那也应是一种自救过程,或者至少说这种救助是相互的。因此可以预期,像任何外来文化包括马克思主义一样,基督教在中国的传播必然会反过来影响其本身并导致其变化。由于西方文明存在的问题,人们普遍把视野转向东方,开始关注和欣赏东方价值。或许,基督教也有借儒家文明振兴之意;而且,由此反而可以减少文明之间的冲突。

同时,基督教既想进入中国,则中国可能正是一块"应许"之地。就像当年的佛教一样,如果没有在中国的传播,可能早已失传。由于中国有世界上最广大的信仰空间,世界精神只有进入中国才会完成自己的循环,所以信仰之未来在中国。既如此,由于基督教与佛教不同,它在吸收中国智慧时必须恢复和确立孔老孟庄等华夏先祖的文化地位,通过"异中求同、合众为一(e pluribus unum,美国国训)"。[①]实现世界信仰最大的融合,从而借助中国几千年丰厚的历史文化传统,使其向中国传播的过程成为中国化基督教(华化基督)建立的过程。或许,这不仅是一种有"中国特色"的新形态的基督教,而且可能是一种综合的世界范式的"大同"之教。因此,目前中国的基督教期待着"惠能"的出现,以最终通过回归东方而完成自己世界化的进程。

最后,可以预计,基督教今后在中国的发展趋势将是"四化":世俗化,伦理化,东方化,合一化(与其他思潮兼容)。世俗化,即随着社会越来越理性化,基督教本身也淡化了它的神圣性而突出了现世的内涵;伦理化,即从宣传教义更多地

---

① [美]瑞恩,《异中之同:人的自我完善》,北京大学出版社,2001,第32-50页。

第二届华人福音事工分享会（南京，1995）。

转向强调道德伦理；东方化，即本色化或处境化，包括对东方其他宗教的认同和对其他教会组织的尊重，毕竟基督教的信众将以亚洲尤其中国为最多，其工作重心也将转向亚洲；合一化，又称普世化，是近年来兴起的普世伦理运动，其道路虽然曲折艰难，但总可以达成最低限度的一致，[①]从而成立宗教“联合国”。这是通过换位来处理问题即“用中国人的眼光解读基督教哲学”的伟大历史成就。[②]这样说来，中国更是属于未来化的一个国度。作为中国人，我们当然也期待着，有一天中国文化通过各种方式传播包括借助基督教思想的回流，对世界发挥更大的积极影响。

---

① 段琦，《基督教学》，当代中国出版社，2000，第 392–397 页。

② 许志伟、赵敦华，《冲突与互补：基督教哲学在中国》，社会科学文献出版社，2000，第 26–27 页。

中国基督徒的文化使命

石衡潭

基督教曾经四度入华，最后一次马礼逊将基督新教传入中国，距今也已近二百年了，中国的基督徒也已经有了千万之众，应该说基督宗教已经进入了中国，进入了中国人的日常生活之中，但也应该看到，基督徒在中国总人口中所占的比例仍然不大，基督宗教对中国社会的影响仍然不是很大，基督宗教也还没有进入中国文化的主流。直到今天，我们没有像德尔图良、奥古斯丁那样灵性丰沛、学养深厚的神学大师，还没有建立融汇中国文化的神学思想体系，还没有像《天路历程》那样深蕴基督教精神的鸿篇巨著，还没有大批在各行各业卓有建树的基督徒。直到今天，还有人在为是“中国基督教”还是“基督教在中国”这样的命题而争论不休；还有人在为“是龙的传人”还是“神的儿女”而吵得面红耳赤；还有人在为多了一个基督徒，少了一个中国人而扼腕叹息；还有人在为基督宗教进入后的中国文化命运而忧心忡忡。这说明大部分中国人还没有理解和接受基督宗教，也说明中国的基督徒还没有自身信仰与中国文化的关系，在文化方面建树还不多。这种令人担忧的现状促使我们深思：基督教与中国文化到底具有什么样的关系？中国基督徒应该怎样看待自己所属的文化？应该承担什么样的文化使命并且怎样才能承担？我们对这些问题思考认识的广度与深度，我们思考之中之后行动的力度与强度，都将对中国基督宗教未来的发展、未来的面貌产生很大的影响。我愿意将自己对这些问题的思考告诉大家，也希望有更多的人投入对这些问题的思考，并且以我们切实的行动形塑中国基督宗教的未来。

一、中国基督徒要认识基督教与文化的关系

(一)基督教与文化的关系

文化是什么?如何来定义文化?这在学术界一直是没有明确定论的。有人把人所创造的一切都说成是文化,也有人把文化局限于人的精神方面。故文化有广义与狭义之分。20世纪70年代,人类学家克罗伯(A.L.Kroeber)和克拉孔(Clyde Kluckhohn)列举的关于文化的定义就有160多种。他们最后的结论是把文化看作成套的行为系统,而文化的核心则由一套传统观念,尤其是价值系统所构成。这个看法同时注意到文化的整体性和历史性,因此曾在社会科学家之间获得广泛的流行。[①]中国学者唐逸关于文化的界定也与此相近,但他比较强调文化的精神方面。"文化是人的精神产物,是与自然相对待的人之语言行为所构成的精神及物质结构。"[②]学者们大致同意,文化一般有这样四个层次:首先是物质层次,其次是制度层次,再其次是风俗习惯层次,最后是思想与价值层次。它们依次构成一个由低到高的序列,物质层次是基础,思想与价值层次为核心。

宗教又是什么?怎样来界定宗教?这更是一个众说纷纭的问题。中国学术界一般是把宗教当作一种文化现象来看待的。吕大吉先生就是这样来定义的:"宗教是关于超人间、超自然力量的一种社会意识,以及因此而对之表示信仰和崇拜的行为,是综合这种意识和行为并使之规范化、体制化的社会文化体系。"[③]如果同意这样的看法,那么,基督教也可以按照这样一个级次来分析。教堂、十字架、圣物、圣具等构成基督教文化的物质层次;而教廷与教会的组织机构和组织方式、礼拜、圣餐、洗礼等构成其制度层次;圣诞节、复活节、感恩节、团契、交通、分享、聚会等构成其风俗习惯层次;十诫、荣神益人、认罪悔改、因信称义、得救、永

---

① 参见余英时,《中国思想传统的现代诠释》,江苏人民出版社,1998年6月第1版,第2页。

② 唐逸,《荣木谭》,商务印书馆,2000年1月第1版,第172页。

③ 吕大吉,《宗教学通论新编》,中国社会科学出版社,1998,第79页。

生等构成其思想与价值层次。在最后一个层次中，一般伦理的教训如十诫、荣神益人等还比较容易在世俗文化中找到对应物，而认罪悔改、因信称义、得救、永生等属于基督教的意义范畴就不能或难以在世俗文化概念范围内找到合适的位置，而这恰恰是基督教最核心的部分。为什么会这样呢？这是因为世俗的文化定义是以人为中心界说的，文化无非是人一切活动和创造的总和。这里没有为神的创造和作为留下空间。而基督教信仰所强调的恰恰不是人的活动与作为，而是神的创造与启示，神对世界和人类历史的介入和参与。这就是说，基督教已经越出了世俗文化定义的范围，基督教信仰的核心内容是世俗文化定义所不能完全涵盖的。

那么，从基督教信仰、从圣经出发又怎样来看待文化、看待文化与基督教信仰的关系呢？

我们知道，按照圣经启示和基督教信仰传统，世界和人类要经历创造、堕落和救赎三个阶段。创造最初的伊甸园时代由于人类始祖亚当夏娃的犯罪而一去不复返了，人类进入了堕落的时代。在这一阶段，人身上神的形象与样式已经全然堕落、全然败坏了，就是说，我们人类的每一个层面——理性、情感、意志都沾染了罪，人类靠自己的力量不能自拔，需要等待来自于神的救赎。文化，作为人活动的结果和产物，也是完全堕落与败坏的，同样需要神的救赎。自从耶稣基督降生，在十字架上为堕落的人类受死，三天之后又复活升天，神的救赎工程已经展开。神对人类的救赎也包括对人类文化的救赎，也就是对文化的改造与更新。神在救赎过程中，也使用人类文化来向人类启示他自己，肯定文化有其正面意义，但神启示并不局限于某一种文化形式。即使就圣经本身来讲，人们长期以来一直认为它与希伯来文化是密不可分，融为一体的。但最新的研究成果表明：尽管圣经从语言到素材，从体裁到风格都与某种特定的文化相关，但并非是某种特定文化的专利。圣经的语言就是使用希伯来语、亚兰语和希腊语等多种语言而写成的。圣经中所叙述的创世和洪水事件，在巴比伦人的文学中也有类似的故事。圣经的体裁，旧约的诗歌、箴言、律法与条约，新约的书信、行传等都是当时中东文化和希腊罗马文化中所常见的文学体裁。圣经所使用的修辞技巧与语言风格，也是与当时时代相应，而非孤立出现的。圣经中所描述的内容，很多也并不限于特定的文化。如旧约时代，会幕、圣殿的建筑特征和装饰、圣约的概念，其实与邻近的文化相当接近；祭司和王权的体制，也是当时其他民族中普遍存在的。神的启示超越于任何一种文化，又能够进入任何一种文化。正如何世明牧师所言："以三位一体的上帝为信仰的基督教，乃超越于一切人与一切文化之上，但也可以贯注一切人与一切文化之中，更可以内蕴于一切人与一切文化之内。"[①]如同每一个人都需要上帝的救赎一样，每一种文化也需要上帝的救赎、福音的更新。当然，神对人类的启示与救赎有一个先后的次序，如先是希伯来人、希腊人，再到其他民族；神对文化的改造与更新也会有早晚的不同，但没有一种文化能够抗拒神的恩典与救赎。华劳德(Lloyd Kwast)在其所著《严重问题》(Crucial Issues)中说："正因为人类有许多相同之处，所以上帝才能藉着圣经向全人类表达他的意思。上帝要向全人类传达他的真理……人类基本的相同之处，使真理能越过文化界限……传递工作并不像一般人想像的那么困难。上帝最先向希伯来文化和希罗文化里的人所启示的圣经真理，今天任何文化中受圣灵引导的人，都可以清楚而正确的了解这些真理的原意。"[②]文化进入救赎有先后之分，文化被更新的程度也有深浅之别，但没有任何一个可以说自身是完全基督教化的，完全福音化的，就像没有一个人敢说他像基督一样完全一样。福音改造、更新文化是一个不断向前的永恒进程，没有终止。

(二)基督教与中国文化的关系

应该说，中国传统文化的特质与基督教具有某种亲缘性。我们说基督教的核心——福音是超越于任何文化之上的，这也就是说，每一种文化在等待福音的洗礼与更新上都是平等的，福音能够进入到任何一种文化中，使之改变与更新，没有任何一种文化能够抵挡和抗拒福音。但是福音使用每种文化的程度是有不同的，福音进入每种文化的时间是不同的，福音改造每种文化的程度与范围是不同的，福音进入每一种文化的方式与进路也是不同的。每种文化应该认识清楚自身的特质，以便福音能够更容易、更深入地进入自身文化之中，而不致产生一些不必要的磨擦与障碍。中国传统文化无疑有其固定深厚的特质，认识清楚其特质及

① 何世明，《我的心路历程》，基督教文化协会出版，第36页。

② 转引自c-highway.net/BOOK/shijian4/sj4-1/4.htm。

其与福音和基督教信仰的关联性与亲缘性，无疑是十分必要的。

中国文化是一种人伦文化，是以血缘亲属关系为核心而建立起来的一整套人伦文化体系。这点已经得到许多有识之士的认可。在谈到中国传统人论中的人观时，杨适教授指出："在中国传统的实际生活里，在思想文化里，'人'指的几乎全是、或主要是由人伦(核心是亲属血缘人伦关系)来形成的家族、民族、国家这类整体，和在这种人伦之网中被分别规定下来的一切个人。"①在评述了儒家、道家、法家、墨家等多种学说之后，杨适教授总结说："中国传统文化，虽然有维护和批判宗法人伦两条路线，有诸多具体主张和派别，总起来看，都没有离开人伦文化这个基础。宗法人伦和天道人伦之争，是中国传统文化内在矛盾的焦点或最高概括。中国文化是人伦性的文化。"②可以说，在中国文化是人伦性文化这一点上人们已经达成基本共识，但在怎样对待和评价这一文化特质方面，人们还众说纷纭，特别是基督教与中国传统文化相遇时，在人们探讨基督教与中国传统文化关系时，人们的态度更显复杂、更趋不一。基督教入华以来围绕这一问题的种种争论先且不说，就是在当今的基督教学术界和信徒中，也有激烈的争论。而占主流的声音似乎是这样一种：中国文化特质与基督教精神是完全相异的，中国文化与基督教完全是格格不入的，基督教要进入中国必须完全置换中国传统文化。这种思路被称为置换模式，目前它在中国很有市场。有许多信徒虽然不一定明确地意识到自己是采用这样一种思考与行为模式，但实际的情形却可能正好是这样。利玛窦式的文化适应的模式也还存在，但声音还比较弱小，特别是在信徒当中。

那么，实际情形是否如此呢？中国传统文化是否得完全另起炉灶才能安放得下基督教呢？我认为，不是这样，而且，恰恰相反，在中国传统文化中有很多特质及因素与基督教精神是相近的或者说有亲和力的。我们知道，神的启示最早是面向希伯来人的，神也是选择希伯来人为起点来传播他赐给万民的福音。而希伯来人的社会与文化形态与中华民族的是非常相近的。希伯来文化也是非常注重亲

① 杨适，《中西人论的冲突——文化比较的一种新探求》，中国人民大学出版社，1991年3月第1版，第13页。

② 同上，第75页。

属血缘的，也是十分强调人伦的，而他们的这种生活也是神所喜悦的。神教导希伯来人要孝敬父母。神通过摩西给他们所颁布的《十诫》第一至第四条是关于怎样对待神的，第五至第十条是关于怎样对待人的。而后者中排在首位的就是关于孝敬父母的："当照耶和华你神所吩咐的孝敬父母，使你得福，并使你的日子，在耶和华你神所赐你的地上得以长久。"（《申命记》5:16）在摩西从西乃山上带回的石板上，这第五条诫命是与前四条诫命同刻在一块石板上的。可见其重要性。这条在新约中也受到了特别的强调："你们作儿女的，要在主里听从父母，这是理所当然的。要孝敬父母，使你得福，在世长寿。这是第一条带应许的诫命。"（《以弗所书》6:1–3）耶稣基督著名的"十字七言"中也有两句是关于母子关系的。他对母亲说："看你的儿子"，又对门徒约翰说："看你的母亲"。在他生命的最后时刻，他惦念着母亲日后的生活。这也为我们树立了孝敬父母的榜样。这与中国传统文化的尊重孝道是完全一致的。希伯来人也很重视血缘的延续和家族的繁荣。他们把妇女生孩子看做是神的恩赐："儿女是耶和华所赐的产业，所怀的胎是他所给的赏赐。"（《诗篇》127:3）在《创世记》中，神对人类的任务是"生养众多，遍满地面，治理这地；"（《创世记》1:28）神给亚伯拉罕的祝福也是"论福，我必赐大福给你；论子孙，我必叫你的子孙多起来，如同天上的星，海边的沙。"（《创世记》22:17）。希伯来人的寡妇内嫁制也是为了保证血缘的延续和姓氏的留存，"弟兄同居，若死了一个，没有儿子，死人的妻不可出嫁外人，她丈夫的兄弟当尽弟兄的本分，娶她为妻，与她同房。妇人生的长子必归死兄的名下，免得他的名在以色列中涂抹了。"（《申命记》25:5–6）。这些规定与习俗与中国的"不孝有三，无后为大"、"慎终追远，民德归厚"等观念都是一致的。在新约时代，也很重视维护家庭和保守家庭，新约中有许多关于家庭的教导，详细说明了父母与子女、丈夫与妻子之间的责任与义务。在《提摩太前书》中，保罗还强调要看顾自己的亲属："人若不看顾亲属，就是背了真道，比不信的人还不好。不看顾自己家里的人更是如此。"（《提摩太前书》5:8）这与中国文化中重家庭、崇人伦的观念也是相同的。有的人可能会说在新约中耶稣也说过一些似乎是与上述意思相反的话，最有名的是《马太福音》第 10 章第 34 节至 37 节经文，"你们不要想，我来是叫地上太平；我来并不是叫地上太平，乃是叫地上动刀兵。因为我来是叫人与父亲生疏，女儿与母亲生疏，媳妇与婆婆生疏。人的仇敌就是自己家里的人。爱父母过于爱我的，不配作我的门徒；爱儿女过于爱我的，不配作我的门徒”。实际上，这里，耶稣讲的不是家庭成员之间应该如何对待相处的问题，而是讲的人在接受福音过程中可能遇到的外在障碍和内心挣扎；这里，也不是单纯讲家庭内部或者说人与人之间的关系，而是讲到了人与神之间的关系。所以，耶稣不是要父母与儿女、媳妇与婆婆生疏，而是说在人们接受福音过程中，最大的拦阻可能恰恰来自家庭，来自自己最亲近的人。告诉人们要做好心里准备：要准备承受最亲近人的不理解，要准备为了委身基督而承受与最爱之人的分隔。也就是说，相信耶稣基督有时候是要付代价的。所以，他接着说：“不背着他的十字架跟从我的，也不配作我的门徒。”(《马太福音》10:38)拿人与人的关系(哪怕是父母与儿女的关系)与人与神的关系相比较，当然是人与神的关系要重要过人与人的关系。所以，神要我们爱他胜过爱我们的父母、儿女，而不是相反。这些话语与关于家庭关系的正面教导说的是不同的方面，是不矛盾的。关于这一点，谢扶雅先生的这样一段话是耐人寻味的：“基督教到中国不必要打倒拜祖先，拜天地，而是更要拜‘你的主上帝’，意思是说：你内在心灵的支配者和指导者，他和你有如父子的关系，你整个涵泳于他的爱中。这一点是基督教的根子，但没有发现在中国思想及文化之内。不过，它跟中国思想绝无冲突之处，而且还可以使中国思想更加充实饱满而有力量。”①

还有一段经文，就是耶稣在医治病人时，他的母亲和弟兄来找他，当时，耶稣四面观看那周围坐着的人说：“看哪！我的母亲，我的弟兄。凡遵行神旨意的人，就是我的弟兄姐妹和母亲了。”(《马可福音》3:34-35)不少人也以这段经文或其他类似的经文来讲旧约与新约的差异、不同与断裂，讲新约对旧约的超越，他们说旧约讲家族，新约讲博爱，新约的博爱原则超越了旧约的血亲伦理、家族原则，进入了一个全新的阶段。这种观点是值得商榷的。耶稣在这里是作为圣子的身份代替圣父来说这番话的，也就是要强调万民与天父之间的受造与创造、儿女与天父的关系，从而肯定遵行天父旨意的万民之间弟兄姐妹的关系。耶稣在这里也不是要否定与母亲和弟兄姐妹的关系（上面也讲到耶稣对母亲的爱是何等殷切与妥帖)，而是要将这种关系推广开去。让我们不要把这种亲密的关系仅仅局限于靠

① 引自邵玉铭编《20世纪中国基督教问题》，台北中正书局，1980，第571页。

血缘关系建立的小家,而且要扩大到以神为中心的大家,凡遵行神旨意的人就是这个大家庭成员，大家彼此都是弟兄姐妹。教会正是按照这样的理念建立起来的,教会的各成员之间的关系正是这样一种亲如弟兄姐妹的关系。我们说,旧约与新约是统一的,是一脉相承的,不能分割的,同样,博爱原则与血亲伦理、家族原则也不是决然对立,互不相容的。基督教讲博爱,但并不完全排斥爱的等差性。耶稣在概括十诫的精髓时说:“要尽心、尽性、尽意,爱主你的神。这是诫命中的第一,且是最大的。其次也相仿,就是爱人如己。这两条诫命是律法和先知一切道理的总纲。”(《马太福音》22:37-40)在这里,我们看到,耶稣实际上不是要人们没有差别地去爱他人,而是要人们以推己及人的心肠去爱他人。爱人如己,是说爱自己是爱他人的前提。一个人如果连自己都不爱的话,那么,去爱他人是不可能的,只是一句空话。由爱自己到爱他人,这中间必然有远近之别,有等差之分。当然,耶稣也教导人们心里应该还有一个更高追求、更深的情感,那就是爱神。由于每个人都是按照神的形象和样式所创造的,每个人都是神的儿女,每个人在神面前都是平等的,都同样被神看为宝贵,所以,爱他人也是爱神的一种方式、一种体现,所以,才有不计远近亲疏的博爱,更准确地说是圣爱(Agape)。所以说,博爱(圣爱)与等差之爱只是人之爱的两种维度、两种表现形式,它们并不互相排斥,博爱可以容纳等差之爱于自身之中,等差之爱也可以以博爱为最后的支撑与来源。举例来说,一个人爱自己的父母,可以仅仅把他们当作自己的父母来爱,这是一种很自然、很天然的感情。但这并不妨碍他也把父母当作与自己一样是具有神的形象与样式的人来爱,而且,这种爱还是对前一种爱的有力支持与保证。因为,现实中的父母可能有不那么让人爱的地方，而他们身上神的形象与样式则总是让人爱不够的。这样一来,儒家所讲的“老吾老以及人之老,幼吾幼以及人之幼”也完全可以融入基督教的博爱精神，而且也可以作为博爱能够推行的一种有效方式。

这样看来,儒家所推崇的孝道也好,有等差的人伦之爱也好并不必然与基督教精神相排斥,而完全可以契入基督教精神之中,为基督教精神所转化、成全与提升。正如何世明牧师所说:“耶稣基督之对于犹太的‘律法和先知’,并没有加以废掉而反加以成全,则其对于中国的‘律法和先知’,自亦当然如此。是以我们中国的古人曾吩咐我们要孝在地上之父,但基督却教我们称上帝为‘我们在天上的父’，而且又要我们‘尽心、尽性、尽意、尽力’以爱他，是则不独要我们孝在地上的父，而更要我们孝在天之父了。我们的古人又曾说：‘西海之内，皆兄弟也’。但基督则更说：‘你们既作在我兄弟中一个最小的身上，就是作在我身上了’。耶稣视最卑微的一个小子，其身份之高贵，有如他自己一般，是则不独‘四海之内’的人皆兄弟，而四海之外的人，亦无不是兄弟，那是十分明显的了。”①

当然，中国文化还有其他的一些特征，如赵紫宸所说的自然主义倾向，李泽厚所说的乐感文化、实用主义等等。这些都是与重视人伦的生活相联系的，都是从这种生活形态中所生长出来的。中国文化也有许多的缺陷与缺失，也有一些观念与基督教信仰相冲突。如中国文化中没有独一超越的人格神观念，对宇宙来源、生死归宿等终极问题不感兴趣等等。孔子教导人“敬鬼神而远之”，又给他的弟子说：“未能事人，焉能事鬼”，“未知生，焉知死”，以至于他得出“夫子之言性与天道，不可得而闻也”的结论。儒家对这些问题不求甚解，不置可否，佛道两家是姑妄言之，所以，中国人至今还是糊里糊涂，不知所从。这些倒并不构成基督教传播之大碍，反而是基督教可以发挥作用之有利条件与广阔空间。

文化不是福音的障碍。从每个个体的皈依过程来看，也是如此。每个人都是在具体的文化背景中接受福音的，他们所拥有的文化背景并没有成为福音不可攻克的堡垒、不可跨越的鸿沟。也许可以说，在经过福音渗透与洗礼的文化中，人们接受福音要相对容易一些，但不能说，一个处于未经福音渗透与洗礼文化中的人，就绝对不可能接受福音。福音渗透力与感染力是文化所无法阻拦的。要不然，福音就只能是某部分人的福音，某个民族的福音，某种持有特殊文化的民族和国家的福音。福音与文化之间，也绝不是一种征服和替代的关系。好像一个人接受福音了，就是把他自己的文化抛弃了；好像一个中国人成了基督徒，就不再是中国人了。情况恰恰相反，一个人接受了福音，是使他所拥有的文化得到了提升与成全；一个中国人成为了基督徒，他更是一个中国人。我们看明末的徐光启、杨廷筠、李之藻等人，他们都是饱读四书五经的博学鸿儒，但他们又是完完全全的基

① 何世明，《从基督教看中国孝道》，基督教文艺出版社，1986年12月第3版，第259页。

督徒。由此可见，福音不但不会压制和吞灭中国文化，而且能够保守和成全中国文化。文化与福音之间的障碍是人自己制造出来的。一个人只要封闭自己的心灵，外在的任何东西都不能进来。过分强调文化的差异和不同只是人们封闭自己的一个工具，或者说一个借口。中国文化的发展历程，其实就是一个不断吸收外来因素而更新发展自己的过程。中国文化每次都能够抓住发展的机遇，所以它能够维持发展到今天。现在也是中国文化发展的一个重要关头，它不能只是回头看过去，而应该勇敢向未来。接受福音净化与洗礼，这是它更新和发展自己的必由之路。

应该指出，基督教不仅要面对历史悠久、积累深厚的中国传统文化，而且更要直视纷繁复杂、五光十色的当代中国文化。中国传统文化经过内部外部的不断冲击，已经不能独步天下，主宰潮流了。现在的中国是一个多元文化共存的社会。总的来看，除了以儒家为代表的中国传统文化外，在当代中国社会具有较大影响力的文化还有以马克思主义为核心的社会主义文化和以民主、自由和科学为核心的西方当代文化。基督教也应该与这两种文化展开对话与交流，也能够使之发生变化与更新。

1999年2月，第一届帕沙迪纳中国教会事工研讨会的中外代表合影。

二、中国基督徒应该成为基督教与中国文化的桥梁

（一）中国基督徒应该成为基督教与中国传统文化的桥梁

作为中国传统文化核心之儒学的传统发展道路似乎已经到了尽头，这给予中国基督徒以历史性的机遇。中国文化何处去？中国文化怎样发展？儒学和中国文化必须注入新鲜力量，才能重新获得勃勃生机。而基督教的核心——基督的救

赎恰恰可以成为中国文化的生命力和创造力。何世明指出,“要使基督教信仰与中国文化相互融合而又以基督之道一以贯之,原有两大途径可行。其一是使中国文化进入基督教之信仰中,作为阐释基督教信仰之工具,我们乃称之为国学化的神学。其二是使基督教信仰进入中国文化中,予以修正,加以改造,我们便又称之为神学化的国学。而不论国学化之神学或神学化之国学,都必须以基督之道一以贯之,这便是我们所提倡的融贯之学。”①这与利玛窦所开创的文化适应之路是一脉相承的。具体来说,我们可以从基督教的观念来理解与诠释中国传统文化经典,并赋其以崭新的意义,使其中的许多因素成为见证普遍启示的有效例证与资源,使其中的许多方法也成为我们认识真神的可能途径。中国古代先哲一直在探索宇宙的奥秘、人生的真谛,可能由于种种原因,他们没有能够与真神直接相遇,或者说没有能够与神面对面,但他们也依稀见到神恍惚的身影,或者朦胧体验过神的同在。请看《中庸》开篇的声称与描述:“天命之谓性,率性之谓道,修道之谓教。道也者,不可须臾离也,可离,非道也。是故君子戒慎乎其所不睹,恐惧乎其所不闻。莫见乎隐,莫显乎微,故君子慎其独也。”这里对“天命”的解释及对君子与“天命”关系的描述与基督徒对神的理解及对神人关系的体验是极其相似的,特别是后者。“君子戒慎乎其所不睹,恐惧乎其所不闻”完全可以与“信就是所望之事的实底,是未见之事的确据。”(希伯来书 11:1)对读,或者成为它的一个中国化的解读与注解,我们完全可以通过对这段话语的领会来加深对神人关系的理解,也就是说儒家君子面对“天命”之“慎读”可以帮助我们进入对天父的默想。又如《论语》首句即说:“学而时习之,不亦说乎。”这里的“时”主要有两种含义,一为“随时”或者“时时”,也就是经常的意思;一为“时机”或者“时刻”,就是指“合适的时机与时刻”。后一种含义与圣经中的一些思想是一致的或者很相近的。如《传道书》中就有很多地方讲到这种意义的“时”,“凡事都有定期,天下万务都有定时。”(《传道书》3:1)“神造万物,各按其时成为美好”。(《传道书》3:11)此处的“习”也有两种意思:一为“温习”,一为“实习”。对于所学习的,要经常或者在恰当的时间温习、复习,即所谓“温故而知新”;同时,又要把所学习到的放到生活中去实习、实践,这样,才能发挥其实际作用,也能够对其体会

① 何世明,《融贯神学与儒家思想》,宗教文化出版社,1999,第145页。

更深,这就是所谓“知行合一”。这一思想也是圣经中所强调的。耶稣基督说:“凡称呼我‘主啊,主啊’的人,不能都进天国;惟独遵行我天父旨意的人,才能进去。”(《马太福音》7:21)雅各说:“只是你们要行道,不要单单听道,自己欺哄自己。”(《雅各书》1:22)“身体没有灵魂是死的,信心没有行为也是死的。”(《雅各书》2:26)约翰说:“我们若遵守他的诫命,就晓得是认识他。人若说‘我认识他’,却不遵守他的诫命,便是说谎话的,真理也不在他心里了。”(《约翰一书》2:3–4)这样的例子还很多,如孟子讲仁义礼智,“凡有四端于我这,知皆扩而充之矣,若火之始然,泉之始达。”(《孟子·公孙丑章句上》)我们就可以将之与耶稣的话语来对观。耶稣说:“我来,要把火丢在地上,倘若已经着起来,不也是我所愿意的吗?”(《路加福音》12:49)“信我的人,就如经上所说‘从他腹中要流出活水的江河来’。”(《约翰福音》7:38)《周易》中对“研几”的精妙的解释也能够帮助我们理解所谓“圣灵的微声”。总之,我们对儒家经典的深入理解可以帮助我们体会圣经的话语,反过来,有了对圣经真理的把握,也能够使我们对儒家经典有更深的认识,发现其中的新意义,而且这也是我们所强调的重点。起初,这样的相互观照与阐释可能会使基督教对中国人更具亲和力,更容易接受,从而,可以再进一步把中国人引入基督教真理的堂奥之中。

其实,运用其他文化资源来阐释圣经真理也是古已有之。奥古斯丁就曾经运用新柏拉图主义来驳斥摩尼教,阐释基督教真理。“正如希伯来人在出埃及的时候把他们主人的珍宝带走,所以基督教神学家也可以自由地使用异教徒的观念,只要这些观念可以与福音相融,并且对于福音的传扬有用处,因为所有的真理都是神的真理。”[①]

基督教与中国文化的融贯还有许多的路径与切入点,许多教内外学者也在这方面做了扎实而细致的工作。明清时期传教士和中国基督徒所做的开创工作暂且不论,就20世纪来说,也出现了一批致力于这一伟大事业的学者与信徒:20世纪上半期涌现出的有吴雷川、王治心、赵紫宸、谢扶雅等;活跃于20世纪下半期的老一辈的有章力生、罗光、何世明、杨森富、周联华、徐松石等,新一代的则有杨庆球、余达心、林治平、许志伟、谢文郁、李锦纶等。当下,不少大陆学者也参与

① 奥尔森,《基督教神学思想史》中译本,北京大学出版社,2003,第277页。

到这一事业之中,如何光沪、卓新平、杨慧林、刘小枫、万俊人等。大陆学者以教外人士为主,他们多是研究基督教的学者,近年来也有一些研究儒学或中国传统文化的学者加入。这是一个很好的趋势,说明中国传统文化的新一代传人也开始正视基督教了。

除学术层面外,在实践层面,更有许多的事情可做。中国基督徒应该努力学习中国传统文化,应该成为学习四书五经的倡导者和推动者。几十年前,谢扶雅先生曾经提出要重编圣经,要把中国文化典籍编入圣经之中,这种提法未免太过,但其初衷是叫人们毋忘中华文化,还是可嘉的。教会完全可以发起新一轮的阅读四书五经运动,鼓励神职人员和信徒阅读,也带动全社会走近儒家经典。具体来说,教会不仅应该有圣经的查经班,也需要有四书五经的查经班;或者可以将圣经和四书五经放在一起对读,相互阐释。从传教学的角度来看,中国基督徒若能够在维护弘扬中国传统文化方面走在前面,必能够改变人们视基督教为"洋教"的习惯印象,也会使基督教更能够为广大中国民众所接受,从而扩大基督教在中国社会的影响力。

中国基督徒还可以在建立和发展基督教节日和庆典方面做些工作。余达心牧师说:"中国人崇尚节期和庆典。虽然现今在大都会里,这种情操已经趋于淡泊,但许多时候,我们仍然有一种向往的情怀。在中国农业社会中,人们很能具体地感受到时序的变易;而且把感受融入生活中。华人教会却很少把人生的感受溶入庆典中。我们很少庆祝,很少节期;整天只注重讲道。可是,有时讲道的功效很弱。相信今天华人教会需要重新建立庆典和节期。"[①]这是很有道理的。我们可以把基督教的庆典与中国的民间节日结合起来。一条路径是将基督教节日适当地中国化,可以在庆祝这些节日时适当采用一些中国的、民族的形式,可以将这些节日向更多的中国人推广。在民间,常常有将佛教的节日转化为自己的节日,基督教将来也可以走这样的路,使基督徒的节日能够逐步成为全民族的庆典。现在,这种情况也正在发生,如圣诞节,在一些大中城市中,就几乎成了一个大众节日,特别是对于年轻人而言。另一条路径是将中国节日赋予基督教的含义,或者运用中国的节日来表现基督教的内容,这也是一种移风易俗。中国人将来也可以

① 奥尔森,《基督教神学思想史》中译本,北京大学出版社,2003,第35页。

将一些传统节日转化为基督教节日，注意，切不要排斥和抵制中国传统节日，这无异于自绝生路，当初太平天国的错误做法就是前车之鉴。此外，我们还可以创建一些新的中国基督教节日。感恩节就是在美国形成的一个基督教节日，它既表达了向上帝感恩的基督教信仰的内涵，也纪念了印第安人对美国早期移民的帮助以及民族之间的和睦同居。中国基督徒也可以纪念神在中国所做的特殊工作和恩典。

实际上，已经有不少的中国基督徒在默默身体力行，在中国传统文化与基督教之间牵线搭桥。如有不少牧师在运用中国的文字学、训诂学的知识在讲道中向信徒解释福音的含义，揭开天国的奥秘；还有一些教会将儒家经典四书五经列入神职人员和义工培训的课程之中；一些国学功底深厚的基督徒创作了许多以福音为内容的春联；一些教会举行春节大礼弥撒，一些教会举办中秋节圣乐崇拜，都收到了很好的效果；一些团契把孝敬父母、重视家庭等传统美德融入日常生活之中。

应该说，时至今日，基督教与中国传统文化沟通融汇的主要障碍和藩篱已经撤除和废去了，基督教入华文化环境已经大大改善。如基督教入华最重要的关于尊孔祭祖等问题的所谓"礼仪之争"现在已经不是一个问题了，因为这些礼仪习俗在广大的中国社会已经不复存在，只有在偏僻的乡村还为一些人所遵守。就是说儒家已经不再是国家的主流意识形态，儒家作为宗教的功能已经逐渐地淡化和退隐（如果像某些学者所认为的那样儒家曾经在中国发挥着宗教的社会功能的话），而其作为道德价值核心的教化功能仍然存在，仍然在潜移默化地影响着中国人的生活与观念。而这些不是基督教所要反对的，而是基督教所要补足和成全的。所以，现在正是基督教改造、更新中国传统文化的一个最好时机。杨庆球牧师说得好："文化是一个生命体，当基督教在西方文化生根成长，它与文化载体不能硬性分割。我们可以做的，是让基督教在中国文化载体中继续生长，它的核心部分在新的土壤重新滋长，某些非核心的西方元素在新的文化载体中自然消灭。"[①]中国基督徒应该好好把握这样一个历史性的机遇，为这一宏伟事业各尽所

---

① 杨庆球，《中国文化新视域：从基督教观点看中国文化》，三联书店（香港）有限公司，2004，第16–17页。

能。当然，中国基督徒的最终任务并非复兴儒学，复兴中国文化。这只是一个阶段性的目标，或者说是达到最终目标时需要经过的道路。中国基督徒的最终目标是使父的国降临，使父的旨意行在地上如同行在天上。

（二）中国基督徒应该成为基督教与中国当代文化之间的纽带

中国基督徒不仅应该成为基督教与中国传统文化之间的桥梁，而且应该成为基督教与中国当代文化之间的纽带。

以马克思主义为核心的社会主义文化是目前中国的主流文化，中国基督徒也应该与之展开对话与交流。在今天的中国，有中国特色社会主义理论的提出已经使马克思主义突破了原有的教条主义的框框，而成为一种灵活的，可以容忍和兼容其他文化的体系，“三个代表”思想的提出更使这一理论具体化，也给宗教的生存与发展提供了更宽松的环境和更广阔的空间。中国基督徒应该利用这一有利条件，来做一些建设性的工作。因为耶稣说：“不敌挡我们的，就是帮助我们的。”（《马可福音》9:40）具体来说，基督教可以在伦理道德领域与社会主义文化展开对话，给一些共通的原则与规范提供神圣的解释和支持，使之成为进入神圣的初阶。如果暂时放下“有神”与“无神”的争论，淡化一下“信的”与“不信的”之间的分别，基督教精神与社会主义道德是可以互相阐发的。社会主义分配原则讲：“不劳动者不得食”；圣经中同样教导：“若有人不肯作工，就不可吃饭。”（《帖撒罗尼迦后书》3:10）社会主义道德提倡奉献，耶稣则说：“你们无论什么人，若不撇下一切所有的，就不能作我的门徒。”（《路加福音》14:33）社会主义道德鼓励“为人民服务”，“毫不利己，专门利人”；圣经教导人：“不作害羞的事，不求自己的益处，”（《哥林多前书》13:5）“我们坚固的人应该担代不坚固人的软弱，不求自己的喜悦。我们各人务要叫邻舍喜悦，

第五届研讨会的中国同工

使他得益处，建立德行。因为基督也不求自己的喜悦。如经上所记：'辱骂你人的辱骂都落在我身上。'"(罗马书)15:1–3)社会主义称政府官员是"人民的公仆"；耶稣说："在你们中间，谁原为首，就必作众人的仆人。因为人子来，并不是要受人的服侍，乃是要服侍人，并且要舍命，作多人的赎价。"(《马可福音》10:44–45)社会主义道德提倡"尊老爱幼"；耶稣说"凡为我名接待一个像这小孩子的，就是接待我；凡接待我的，不是接待我，乃是接待那差我来的。"(《马可福音》9:37)圣经的原则完全可以深化人们对社会主义道德的理解，而且给其贯彻落实提供坚实的保证。在这里，应该注意的是，我们说不要太固执于"有神"与"无神"之争、"信的"与"不信"之别，并非说这些是不重要的，而是说在我们共同做事的时候，不要以此为前提，一开始就拒人千里之外；是说我们要求同存异，从同处入手，在异处引导。在一般的谋事做事的层次上，基督教完全可以与社会主义建设者同心协力的。如在2003年春夏之际"非典"肆虐期间，就有很多普普通通的医护人员冒着生命危险奔赴抗击"非典"的第一线，他们任劳任怨、救死扶伤，恪尽职守，他们中有的人因劳累过度而病倒，有的人因被感染上病毒而殉职，表现出了崇高的奉献与牺牲精神。他们中间，也有不少是基督徒，但即使不是基督徒，他们的行为也体现出了庄严与神圣。基督徒也应该向他们致敬与学习。

应该大力进入文化出版等事业，创造出一大批具有基督教信仰内涵的文化精品。今天，中国的文化领域十分繁荣与活跃，基督教方面的出版物也越来越多。在翻译著作方面，有刘小枫主持的历代基督教学术文库、基督教学术研究文库、北京大学出版社的"基督教文化译丛"、清华大学出版社的"北美宗教文化"翻译系列等。在中国学者研究著述方面，有卓新平主编的《基督宗教研究》(宗教文化出版社，目前已出9辑)、《宗教比较与对话》(宗教文化出版社，目前已出6辑)，杨慧林主编的《基督教文化学刊》、刘小枫、何光沪主编的《基督教文化评论》、许志伟主编的《基督教思想评论》等辑刊，有卓新平主编的"宗教与思想丛书"、许志伟主编的"维真基督教文化丛书"、"基督教思想与中国文化丛书"等。但应该看到，中国基督徒真正需要的在神学思想上能够提供正确引导的，在灵性生活上提供实际帮助的书籍仍然不多。现在所有的主要是翻译作品，中国基督徒自己的著作很少。还有就是既有信仰深度，又活泼生动的普及性基督教读物不多,这方面的儿童读物尤其少。这些方面都是中国基督徒应该努力的。

在基督教文学方面，我们的差距更大。真正具有基督教信仰质素的作品不多,真正的基督徒作家也很少。在80年代,曾经出现过像礼平的《晚霞消逝的时候》这样具有基督教信仰内涵的小说,但此后似乎难以为继,除了史铁生、北村等作家有一些在信仰上的思考、追问外,真正的表现基督教信仰和基督徒生活的力作还没有出现。可喜的是,90年代以来,出现了一批基督徒散文随笔作家、基督徒评论家,他们以不拘一格的形式、各具特色的文风表达他们对信仰的思考、对社会的关注,取得了很好的社会影响。

在戏剧领域,每年圣诞节与复活节,不少教会都推出自己的戏剧,其中也出现了一些精品,有强烈的感染力和吸引力,打动了不少观众。不过,这种形式的戏剧也受到多种因素的限制,有自身的缺点。在题材上,一般以圣经故事为主,直接表现现实生活的不多,能够切中时代神经要点的更少;在内容上,大多比较单一,没有容纳更广阔复杂的社会生活和更敏感的问题;在形式上,一般篇幅短小,情节简单。所以,在当代中国社会,还没有出现像音乐剧《巴黎圣母院》那样气势宏大、动人心魄、雅俗共赏、风靡天下的巨制,而且直到此剧的日语版已经出现的今天,还迟迟未见其汉语版搬上中国的舞台。

在基督教音乐方面,出现了《受膏者》(马格顺)、《道成肉身》(史奇珪)这样织体繁富、演绎精妙的鸿篇巨制,也出现了《迦南诗歌》(晓敏)这样真切地表达了中国人信仰感受的脍炙人口的歌曲;出现了马革顺、林声本、史奇珪等圣乐名家,也出现了晓敏、游智婷、万美兰、洪启元、邵家菁等词曲新秀,可以说是人才济济,硕果累累。当然,我们还需要更多、更美妙的音乐作品来赞美神,来表现中国基督徒的心声。

今天的中国,已经很大程度上进入了信息化时代。这一时代的整体特征就是人们的生活节奏加快,生活的空间扩大,接受的信息繁多,做出的反应随意。在这一时代,大众传媒成为最大、最受关注的文化空间;大众文化成为最活跃、最具影响力的文化。处身于这个时代的中国基督徒不能消极躲避大众文化,而应该积极应对,努力去影响与改造大众文化。

应该利用电视电影网络等大众传媒,扩大基督教影响的范围与幅度。电视电影是最受欢迎的大众文化，目前，中国基督徒在这一领域还没有很出色的表现。在市场上，红火与走俏的多是一些调侃戏谑之作，如《不见不散》、《甲方乙方》、《手机》、《天下无贼》之类，真正反映人们所关注的社会重大问题的作品并不多。中国基督徒并不一定要直接地去拍摄基督教题材或者基督徒生活的影视剧，但应该努力创造深蕴基督教精神的影视作品。这种作品应该贴近生活，善于发现平凡生活中令人感动的点点滴滴；这种作品应该具有悲悯情怀，关注普通百姓的心思意念、悲欢离合；这种作品也应该引人思考生命的意义，把人领到耶稣基督面前。在中国影视界，还是出现了一些具有这种潜质的作品。如《北京自行车》，通过丢自行车这样一件小事把民工物质困穷、劳动艰辛而又被人忽视、遭人欺侮的生存状态展示在人们面前，让城市的人们不得不去思考自己对这一群体应有的态度。其他像《一个都不能少》、《那人那山那狗》、《活着》等影片也都能够引起人内心的共鸣与震撼。

根据中国互联网信息中心的数据，从 1997 年 7 月到 2001 年 1 月，中国大陆境内的上网户数从 62 万剧增到 2250 万，网站域名数从 4 千一下上升到 12 万，这种趋势至今仍然有增无减，这为中国教会提供了广阔的活动空间。中国基督徒应该抓住这一历史机遇，迅速跟进，积极开展网络事工。

如何适应时代、跟上时代，完成基督徒的文化使命，教会实在有许多许多的工作需要做。目前，中国教会在神学思想、教会制度、真理教导、信徒牧养等诸多方面，还有许多不尽人意的地方，有的甚至远远地落在时代后面：如在不少的讲道中，几乎听不到社会的情况，嗅不到时代的气息，更谈不上对热点问题的评论和对实际问题的指点了。如有的地方两会组织，多少年都不换届，新生力量上不来；有的没有基本的规章制度，或者有章不依；有的没有合理的议事规则和程序，缺乏民主管理意识，什么事情都一人说了算；如有的对信徒缺乏关心与了解，不能提供实际指导；有的对信徒的生活介入过深，使信徒心理上产生压迫感；这些都是值得我们深思和改进的。英国福音派神学家斯托德在论到保守派与自由派的关系时说："今日教会两大神学阵营的对比，是这个时代最大的悲剧之一。一方面，保守派忠于圣经却不合时宜，另一方面，自由派与激进派跟上时代却不合圣经。……我们应该祷告，求神兴起新一代的基督教传播者，有决心要跨越这道鸿沟：使神不变的信息与这变化万千的世界建立关系；拒绝为建立关系而牺牲真理,或为真理而放弃关系;定意要兼顾圣经的真理与时代的需要。”①

教会应该鼓励中国基督徒在各自的岗位上努力工作,做盐做光,为神做美好的见证。教会还应该努力建立适合中国人特征的教会与团契。我们说西方文化经过了基督教的形塑,但西方文化并非就等同于基督教文化。实际上,西方文化除了基督教外,还有一个源头就是希腊罗马文化。近现代的西方文化就是在希伯来文化(基督教文化)与希腊罗马文化不断碰撞、冲突、融汇中产生的,直到今天,两者之间的张力依然存在。西方文化中的极端个人主义、极端自由主义、霸权主义、帝国主义以及由此而带来的种种罪恶现象与社会问题,并不是基督教的,而是与基督教精神相违背的。西方的一些教会也多多少少受到这些思想与思潮的影响,而逐渐偏离神的真道。西方所谓的世俗化概念指的就是这种现象。中国文化中没有西方文化中的那些负面因素,中国教会也就可以很大程度上避免西方教会的一些问题,比如说世俗化的问题;中国教会也能够在自己的文化土壤中建立符合基督教精神的团契。中国文化重亲情,重人伦,中国教会就可能更有人情味、更具亲和力,更加紧密团结。这种长处在中国教会的实际生活中也表现出来。中国教会具有各种各样的团契,他们或按年龄、或按性别、或按职业、或按地域划分:如青年团契、老年团契、妇女团契、学生团契、民工团契、画家团契、音乐人团契等等。各种团契之间也有灵活的开合关系,小的活动各自展开,大的活动又能够集中起来。在小团契中,彼此之间的扶持、帮助、关心、爱护,更能够细致入微,更能够落到实处;生命的成长,也比较明显。比如,在一些教会中,信徒的婚礼一般都由小团契来操持,为他们进入婚姻生活作了良好的准备,这省去了新人许多的负担烦恼,同时,也给社会树立了一个移风易俗的榜样。中国教会应该进一步发展小团契,使其更臻完善。

① 转引自 c-highway.net/BOOK/shijian4/sj4-1/4.htm。

三、中国基督徒实现文化使命中所应有的态度与策略

(一)保持独立的精神

回顾基督教传入中国的历史。在正统观念、主流思想的控制与影响相对松弛与减弱的时期,正是基督教传播的黄金时代。如清末民初,儒家思想失去正统地位,其影响力减弱,多元文化成为这一时期的思想主潮,所以,这时候基督教的发展特别快,不仅人数成倍增长,而且其思想影响力也不断扩大。现在我们也处于一个政治上改革开放,文化上多元发展的时代,也正是基督教健康发展的良好时机,应该抓住这样的机会。但注意不要依靠任何外在的势力和力量来达成自己的目标,无论是政治的,还是经济的。通过政治干预、行政命令等手段来宣传某种神学思想的做法,最终肯定是不能成功的。而完全依靠资金投入、经济支持所搞出来的东西,虽然能够解一时之需,走一时之效,但也终难长久。中国基督徒应该与整体社会相适应,但又要保持一定距离,尤其不要盲目地随波逐流。

(二)去偶像化

中华民族有悠悠五千年连续不断的历史,有对世界文明进程带来巨大改变的四大发明,有许多灿若星辰的文化巨人,有无数博大精深的文化成果。这一切都是中国人的自豪,中国人的骄傲,但我们不能把它们当作偶像,无论是中国文化,还是中华民族,都不能当作我们的偶像。

中国传统文化,特别是儒家具有强烈的道德形而上学倾向。在先秦儒学那里这点还不太明显,在宋明理学那里则被推崇到了极至。在当代中国知识分子思想中,这种倾向并没有得到适当的清理与破除,而且在种种的压迫与激励之下,又有抬头的趋势,只是其表现形式可能与以往不同。有的可能表现为推崇儒家传统道德精神,有的可能表现为鼓吹某种当代思想理论,但其精神实质都是一致的,都是在把相对的绝对化,都是在制造一个又一个偶像。即使在今天,“为天地立

心，为生民立命，为往圣继绝学，为万世开太平”的抱负和“先天下之忧而忧，后天下之乐而乐”的情怀对许多知识分子仍然拥有巨大的吸引力，仍然是他们的理想追求。他们以启蒙者自居，以为自己的工作和责任就是唤起民众，启迪新知，传播思想，他们希望收到登高一呼、应者云集的效果。由于种种原因，可能达不到这种境界了，但虽不能至，亦心向往之。很多人内心仍然存在着这样的情结，并且通过不同的途径和方式表现出来。他们恰恰没有想到是个人罪恶的问题、救赎的问题，没有想到他们自己也是一个罪人，他们自己还需要救赎。实际上，他们的这种高迈的理想主义是一种德性的骄傲，是一种极其隐蔽的自私，他们自己也许还茫然不觉，也许就是在自欺欺人，因为不存在完全超脱于个人的利益，不存在完全与个人无关的理想。不顾自己，只为他人的理想主义只是遮掩利益追求的借口而已。尼布尔曾经感慨道：“人是一种奇特的被造者，对于同伴有强烈的义务感，以致在追求自我利益时，不能不装作在服务别人。”①当人们被利益吸引时，“为了众人利益的理想”往往成为遮掩“追求自我利益的现实”之最佳工具。“人无限地在爱着自己。然而他有限的生存既然不值得这样忠忱，所以，为要使他的过分的忠忱站立得住，他就必须欺骗自己。”②尼布尔的这番分析真的是鞭辟入里，正中要害。可悲的是，我们许多人仍然还沉浸在这种虚假的责任感和崇高感当中，甚至它们都成为了一种集体无意识。而这就不仅可悲，而且可怕了。因为“集体的或社团的各种妄见与要求，往往比个人的妄见与要求还大，团体于追求它本身的目的时，较个人更为专横、虚伪、自私与残酷。”③所以，这种道德理想主义并不能如他们所想象的那样给民众带来思想的启蒙与现实的福利，而只能成为他们自己直面罪恶、接受福音的一个巨大障碍；进而会妨碍整个民族的自省、自觉、自励、自新。不破除这种道德形而上学的偶像、这种道德人格上的骄傲，中国知识分子的皈依是不可能的，中国文化的更新更是不可能的。

---

① R. Niebuhr, “Augustine’s Political Realism”, *Christian Realism and Political Problems* (N. Y.: Charles Scribner’s Sons, 1953), p. 120.

② 尼布尔，《人的本性与命运》（香港：基文，1981），第196页。

③ 同上，第206页。

(三)避免制造人为文化冲突

“龙的传人”与“神的儿女”之争。

在中国教会生活中,出现了一些对中国传统文化意象简单粗暴处理的情况,如将中国传统中的龙的形象解释为圣经中的古龙——蛇——撒旦。如在某些教会中,如果慕道友提到“龙”和“龙的传人”,常常会受到信徒的反对和抨击。一些传道人也强化了对这一形象的负面认识:有的称“龙”为“恶龙”;有的把“神的儿女”与“龙的传人”直接对立起来。其实,圣经中的“古龙——蛇——撒旦”与中国文化中的“龙”毫无联系,完全是两码事。圣经中所说的古龙,是指蛇,或者称“蛇怪”,[①]是撒旦的化身,它在圣经的描述中是实在的;而中国文化中的龙,完全是一个想象中的东西,它是狮头、蛇身、鹰爪、雉尾在人们想象中的综合,而非一个实际存在的动物。圣经中的“古龙——蛇——撒旦”在神创造世界时就存在了,中国文化中的“龙”远没有那么长的历史。再说,圣经成书数百年以后,基督教才首次传入中国,中国的“龙”又怎么去与中国人从不知道的圣经中的“古龙——蛇——撒旦”接上关系呢?要有关系,也只能在基督教传入中国的唐朝之后了,而这又是与中国历史不符合的。可见,这两者完全是风马牛不相及的。如果说,“龙”的出现在古代是一种图腾崇拜的话,那么,“龙”和“龙的传人”在当代中国社会的意义只是表示一种民族身份的认同, 而完全没有了图腾崇拜或偶像崇拜的意味。如果说,在当今之世,意大利人仍然可以以他们是狼哺育的后代而自豪,阿尔巴尼亚人也以山鹰之子而骄傲,就是在美国加州人也可以以狗熊形象来自我标榜,那么我们又有何必要对“龙”和“龙的传人”这一称谓而大加诛伐呢?相信这样做,只能损害中国人的传统感情,造成信者与不信者之间的对立与冲突。当然,作为基督徒,也同样没有必要对此大加宣扬。

---

① 吉成名在《中国崇龙习俗》一书中指出:“严格地说,西方国家的Dragon是一种蛇。西方人把Dragon想象为一种面目狰狞、本领非凡的蛇怪,一般把它当作一种残暴的、恶毒的蛇怪来对待。因此,从西方人所描述的Dragon的形貌、特征来说,将Dragon译为‘蛇怪’是最准确的”。转引自耿卫忠《此“龙”非彼龙》一文,载《天风》2004年第6期。

使命面前的思考

——从宣教学的角度对《丁光训文集》的回应

余国良

(写于2002年12月19日,曾发表于《天风》)

二十几年以来由于事工的缘故,我频繁地往来于中美两国之间,因而深刻地感受到中国社会所经历的变化。在关注中国经济建设成就的同时,我也尤其关心教会的成长。记得还是在15年前的1985年,中国公布的基督徒人数是三百万人。以后这个数字几乎以每年翻一番的速度跳跃。到了1995年,中国基督徒的数字已经达到1600万。中国改革开放以后,教会的发展几乎可以用"迅猛"来形容,而且迅猛得让全世界吃惊。

作为一名海外福音派人士,除了中国教会人数的发展,中国教会自身的思考也使我深感兴趣。

《新约》中保罗这段话十分有意义:"对犹太人我就做犹太人,对希利尼人我就做希利尼人……对什么人我就做什么人。无论如何,总要救些人"。传福音需要考虑处境化。处境化在福音派认为并非放弃信仰立场,而是认同于福音对象,致力于重生见证。它意味着以基督的新生参与其他文化,参与社会关怀。记得在著名的福音派洛桑大会开幕后,有数百名福音派领袖联名签署了一份宣言性的文件,其中明确地谈到:"圣经从来没有把在口讲的道与通过神子民的生活所彰显出来的道划分为二。人们在聆听时也在用眼睛看,他们眼所看到的与他们耳朵所听到的需要是一致的。…有些时候我们是以态度和行动来传达福音,但也有时候,我们单单用语言来表达。无论如何,我们必须要摒弃任何要分割福音和社会关怀的企图。"我想上面这段话已经很好的代表了福音派对信息与实践、宣道与服务、社会与福音之关系的基本观点了。

站在海外福音派的角度来观察中国教会的状况,我不禁要问:中国教会以什么方式获得发展?以什么方式寻求继续发展?中国教会的宣教当如何?中国教会是如何解决处境化问题的?考察中国教会的具体状况,一般的教会人士都会认为要中国人去接纳一种外来的信仰是有难度的。恐怕不仅在信仰上是如此,在商业、社交、生活和消费等方面这个问题都普遍存在着。尽管从表面上看西方化的生活方式似乎在大中城市的青年人中间很流行,但在我看来这依然仅仅限于表面现象。中国人对西方事物的接受总是有限度的,观念的东西尤其如此。

富勒神学院院长 Richard J. Mouw、余国良博士与丁光训主教在丁师母的遗照旁合影。

正是带着这种思考,我饶有兴趣地拜读了最近出版的《丁光训文集》,从而了解到中国教会领袖们近二十几年的思考。《文集》中的大部分文章写于 1979 年至 1997 年之间。这是中国复兴的 20 年,正好也差不多是我服务和了解中国,亲眼目睹国家和教会巨变的 20 年。此时再来分享丁主教的看见,确实能引起我的很多思考。

近年来我思考的第一个问题是中国教会的身份。回中国以前,听说 50 年代的中国三自教会是拒绝与外界来往的孤立教会;是不讲福音,只讲政治的教会。以后来到了中国,看到恢复礼拜的教堂挤满了人,并且亲耳听到牧师满怀激情的宣讲十字架的道理,这才了解到中国有真正的教会,并且这是一个兴旺的教会。但"三自"的口号依然在一段时间里使我迷惘,因为我已经习惯像当时海外的许多人一样,把它看作一个排外色彩很重的名词。直至后来看见了中国教会同海外交往的逐渐增多,并且自己终于也参与到这份事工当中,这才让我消除了最初的成见,认同以三自原则自办的中国教会是与我们无异的基督的肢体,并且亲眼见证了神在中国教会中的工作。

普世的教会是基督的身体,地方教会是同一个身体的肢体,这原本是圣经的教训,也是我们海外福音派的信仰之一。或许是因为新教历史上有过太多分裂与争论的关系,在现在西方的许多教会,包括福音派教会中,“普世教会”的概念仍不易促成教会的合一。而中国的“宗派后教会”的概念原则在宣教学的研讨当中却是一个相当有启发性的课题。

在《文集》中丁主教这样写道:“争取民族自我的努力不可避免地具有一定的相对性。教会的自我必须以耶稣基督为主这一绝对的和普世的信仰为内容,这一信仰是我们同全世界各时代的教会所共有的。”应当说,在一个外人的眼里,三自以后的建设中国教会的努力好像同时包含着两个方面:一是在中国成为基督的教会的努力,同时也是成为中国的基督教会的努力。这两方面交织在一起,实际上就是如何在中国见证基督,将福音在中国文化中传达的问题。忽略其中的任何一个,都不能正确地理解目前教会在中国的特性。据我的理解这种特征应当包括:作为基督身体的本质特性,以基督为信仰磐石的宣信特性,在基督教文化中显扬福音的见证特性,以及建立在互相尊重基础上的合一特性。

丁光训主教在第二届华人福音事工分享会上发言(南京,1995)。

我的第二重思考是教会在非基督教环境下宣教努力的特殊性。宣教的努力必得有一个前提,即要与宣教的对象沟通。宣教必须要寻找到切入点,而这个切入点也常常必须是共同点。这个问题在福音派的宣教学中应当说讨论的很多。有一个问题,即有些福音派会批评说这种努力常常伴随以对非基督教文化迁就的心态。不过更多的人认为:不存在什么“迁就”的问题,因为福音的处境化是必须的。问题只是在于处境化的努力是为了传达信息,而非弱化,或者减灭原来的信息。要达到处境化的目的,还需要有许多技术上的探讨。单单从技术方面而言,处境化就是很难的工作,而且其效果需要长期检讨。

在目前中国的处境中,基督徒所面对的最大的困难是受无神论教育的社会大众。他们不相信神,一般也不大有人同他们讲神。因此传统基督教的原罪、称义、救赎、预定等教义对他们是陌生的。然而他们中的很多人都有一个朴素的观念:“宗教劝人行善。”所以真正反对宗教的人实际并不多。问题是如何使基督徒的信仰见证对这些人产生感召的力量?

中国文化向来对美德给予很多的重视,同时由于中国人的“民族性格是偏向实际,不大喜欢过分抽象及玄虚的思考”,所以一般是注重善行胜于探讨善的功能。因此我们可以说,中国人对善的认同一般是比较直观的。从而基督徒的真、善、美对中国人是有一定的吸引力的。据非正式调查:在中国城市里接受福音的青年人至少是因为看到周围基督徒的好品行开始接触教会的。

丁主教在他的《文集》当中呼吁基督徒要重视伦理道德,提醒他们警惕“道德无用论”,鼓励基督徒在社会中发扬善行,见证基督。“就我国基督徒的现状来说,神学处境化的起点是恢复基督教的伦理道德内容”。这些论点从宣教学的角度来看,是有见地的。当代宣教学研究的泰斗 DAVID BOSCH 在他的著作《更新的生命》当中有这样的一段话:“如果教会要将希望和爱、信心和公义的消息带给世界,这些信息在教会中应是可见、可听和可摸的。信仰团体的生活见证预备了福音的道路。”[①]我们欣喜地看到在中国教会里“见证”一直得到很大的关注,并且越来越多地获得教外的回应,尤其是知识分子的回应。实际上重视伦理道德,这本是基督教信仰和中国文化都很重视的观念。既然在这一点上,基督教信息与中国文化有互通,为什么不争取多沟通呢?我们应当抓住大好机会去见证。在中国实现宣教的使命,除了讲论,更需要将光照在人面前,使人看见了就将荣耀归给天上的父。

使我感兴趣的第三个问题是基督教怎样与现今的中国社会相适应,这也与上一段探讨过的福音处境化相关。说得更明白些,就是基督教与中国的社会主义社会相适应。实际上基督教要在中国生存,就必须接受和适应这个环境。在丁主教的文集中,这个问题一直存在着,并且在两者共存的数十年经验中,他似乎越来越多地发现了适应的可能性,并非只是共存的必要性。

但是社会主义的主流意识形态是无神的。基督教要在这样一个社会环境中

---

① David J. Bosch, Transforming Mission—Paradigm Shifts in Theology of Mission, Orbis Books, Maryknoll, New York, December 1996, p.414.

获得发展,显而易见是有困难的,甚至不少人认为是不可能的。但是丁主教却对此做出了积极的探索,并提出了有新意的见地。从宣教学的角度看,这些观点已经代表了宣教学研究中一些最前沿的思考。

结合一点我自己的经验来谈这个问题。记得1980年我第一次来中国时,同来的还有几位美国华裔商界朋友。我们想回来替祖国办一点事,而当时高等院校刚刚恢复招生,师资人才也非常缺乏,所以我们决定成立一个教育机构,代表美国的基督教大学和团体参与中国的教育项目。在来华的飞机上,我们曾经有过一场非常热烈的讨论,因为谁都不知道中国政府是否会因为我们的基督教背景而对我们的目的感到怀疑。我们虽然各抒己见,但说句实话,当时谁也没有底。到了中国后,有关部门的确对我们拥有海外基督教背景的人士有戒心,并且可能也怀疑我们的用心。在以海外基督教机构身份与中国共产党政府来往的"相适应"过程中,我们开展了在中国的第一个合作项目。在以后的20年间,我们开始体验到丁主教的论点,就是基督教与共产党相适应的可能性,并非只是共存的必要性。我们在中国境内设立了三十多个培训中心,陆续培训了英语、国际贸易、国际商法、医学、教育心理学、高等教育评估、特殊教育等专业学员120,000人,并举办了教师引进、联合培训、组团访美等多项服务。如今我们的项目每天都在进行,而且得到政府各方面的支持。当时在飞机上分享忧虑的那些人,如今总是谈到二十年来的喜悦和经验。经过了这二十多年,我深切地意识到,基督徒在中国是可以有作为的。主耶稣要我们将光照在人前。当我们殷切去照主的吩咐做的时候,人们会喜欢这光,喜欢这灯台,因为光本是好的。

中国教会能在当今中国的环境中结合自身的处境,做出很有洞见的思考,这是一件非常可喜的事。从宣教学的角度,对上述问题的进一步思考将会产生普世教会范围内的意义。中国教会的成功经验将是对全世界的祝福。

Missiological Concepts in Communist China

Danny Yu

(The Chinese version of this article was published in Tian Feng.)

"Love Never Ends", a book by Bishop K.H. Ting, was selected by the editors of the International Bulletin of Missionary Research as one of the 15 Outstanding Books of 2000. The award was for special recognition of contributions to mission studies. The authors, editors, and publishers were commended for their contribution to the advancement of scholarship in studies of the Christian mission and world Christianity. The Research editors worked in close consultation with 25 distinguished missiologists. This is the list of 15 missiological books.

· D'Dosta, Gavin, "The Meetings of Religions and the Trinity", Maryknowll, NY, Orbis Books.

· Engel, James F., and William A Dyrness, "Changing the Mind of Missions: Where Have We Gone Wrong", Downers Grove, Ill., Inter-Varsity Press.

· Fabella, Virginia, M.M., and R.S. Sugirtharajah, eds., "Dictionary of Third World Theologies", Maryknowll, NY, Orbis Books.

· Guder, Darrell L., "The Continuing Conversion of the Church", Grand Rapids, Mich., Eerdmans.

· Harper, Susan Billington, "In the Shadow of the Mahatma: Bishop V. S. Azariah and the Travails of Christianity in British India", Grand Rapids, Mich., Eerdmans, Richmond, Surrey, U.K., Curzon Press.

· Moreau, A. Scott, ed. Harold Netland, and Charles van Engen, assoc. eds., "Evangelical Dictionary of World Missions", Grand Rapids, Mich, Baker Books.

· Kirk, Andrew J., and Kevin J. Vanhoozen, eds., "To Stake a Claim: Mission and the Western Cause of Knowledge", Maryknowll, NY, Orbis Books.

· Piper, John F., Jr., "Robert E. Speer: Prophet of the American Church", Louisville, KY, Geneva Press.

· Siewert, John, and Dotsey Welliver, eds., "Christian Ministries Overseas 2001–2003", Weaton, Ill., Evangelism and Missions Information Service, Division of the Billy Graham Center.

· Sundkler, Bengt, and Christopher Steed, "A History of the Church in Africa", Cambridge, Cambridge Univ. Press.

· Taylor, William D., ed., "Global Missiology for the 21st Century: The Iguassu Dialogue", Grand Rapids, Mich., Baker Books.

· Ting, K.H. (Janice Wickeri, ed.), "Love Never Ends", Nanjing, Yilin Press.

· Van Gelder, Craig, "The Essence of the Church: A Community Created by the Spirit", Grand Rapids, Mich., Baker Book House.

· Wainwright, Geoffrey, "Lesslie Newbigin: A Theological Life", NY, Oxford Univ. Press.

· War, Kevin, and Brian Stanley, eds., "The Church Missionary Society and World Christianity, 1799–1999", Grand Rapids, Mich., Eerdmans, Richmond, Surrey, England, Curzon Press.

The following is an assessment of the missiological concepts of "*Love Never Ends*"as they relate to Christianity and the Church in China, a communist country. The following article has been published under a different title in Spring 2001, and it is now updated for the Christianity In China web site. (www.ChristianityIn China.org)

Into the Future:
Ting´s Theology and China´s Church

Bishop K.H. Ting´s book,"*Love Never Ends*",which has become popular reading in China´s seminaries and Bible schools, has created quite a stir both in China and among Christians outside of China. Western evangelical comments on Ting that I have read or heard, especially as regard his theology and his promotion of "theological construction"in China´s seminaries, are mainly negative. While Western evangelicals have had difficulty with some of the liberal theological positions Ting has espoused over the years, I, as an evangelical, believe that his recent book brings out some significant themes that deserve serious consideration by those who are concerned about the state of Christianity in China.

A Theological Time Warp

In his book, Ting speaks to a basic issue concerning the future of the Chinese church: China´s church is theologically weak. It is stuck in a turn-of-the-century fundamentalist theology that is confused with evangelicalism. To understand the Chinese view of evangelicals we must recognize that in 1949, China´s church lapsed into a theological isolation while the rest of the theological world progressed in their ideas. Simply put, because China´s door closed to new theological ideas in 1949, the church´s theology remained suspended in a time warp, as it was since the beginning of the century. Meanwhile, the church in other parts of the globe advanced in its thinking and theological methods, and modern evangelicalism, as we in the West now understand it, came into being.

Christians in China, moreover, are not evangelical in the same sense that the West understands the evangelical church. Because fundamentalism thoght was the dominant theology before 1949, Chinese Christians have retained this outlook. Conseguently, when China´s church leaders think and speak about Western evangelicals, they equate evangelicalism with fundamentalism. This problem is exacerbated by the fact that nearly all of China's impression of Western evangelicals comes from the negative reports the latter put out concerning China and the official church. Nevertheless, conditions in China are developing to the point where evangelicalism is a better theological fit than fundamentalism. As Chinese society becomes more educated, it will need a deeper understanding of its faith.

Therefore, China's church leaders see the theological time warp as a major challenge that threatens the future of the Chinese church. The church's theological backwardness creates a number of serious problems, especially hermeneutical. Theological beliefs and church practices are created from Scripture passages without sound exegesis. Some leaders extract theocratic ideas from the Scripture concerning leadership, which leads to autocratic styles. Related to this are the severe lack of accountability and abuses of spiritual authority in the local church. In other instances, sermons are made by "breaking down" a Chinese word in a Bible passage the way fortunetellers would do. Significance is attached to insignificant words simply to impress the listeners. For example, a popular evangelistic message in China comes from the Chinese characters for the name of Jesus. Since there are two components, one meaning "two ears" and the other meaning "fish and rice," the evangelistic message proclaims that if you listen to Jesus with your ears, then your stomach will be filled with fish and rice.

Unhealthy Teachings

The Chinese church also has some very unhealthy teachings. In the Chinese church, it is considered unspiritual to teach about tithing. In the minds of the believers, spiritual people do not speak about money and most definitely do not ask for it. This is one of those traditions carried over from the pietistic theology that was popular at the turn of the century. Consequently, the church is strapped financially and lags behind in many of its ministry undertakings and opportunities.

There are further unfortunate applications of this theology in the present Chinese church. For one, a good Christian should not be a good businessman. A successful businessman is not a practicing Christian. Moreover, a good pastor should be poor while an adequately paid pastor is not suffering for the Lord.

Another component of this turn-of-the-century theology is the church's monastic stance towards social action. Before 1949, there was a popular distaste in the West for what was called the "social gospel." The social gospel at times struck a raw nerve in the church, which often resulted in the rejection of good works, even good works done in biblical Christian love.

While much of the Western church and the missions community have embraced social action as a viable outreach over the last several decades, the church in China is stuck trying to separate the spirit from the mind and body. Their mindset has remained the same as it was prior to 1949, so much so that the Amity Foundation needed to look outside the church when it began its social work. As China evolves rapidly towards a 21st century economy, the Chinese church finds itself in the embarrassing position of embracing an "anti-intellectual and separate-from-society" culture.

Ting's Response

It is to this fundamentalist state of the church that Bishop Ting speaks. I believe he has three immediate concerns in mind.

First, cults threaten the existence of the church. That the TSPM is an organized, structured, unified, marching-in-unison body is a myth. There is much autonomy on the local level. For this reason, it is susceptible to cultic influences. The ominous presence of cults and the government's concern about Falun Gong demand much greater theological rigor on the part of the Chinese church.

Second, as China opens up even more, intellectuals flock to the church in increasing numbers. But the church is not ready for them. The background of the rural church and the poor training of its pastors, along with the pseudo-spiritualistic and anti-intellectual bias, create an obstacle to embracing Christianity for many intellectuals.

Third, Ting sees the church´s continued resistance to social action as "bad timing." For the last several decades, he has worked towards legitimizing the church in Chinese society. Indeed, he believes that the church can have a strategic role in the transformation of Chinese society if only it will embrace its social responsibility. If the church does not involve itself in society, it will remain at the lower end of the social and political totem pole. Thus, he wants a Christian label on good works done in China.

Consider, for example, the church´s potential to speak to a society educated in an atheistic environment. To this society, the doctrines of original sin, justification by faith, redemption and predestination are foreign. However, Chinese culture has historically valued high morals and good deeds and the church can easily relate to that. Therefore, Ting says, "Currently, Christian theological contextualization in China calls for the recovery of Christian ethics and morality as its first step."

Church and Society in Communist China

I believe that Bishop Ting´s goal in writing his book is to shape the Chinese church so that it can speak and minister to the Chinese society under a communist regime. For over 50 years, Ting´s emphasis has been on making the church Chinese. While Western evangelicals may not appreciate the anti-Western mission rhetoric nor condone the process by which this transformation was achieved, the TSPM can, however, claim at least some success in this area and has become a viable and significant entity in China. Now, in his new book, Ting moves towards a new goal: Making the church thrive in a communist society.

As one who has been thinking about the relationship between Christianity and communism for over 20 years and who has tried to work through the issues on a daily basis with our own ministry in China, I am very excited about Bishop

Ting's perspective. Despite our difference in theological orientation, I subscribe to his presupposition: We must find ways to relate the Gospel to the present situation. I grew up in the '50s and '60s believing that Taiwan would one day retake the political regime in the mainland; then China would be evangelized. Given my family's association with the Chiang Kai-Shek regime, it was a difficult process to discard that view and to work through the emotions. Obviously, I no longer hold that position today. Twenty some years ago, I was called to ministry in China and resolved to find ways to work with the existing reality. After two decades of involvement and observation, I am glad to say that it is possible to do so.

It is easy for us as Western evangelicals to get agitated about Ting's different theological and political persuasions. Without downplaying these significant differences, I would nonetheless like to suggest that we view Ting as a missiological pioneer, for he is indeed helping us to chart new territory in the construction of the Christian church in communist China. His book has raised a valid issue regarding Christianity's future in China. For 50 years, Ting's idea of "selfhood" for the Chinese church has not seated well with Western evangelicals, who often have found themselves at odds with the TSPM. But will we again miss a divine opportunity as the Chinese church enters a new era and a new missiological frontier?

宣教学与中国教会

余国良

(2005 年 4 月)

有人认为中国教会没有宣教学,但是笔者不能同意这一说法。不能因为中国教会不提"宣教学"就下结论说中国教会没有宣教学。事实上中国教会的宣教学一直以一种独特的方式发展着,并且随着神学思想建设的深入,中国教会正面临一次宣教学发展的契机。

在海外教会,宣教学是一门备受关注的新兴学科。当代西方的宣教学是结合了神学与社会科学发展起来的。宣教学的核心是教会传扬福音的使命。它采用了人类学、心理学等社会科学的角度,使用了数据收集、量化分析等社会科学研究的方法对宣教事工做策略性的评估和研究,通过神学与现代社会科学的有效结合来推动福音事工。在过去的 50 年里,宣教学发展成为一个独立完备的学科。今日海外的教会,无论是普世派还是福音派,都在讨论宣教学。不少神学院还把宣教学作为核心主干课程之一。鉴于宣教学在全球的普及和影响力,也鉴于"宣教学"这个字眼正日益为中国教会和宗教学术界所熟悉,我想花一点篇幅对国内的教会介绍一下宣教学。

一、宣教学的根本性问题

宣教学的最根本性问题是如何把基督福音传播给宣教对象。神学家 David J. Bosch 称:" 福音总是披着文化的外衣走向人群的。不存在脱离文化的'纯粹'

的福音”。[1]由于福音的传播常常需要跨越文化的藩篱,这便造成了一个棘手的问题:传道人如何意识到自己对福音的理解带有文化的成分,从而跨越文化障碍去把纯粹的福音,而不是自己的文化传达给对方。这是一项有相当难度的工作:

> 跨文化的现实迫使人们省察自己及他人对现实世界的理解。大多数人只是简单地假定他们自己看待问题的方式与客观事物本来的面目是一致的,从而藉此评价其他文化对实在的看法,虽然他们在这样评价的时候不曾理解其他的文化。这些评价是本乎自我本位主义,它的后果是关上了学习与交流的大门。同时自我本位主义的判断使得宣教士无法检视自己的信念和价值体系,从而无法甄别哪些信念和价值观是本乎圣经,哪些是本乎文化信条。[2]

在这个根本的大问题下,包含了若干个更细的问题:(1)宣教士如何意识到自己的信仰意识受到其文化潜意识、概念范畴和表达符号的制约?(2)有了这种意识以后,宣教者如何选择合宜的载体来传福音,以避免把自己的文化当作福音教导给人,并且选择最合宜的传播方式,以避免对象因为宣教士本身文化的缘故对福音产生排斥?(3)考虑对象的文化特征,即如何从对方文化的角度表达,从而更有效地传播福音?一般认为,宣教者要接近对象,首先要自己转化成为对象,不仅说对方的语言,还要使用对方的思维方式去分享福音,让对象明白和领会。(4)如何将福音栽培在对象的文化土壤中,以产生教会在对象文化中自然增长的效果?宣教士需要领会:在分享福音,种植教会的时候,就需要考虑到日后教会增长的因素,因此在神学理念、牧养策略、结构人事,以及与海外的关系方面都需要作周详的考虑,避免为教会日后的自然增长制造障碍。

随着文化跨度的不同,所采用的理念和策略也会有所不同。文化的跨度可以

---

① David J. Bosch: Transforming Mission: Paradigm Shifts in Theology of Mission, 1991:p.297.

② Paul G. Hiebert, R. Daniel Shaw and Tite Tienou, Understanding Folk Religion, 1999:p.27.

用同文化(M–1),近文化(M–2)与越文化(M–3)来表示。同文化宣教适用语言文化相同、社会结构相同、思维框架相同的人群,如大陆中国人对大陆中国人宣教,香港人对香港人宣教等,一般不需要太多基本观念和价值参照系数的调整,被认为是最理想的传播福音的方式。"近文化"的宣教则要相对复杂些:宣教者和宣教对象可以讲同样的语言,分享共同的传统,但是处在不同的当下文化形态或者社会政治环境下,所以存在价值理念和表达方式的隔阂。此种环境下的宣教需要宣教者针对对象的意识特征和生活方式作出某些调整。内地与香港、台湾之间的差异可以认为是 M–2 的跨度。而 M–3 是完全不同文化间的宣教,往往需要宣教者作"180 度"的大幅调整来适应宣教对象。宣教者不可以将自己的生活方式和观念强加给对象,而必须尽最大的努力来"披戴"对象的文化,"成为对象"以把福音传达给对象。今天的西方宣教士几乎都能够意识到:从前的宣教思路不同程度上陷入了"文化帝国主义"的误区,即假定西方文化是"基督化的",甚至是优等的,从而要求对象变成西方人,而非西方人成为对象。这无疑犯了 M–3 宣教的大忌。

今天西方的宣教学遇到一个新的问题:M–3 宣教可以在西方国家的领土内,在宣教士的家门口发生。随着移民从第三世界国家不断地进入西方,文化的多元化已经是西方社会一个难以逆转的事实, 例如伊斯兰教在法国已经是第二大宗教,西班牙语已经几乎成为美国的第二官方语言。以美国为例子,美国人对新移民宣教,北美华人基督徒对自己的下一代 ABC(American Born Chinese 美国出生的华裔)的宣教就是发生在家门口的 M–3 宣教。多元化的现实使得宣教学不仅成为海外宣教士需要研讨的课题, 也是每一个关心教会发展的牧师都会去考虑的问题。

因为上述因素的存在,如今的宣教学已经不再等同于"差传"。它不仅仅研究如何对海外宣教,更加重视文化与宗教传播学的研究,具有极广的应用范围和发展前景。宣教学的研究成果,尤其是教会增长学,已经被很多地应用在北美和欧洲的教会发展事工上,取得了令人瞩目的果效。

二、宣教学的基本概念和原理

宣教学的架构包含了三个组成板块：神学、社会科学、策略研究。其中，神学是整个宣教学的基础，而社会科学又是策略研究的直接根据。

1.神学

“神学提供了宣教学的目的、侧重点和生命力。因此，神学是宣教学的基础。”[①]近年来西方一些宣教学家尤其注重神学的基础地位。宣教学家 Gailyn Van Rheenen 特别指出，宣教学一旦离开了神学作为其基础，就只能沦为市场营销学那般的世俗学科。神学作为宣教学的基础，其意义是多重的。首先，神学提供了宣教的内容，这信息并非来自于人，而是来自于上帝的启示。其次，神学提供了宣教学的动机。宣教使命之所以重要，是因为上帝的属性，他“愿意万人得救，不愿一人沉沦。”最后，神学为宣教士提供了伦理的视镜和角度，使得他们可以使用启示的尺度评价人类的文化，决定使用何种策略。

神学基础的异同影响到不同派别的宣教学采用不同的思路，体现互有差别的旨趣。大公教会和福音派在宣教学上的差异就是一个例子。大公教会宣教学的神学依据系教会公性概念的延伸，涵盖上帝的整个创造，包括受造的自然界与所有人类文化，包含所有意识形态与宗教。大公教会很多以上帝的内在与创造的内在价值作为宣教的起点，鼓励不同文化和宗教间的对话与合作，促成人类共同体对“神”这个普遍神圣意识的进化与深化，并将之化为改良社会的行动。就基督教与其他宗教的关系，大公教会一般认为基督教的地位是“兄长”与普世灵性大家庭内的一员，是上帝博爱精神的表率。福音派的宣教学则依据“除基督以外别无拯救的途径”的圣经教训，宣教目标是扩展上帝的国度，吸引和带领更多的人认识基督这位独一无二的救主。而在此过程当中，需要澄清人既是上帝形象的承载

---

① Gailyn Van Rheenen, *Missions: Biblical Foundations and Contemporary Strategies*, (Grand Rapids: Zondervan 1996).

者,同时也是堕落秩序下的受造者,是罪的主体与罪后果的承载者。根据这一看见,福音派的宣教学家主张对人类文化进行甄别:所有的文化都在某种程度上体现了上帝设立的道德秩序,同时也被原罪所玷污。需要从福音的真理出发,对所有的文化作批判性反省,也从所有的文化当中得着罪人,扩展得赎之民的疆界,成就耶稣基督得着万民的大使命远象。在福音派的宣教神学中,渊源与标尺是圣经,任何宣教路线都必须受到圣经大使命远象的检验。

2.社会科学

社会科学,主要是人类学、社会学和心理学,构成了宣教学研究的第二个层面。社会科学研究的侧重点在于读懂宣教活动所发生的社会文化处境,以及作为处境主体的宣教对象的心理特征。这些研究揭示了生活在不同文化背景下的人们在文化上的共性和区别,以及跨越文化进行沟通的困难。宣教学之社会科学层面的一个实例之一是当代西方教会增长专家把统计学数据的收集和分析手段引入了宣教学,使得对宣教对象的"质性"和"量性"研究成为处境化宣教一个极其重要的工具。这些研究针对族裔、年龄、教育程度、经济发展水平、城市人口比例、教会增长方式等很多指标,发展出了一系列的公式以判断和估计基督教在特定时间地点与人群中的发展模式并且预计未来的发展趋势,以此调整宣教资源的分配,宣教工作的侧重、宣教策略的改进与宣教人员的训练。

3.策略研究

宣教的策略需要符合圣经且与文化有相关性。可以把"策略"定义为:"在一定的文化处境中寻找可行的方式以实现上帝的旨意。宣教学家 Dayton 和 Fraser 使用四个大标题来描述宣教学的策略:(1)standard-solution strategies——把一种已经证明为成功的模式给予加工,作为标准化模式推广到其他的宣教环境当中去。使用这一策略,虽然可以在短时间内使多人接触福音,但由于忽略了对象之文化背景和心理特质的丰富多样性,因此常常效果不佳。(2) being-in-the-way strategies,强调上帝在宣教事工当中的完全能动角色,主张莫以太多人的作为阻挡上帝自己的作工。这一思路的长处在于肯定了上帝的主权,缺失在于放弃了人的能动,也就等于阻断了圣灵使用自主的活人来成就他旨意的渠道。(3) planning-so-far strategies,把工作的重点放在开启项目,使用较大的力度制造起端的震动或转化效应。优势在于常常寻找新的突破点,容易在未开垦的地区或领域发起福音事工。缺点在于不注重跟进,会导致回落。有人指出,福音事工的最大难点不是回转 (Conversion), 而是回落 (Reversion)。(4)unique-solution strategies,强调策略因宣教对象的独特性而成为独特。在借鉴成功宣教经验的时候,着重看其他环境下的宣教工作根据对象的特质而量体裁衣的经验,重方法而不主张套用模式。

以上三个板块(神学、社会科学与策略研究)的互动,形成了全球格局内宣教学的多样性。由于神学是宣教学架构的基础,所以神学侧重的差异造成了属于不同传统阵营的基督徒产生出不同的宣教学架构。虽然各派的宣教学因为神学基础的多样而不尽相同, 但是由于宣教事工的跨文化性是各从事宣教的团体共同面临的问题,各阵营不同侧重的宣教学分享这一些共同的主题:(1)教会的组织结构和宣教的关系;(2)福音和文化的关系;(3)福音和其他宗教的关系;(4)救恩与非基督徒的关系;(5)教会的本色化。

可以这样说:只要有教会存在的地方,宣教事工就在进行。所以,可以自然地推论,大凡有教会事工的地方,就会有关于信徒与邻舍、福音与文化等话题的思考,这就是宣教学产生的土壤。关于宣教的思考到了高级的阶段,就可能产生宣教学。今天的"宣教学"已经不再局限为海外差传,而是很多地探讨如何对自己的邻舍传福音。可以说每一个教会,尤其是本色化了的教会,都有可能产生自己的宣教学。

三、今日宣教学对西方教会旧有差传模式的反省

在中国人民的意识当中,"宣教"一词带有很多负面的隐意。在中国人的经历当中,"差传"容易让人联想到 1840 年以后西方宣教士的"不请自来"。由于早年的西方传教士依仗了不平等条约的保护打开对华传教的大门, 且长期以来中国教会依附海外差会,"差传" 这个字眼对于中国人来说难免带有屈辱的色彩。因此,一提到"宣教",中国人,包括中国基督徒,多显得十分敏感,自然而

然地联想到帝国主义分子,好像讲“宣教”就意味着“帝国主义势力的卷土重来”。

这里存在着一重误区，就是把广义的宣教和宣教学与特定历史背景下的殖民色彩的“差传”等同起来了。事实上,19世纪及20世纪初差传运动的失误,尤其是贬低和抹杀本土文化的做法,正是当代宣教学所反省和纠正的。宣教并非文化的征服,也不需要通过西方文化的取胜来达到宣教的目标。来自阿拉伯背景的宣教学家Raed Abdul Masih这样说道:“人们谈到宣教和宣教士,首先进入我们脑海的是‘外国’这一概念,即它是来自于外部的势力。实际上宣教的事工并非是专属于东方或者西方，或者某个特定民族的。它是上帝的计划，为要得到全人类。”①当代的基督教宣教学直接反映了旧殖民体系崩溃,第三世界国家教会兴旺的事实,其命题和洞见纠正了旧差传模式忽视和鄙视文化的缺陷。

1.对殖民化“差传”模式的反省和纠正

殖民主义的宣教模式遭到摒弃。宣教学家David Bosch指出,从16世纪开始,“差传”的概念已经与殖民主义等同。无论传教士本人是不是这样知觉,他们充当了殖民扩展先遣者的角色。②第二次世界大战以后,原本以欧洲国家为主导的世界殖民体系垮台,原殖民地国家纷纷独立,使得原来有着特权地位的“宗主国”宣教士在当地的地位发生了显著的变化。西方宣教士已经不能再靠着自己所在国政府所提供的保护和“方便“来传教,必须学会如何以平等的态度与当地人交往,与当地政府协调,尊重当地的宗教、习俗与文化。于是如何在改变的环境下成功地宣教成为挑战差会和宣教机构的一个重大课题。在这种背景下,对“跨文化宣教”,“本色化宣教”,“对话型宣教”的探讨在西方基督徒团体内日益成为热门。西方基督教界对旧的殖民色彩的差传模式作了深刻地反思。

---

① Raed Abdul Masih: Further Contributions to Missiology from an Arab Perspective, published in Globan Missiology For the 21st Century, p. 348.

② David Bosch: *Transforming Missions: Paradigm Shifts in Theology of Mission*, Maryknoll, N.Y.: Orbis, pp. 303-305.

今日的宣教学家对殖民模式的差传抨击甚多，尤其是指出旧差传模式下的宣教与宣教士本国的政府和商业势力过于密切。宣教学家意识到：旧西方宣教士的错误在于传福音的同时输出西方的文化价值观，同时对宣教对象本土的文化表示鄙视。旧差传模式下的本地教会于是不得不采用西方人的制度、思维方式和语言向本族人讲述福音。J. Merle Davis 说："西方教会所犯的错误就好比是让大卫穿上扫罗的铠甲，再把扫罗的长枪塞到他的手上让他去打仗。"①

通过反思旧的差传模式，今日的宣教士对全球化浪潮中潜在的新殖民主义危险作了分析和警告。宣教学家们提出要吸收历史的教训，要辨别全球化背后的西方市场经济意识形态与西方生活方式主导的实质，不要把福音同世俗的势力控制混淆，重蹈旧式差传宣教的覆辙。宣教学家 Thomas Firedman 在《凌志牌汽车与橄榄树》一书中指出：由于全球化主要是通过科学技术、资本渗透和教育来实现的，同时由于发达国家在以上领域的优势和主导地位，因此就目前来看，全球化呈现出西方的价值观扩张和主导的趋向。②在全球化的形势下传福音，必须把福音与西方文化的影响严格地区分开，要提防第三世界教会发展中的"新殖民主义"倾向，即提防第三世界国家的教会仅仅在形式上独立，而从价值观和教会体制上照搬欧美教会的模式。③这种警告可谓如雷贯耳，因为如今西方文化的输出不再像过去那样通过西方势力的有形主导而实现，而是经由各种无形的手段，如资讯、财务控制、传媒等日常渠道而无孔不入。宣教学家 Andrew Walls 就指出，美国教会的运作与美国社会的商业活动、产业行为、机构管理和筹款运作具有高度的共性，如果为第三世界国家的教会一味效法，无异于将美式的文化输出给对象。④Alex Araujo 也有类似的观察："很容易看出，美国宣教士的思维反映出经济全球化的思维定式，如重视数据、实用主义、讲求效率、持续量化增长

---

① J. Merle Davis:New Buildings on Old Foundations: A Handbook on Stabilizing the Younger Churches in Their Environment, 1947,p.108 .

② Friedman, T.I. (1999). The Lexus and the Olive Tree, New York: Farrar, Straus & Giroux.

③ Cooper, Michael T: *Colonialism, Neo-Colonialism and Forgotten Missiological Lessions*, www.globalmissiology.net/docs_html/contextualization/COLONIALISM.htm.

④ Walls, Andrew, *The Missionary Movement in Christian History: Studies in the Transmission of Faith,* Maryknoll, N.Y.: Orbis , p.230.

等。”①

“全球化”与新殖民主义讨论的核心问题仍在于宣教学的中心议题:福音和文化。宣教学家对“全球化”的警惕在于他们看到了全球化浪潮对第三世界国家本土文化的冲击,及其输出北美生活方式和价值观的实质,希望宣教士不要因全球化而对传福音的前景盲目乐观,更不要企图让宣教搭载全球化的便车,从而重蹈历史的覆辙。这些思考和呼吁对于西方与第三世界国家的本色教会都是有裨益的。

2.从本色化到处境化

早期处在旧“差传”模式下的宣教士就已经提出了“本色化”的概念。英国宣教士樊亨利与美国宣教学家安达信(Rufus Anderson)早于160多年前就不满当时流行的“欲传福音,必先开化”的流行观点,提出福音不必依赖于对象之文化环境的改变,而大可先行,先更新灵命,后促生变革。②教会应实现自治、自养和自传,成为本色教会。然而,受历史条件的局限,樊亨利与安达信所倡导的本色仍然是“按着欧美教会的标准自养、自治、自传的教会。樊亨利与安达信均曾表示西方文化优越高尚胜于其他,看似可惜可悲。”③

“处境化”最早由世界基督教会联合会在70年代初提出,其用意在替换已显为静态陈旧的自治、自养、自传的本色化宣教模式,而主张能动地、乐于变革地、面对未来地从事宣教事工。由于“处境化”概念最先为普世大公教会人士提出,福音派曾对它有怀疑。但是大多数的福音派人士最终还是接受了“处境化”这个字眼,开始强调福音的超越文化性与宣教的文化处境,意在于突破旧宣教模式的“移植教会”之作法,强调教会不仅要进入其文化土壤,且应生发于此土壤,再达到自然成长的状态。如宣教学家Van Rheenen所言:

① Alex Araujo: *Globalization and World Evangelism*, published in Global Missiological For The 21st Century, William D. Taylor ed., (Grand Rapids, MI: Baker Academic, p. 65).

② 同上,第3页。

③ 同上,第3页。

> 移植过去的教会就好像把盆装的植物移植到新的文化土壤里。这植物也会长大和增殖，就如同还在原先的文化环境中一样。而处境化的教会如同把上帝种子撒在新的土壤里面，为要让种子自由地成长，与新的文化环境中的语言、思想方式和礼文仪式相匹和，又不失永恒的意味。这永恒的意味涵盖圣经所示的启示性角度，即为上帝、基督、圣灵、教会、人性、时间、永恒及救恩。①

处境化最重要的贡献是它对宣教使命的文化层面作了诠释。"使万民作我的门徒"不仅意味着吸引很多国家的个人决志归主，更加意味福音进入和改造万族的文化。处境化的必然目标是福音进入和影响各个文化，在其中生根，结出自然的籽粒，使得听福音可以毫无障碍地在听众的母语环境中进行。应用在第三世界国家的处境，虽然"处境化"的起点是教会的除西方化，但是除西方并非最终的目标。本地教会所领受的呼召是从福音信息的"相关性"角度着眼，在文化、教政、神学和社会参与等各方面建立融合本地的自然的模式。

受到"处境化"思路的推动，第三世界国家快速增长的本地教会正成为今日宣教运动的推动力。基督教在非洲、拉美和韩国等原非基督教国家的迅速发展。欧洲和北美是基督教传统的根据地，然而从60年代起到今天，韩国、非洲和拉美成为基督教发展最迅速的地区。20世纪90年代，韩国基督徒人口的比例达到了25%，韩国成为欧美之外对海外派遣宣教士最活跃的国家之一。非洲国家也成为基督教增长的热点地区。拉美是传统天主教的宣教范围，可是在80年代末期和90年代，福音派教会成为最迅速的增长宗教。同时基督教信仰进入原本非基督教的地区，与本地信仰和灵性传统互动，产生了很多新兴的宗教表达形势，如非洲的灵恩运动等等。这些现象引起了研究教会传播的西方学者极大的兴趣：究竟是什么原因使得基督教在一些特定的时期，在一些特定的地点发展得尤其迅速，尤其成功？基督教是以何种方式与当地文化结合的？在这些过程当中，哪些是促动力？哪些是催化剂？同时，宣教学家也在对各种形式的本地化信仰表达方式及

---

① Cooper, Michael T: *Colonialism, Neo-Colonialism and Forgotten Missiological Lessions*, p. 4. www.globalmissiology.net/docs_html/contextualization/COLONIALISM.htm.

神学进行评估:哪些是健康的?哪些可能带着"异教"的因素,从而需要谨慎?因着这些问题和焦点的存在,也因为第三世界的经验补充了旧的西方模式的传统神学和宣教学,宣教学的研究和讨论得到不断的充实,扩展甚至革新,宣教学领域出现空前活跃的现象。

3.保守阵营的新思维

保守阵营的新思维为宣教学领域的普世合作提供了新的契机。20世纪上半叶,西方基督徒分为"基要派"和"自由派"两个阵营。前者不越雷池一步地捍卫圣经字句权威与基督教传统教义,抵抗现代主义的侵袭,而后者则更关心基督教的"现代化",强调重新诠释传统信仰以适应现代社会的要求。40年代以后,从原基要派阵营内新兴起一股被称为"福音派"的新鲜势力。他们主张圣经是上帝的启示,是规范信仰和生活的至上权威,基督徒对传统信仰必须凭信心加以接受,同时又要求对社会开放,顺服基督对门徒"服事邻舍"的要求。福音派运动自兴起之后,在西方,尤其是美国获得长足的发展,会友日益增加,教会日益兴旺。由于"大使命"是圣经的核心教训,福音派对宣教始终给予充分的重视,视传扬福音、领人归主重生为每个基督徒不可推诿的责任,并且在教会增长和普世宣教方面投入大量的资源和精力。与此同时,当代福音派对过去西方宣教的理念和策略进行了深刻地反省,检讨了旧西方宣教士"文化帝国主义"的作风。1974年,在葛培理等人的推动下,福音派召开了全球福音事工大会(International Congress on World Evangelization),俗称"洛桑大会",会议通过《洛桑宣言》,成为福音派教会全球宣教的纲领性文件。宣言指出:"后帝国主义阶段"的福音事工与神学具有全球性的层面。西方的基督徒必须意识到教会在这些传统基督教的据点国家正处在逐渐衰弱的状态,而在非洲、亚洲及拉美地区则正在蓬勃地发展。鉴于这种局面,基督徒必须认真地考虑处境化,必须严肃地面对文化、领袖培育、宗教冲突和迫害等问题(《洛桑宣言》10–13节)。1978年的马尼拉会议把《洛桑宣言》的思路更加推进了一步。《马尼拉宣言》提出:"我们需要尽力避免神学帝国主义与狭隘主义。教会的神学必须通过出自圣经的信仰与以往及将来的其他神学对话,以及与当地文化及当地需要对话来发展成形。"(Willowbank Report, 1978)

4.后现代发达国家的教会增长研究

发达国家自身进入了“后现代”的多元化阶段，使得基督教人士倍感压力。对“后现代”的评价各自不同，但是西方教会的一个共同看见是：宣教如今已经不再是单纯的海外事工，而更需要在本土展开。现在西方时兴的“后现代事工”和“教会增长学”就体现了西方宣教学范型的这一重要转换。教会直接把受过教会熏陶，但不喜欢去教会的人(Unchurched Population)作为事工对象，运用宣教学的手段，根据对象的心态和需要对教堂建筑、音乐、服饰、传播、布道方式和辅导等都作了相当程度的调整，同时鼓励信徒以“在职见证”的方式接近和影响邻舍，对不参加教会的人积极宣教。教会增长学成为后现代的西方基督教界最为热门的题目之一。

教会增长学的原始理念来自于富勒神学院原普世宣教研究所的第一任院长麦加伦博士(Donald McGavran)对发展中国家教会发展规律的研究。它最早的命题是认为教会是否增长受置于若干个普遍性的、可追踪的因素。70年代以后，越来越多的北美教会开始学习和应用教会增长学的理念，产生了可见的果效。根据麦加伦自己的总结，教会增长学在方法论上的重要贡献在于发展了以下一些重要命题：①

(1)教会增长需要制定可见的目标，包括带领多少人归主。如何针对特定的福音尚未到达的群体制定事工策略。倘若有更具体的、量化的增长目标并认定分阶段增长的速度，那获得增长的机会要比没有明确目标，只是顺应日常活动的教会要快很多。

(2)教会的事工需要有针对性。应当看到，人群的构成是极其多样化的，每一组人都具有相似的特质。教会需先确定重点针对哪些目标群体，然后深入地分析其价值观特征、行为方式、社会阶层、自豪程度，以及其次文化对福音的开放性。

(3)必须用“处境化”的方式去传达信息。传达福音所用的语言和思维进度

---

① D.A. McCavran: Church Growth Movement, *Evangelical Dictionary of Theology* (Grand Rapids, MI: Baker Books), p.242.

需要符合对象的语言、表达方式和思维进度。需要避免将宗教词汇硬塞给听众，而需要用对象熟悉而感觉舒适的语言将基督的信息传达给他们听。

(4)会众的共性程度影响堂会发展的速度。教会增长学家发现：人们总是在与自己相近的人群中才更愿意敞开自己。相近的人组成的团体吸引相近的人参与总是更容易。

(5)鼓励非体制化的福音事工，首先是鼓励会友吸引身边的人认识基督。

(6)建立有利于平信徒参与教会的“开放型事工”。教会的增长需要各种各样的恩赐，很多恩赐是上帝分赐给平信徒以帮助教会发展的工具。吸引平信徒参与事工最大的好处是整全的基督身体参与到教会增长的目标中来，从而促进整个教会全方位的增长。

2002 年 CLE 代表团访问安徽圣经学校。

(7)各种因素的平衡。教会增长的各种因素必须是平衡发展，彼此配合的。任何一方面的短缺都可以严重地制约教会的增长，专家称之为“水桶效应”：试想一个水桶由20片木条箍扎而成。假如一根木条短了，那就没法盛下整桶水，尽管其他19根木条既足够长，又足够结实。意识到“木桶效应”，既要求传道人在事工上有全局完整的考虑，以系统化的思维和行动来领导教会的发展。

以北美为例，将“教会增长学”应用于事工的直接结果是产生了一批像马鞍峰教会那样的巨型教会。新型的针对年轻人的“后现代模式”的教会发展有效地改变了教会“老气横秋”的印象。近年来基督教在美国不仅保持了会众，而且总体来说有增长，教会增长学功不可没。

四、宣教学和中国教会

本文的开始我曾提到有人认为中国教会没有宣教学，但我不同意这一说法。事实上中国教会的宣教学一直以一种独特的方式发展着，并且随着这神学思想建设的深入，中国教会正面临一次宣教学发展的契机。

50多年前中国基督徒发起三自爱国运动的时候，中国的教会领袖们显然也认识到了宣教对基督徒的独特意义。三自原则的三个“自”，“自传”是当中的一个。中国的三自教会领袖们继承了基督教“传扬福音”的传统。只是与原先西方传教士的传法不同的是，鉴于以往殖民势力与传教活动的关系，强调宣教由中国人自己来进行。

中国教会从1949年的80多万会众发展到今天的数字，不能不说是世界宣教史上的一个奇迹。尤其令人瞩目的是，这些成就是在没有外国宣教士介入的情形下取得的。在中国教会迅速发展的同时，也面临着一些问题，譬如教会增长速度与教会素质的问题、神学滞后的问题、城市化对都市事工压力的问题、教会管理模式的问题、后继人才培养的问题。笔者认为，以上这些问题都是由一种关注所引起的，就是中国教会要在中国社会的处境中继续传扬福音，继续发展，同时继续服务社会。他们都可以说是与宣教学密切相关的。因此笔者认为，将宣教学的研究提上中国教会的议事日程，系统地探讨在当代中国的处境当中如何更有效地自传，这对中国教会的发展是有裨益和贡献的。

1.宣教学与神学建设

由于神学是宣教学的基础，没有神学的发展，自然谈不到宣教学。当中国教会把神学提上议事日程的时候，也是意味着宣教学发展的一次契机。

当教会走上自立道路的时候，进行独立的神学思考是必然的。很难想象一个处境化的本地教会只是继续借用以往宣教士所留给他们的神学语言来思考和讨论神学问题。宣教学家赫伯特(Hiebert)指出，樊亨利和安达信的“三自”还应再加上“自我的神学思考”而成为“四自”。[①]这与丁主教的思路不谋而合:“我们给办好教会提出了最关键的任务——建设神学思想。我们三自爱国运动的50年史也进入了它最高最关键的阶段,就是第三阶段,神学思想建设的阶段。”[②]

2.宣教学可能是对中国教会的三自运动的有意义诠释

可以说中国的三自运动是一次开拓性的宣教学运动。与世界其他地方的本地教会相比,中国的三自运动形成了断裂,而非延续性的模式。其他国家的本地运动多经过一个准备—交接的过程。而在中国,由于韩战的原因,这一阶段被跳跃了,中国教会一夜之间必须从依赖外国差会变成完全自立。这个过程是剧烈而痛苦,但却被证明是比较成功的。三自的中国教会30年的发展超过了解放前100年发展的几十倍,并且在改革开放以后以惊人的速度继续翻番。海外很多在中国工作多年的老宣教士都很有兴趣知道,为什么很多海外宣教士辛勤耕耘多年但收效不大,而自主办教的中国教会可以在短短的几十年内取得如此大的丰收。同时,就自主办教来说,中国教会可称是先驱。可以说,“自治、自养、自传”的理念在实践当中已经为西方教会所接纳了。并且从20世纪五、六十年代起,西方差会努力地实行教会的本地化,推广用本地人植堂,培训本地人才,实行自传和自养,目的是推进教会的增长。但是一直令西方差会头疼的一个问题是,第三世界不少地方的本地教会始终难以彻底摆脱对西差会的依赖,或多或少地仰赖“母会”的支持。中国教会可以说是自办教会最早的非西方教会。如何在没有西方差会参与的情形下作到坚持纯正信仰、福音广传、教会增长？这也是普世教会十分有兴趣的。

中国教会能否在普世教会探讨后现代挑战下的教会增长事工的时候,将自己半个世纪以来的经验作宣教学的总结,以此裨益普世教会呢?从宣教学的角度看,中国教会的见证不啻为一个奇迹。50年过去了,今日的中国教会已经拥有了千万信众。教会目前正站在另一个时代的当口,系统地思考如何与社会主义社会

---

① Hiebert, Paul: *Anthropological Reflections on Missiological Issues* (Grand Rapids: Baker)pp. 96-97.

② 《圣经、信仰、教会》,第70页。

相适应，在社会主义的环境下推进福音的广传。这又是一个宣教学的课题，也是三自运动进深发展的必然。从宣教学角度再去思考三自运动和今日的中国教会，无疑是对这个过程再好不过的总结。

3.宣教学与当前中国教会的牧养工作

宣教学研究教会发展背后的神学理念以及教会发展的目标与策略，这对于指导现实教会已经被证明是大有帮助的。目前中国教会面临着不少影响到教会进一步增长的现实问题：会众格局尤其多元化，众口难调，怎么办？中国城市化速度呈现加速度趋势，大量农村人口拥进城市，造成原本以农村教会为主体的牧养格局发生重大转变，城市教会的牧养压力也加重，怎么办？如何设定教会事工的目标，以兼顾宣教与服务？如何在人才培养的过程中注重领袖能力的培养，以造就一批可以带领堂会向“目标化教会”发展的教会领袖？如何提供平信徒培训，发展有效的平信徒事工以缓解牧养的压力，促进教会的增长？所有这些在教会发展过程中出现的以及与教会增长相关的课题，都可以从宣教学的讨论里寻找答案。中国教会目前的发展已经到了建立系统化模型的阶段，就是根据常见的几种处境建立几个有代表性的模型。宣教学的引进将可能为中国教会的发展带来理论上与技术上的突破。

结　论

宣教学是今日普世教会所共同瞩目的一门学科，是在本世纪，尤其是近50年内发展起来的，主要研究福音与文化的互动、福音影响文化的方式以及本地教会增长的途径和模式。中国教会在按照三自原则办好教会的思路指导下，已经在进行宣教学实践。倘若能够在此时更多地了解宣教学研究走过的路，应当可以在普世宣教、跨文化宣教、处境化、教会增长和神学建设等领域更有建树，给三自研究与教会增长研究领域带来突破。

这不仅裨益中国教会，也使中国教会在宣教学方面作出新的贡献以裨益普世教会。

北美华人教会 ABC 事工介绍和思考

余国良

2002 年 7 月

ABC(American Born Chinese)指的是在美国出生的华裔。现在北美相当多的 ABC 是第一代华人移民的儿女。大多数的北美 ABC 以英语作为母语,对父母故国的语言和文化不甚了解。不少 ABC 面临“身份困扰”的问题,即一方面认同自己是美国人,而另一方面因为自己的长相与构成美国社会主流的白种人和黑人不一样而常常受到排斥,他们对此尤其感到困惑、压抑和愤懑。

我本人虽然长期以来从事中国大陆的事工,但是对 ABC 工作一直有很大的兴趣。这主要有三个方面的原因。首先,我对于青年辅导的事工一直很有兴趣,曾在大学时期做过青年导师,在神学院读书的时候以及毕业后一段相当长的日子担负过 ABC 的牧养工作。早年还考虑过委身全职做 ABC 青年事工,为此花了不少工夫修了青少年心理和家庭辅导等学科。其次,我自己有两个在美国出生的孩子。在过去的二十几年中,我看到他们成长和挣扎的经历,也为他们献上了很多祷告,最后欣慰地看到他们没有离开教会,还热心留在了华人教会里事奉。这些都是不容易忘记的重要人生阶段。作为过来的家长,很愿意把自己的经验和看见拿出来分享。最后,由于 ABC 事工的艰辛局面是北美华人教会一个长期的难题,北美华人教会探索 ABC 事工已经有三十几年的历史,但是可惜迄今为止没有找到满意的解决方案。这项工作需要普世华人教会不断地加力与代祷,更需要不断地继续探索和投入。

我们 CLE 在中国大陆投入的同时,也在关注和帮扶北美的事工。不久以前,我们为回应一些北美华人教会的呼声,特别针对 ABC 事工的问题编辑了一套训练材料,一共12章。我在此节选了两段文字,与大陆的弟兄姊妹分享。节选的文字特别突出了北美ABC事工的现有问题,重点讨论了文化冲突在其中所起的作用。大凡教会中所起的冲突,文化和观念的冲撞常常是背后的真正起因。根据我的观察,现在大陆中国教会的新老关系等问题之所以困难,很大程度上也是由于文化冲撞作祟,这些都是宣教学与教会增长学中一些很正常的问题。因此,在选择片断来介绍ABC事工的时候,特别对文化冲撞与宣教学原则作重点地讨论。

在此,我愿意与大陆的弟兄姊妹与学者分享北美教会的挑战,恳请为此事工代祷。

第一章 正视华人教会的ABC事工现状

Reconciling with Reality

一、北美华人教会如何发展起来

华人教会在美国总共有150年的发展历史。最早的教会是美国差会在早期来美的广东华工当中建立起来的。华人从1840年代后期开始来美。第一波的华人移民多为广东台山一带的农民,绝大多数是青壮年。他们飘扬过海来到北美,从事淘金、建筑、修铁路等苦力。1882年美国国会通过排华法案限制劳工移民,禁止华工的家属移民并且阻止华人归化成为美国公民。使得从19世纪80年代至20世纪40年代,北美华人基本上都是单身的年轻男性,是名副其实的光棍社会。为数不多的北美华人在美国主流社会中无立足之地, 挣扎在美国社会的边缘。华裔在北美主要城市的几个街区集中居住,从事餐馆、洗衣店、礼品店等行业,形成了唐人街。40年代以前,唐人街即北美华人的全部社会。

最早的华人教会是由长老会传教士 William Speer 于1853年在旧金山创立的,初期的会友仅4人。随后美国公理会、美以美会、浸信会、圣公会等各主要宗派都纷纷开展华人移民事工,设立教会。截止到1952年,美国的华人教会共有66间,牧师大多是中国出生的移民。美国这类具有代表性的教会包括洛杉矶阿市的“真光长老会”,奥克兰的“中华纲纪慎教会”等。早期的华人教会以台山话为主。

二次大战期间,中国参加了反法西斯同盟,中国的国际地位有所提高。1943年美国废除了排华法案,激发了第二波的华人移民潮。华人的亲属便开始来美与家人团聚。自1945年起,更有一批批的中国青年学子来美国留学。1949年大陆政局发生变化,这些赴美求学的中国学生便因此留在了美国。这些新移民的进入使得北美华人社团的面貌发生了根本改观。一方面北美华人开始形成夫妻儿女俱全的华人家庭,另一方面华人进入了高科技行业,尤其是工程与科学研究行业。60年代中期美国修改了移民法,给予华人每年两万个移民名额。大批华人从香港、台湾等地移民来美。同时很多原先来美读书的华人青年学成后留了下来,成为北美华人社会日后的中坚。越战后期美国又接受了几十万越、柬等国难民,其中相当一部分是讲广东话、闽南话、客家话的华裔。

大量华语移民进入,导致大量华人教会的兴起。60年代以后的华人教会相当一部分是由早年美国校园的华人查经小组发展起来的。留学生的查经团契曾经一度很普遍。这些留学生留在美国以后,继续和发展了福音事工,原先的团契演变成教会。也有一部分教会是新移民从海外移植过来的,如灵粮堂、台福教会等。这时期建立的著名教会有50年代的"中华海外宣道会"、"第一华人浸信会",以及60年代的"洛杉矶国语浸信会","罗省华人播道会"等。至1979年,北美华人教会的总数已从1952年的66间达到1979年的366间,其兴旺可见一斑。

70年代末,中国大陆与美国正式建交。80年代初起,一批批的访问学者和留学生从大陆来到美国,很多人获得移民身份,在美安家立业。80年代末中国"六四"事件以后,美国颁布中国学生保护法,发给数万中国公民美国绿卡。90年代后申请赴美的留学生数量年年攀升。随着中国经济的发展,一批批的中国商人活跃于中美之间,很多人为了生意方便考虑申请了美国永久居留权。大陆人士已经成为当今北美华人移民社团的第三波。

针对这一现象,北美华人教会看到了向国人宣教的契机,都积极投入到向大陆新移民宣教的事工当中。北美华人教会纷纷兴办国语堂和大陆人团契,甚至还出现了专门服务大陆人的国语教会。来自大陆的移民潮成为推动北美华人教会迅速发展的主要动力。80年代末到21世纪初,北美华人教会的数量从644间增加到1200间以上,呈现北美华人教会发展的第三波。

以下图表体现了19世纪80年代起至今北美华人教会增长的情况：

年份	全美华人教会总数
1853	1
1931	44
1952	66
1979	366
1984	523
1990	644
2000	1200以上

北美华人教会的总体发展是成功的。如今基督教是北美华人移民最大的宗教,1997年洛杉矶时报调查，南加州成年中基督教占26%，相形之下天主教占6%,佛教占20%。华人教会在整个移民社群享有很好的口碑与崇高的威望。

从以上的资料可见，北美华人教会的发展从开始到现在都是基于向华人移民传福音的策略。随着一波又一波的移民潮,宣教事工带来了华人教会现今的兴旺状况。但从另一个角度来衡量,我们要问:华人教会对下一代ABC的福音工作又有什么成果?是否顾此失彼,一代又一代的ABC被忽略了?移民信主的数字是否掩盖了潜在的问题？专向新移民传福音的策略是否适用于ABC事工？

二、北美华人教会英语事工回顾

1.第一波时期的ABC事工:北美华人教会英语事工是随着ABC一代的成长而发展起来的。早期的华人受到1873年排华法案的限制,不能带家眷来美,所以基本上没有事奉下一代的问题。当时的华人教会集中在城市中心的唐人街,教会的语言多为台山话或粤语、潮语。华人中受过教育的人比较少,很多教会的牧师都是立志宣教的白人,常常可以看到唐人街的华人教会在主日早上聚会的时候,洋牧师操着半生不熟的中文向华工会众讲道。差会也在华人中间物色培养传道人将来回国传道,也有从海外引进一些传道人到华人教会牧会。由于依据当时的法律华人不能移民和入籍,所以差会亦没有考虑北美华人教会本地化的方向。宣教事工发展的着眼点是希望华人日后回国以后可以带领同胞信主。

2.第二波时期的 ABC 事工:三、四十年代中国参加同盟国对法西斯国家作战获胜,国际地位大有提高。1943 年美国国会废除排华法案,使北美华人获得家庭团聚的机会。1946 年起中国留学生陆续来美求学。1949 年大陆变色以后,大部分留学生留在了美国。进入五、六十年代,来自香港和东南亚等地的华人以求学、经商、政治避难等各种原因来美。60 年代中期,美国修改了移民法,给予中国籍人士每年两万移民名额,打开了华人大批移民美国的大门。70 年代美国接受大量印支难民,其中包括很多华裔人士。这一系列变化改变了北美华人社会的结构和地位。华人开始在北美扎根,生儿育女,华人教会也渐渐向第二代过度。随着时间的推移,开展英文事工的必要性渐渐凸现。

3.对 ABC 事工需要的首先呼吁:进入 70 年代,华人教会英语事工的需要开始露头。1974 年 GregoryOwyang 北美华人福音派大会(North American Congress of Chinese Evangelicals)提交了标题为 *The Chinese Church and the American-Born Chinese* 的专文,指出华人教会未能有效地向 ABC 传福音。究其原因,Owyang 说到:"今天的 ABC 多把华人教会看成是传统的场所和中国人的聚所。ABC 要加入华人教会,就需要遵守中国的规矩和风俗。这显然是有难度的,ABC 的文化背景是西方的,它要比东方文化更加自由。"

另一则引起了反响的研究是芝加哥城牧会的 ABC 牧师 Hoover Wong。他曾对芝加哥唐人街的华人教会 Chicago Union Church 作了调查,发现大多数北美出生的青年会友先后离开了自己长大的教会。经过细致地研究,Hoover 于 1976 年在 Trinity Divinity School 发表了论文,提出了北美华人教会应当开始重视对 ABC 的牧养,以及发展英文事工的必要。

如果把 40 年代废除排华法案看作华人在美国扎根的开始,70 年代恰好是第一代华人移民在美出生的儿女成长成人的时代。因此可以毫不过分地说,自 ABC 长成之初起,华人教会就需要面对英文事工的压力。这代 ABC 很多生活在唐人街以外的郊区中产社区里,上的是美国人的学校,吃的是美国人的食物,与美国社会主流的生活方式很少差距。并且他们成长的年代正是电视普及,媒体发达的年代。报纸、广播,尤其是电视,深深改变了几代人的生活方式和价值观。ABC 青年每天接触大量英文信息,结交讲英文的朋友,用英文思考。他们对中文语言的熟悉程度和感情远远不及上一代。华人教会以移民母国文化和中文为主的氛围开始让他们感觉不自在、不适应、不习惯,甚至不能接受。不少 ABC 开始要求教会考虑他们的需要。更有很多人离开了华人教会。而华人教会刚刚面对英文事工的棘手问题的时候,明显感到资源有限,颇有力不从心之感。

4.ABC 事工的起步和讨论:70 年代起,一些华人教会根据 ABC 的需要,改革了崇拜形式,加入了英文翻译。到了 80 年代,崇拜使用翻译的现象已经很普遍。80 年代恰恰又是大陆留学生纷纷来美的年代。有的教会为了照顾粤语、国语和英语三组会友的需要,甚至使用两套翻译。

(资料:普度大学的社会学教授杨凤岗博士曾花费数年时间研究北美华人教会,在他研究资料中有一段记载 70 年代初教会主日崇拜的有趣资料:"主日崇拜使用三种语言进行,看起来蔚为壮观,虽然有些会友感到无所适从。讲道和所有的报告都用三种语言向会众宣布。领会人和讲员常常使用国语,此时教堂宽阔的讲坛上,翻译站在讲员的身边,一句一句地把讲员的话翻成英文。而另有一名译员使用无线翻译机作粤语同声翻译。我曾经在大华盛顿地区以及其他地方的华人教会里见过此类三种语言进行的礼拜。"①)

通过翻译参与崇拜,缺点是显而易见的。翻译不仅占用了大量崇拜时间,削减了听道接受的信息量,还打破了通常接受信息的节奏和速度,影响了会众听道的注意力和效果,所以往往 OBC(海外出生的中国人)和 ABC 两方面都有抱怨。有些教会甚至出现了 ABC 和 OBC 崇拜出席率均有下降的现象。虽然如此,一些教会迄今为止仍然喜欢保留这一方法,因为它保持了大家在一起礼拜,维持了济济一堂的教会大家庭氛围。不过也有人反应:仅为了"在一起"而影响听信息的质量,代价未免太大了。

当很多人表示不能满足通过翻译参与华人教会礼拜的时候,一些教会开始考虑设立专门的英文崇拜来照顾 ABC 的需要。自 80 年代开始,一些教会尝试这

---

① Fenggang Yang, Chinese Christians in America-Conversion, Assimilation and Adhesive Identities, Pennsylvania State University Press, University Park, 1999: p.101.

样做:在教会的主日礼拜以外专辟讲英文的崇拜,指派专门的英文牧师,辅以神学生或者实习同工。除了使用英文以外,很多教会的英文崇拜还可以设计自己的程序,选用自己的诗歌,甚至在一定程度上聘请 ABC 喜欢的讲员。这种方式推出时确实比较受 ABC 的欢迎。

5.推行 ABC 事工的阻力:但是起初实行的阻力却是不小。有些家长不高兴,因为他们不能和自己的孩子一起礼拜。有些会友不高兴,因为这打破了华人所珍视的团圆氛围。不少华人不愿意看到孩子从自己身边离开,更不愿意看到孩子在上学成家立业离家之前首先在教会里就和自己分开崇拜。也有一些 OBC 的教会领袖表示了适度的担忧,担心华人教会迁就 ABC 的作法会导致失去华人教会的特性,或者影响教会的合一。著名的北美华人教会领袖唐佑之博士曾在为三藩市一间华人教会七十周年庆典撰写题为“积极保持华人教会的独特性”的专文,其中特别提到开办英文堂的问题:

> 在教会里必相交而合一,有一样的心思,有一样的意念。在教会中,我们这一群华人既分别出来,成为上帝的儿女,必须聚拢在一起;…我们以东方人特有的思想,会将福音传得更有效…。

但是如何解决 ABC 语言障碍的问题呢?唐佑之博士的看见是:ABC 应该学中文,甚至要华人家长和教会都来影响 ABC 学中文。他写道:“要有这些,首先提倡中文的学习,在家中只讲华语,教会也多用华语。中国的历史文化也须提倡,当然圣经的研读最重要,也以中文为主,才是华人教会特色。”

还有一种代表性的观点认为:ABC 之为华人,有神的命定和旨意。神要使用海外华人向中国同胞传福音。享有盛誉的华人解经家陈终道博士写了“为我骨肉之亲”一文,他表现出较强烈的民族感情。他引用保罗在罗马书 9:5 节为犹太人热心的例子,认为华裔基督徒应当像保罗那样承担对同胞宣教的使命,要求 ABC 学中文。陈博士谈到早在三、四十年前就有人预言中文教会要消亡,而时至今日中文教会仍然存在,这是神要大大使用中文教会的凭证。陈博士因此勉励 ABC 学好中文,承担向同胞传福音的使命,甚至主张家长督促自己的儿女学好中文。[1]

唐佑之、陈终道等老一辈提出的观点代表了华人教会ABC事工的一种路线，即认为ABC应该中国化。这是当时华人教会里的多数观点。关于ABC是否应学中文的讨论终究没有定论。华人教会对此议题讨论仍在继续，所发表的观点可谓仁者见仁，智者见智。

另有一种观点认为：英文事工要有突破，首先要解决华人教会“既要ABC信耶稣又要留他们做中国人”的不切实际的想法。甚至有人认为华人文化对于ABC，就像当初的犹太文化对于外邦基督徒，成了阻碍ABC认识耶稣的绊脚石。他们提出保罗对外邦教会传道的时候一再强调外邦人不必先做犹太人以后再做基督徒。同样，OBC教会领袖也应当尊重ABC的文化身份，不要用华人文化和信仰的双重尺度为他们制定规范。

2001年，在香港举办的第七届华人福音事工分享会筹备委员会会场留影。

一些ABC人士更是提出要兴旺ABC事工既需要给予ABC会友以自治，实行平行事工。然而很多华人教会的OBC领袖对此显然不能认同。80年代中起至今，一间接着一间的华人教会建立的英文堂，使用英文崇拜并现代崇拜乐队。但是由于缺乏牧者的缘故，同时也由于口味的问题，英文堂虽使北美的ABC事工有所起色，但发展仍然缓慢。很多教会苦于找不到合适的牧师。部分教会感到难以协调英文堂同整个讲中文的堂会的关系。很多ABC仍然一俟成年即离开华人教会。而与此同时关于中华文化优越，或者要求ABC学中文的言论也从未止息。随着最近“大中华文化圈”话题趋热，中华文化优越论甚至有上升的趋势。

80年代末，一般华人教会仍然就文化取向的问题在争论，未能全力推行英

---

① Stepehn Chan, 1983. “For My Kinsman, My Flesh”, *A Winning Combination-Understanding the Cultural Tension in Chinese Churches*, published by Chinese Christian Mission, pp.95-99.

文事工。但部分华人教会,如波士顿华人福音教会(BCEC),罗省基督教会等敢于尝试,在英文堂的基础上给予英语事工自治的权力,英文事工呈现出兴旺的景象,并显示华人教会发展 ABC 事工可行的路线。同时诞生了部分由 ABC 会友自己组织和培植的堂会。在纽约地区,有一间规模颇大的 ABC 教会,会友达四、五百人。与此同时,出现了泛亚裔教会新现象。此趋势引起 FACE 和华人教会的关注。南加州圣盖博谷的 Evergreen Church 的 Ken Fong 1998 年出版 Pursuing the Pearl 一书,专门讨论了泛亚裔英文事工,提出了亚裔移民后代融入北美文化之不可避免性。这本著作由于触及美生亚裔事工的一些敏感话题而引起很多的关注。

三、北美 ABC 事工的现状

近 20 年来,我们北美的华人教会越来越发现:我们对一百万左右的北美 ABC 事工投入的力度还很不够。美国华人教会日益面对一个甚为棘手的问题,就是许多移民建立的华人教会无法留住他们的下一代。北美华人教会的 ABC 会友成批离开华人教会,以至于有人将之比喻为"出埃及"。土生华裔会友的流失率高达 80-90%,大多数都是在读高中至大学一、二年级期间离开教会的。离开华人教会的会友有的去了白人教会,或者多族群的亚裔教会,有的则根本不再去教会。如今华人教会的情形是:55 岁以上的 ABC 会友几乎没有,41-54 岁之间的人屈指可数,30 多岁的只是少量,二十多岁及十多岁的人占了大多数,而这恰恰是最不稳定的一群。

最新关于北美华人教会 ABC 的资料是 2000 年美国宣道会华联会 (CCA of C&MA)委托何国明牧师负责作的一次调查,得出的结果令人吃惊。上述调查资料显示,北美现有以英语为母语的 ABC 一百万人左右,占北美华裔人口的 40%。可其中仅有 1%左右的人去教会。全美每周日参加教会崇拜的 ABC 仅有 5,000-10,000 人,并且以 20 岁以下的高中生和大学一、二年级学生为主。而根据惠顿大学中国研究所的林慈信牧师 1996 年提供的资料,北美华人教会 ABC 会友的百分比还不到 4%。

再看看 ABC 传道人的情况:CCA 的统计资料显示全美从事全时间教牧事奉的 ABC 传道人仅有 15-50 人,并且 97%的 ABC 传道人在从事牧会工作 5 年后离开教会。[1]华裔牧人的缺乏使得很多ABC事工只能聘用白人牧师，因为教会别无选择。仅以纽约市为例，目前全市50%的华人英语堂会都聘用白人牧师。很多华人教会甚至没有去尝试寻找华裔牧师，原因是根本就没有可以考虑的人。

ABC如此大规模离开华人教会，究竟是何原因呢？Christianity Today杂志1996第9期登载了Helen Lee的标题为"无声的出埃及"的文章，其中说到很多在亚裔教会里长大的孩子"发现这些移民背景的教会不能触及他们的需要，其文化令人窒息，其装备无法帮助他们在灵性上获得成长以应对多元文化的90年代生活。"这也包括ABC一代。很多ABC把自己在华人教会里的经历描写成成长过程中不快的一页。作者采访了一些四、五十岁的ABC，他们对华人教会的记忆是唐人街教会办的中文学校和被迫学中文的压迫经验。值得注意的是，相当一些ABC是因为父母亲的信仰，幼年时首先通过华人教会接触基督教的。他们对华人教会的印象日后成为他们对基督教的印象。华人教会里的不快经历也许要影响他们一生对基督教的观感。我们华人基督徒难道真的会失落一代人吗？

西海岸的ABC牧师黄赐贻牧师说道："截止2000年ABC的数量已经超过100万，并且正以几何级数增长。北美每年新出生的华裔近乎三万人。加上移民人口继续增长的因素，很有可能在20年以后北美ABC人口会增加一倍，达到二百万以上。"(ABOUT FACE, Vol.20 No.4, November 1998) 面对不断增长的ABC人口，我们不仅要问：怎样把福音的好消息传给这百万之众的灵魂？谁可以受托事奉我们的孩子？如何满足他们灵性的需求？

（节略：北美华人教会所面临的重大问题就是青年人的流失率达到90%以上。造成青年人离开华人教会的突出因素是文化冲突，因为海外华人教会是一个明显与主流美国社会有距离的独特文化体。下面第二章的重点是对海外华人教会作文化的诊断，研讨究竟为什么海外华人教会会令很多北美出生的ABC青年产生抗拒感。）

---

① Finding on Chinese American Ministries in North America-A Preliminary Report, Compiled by Rev. Daniel K. Ho, Chinese Churches Association of the Christian and Missionary Alliance, Seattle, 2000, pp.2-3.

第二章 揭示华人教会的传统事工动力

Revealing the Modus Operandi behind the Chinese Church

华人教会的使命根植于两重信念。一是基督大使命的托付，即“把福音传到地极”的使命。二是中华民族在这特定使命中的地位。

中华文化基本上是伦理道德和人际关系的智能文化，其道德教训与圣经有不谋而合、相得益彰的关系。华人教会很好地继承和保存了中华文化的优秀传统，且通过文化很好地起到了向第一代华人传福音的效果。华人教会一般在华人社团中受到尊重，得到好评，是华人社群保持道德标准的中流砥柱之一，这与华人教会尊重中华文化大有关系。

然而，面对 ABC 大批出走的现象，华人教会的同工是否需要自问：这是否和华人教会太过强调“中华文化”有关？

一、ABC 与华人教会的中华文化

彭永宁博士于 2002 年对纽约、波士顿和三藩市 ABC 的调查，从 182 个问卷中统计出 ABC 离开华人的十个主要原因（左边的数字为先后次序，右边括号内的数字为严重性积分）：

1.没有归属感，在华人教会里没有发言权。（75 分）

2.教会乏味，没有乐趣、亦无生气。（67 分）

3.个人灵性得不到成长。（59 分）

4.教会生硬压抑，没有灵活性，缺乏增长的空间。（50 分）

5.不喜欢华人教会的崇拜：感觉太呆板，使用翻译打断了听道的连续性，或者对讲道不能引起共鸣。（49 分）

6.华人教会没有花足够的工夫去理解和解决 ABC 的需要。（47 分）

7.教会文化太过中国化。（42 分）

8.牧师都讲中文母语，而没有讲英文的牧师。（41 分）

9.教会领导层顽固,不愿接纳改变。(40 分)

10.难以邀请非华人朋友来华人教会。(39 分)

以上的十个原因当中,每一个都直接或间接与中华文化传统或中文有关,这都造成 ABC 与华人教会的隔阂。

北美华人教会一个最显著的特点,就是它与中华文化有着水乳交融的关系。这主要体现在:华人思维方式用于解经,华人道德标准渗透于教导,华人社交方式和社交规范主导团契,华人的族群身份主导教会的自我身份认同。总而言之,几乎北美所有的华人教会当中,华人文化浸润着教会生活的每一个层面。在传福音的同时,华人教会也有意无意地在传播和保持华人文化与华人价值观。很多 ABC 会友离开华人教会的原因是:无所不在的华人文化使他们感到没有喘息的机会。他们不得不离开这个环境去寻找呼吸的余地。

我们并不反对中华文化。没有人生活在脱离文化的真空当中。作为华人,我们的教会生活反映出华人文化的特点,这本来是无可厚非的。但我们也不能忘记出生在美国的 ABC 也有自己的文化。我们不能要求他们放弃自己的文化来适应我们,就像我们无法放弃中华文化去适应 ABC 一样。作为出生在美国的一代人,他们浸润在几乎无所不在的美国文化海洋中。他们使用的语言、听的音乐、看的影视、交的朋友、受的教育,这一切一无例外地塑造他们成为北美人。而他们也理所当然地成为他们出生土地上的人。他们是北美文化所造就的一代人,归属于亚裔美国人的族群,有着独特的文化身份。当华人教会有形无形中强迫他们做百分之百的华人的时候,他们经历着车裂般的痛苦,而往往受这等苦并非是为了福音,而是因着文化的缘故。不能认识这一点,必然不能期望 ABC 来作我们的听众。

二、华人文化与华人教会的价值观

华人教会的价值观是对中华文化最直接的反映。华人教会日常生活中反映出来的与华人文化有关的特性包括:

1.崇尚庄重严肃:华人教会的总体氛围比较严肃,这很多取决于华人文化崇尚庄重肃穆的传统。华人教会的崇拜普遍讲道时间很长,唱诗用传统福音诗歌,牧师穿西装。像在聚会中拍手、嚼口香糖、友人拥抱等在白人教会可以接受的事,在华人教会往往受到拒斥。有时候华人的教会为了维护这种庄严的气氛而不惜伤害个人的感受。现在加州“橙县华人长老会”担任牧师的余健琛牧师是在美国长大的ABC。他回忆自己在华人教会成长的经历,说到有一次一位华语牧师在讲道中突然指着一个少年说:“不准在崇拜时嚼口香糖!这是对神的不敬!”那个少年是个未信主的朋友,他随即站起来,气愤地离开,从此没有再来教会。余牧师这样总结说:“虽然这并非华语牧者独有的行径,但却是我所经验的华人教会文化风貌。”①

2.强调节制:华人基督徒把“节制”看得非常重要。华人教会有很多不成文的规定反对新潮的衣饰、抽烟、饮酒、跳舞、摇滚乐等。大部分华人教会把吸烟与喝酒看成是很严重的罪。崇尚节制的华人教会较多地要求会友在生活方式上认同。与此同时,中华文化崇尚节制的价值观也反映在待人接物方面和自我表达方式方面。与美国文化褒扬个人成绩相对,华人教会崇尚“抑”而非“扬”。华人教会的牧长首先期望年轻人谦恭而有礼,然后才是有思想,有主见,有成就。圣经里的“谦卑”、“孝敬父母”、“顺服”的题目在华人教会里提到的频率远远高于白人教会。

3.崇尚节俭:华人教会的会友虽然大多身居中产以上,但仍倡导中华文化所崇尚的节俭美德,并且常常批评美国社会的消费文化。会友更是期望牧师成为节俭的榜样,奢华的汽车与服饰通常是牧师力图要避免的。华人节俭的习惯直接反映到教会的教导和财务方面。在华盛顿的一间华人教会就有这样的一个例子:一次教会的大学生团契购置了一部新的投影仪,对此教会负责财务的同工非常不满。在堂委会上这位负责人说道:“美国是个消费社会,消费主义已经影响到我们在美国出生的孩子。他们要买这买那,根本不考虑是不是必须要买……我们的教会不能鼓励这种习气。每一分钱都是上帝给的,我们要好好管理上帝的财产。我们已经有了两台投影仪,为什么还要买新的?”后来其他执事解释说教会已有的两台投影仪太重了,不便搬来搬去,并且有时会有活动重叠的情况,两台投影仪用不过来,那位财务同工才答应给报销,但仍反复说“下不为例”。②

---

① 省基督教会会讯,第十三期,余健琛,“迷失在华人教会?在华人教会中成长的个人反思”,陆惠珠翻译。

② Fenggang Yang, Chinese Christians in America——Conversion, Assimilation and Adhesive Identities, The Pennsylvania State University Press, University Park, 1999,pp. 110.

4.喜欢统一:华人文化强调合谐归一,反应在华人教会里面,表现为喜欢统一,不太希望多元化。正是因为这个特点,大多数华人教会在选择教会模式的时候青睐统一模式,就是要有一名主任牧师负责整个教会的牧养,或者一个总堂委负责整个教会的行政。正是因为华人教会统一的文化,所以对ABC个人主义的倾向有比较多的反感。华人教会的OBC甚至希望自己教会的ABC身为基督徒能不同于其他ABC,期望,甚至要求他们牺牲个人的特质来成全华人教会的统一。关于这个问题,我们在下文有关"合一"的项目讨论当中会更加详细地谈到。

5.对北美文化有保留地接受:华人基督徒对美国文化基本上抱着有取有舍的双重态度。一方面大多数华人基督徒欢迎美国社会崇尚的自由、平等、民主、经济成功等理念,另一方面则对世俗主义、多元文化,尤其是个人主义持保留态度。他们一方面鼓励自己的子女做成功人士进入美国主流,另一方面又企图设置道德防线来阻止他们的子女认同一个"世俗化的美国"。信仰有时被用以构筑这道德防线的一部分。很多ABC从小就被教导:不要像教会外长大的很多美国孩子那样,因为他们不合圣经的教导。华人教会常常潜意识里面希望能教导出既能够像自己"分别为圣"又能在美国社会获得成功的下一代。

三、华人文化与华人教会的解经和教导

华人教会绝大部分是基要信仰的教会,一般坚定地持守"圣经字句无误"的要理。由于出生海外的OBC大多使用中文和合本圣经,该版本在讲华语的基督徒当中就拥有特殊的权威。实际上在很多OBC基督徒的心目中,"上帝的话语"已经等同于和合本圣经。同时OBC的解经很多受到传统华人解经家观点的影响和汉语语文的局限,带有浓厚的中国传统理念和本土气息。并且由于中华文化偏重实践的缘故,很多OBC牧师的研经亮光除了重申基要真理以外,主要是伦理和道德教训。与OBC相比,ABC直接使用各种版本的英文圣经,参考美国福音派的解经辅导材料,以西方的逻辑和演绎思维来理解圣经。如此讲华语的OBC与讲英语的ABC必然在解经的问题上有差别。这着实有着很深的语文和文化原因。

作为OBC同工,我们在下面检讨了华人教会在解经方面的实践,总结出华

人教会解经和讲坛信息的三个可能的问题。这三个问题无一不与中华文化有密切的关系：

1.华人教会传道人的释经亮光里不乏中华文化的影子。甚至有时候解经和讲道题目是从圣经里来的，内容和解释却是彻头彻尾的中国文化。最近有一篇分享，牧者引用了《马太福音》2:1–18 的经文，解释说东方的几位博士靠着星的引领来到犹太地，可是他们想："王会在那里，当然是在耶路撒冷的王宫。所以他们就凭着自己的意思走进了王宫，忘了引导他们的星星。后来他们出来，又跟随那星，才来到伯利恒。"牧者在此要分享的道理是：要专心顺服，不要凭己意。而提出这一信息的方法是发挥了自己的想象，填入一些圣经没有的细节。然而仔细一看，圣经在这里的描述并无意要导出"顺服而莫凭己意"的教训。被动顺服的理念与其说来自圣经，不如说更符合中国的儒家文化，是 ABC 看不出来的亮光，也使它与崇尚个性与竞争的美国文化格格不入。

另举一个例子，华人牧师常用约瑟的故事。牧师会这样告诉会友：约瑟是一个很有恩赐的年轻人，他凡事都得上帝欢喜，只是少了一样：谦虚隐忍。由于他把自己的梦告诉了他的兄弟，引起他们的妒忌，被卖到埃及。神在约瑟的经历里让他学了谦卑的功课。当约瑟学会隐忍谦卑的时候，神就用他做了大事，救了他父亲的一家。从解经学来看，这也是合情理的。但也不难理解：华人教会喜欢这个故事，因为它与华人"谦和"的价值观相符，但这段经文更明显的教训是：上帝向人说话，他在人类历史作工，他要安排我们的脚步。

2.华人教会甚倚赖中文圣经和合本，以至于解经主要依据和合本的中文，即使有时中文的意思可能和《圣经》原文大相径庭。没有中文背景的人听起来就摸不着头脑。譬如《马太福音》第五章第一节中文就翻成"虚心的人有福了。"有些牧师从"虚心"的中文意思着手，谈了很多谦和低调的道理。而实际上"虚心"原文的意思是灵里贫穷，指着耶稣来要赐人灵里的满足说的。不懂得中文语境的人自然不能了解耶稣赐人灵性丰富的应许和"虚心谦和"的虚心有什么关系。

加州橙县华人长老会余健琛副牧师曾谈到他作为一名华人教会的 ABC 过去在这方面遇到的困扰。他说到："有时讲员把重点放在中文圣经的措词用语上，便忽略了《圣经》原文的意思。我明白中文圣经是很好的译本，然而倚重中文字义的解经方式似乎用得过度了。有一次，我参照希腊文，私下向主任牧师质询某段经文的释义，但他却说他的看法是反思中文圣经所得的领受。我读不懂中文圣经,无法理解他的看法,讨论的结果使我惶惑不已。"①

3.华人教会的解经不是很讲究平衡性和系统性。这和传统华人布道家着重奋兴有关,也多少是因为中华文化偏重道德教训,不很看重系统和理论的缘故。结果有些题目在华人教会里提了又提(如信心、顺服、永生、祷告、忍耐、操练等),有些则很少提到(如金钱、恋爱、心理健康)。有些经文一再使用,有些经文则基本不提。如果把一间华人教会一年的主日讲道收集在一起,我们会发现每周的讲题一般没有什么联系,很少有白人福音派教会惯用的"系列讲道"的方式。很多离开华人教会的 ABC 抱怨在华人教会里缺乏系统的真理栽培。林慈信博士在 *The Chinese Way of Doing Things* 一书里头举了华裔青年 Jerry Lin 的例子。Jerry 在接受访谈的时候坦率地说道:"我喜欢我现在去的白人教会。我原先在的华人教会没有给我足够的信仰教导。他们好像只注重一些日常细节的题目,譬如在行为举止等。"②据调查,这样的反映在 ABC 信徒当中绝不是少数。很多在信仰上有追求的 ABC 青年在读书期间转向大专基督徒团契、学园传道会、导航会、亚美基督徒团契等非华人基督徒组织以寻求适合他们的教导。

四、华人文化与华人教会领导风格

华人文化的管理理念是很独特的。与西方重架构的管理系统相比,华人的管理具有类似家族结构的特点。华人的机构在乎人员之间的联络与和谐,在乎领袖恰如其分地实施家长式的权威。华人的机构较少倚仗明确的规则与程序。即便有程序存在,在实际操作中程序总是为实体服务的,是居于第二位的,且常常可依据处境而调整。

---

① 罗省基督教会会讯,第十三期,余健琛:"迷失在华人教会?在华人教会中成长的个人反思",陆惠珠翻译。

② Samuel Ling, The "Chinese"Way of Doing Things:Perspectives on American -Born Chinese and the Chinese Church in America, P&R Publishing, New Jersy, 1999, p.16.

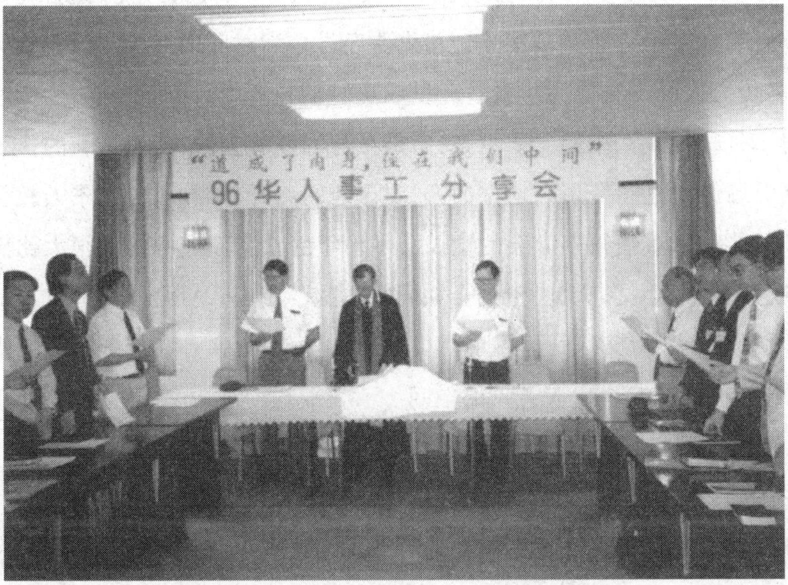

孙锡培牧师在第三届分享会闭幕仪式上主持圣餐礼。

华人教会很大程度上受到华人管理形态的影响。一般的华人教会体现以下特点：

1.牧师通常兼传道、崇拜、教导、道德、牧养、行政、协调、社区等各种责任于一身。信众期待牧师成为各方面的楷模。华人教会是否能有效运作，大部分取决于一名牧师是否有足够的威信，能否做到让人心服。由于华人教会对牧师的职责与威信有特殊要求，一名新到教会的牧者必须经历种种考验，除宣道和牧会以外，甚至还要考察是否能凭信心，能吃苦。可以说华人教会是以中华文化特有的"贤士"标准要求他们的牧师的。而牧师一旦被认为称职，也理所当然地期待像家长那样安排教会事务，获得会众尊重。

2. 教会的职责分工不甚明确。华人教会往往要求同工"像爱家那样爱教会"。言下之意是，同工应当随时留意教会的需要，随时尽本分做教会所需要的事。因此华人教会特别考察同工对教会的态度，而不很重视程序的执行与职责的分别。华人教会的同工因此几乎要做所有的事。习惯西方的责任制管理方式的ABC在华人教会里常常感到手足无措，因为根本不知道教会期待他们做什么。

3.重辈分和资历。华人教会对辈分和资历的看重要超过才能。这首先体现在一名年轻领袖在华人教会被接受，首先要经过相当时间的考验。没有资历的积累,一名传道人是无法成为华人教会里成功的带领者的。同时一间教会实际的权威有时不是牧师或选举的堂委主席,而是参与创办教会的,年纪最长的执事或长老。同时已经确立了资历和地位的人,要让他们离开领导职位,在华人教会里几乎是不可能的。难怪很多教会的堂委会平均年龄常常超过60岁,很大比例的堂委是教会的创办会员。如此,堂委会如同“元老院”。很多ABC年青一代要加入进来与他们的父辈、祖父辈一起议事就很困难,也很不自在。在按资排辈的华人文化下,ABC很难有自由发表意见的空间。

4.讲究表面和谐,习惯掩盖冲突。中华文化的“合”与“分”往往和“盛”与“衰”联系在一起。在华人教会里头,儒家的和谐与求同的价值观常常借助“教会合一”的教训表达出来。华人文化在社交生活方面以家族主义为架构,讲究辈分、讲人事、要面子,对原则多作处境化的理解,接受出于人情考虑的变通。体现在华人教会里头,一般不愿意承认分歧,不愿意正面冲突,极其忌讳教会分裂。在有冲突因素存在的情况下华人教会往往采取内部协调的办法寻求低调解决，不愿意让冲突公开化。以上做法常常让ABC感觉华人教会气氛压抑,不鼓励会友表达见解,或者缺乏透明度,沟通方面障碍重重。

五、对北美华人教会的特点的总结

概括北美华人教会的情况,我们不难从东西方比较的角度总结出10个华人教会的特征：

1.以身为华人为荣的民族意识:北美大部分华人教会都比较强调自己的华人教会身份。北美著名的华人牧师和学者唐佑之博士就曾撰写“积极保持华人教会的独特性”一文,特别指出华人教会“与其说是言语的团体,不如说是种族的团体…自我的意识,意识自己是华人;外界的反应,认为我们是黄种人;这两者仍旧有的。我们的特性没有失去，特别的团体的功能也不会失去，华人教会仍有必要。”这种民族意识在大多数OBC基督徒,特别是那些出生在中国大陆和台湾,60年代以后来美国的华侨身上尤其明显。不少华人基督徒相信上帝要特别使用华人教会这一独特的群体承担向十亿中国人传福音的使命。另有不少基督徒相信西方世俗主义盛行的时势下,神有旨意要特别使用中华文化来见证福音。华人教会的民族意识很多体现为华人文化的优越感。甚至认为华人是21世纪上帝的新选民。

2.自成体系的组织结构:北美华人教会宗派基础一般较弱。现有美国华人教会中大部分或者是校园团契发展而来,或者是香港和台湾移植过来的。华人教会大多比较独立,很多教会自建立起便一直没有和白人教会有过什么来往。近一半的华人教会不隶属任何宗派。从杨凤岗博士和彭永宁博士提供的资料看,目前北美所有的华人教会的宗派成分基本如下:41%是非宗派性质的,其余的则分属浸会背景(23%),宣道会(10%)、长老会、联合卫理公会、信义会、台福教会(台语背景)、播道会(粤语背景)、灵粮堂(国语背景)、小群(国语背景)等。纵使是那些有宗派背景的华人教会,一般也是高度自治,与宗派的关系不甚密切。尤其是那些由于历史原因隶属于主流宗派的华人教会更是在信仰上与主流教派的自由化神学保持距离。因此可以说北美华人教会很多自成体系。

3.华语为主的语言环境:华语依然为华人教会的主要语言,并且已经成为华人教会的身份特征。70年代末,80年代初起,随着华人教会内ABC会友的成长,许多华人教会相继使用双语崇拜,不少开设了英文堂。然而始终没有教会放弃用华语崇拜,且英语在教会中一般置于次于华语的地位。90年代以后,随着许多来自大陆的新移民涌入北美,许多华人教会越发注重国语,华语在教会里的地位有上升的趋向。目前北美只有较大的华人教会才附设英语堂,一般规模的教会则用国—英或粤—英翻译。

4.单纯华裔的族裔结构:华人教会一般是单一族裔的群体,很少有非华裔的会友。华人教会的会友与外族裔通婚的比例不高。并且由于华人教会对族群认同的要求较高,不大容易吸引外族裔人士加入。如果华人教会会友与外族裔通婚的话,一般也会很快移去其他教会。ABC青年也通常感觉不大习惯把他们的非华裔朋友带到华人教会里来。

5.制约型的领导风格:华人教会一般喜欢统一模式的管理,权力相对集中,一般是主任牧师、或者堂委会当家,不太喜欢民主方式的平行结构。西方教会则注重个体的自主性,一般对民主的教会管理模式和平行的事工结构比较容易接纳。另外华人教会一般由 OBC 掌握领导职位，主任牧师大多数也是 OBC 的背景，极少有 ABC 担任华人教会主任牧师的情况。ABC 在教会的领导职位一般限于助理牧师和团契负责人。

6.基要和敬虔传统的信仰：华人教会大多持基要派信仰。近代的很多杰出华人传道人的思想依然在一定程度上很深地影响着北美的华人教会。一般华人教会均坚持纯正基要信仰，如圣经字句无误、前千禧年说、时代论等传统基要主义观点。

7.敬虔加实用的讲台信息：华人教会所传的信息总体特点是比较重基要信仰，重伦理道德和信仰的实用层面，重个人伦理，较少涉及理性和知识的题目。举个例子，像北美福音派教会前一段时间热门的“信仰和进化论的思考”，在华人教会就很少有提及。华人教会的信息还很多地反映出华人文化价值观，譬如儒学的谦和美德、顺服忍耐、恒切祷告的题目出现得很多，但西方个人主义的自信、勇气、危机处理等题目就出现得很少。

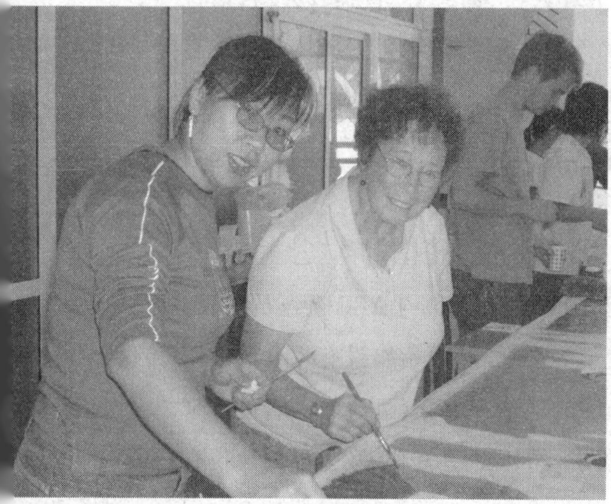

中美基督徒艺术家于 2004 年为大连丰收教会共同创作大型壁画。

8.家长式的牧养方式：与此同时，华人教会的牧师既是牧人，也是年青一代眼里的师长，这几乎是一个族长式的角色。西方牧师的角色比较侧重启发和辅导，华人牧师则相对地偏重榜样与训导。这种风格的差别造成西人教会与华人教会对牧师的要求亦有差别。西人教会对牧师的专业资质有较高要求，而华人教会似乎更注重牧师的“仆人”精神和榜样。概括地说，西人教会的牧会有专业化的倾向，而华人教会则看重牧师的人格榜样。

9.日益中产化的地点和规模：华人教会一般设在华人聚居的地方。由于现在的华人多居住在城市边缘的中产社区，大多数华人教会也在那里。因此华人教会较多表现郊区社区教会的特征。总的来说，华人教会发展的趋向是教会中心离开了唐人街。

10.“情系中华”的使命意识：华人教会一般都有强烈的向普世同胞传福音的负担，也很关心中国的教会。这种针对特定族裔的宣教目标，不一定能赢得美国长大的 ABC 会友的完全认同。但大多数北美华人教会依然认为：神使我们生为华人，是要我们向华人传福音，这是神对我们普遍的旨意。近年来随着“亚裔主导 21 世纪”与“大中华经济圈”意识的上升，华人教会的大中华情结有加剧的倾向。近期来华人教会成功地向大陆新移民传福音。洛杉矶地区的估计是：近两三年来华人教会新受洗的人当中，大陆新移民占了 70%。

(节略：华人教会体现了中华文化的特征。对移居异国的移民来说，这个环境是文化的绿洲，很容易得到他们的认同。而对 ABC 而言，这可能是令他们感觉完全陌生的一种文化。)

结　语

以上对 ABC 事工的讨论可以成为一个很有意思的宣教学项目，反映出文化与事工的关系。首先，北美华人教会之所以能够成功地向华人移民传福音，是因为它在北美的异域文化土壤里为新来美国的华人提供了一个文化的栖息地，通过文化的共同性成功地把福音传达给对象。然而，这个令华人教会在移民中成功的因素，却成为华人教会向土生 ABC 华裔传福音的障碍，其后果是 ABC 大量离开华人教会，有的甚至丢失了信仰。

联系到上面一篇讨论宣教学的文章，尤其是结合宣教学的基本原则“向什么样的人，我就作什么样的人。无论如何总要救些人。”(林前 9:22)，不难看出北美 ABC 事工要有突破，关键是采用宣教学的思维和手法，营造使 ABC 易于融入和敞开自己的事工氛围，而不是不切实际地希望 ABC 来迎合华人教会。ABC 事工的成功，关键是要跨越文化的鸿沟，在福音里接触和拥抱对方。

促进跨越世纪的合作关系

余国良

（本文为作者于1998年在深圳举办的第五次华人教会事工分享会上的主题讲话）

“促进跨越世纪的合作关系”这题目很大，让我来讲真的是不敢当，因为本人见解有限。我上飞机来开会前，曾把过去四次华人教会事工分享会的资料重温了一下。我相信回顾过去几次分享会的经历是有帮助的，每一次都有几句话给我留下很深刻的印象。记得1994年，我们第一次华人教会事工分享会时，沈以藩主教的讲话感动了我。他特别提到“非常感谢海外教会弟兄姐妹为中国教会的祷告，今天看到了他们祷告的功效，所以当我们走在一起的时候，我们可以一同感谢神。”1995年事工分享会，国内代表作开场白，第一点就提及：“传福音是教会首要工作之一。”因这个缘故，海外福音派的与会者感觉到我们的距离不是那么远了。1996年的分享会，包佳源牧师的讲话特别强调：“中国教会不但欢迎，而且需要圣工的伙伴”。我想这句话打动了很多人的心，也由此开展了以后很多的合作项目。1997年分享会分了两批，北美和台湾的同工去了南京，香港的同工去了深圳。我特别要求香港的同工把深圳会议的讲话传真了一份给我。香港的材料中有周永建院长的演讲，其中一句话十分有意义：“我们如果接受了中国教会的邀请，得到他们的安排，有机会来到内地参与事奉，我们应持有的态度，就是贡献所长，为中国教会做事，而不是为自己或自己的机构做事，更不是要在国内挂上自己的招牌。我们要清楚地知道，这是中国教会的工作，我们只是参与其中，并为此权利和福分感谢上帝。”

中国教会和海外福音派教会的合作，自90年代才起步，在开始的阶段，双方都非常小心谨慎。但五届的事工分享会在两者关系间起了积极作用,每一届的分享会我们都看见一些令人鼓舞的突破。这几年来海内外的关系在稳步发展,在神学教育、出版、建堂、社会关怀、培训、交流等方面的合作都看到成果。

这一个多礼拜我在读《耶利米书》,其中第三十二章里面说:"我是耶和华,是凡有血气者的上帝,岂有我难成的事吗?"在第三十三章:"成就的是耶和华,造作为要建立的也是耶和华,耶和华是他的名。"在座的各位都晓得,中国教会和海外福音派教会的关系过去是非常困难的。现在能够把两者之间的墙拆掉,这是神的恩典,是神迹。虽然我们的合作已经开始,但我们要晓得中间还有很多困难障碍需要克服。我们这个分享会虽然已经进入第五个年头,但参加过的弟兄姐妹们可能都知道,它后面没有精密的组织或强有力的跨机构支持,整个安排及设计都非常简单,没有经济预算,没有工作计划,也没有市场推销活动。能顺利迈进第五次,讨论"跨世纪的合作关系",这是神的恩典彰显在他的教会中间。

追求合一,叫神的心喜悦,加深我们之间的合作,应该是合乎神的心意的。但要更进一步的合作,就需加倍的付出,因为前面还有不少的困难。海外福音派和国内教会在神学上的分歧并不是很大,国内的神学思想可能比我们更保守。我倒觉得是其他方面的问题影响了我们的合作。当然这只是我个人的观点,不能完全代表海外对中国教会的看法。让我提出六点个人看法:

第一点:上一代海外华人对共产党政权的态度影响了我们对中国教会的态度。我的父母亲于 1949 年离开了中国,80 年代初我开始在中国推动教育交流的时候,我父母对我的活动有很大的意见。改革开放后的中国仍然改变不了上一代海外华人的一些根深蒂固的看法。

第二点:在海外,"政教分离"是一个普遍被推崇的概念,所以海外华人很难理解中国教会与政治的关系,也因而产生了对中国教会的不信任。对我们来说:"爱国爱教"是一个较为陌生的理念。

第三点:不少海外福音派人士怀疑中国对圣经的忠诚,甚至怀疑基督在中国教会的主权。在海外,中国教会常被说成是官方教会,中国牧师是从政府里拿薪水的。

第四点:海外教会视福音宣传工作为首要任务。因这缘故,海外福音派与中国教会来往时碰了很多钉子。这些人一腔热血,满怀热情,但带来中国教会不少烦恼;海外的高调遇到了中国的低调,问题难免发生。再者,海外福音派对中国教会的"自养,自传,自治"原则评论为:中国教会是排外的,中国教会不注重传福音。

第五点:开展事工的方法有所不同。海外福音派的工作手段着重于宣传推动,福音事工需要大量的人力、物力、财力;市场推销是惯用的工具,收视率是工作重要指标之一。这是海外福音派与中国教会最不咬弦的地方,这个问题如何处理将会影响整个关系的发展。在海外有关中国的宣传里,常常报导中国基督徒受逼迫,家庭聚会的宗教人权受到限制。无论看法正确与否,我觉得双方都需要重视这种看法及考虑这种宣传所带来的后遗症。

第六点:除了事工论调的差异,还有管理手法上的不同。每一个合作项目当然都应有目标制订、计划推动、总结汇报等步骤。但因为大家的背景不一样,所以我们厘定目标的要求,推动实施的办法,总结汇报的方式可能会发生误会或冲突。在1996年的分享会上,包佳源牧师曾提出很值得考虑的一点:"令中国教会困扰的一个问题是在经济与人力不平等的条件下,怎样和海外的基督徒建立一个平等的关系?"

华人福音事工分享会的(南京,1997)部分与会美国代表。

以上是我对合作的一些障碍的看法。如果有说得不恰当的地方请原谅。以下我想讲一些促进合作的建议,可分为三个方面:一、今时今日的合作;二、公元二千年前的合作;三、21世纪的合作。

一、今时今日的合作

总的说来,经过了五年的"华人教会事工研讨会",中国教会与海外华人福音派已建立了一个良性的关系,合作的局面已经打开,合作的活动非常活跃,合作的渠道也多样化起来。有关于今时今日的合作,我有两点建议:

1.据我了解,已经建立起来的合作关系包括有:神学教育的合作,基督教书籍的出版,社会关怀,例如灾难地区的援助,残疾人的就业,老年人的安置,还有义工培训班的发展,穷困地区教堂的重建,《天风》在海外的发行,还有各种交流访问活动等,这些都是过去五年的成果。我第一个建议是对今时今日的合作活动作一个评估,这不是个别合作关系的讨论,乃是对整个大图画或大局面的考虑:合作项目的总数共多少?足够了?还是要继续发展?合作效果如何?投放人力、物力是否与成果成比例?合作范围是否有重复?一对一的合作效益好,还是多方的合作好?哪些范围还没有照顾到?是否重要?是否急需?如何把需要传播出去?我觉得这种评估是需要的和有用的。

2.在评估的过程中,更重要的是态度的调整。其实,合作过程中最大的障碍和最难处理的是态度和观点。这方面的调整难度高,而且不是一次性,乃是多次性和持续性的。以下是五小点的考虑:

a.耐心是合作过程中的成功因素。"跨世纪"是一个很美的口号,堂皇而动听;但"跨世纪"有一层更深的意义:很多事情我们改变不了,我们要给予时日,但这停止不了我们的合作,因为我们都承认我们都是华人教会的一分子,华人教会也是神的教会,神有他的时间,神有他的计划,我们的合一不是因为环境的许可、情况顺利,而是顺服神对教会的心意。

b.海外华人教会在政治概念上要有一个突破。国内教会的实情,用海外惯用概念来了解很容易引起误会。我们应用"跨文化"的训练与心情来了解中国教会。假如我们海外的基督徒以这种心态与中国教会合作,或许可以建立起相互间的尊重。

c.还是针对海外福音派所说的:就是香港的那位同工去年所说的话"不要有分公司,分校,支店的心态。"这种扩展王国的姿态和手段是最坏的事情,也是最伤害神的事工的。

d.中国教会与海外来往要注重公共关系。公关在国内已经流行,江泽民先生在美国的访问,朱镕基先生在欧洲的访问,都非常成功,他们在处理与海外的关系和形象是可取的。我在海外常常听到福音派把中国基督教两会形容成魔鬼,说他们逼迫家庭教会聚会。对与两会来往过的朋友来说,都觉得这是不公平的评论。但这种误解的存在,责任不单在外一方。自从改革开放以来,两会与外方的沟通，功夫下得还不够，加上做事作风不同，往往产生很多的误解。可以说，海外福音派对两会最大的心理障碍是家庭聚会的问题。我们应该共同努力，克服关于发展中的难题。

e.家庭聚会问题不应该成为我们分歧的原因，反而，他们可以成为我们共同关心的对象。前一个多月，我和一位海外著名的牧师交通，他提出："过去海外福音派非常留心两会对圣经的忠诚，但今天情形恐怕改变了，我们要更加关心的是家庭教会在异端邪说的影响下能否保持它们信仰的纯正度？"这应是两会与海外福音派的共同点。对家庭聚会的弟兄姐妹的关怀，给两方面提供了一个良好的机会，把中间的墙和感情的障碍破除，使中国教会与海外福音派的关系产生一个全面性的突破。

二、公元两千年前的合作

从1998–2000年的合作，我想提出八点建议：

1.过往数年香港的弟兄姐妹起了积极的作用，在神学教育、出版、培训、社会关怀等方面，开展了合作的局面。但这个局面还处在起步阶段，有待发展，欢迎有心人士参与。在前面的3年，这分享会应更发挥作用，除了扩大合作的范围，加深合作的层面，更需要广泛开辟渠道，让世界各地区华人基督徒有机会打破成见，为福音事工建立起合作，合一的见证。

2.扩大合作的培训领域如教牧辅导学。前几年，丁光训主教访问美国富勒(FULLER)神学院时，已提出中国教会很需要开展心理辅导学的培训工作。很高兴这个领域已有了突破。

3.在过去青年的交流活动不多，有待发展，如退修会、短宣、英文班、穷困地区服务等。我可以代表美方发言：每年我们美国都有很多青年人希望有机会到中国来，能否在这方面有所开拓？

4.国内教会是否可考虑派讲道团到海外。去年我收到国内教会的刊物，里面有一篇文章"做时代工人的体验"，看后对自己的事奉有很大的提醒。中国教会在神国的事工有很深而丰富的体验，应该与海外的教会分享。

5.推行政策层面的交流。1997年夏，中国宗教事务局访美，与有关人士探讨宗教人权问题，这次访问在美国产生积极影响。另一方面，我们海外基督徒也有

1997年在南京举行的第四届华人福音事工分享会。

责任帮助中国政府来认识:我们可以是个正面的角色。在前面的几年里,双方面应更积极地推动交流互访,建立了解与信任。

6.“华人教会事工分享会”已迈进第五个年头,但这个活动目前仅限制在华人基督徒的圈子里。1999年2月,“基督教人士交流协进会”(Christian Leadership Exchange)将在美国召开类似这个研讨会的会议,让西方福音派的宗教机构与福音机构,有机会与中国的代表进行交流与讨论,请大家为此代祷。

7.很明显,以后的来往需要一个更有联络推动能力的机制,负责沟通,提供信息。中国教会更应采取主动,提供并调合合作渠道,把合作信息宣传出去,达成合作的效果,而不至于互相破坏,互相攻击。

8.与台湾福音派的来往,这是有待开发的领域。今天异端邪说很容易在大陆发展起来,如何处理这方面的问题,台湾福音派的经验教训可以用作借鉴,甚至考虑如何合作来应付从台湾进入大陆的异端邪说。

三、21世纪的合作

我估计在座的大多数人在公元2025年,还会在事奉岗位上。所以,当我们迈进21世纪时，我的论点将着重于我们有生之年，21世纪前25年。我的胆子不够大，不敢随便说预言，仅是提供两点意见，给大家讨论。

1.近20年来，为数不多海外华人教会的领袖都在推动华人教会差传事工。好些华人教会领袖也曾这样预测：21世纪华人教会将是世界宣教的一支强而有力的生力军。很明显，如果要这个预测成为事实，一定要有中国教会的参与。中国教会的同工可能心里说：国内的事奉已经忙得透不过气来，怎么可以考虑海外差传？但我们应在祷告中等候与寻求，在下一个世纪，神向华人教会的心意如何？对我来说，中国教会在21世纪差派宣教士或短期宣道团到世界各地，这个梦想不是不可以成为事实的。如果中国教会与海外华人教会在普世宣教成为同工，这将是何等荣耀神的事。

2.公元2025年将会是一个新的世界，“将来学”专家预测它是一个高科技、多元化、无国界、高度发展的资讯社会与经济体系。基督教人士也应有前瞻性的眼光，为下一个世纪栽培教会人才。有很多事情，用我们这个时代的眼光，是不可以，不可能的，但下一代就没有这个问题了。据美国FORBES杂志前数周的一个统计：现在美国90%的小学生都知道MODEM(调制解调器)是什么东西，但美国最大的500家公司的首席执行官，只有20%知道它是怎么一回事。下一代将拥有多元化的文化和更开阔的思维，他们将更容易合作。我们应该积极制造机会，使年轻的教牧同工，很早就有无国界的视野，世界性的眼光与福音国度的异象，也让他们走到一起，探求他们事奉工作的相互关系，寻找更广大的合作机会，协力完成大使命的福音托负。

愿我们合一的心意，在神的眼中蒙悦纳。

历史在神的手中，愿神祝福世界华人教会的将来。

A Study of East-West Cooperation

Danny Yu (April 10th, 2003)

The article, "Pitfalls of Student Selection in Leadership Training in Russia," by Mark Harris, in the March 2003 issue of Mission Frontiers, outlines some of the lessons he learned in the former Soviet Union in the 1990s. According to Harris, "fear that time [was] short due to the potential for renewed persecution" led to "a rush to meet the demands of the many new churches," which was unfortunately "accompanied by… lack of missiological reflection." Furthermore, the article cites the problem of "Western leaders who understood theology and training from a Western perspective only" and were often backed by "Western businessmen who had very little appreciation for foreign culture and tended to have a franchise mentality."

I read Harris' article with great interest because in many ways ministry in China faces similar challenges. China's religious policies have become increasingly open and many Westerners seeking to maximize ministry opportunities have rushed in to meet demands. However, one important thing sets the Chinese situation apart. In contrast to Russia in the 1990s, the Communist government in China remains as the effective and legitimate ruling power. As such, the Communist government continues to be the major factor for consideration in any China ministry strategy for Western agencies. Some Western ministries expect or hope that Communism in China will soon fall. Such ministries will take a completely different approach to ministry in China than the one outlined here. This article rests on the assumption that the Communist regime in China will continue to govern in the foreseeable future.

As I have reflected on East-West cooperation in Chinese ministry, I have

A Study of East-West Cooperation (The outside-of-mainland-China participants in the present case study include: Americans, Canadians, Overseas Chinese in North America, some Hispanics, and many Hong Kong Chinese.)

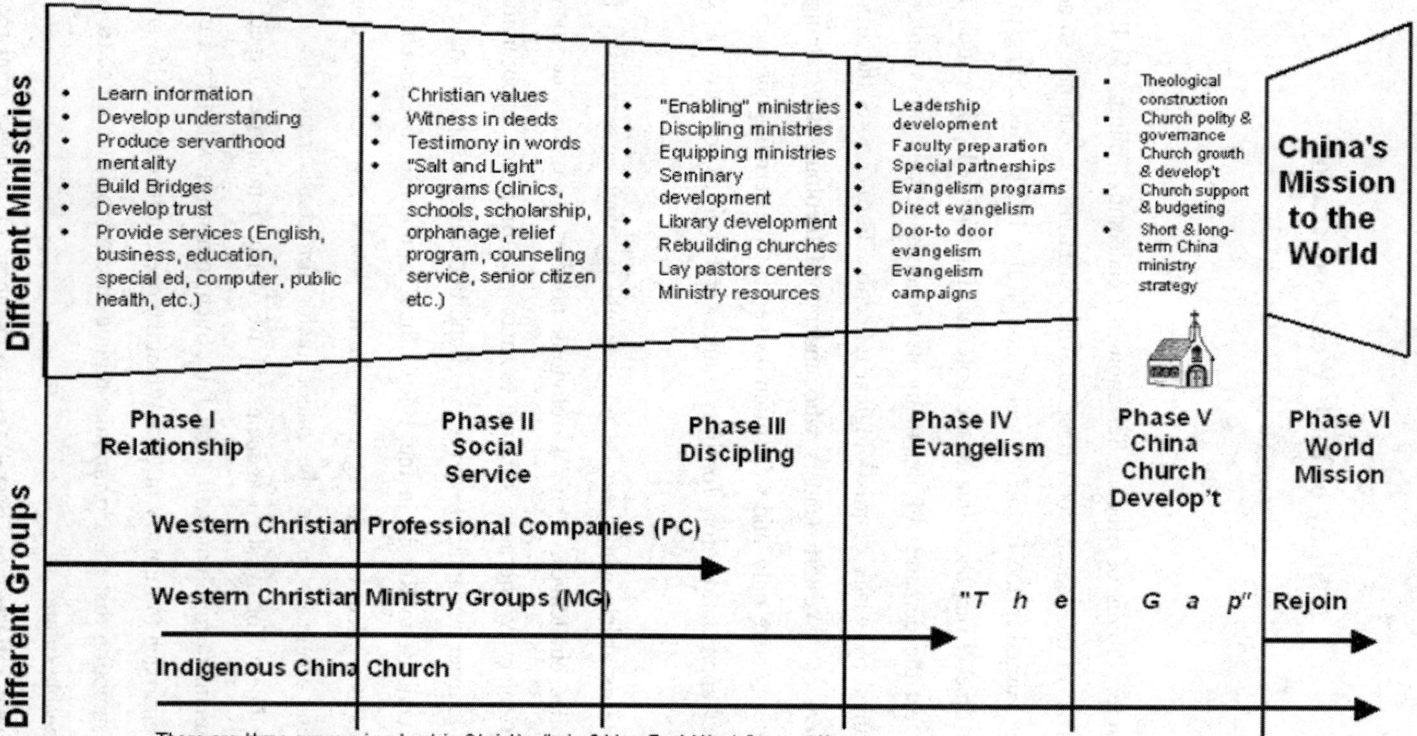
Different Ministries
Different Groups
• Learn information
• Develop understanding
• Produce servanthood mentality
• Build Bridges
• Develop trust
• Provide services (English, business, education, special ed, computer, public health, etc.)
• Christian values
• Witness in deeds
• Testimony in words
• "Salt and Light" programs (clinics, schools, scholarship, orphanage, relief program, counseling service, senior citizen etc.)
• "Enabling" ministries
• Discipling ministries
• Equipping ministries
• Seminary development
• Library development
• Rebuilding churches
• Lay pastors centers
• Ministry resources
• Leadership development
• Faculty preparation
• Special partnerships
• Evangelism programs
• Direct evangelism
• Door-to door evangelism
• Evangelism campaigns
• Theological construction
• Church polity & governance
• Church growth & develop't
• Church support & budgeting
• Short & long-term China ministry strategy
China's Mission to the World
Phase I Relationship
Phase II Social Service
Phase III Discipling
Phase IV Evangelism
Phase V China Church Develop't
Phase VI World Mission
Western Christian Professional Companies (PC)
Western Christian Ministry Groups (MG)
"T h e G a p"
Rejoin
Indigenous China Church

There are three groups involved in Christianity in China East-West Cooperation:
(A) Indigenous China Church – is active through all phases of ministry.
(B) Western Christian Ministry Groups (MG) – are active mid-way through Phase I and into the onset of phase IV.
(C) Western Christian Professional Companies (PC) – are active from the start of Phase I into part of Phase III.

employed a diagram to summarize my observations in the last 20 years (see below). At the center of the diagram are 6 phases of ministry in China: Relationship (Phase I), Social Service (Phase II), Discipling (Phase III), Evangelism (Phase IV), China Church Development (Phase V), and World Mission (Phase VI). The top of the diagram lists different types of ministries that may take place in Phases I through VI. The bottom of the diagram depicts the level of involvement of three main groups who are carrying out ministry in China: the Indigenous Chinese Church, Western Christian Professional Companies (PC), and Western Ministry Groups (MG).

In 1981, Educational Services Exchange with China sent the first group of Christian teachers to Beijing and explored the Western Christian Professional Companies ministry model. When China adopted the "Four Modernizatons"and opened up to the West in the 1980s, many other Western Christian organizations also explored this professional service ministry model. The expressed purpose of Professional Companies (PC) is to bring a good or service to China, such as teaching English. This good or service, provided in Christ's name, may or may not involve direct ministry. In contrast, the expressed purpose of Western Ministry Groups (MG), such as Christian Leadership Exchange, is to help support, develop and/or promote Christian ministry in China. The Indigenous Chinese Church is the only group that is fully active in all 6 phases of ministry.

The first phase of ministry in China is "Relationship."Westerners must come to China with a learning posture, willing to serve and build bridges. The next phase of ministry, "Social Service," can be seen as an extension of Relationship. Westerners who have a solid understanding of China may become involved in projects that directly express Christian values such as relief and development, counseling and care for the elderly. Professional Companies and Ministry Groups may both join the Indigenous Church in Social Service.

In Phase III, "Discipling,"Ministry Groups and the Indigenous Church continue their involvement through "enabling ministries"such as seminary and resource development. However, in order to remain true to the professional nature of their involvement, Professional Companies should continue only as far as the onset of Phase III. Likewise, out of respect for the sovereignty of the Chinese Church, Ministry Groups should taper their involvement at the onset of Phase IV, "Evangelism." Thus, a gap in Western ministry involvement emerges somewhere in Phase IV and throughout Phase V, "China Church Development,"as the Indigenous Chinese church carries out ministries that only she can wholly and effectivel y embrace. Many Westerners see this gap in their involvement as a problem. However, this attitude discounts the experience of Chinese Christians who are fully engaged in Phases IV and V. For the Chinese Church to develop her own style and ministry, she needs autonomy in Phase V. In Phase V, the Chinese church should have meaningful space for theological construction; church polity and governance; church growth and development; church support and budgeting; and short and long-term China ministry strategy and planning.

In this way, Christianity in China should become Chinese. In the past, Chinese society regarded Christianity as a foreign religion. As the Chinese church carries out the work of Phase V, Christianity becomes "a Chinese religion" in the eyes of Chinese society. Thus, the so-called problem of "the Gap"actually becomes an opportunity that both Chinese and Westerners can rejoice over together. Furthermore, beyond the Gap, Western and Chinese churches can become partners in World Ministry. To that end, we fervently pray.

This model of East-West cooperation, with the Chinese Church emerging as an equal partner of the Western church in World Mission, rests on three assumptions: (1) we should strive to promote the unity of the Chinese Church; (2) we should accept "the Gap" in ministry partnership; and (3) we should respect the legitimacy and authority of the Chinese government. In this way, we can hopefully learn from the lessons of disappointing partnerships in the past and encourage our Chinese brothers and sisters as they establish their position in Chinese society and World Mission.

Sorting Through the Guiding Principles of a China Ministry

Danny Yu

(October, 2003)

A very good friend of mine took issue with my 8–18–03 article published in www.ChristianityInChina.org regarding the South China Church and religious persecution in China. He wrote, "Persecution is real. I agree that the West tends to exaggerate some of the cases. But propaganda is a tactic we always use in the press to create pressure for the government as well as the public."

His comment reminded me that 30 years ago, when I was beginning my China study and ministry, I was sorting out for myself what the guiding principles and undergirding philosophy for my China involvement should be. It was not an easy process. But by God's grace, someone gave me a set of questions that greatly assisted my thought process. In this newsletter, I would like to share the process I went through with you.

Let me interject at this juncture that these questions are not used in this article to prove or disprove my friend's position. These questions are open–ended, and I am using them mainly to help us to discover the philosophical orientation of the many China ministries that now exist in the United States.

This series of five questions has helped me greatly through the years and can apply to Western ministries researching the development of appropriate ministry models in any given country:

1. Is evangelism legal under the laws of the country?
2. What is the interpretation of these laws, and are they enforced?
3. What is our Christian ethical response?
4. Can we develop a viable approach to ministry?
5. Are there resources to sustain the model or approach?

These rather simple questions interweave and create a very interesting grid. Please see the illustration below and spend a few minutes to first study the flow of the answers. Then, I will make comments related to the situation in China.

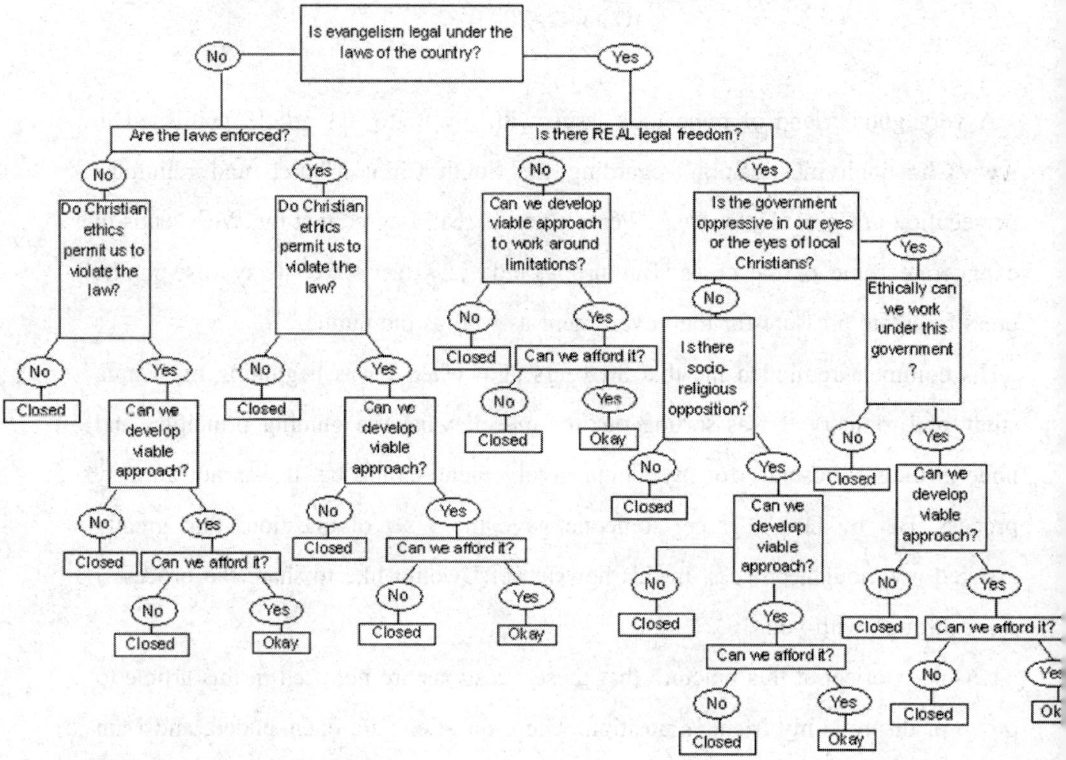

Each of the above five questions solicits a"Yes"or"No"answer. An interplay of the "Yes" and "No" answers to the questions leads to 19 possible scenarios, of which 5 are okay or viable situations; 14 are closed or dead–end conclusions. Of the many possible combinations, I will highlight only two so that we can appreciate the value of the chart for understanding China ministries in the USA.

Ministry Model One

Is evangelism legal under the laws of China? Under this model the answer is "No." Most American evangelicals I know tend to agree with this answer.

Then, are the laws enforced? Many incidents indicate that the answer is "Yes."

Therefore, when we discuss religious persecution in China, these incidents are proof that illustrate the hostility of the Chinese government towards Christianity.

If evangelism is prohibited in China, do Christian ethics permit us, as Westerners, to violate China's law? In the West, there is a book written to answer this question. The title is: The Ethics of Smuggling (Tyndale House: 1974). So the answer to the question is "Yes."

Can we develop a viable approach? As the book title suggests, a number of ministry strategies and opportunities are available.

Then the last question is: Can we afford the resources? This is the people–raising and fund–raising part.

It is an appropriate closing comment that the majority of North American China ministries have chosen this model, and are producing significant ministry results.

Ministry Model Two

Let me state up–front that this is a model I have chosen for my China ministry involvement. You may also need to know that many China ministry leaders do not agree with my choice of the "Yes" or "No" answers. However, I would still like to invite your interest (and I also welcome your critical feedback). This model is worthy of your attention because in recent years, as China is continuously evolving, more people are subscribing to this ministry approach.

To understand this approach, we should first ask: Is evangelism legal under the laws of China? My answer is, "Yes." This answer may alarm many of our readers. While it may be illegal for Westerners to do evangelism work in China, the Constitution of China states in black and white that Chinese citizens enjoy religious freedom. A further step to understand my "Yes" answer is to cite church growth in China. The Chinese church (whether the open or house churches) is one of the fastest growing churches in the world. If Christians in China are not evangelizing, how can the church be growing at such a rapid rate? Yes, it is true that the Chinese church is not evangelizing (or allowed to evangelize) the American way, such as holding crusades or going door to door. But we cannot say that Chinese Christians are not doing the work of evangelism, or that they are doing it illegally.

Maybe the second question will clarify a little bit of the confusion: Is there real legal freedom for evangelism? My answer is, "No." There is no real legal freedom, at least not how we in the West would define "freedom." As stated in the paragraph above, American Christians will not have freedom to evangelize in China. Also, Chinese Christians cannot stand on street corners to preach the gospel. Religious activities can be conducted only within the context, or confines, of the church walls, lest the rights of non-believers be violated. In the West, we might have many concerns about such limitations, especially in light of discriminatory practices in the past.

Then, can we develop a viable approach to work around the limitations? Twenty-five years ago, my answer was a tentative one. Obviously, twenty-five years later, my answer is now a resounding "Yes." When we first began our work as a Christian organization in China, one of our objectives was to help the Chinese government and people to know that Christians, and Western Christians in particular, are generally people of good will. We wanted to overcome misunderstandings and to establish a relationship of cooperation, trust and mutual respect. There were many obstacles, and it took much effort from both sides. Fortunately, mutual understanding between China and the West has been strengthened with more and more Western Christian agencies coming in to help build relationships in China. I am glad to say that I can now answer with conviction that despite limitations, a viable approach for ministry has been worked out. It is possible for Western Christians to minister with good will in China. (For more on this model, please click to see my 4-10-03 China Contours article, "A Study of East-West Cooperation.")

Lastly, can we afford the resources? The challenge is to find people who care; people who want to relate and overcome cross-cultural and political differences; and, most importantly, people who want to live out Christ-like service.

The 6th and Additional Question

This question was not on the list of five questions given to me 30 years ago. However, during the past three decades, I have come to realize how important this additional question is: What is the long-term perspective? Obviously, this is not a "Yes" or "No" question. Furthermore, nobody can answer this question with complete certainty. Whatever answer we come up with has to be understood only as a faith statement. But that faith statement in many ways dictates a particular ministry philosophy or approach.

Twenty-five years ago, we chose a ministry model for our China involvement. Fortunately, the model has withstood the test of time. As one of our donors once commented, "I may not always agree with your approach, but I am amazed that over the years you have never changed your tune."

Sociologists have indicated that never in human history has a society experienced so much change within so short a time as China has recently experienced. But as China continues to evolve, this 6th and final question beckons: Does our ministry philosophy and approach remain true?

In closing, I want to refer back to the original question about religious persecution and propaganda. Perhaps I did not answer the question directly, but I want to thank you for giving me the liberty to expound on my ministry model and approach, and to explain the guiding questions for my work. Next week, I will respond to the questions raised regarding my 8-18-03 China Contours article on the South China Church and religious persecution.

The Bible Story In China

(This was a speech given at the Opening Ceremony of the 2006 China Bible Ministry Exhibition in Los Angeles.)

Danny Yu

The Bible, a theme that speaks volumes and a theme that means different things to different people.

But to all of us here, the Bible teaches our hearts, touches our lives and transforms our future.

Therefore, in that sense, I believe the Bible unites us.

It is a great honor for us to host in Southern California the Bible Ministry Exhibition of the Church in China.

I first heard about the Bibles of China when I was growing up in Hong Kong. Those were the days of the Cultural Revolution.

Churches were closed.

Christians were jailed.

Bibles were burned.

Therefore, I grew up with a profound appreciation for the dedication of the Chinese Christians and the importance of the Bible in their lives.

In 1980, when China was first cracking open its door to the outside world, I visited Beijing.

I looked everywhere for the Christian church. And I looked everywhere for the Chinese Bible.

Over the years, China changed. And the church grew.

About two months ago, the China Christian Council celebrated the printing of the

ClE is a sponsoring organization of the 2006 China Bible Ministry Exhibition. Here Danny Yu welcomes the Chinese delegation at the Los Angeles Opening Ceremony.

40 millionth Bible.

Christian Leadership Exchange is pleased to be a co-sponsor of the Bible Exhibition in Los Angeles. We believe that the Bible history in the Church in China is an important story.

The Bible story in China portrays the progression of a society, the promise of a government, and the prognostication of a nation.

The Bible story in China points to the devotion of our Chinese brothers and sisters for God's word, their dedication to His church, and their utter dependence upon Him.

Most importantly, the Bible story in China proclaims God's love for the world, God's sovereignty over human history, and God's faithfulness to His people.

Along with our brothers and sisters in China, we give to Him all the glory, honor and praise.

Amen.

第四部分

CLE 为国际化合作的一个个案

基督教人士交流协进会(CLE)事工回顾

陈荣超博士　基督教人士交流协进会理事会主席
彭永宁博士　基督教人士交流协进会执行秘书长

这本书的目的是为了回顾基督教人士交流协进会(CLE)15 年事工。首先,感谢神的祝福与保守,带领走过一段很有历史意义的日子。更加愿荣耀归神!愿他的名字被高举,颂赞!

从事工的角度,很难说 CLE 是从什么时候开始的。CLE 的渊源一直可以追溯到 80 年代初我们进入中国,成立美中教育机构(ESEC)开展教育交流的时候。与中国基督教会有正式的合作与来往,应该是 1987 年。1990 年大概可以算作是 CLE 形成独立事工路线的起点。当年 CLE 与中国教会展开了第一个交流项目,开辟了有别于 ESEC 的宗教事工和宗教人士交流的新路径。虽然 CLE 机构注册晚于 1990 年,但由于自 90 年代初起,CLE 的宗教交流事工基本没有中断过;因此,把 1990 年当作起点还是比较合适一些。

ESEC 和中国来往始于 1980 年余国良、彭永宁同工以海外华人身份第一次访问中国。当时正值中国经历了"文革"浩劫,实行改革开放之初。身为海外的炎黄子孙,第一次访问父辈出生的故土,看到中国百废待兴的气象与走现代化道路的决心,内心的喜悦溢于言表。1980 年,彭永宁和余国良同工访问北京大学时拜会了当时的副校长季羡林教授,并与其合影留念。那次中国访问使我们看到了祖国对外语、外贸等人才的迫切需要,催生了我们与中国大学合作培训的想法。为此成立了美中教育机构(ESEC),而北大是与我们合作最早、合作时间最长的中方单位之一。

1980 年，彭永宁博士和余国良博士第一次访问北京，得到北京大学副校长季羡林教授接待，一同参观北大校园。

The beginning of ESEC: Our first trip to China & visit to Peking University in 1980.

2001 年，ESEC 在华服务二十周年，余国良代表 ESEC 与中国国家外国专家局在人民大会堂签署新的一轮合作协议。

In 2001 ESEC celebrated its 20th anniversary & signed a new partnership agreement with State Administration of Foreign Experts Affairs at People's Great Hall.

ESEC 也是最早与中国国家外国专家局合作的外国专家教员派遣机构之一，是最早被认证的一批专业海外培训渠道。自成立以来与国内 300 家以上的大学、政府、企业和其他机构建立了合作关系，每年派遣外籍教员、专家到中国，举办外语、外贸、涉外法律、企业管理、教学法、特殊教育等培训班，截至今日已经培训学员超过 13 万人次。ESEC 还参与了高等教育评估、医学交流、乡村脱贫等社会服务项目。2001 年，在北京举行了 ESEC 服务中国 20 周年的纪念活动。当时中国国家外国专家局与 ESEC 在人民大会堂的香港厅签订了新的一轮合作协议。

1987 年，我们经由国家外国专家局牵线，结识了当时负责爱德基金会日常工作的韩文藻先生，从而接触到了中国的基督教会及其社会服务事工。爱德基金会是一个由中国基督教人士发起，有社会各界人士参与的民间社会服务机构，主要从事外国专家引进、农村发展、残疾人特殊教育等多项社会服务。通过韩老的引荐，我们又认识了当时负责浙江省基督教两会工作的邓福村牧师，进而参与了浙江山区景宁县农村的脱贫工作。景宁地处浙西山区，虽然土产等自然资源丰富，但是苦于交通不便，加上缺少足够的资金和管理人员，一直无法利用有利的自然资源实现脱贫的目标，长期被列为国家级贫困县。通过浙江省基督教两会的协调，由 ESEC 提供资金和引进先进的农业技术，当地提供场地和人员，共同创办了“山宝土产有限公司”，专门开发景宁当地的香菇、竹笋等土产销往外地。“山宝”作为景宁当地的第一家中外合资土产公司，对当地经济发展起了领头作用。在 ESEC 参与当地脱贫近十年左右，也就是 1998 年，景宁正式摘掉了贫困县的帽子。

在景宁项目以后，ESEC 与浙江基督教两会开展了进一步的合作，1988 年在东阳办了木雕厂，专门生产以圣经为题材的木雕工艺品，包括圣诞木雕、五饼二鱼等。CLE 帮助木雕厂出口产品，并开辟美国的市场。后来这个合作方式继续发展，1993 年在杭州开设了圣爱成衣厂。两个项目经营所得的利润用以支持浙江神学院与省内贫困地区侍奉教会的神学毕业生。这个合作模式在 90 年代进一步深化，支持范围扩展到在全国各地贫困地区侍奉教会的神学毕业生。

与爱德以及浙江教会 1987 年的接触与合作，使我们对中国教会留下了很深的印象，也为以后 CLE 的成立与发展奠定了基础。1990 年，我们偕同美国著名的基督教残疾人事工组织 Joni & Friends，邀请了中国教会的徐明涵长老和邓福村牧师赴美参加国际残疾人事工研讨会。这是我们第一次出面邀请中国教会访问美国，也标志

访问景宁县当地的基督教会

A picture taken at the local church of Jingning where the mushroom factory was built.

由 CLE 资助建立的圣爱成衣厂

Holy Love Garment Factory established in partnership with Zhejiang Provincial Christian Council to create employment opportunity for local church members.

1994年4月，中、美、港三地的华人教会同工参加在杭州举行的第一届华人福音事工分享会。

The 1st Consultation on Gospel Ministry to the Chinese Worldwide (Hangzhou, 1994).

由CLE援建的37个乡村教堂之一。

One of the 37 church buildings in impoverished areas that CLE helped construct.

着CLE事工的开始。徐先生和邓牧师在美期间，与洛杉矶的一批华人教会与机构负责人座谈。这也是中国的教会领袖第一次在美国与海外华人教会的领袖正式会面。座谈会之后，许多华人牧师们希望能与中国的教会加强往来，进一步了解中国的情况，希望CLE能多做一点桥梁的工作。时任大洛杉矶华人教会联会主席的黎彼得牧师(后任CLE国际部主任)鼓励我们开辟一项专门的事工来促进中美两边教会的往来。1992年黎牧师访问中国教会上海总部，厘定了华人教会交流活动的方向与内容。

1994年是CLE与ESEC分家的一年。那年4月，第一届华人福音事工分享会在杭州举办。这是第一个大规模的分享活动，由此也拉开了以后经常性地联系中、美基督徒与华人基督徒来往的序幕。会后，与会的海外牧师们走访各地的教会，有的还被邀请讲道，或为内地的义工培训班讲课。第一次的分享会是由当时中国基督教协会副会长，已故沈以藩主教主持的。分享会后的夏天，沈主教在威海全国两会开会期间因心脏病突发而安息主怀。沈主教生前曾经对我们的事工给予很多的关心和指导。他的过早离去对于中国教会以及全球华人教会都是一个巨大的损失。

在海外华人教会中，由于历史的原

因，对中国政府和三自教会的成见颇深。一方面是因为对“共产党所领导的新中国”的旧印象挥之不去，另一方面也是因为有关中国宗教的正面消息在西方主流媒体中报道甚少，而一有负面的事件发生，马上就成为媒体的关注点，加深了公众心目中“共产党迫害宗教”的印象。第一次华人福音事工分享会举办过后，我们感觉到有必要让双方可以有机会面对面，没有顾忌地提出问题，坦诚地表达自己的观点，希望能达到互相尊重，互相了解的地步。当障碍破除后，也开辟了不少合作的渠道。于是分享会很快便成了一个经常性的活动。

美国的三位牧师给江苏省两会义工培训班学员讲课

Pastors from Los Angeles participating in lay leader training classes sponsored by Jiangsu Christian Council, 1994.

1994 年后，华人福音事工分享会是 CLE 与中国教会每年 4 月合办的一个项目，且每年都定了主题，到 2006 年为止已经举办了 12 届。

1995 年的分享会是在南京举行的，主题是“肢体虽多，仍是一个身子——在爱中建立自己”。丁光训主教和中国基督教协会的秘书长邓福村牧师出席了该分享会。分享会后，我们透过中国基督教两会联系，介绍了三位牧师到福建神学院作短期讲学，其中包括陈荣超师母，薛孔伟牧师和赵蔚然牧师。自这次的讲学安排以后，分享会逐渐形成了一个交流模式，即在每次分享会前后由两会邀请参加与会的海外牧师访问基层教会和义工培训班。

1995 年 4 月，丁光训主教和邓福村牧师出席在南京举行的第二届华人福音事工分享会。

Bishop Ding Guangxun & Rev. Matthew Deng with church leaders from the USA & Hong Kong at the 2nd Consultation on Gospel Ministry to the Chinese Worldwide (Nanjing, 1995).

1995年，薛孔伟牧师访问福建神学院并与师生分享

Rev. William Hsu sharing with students at Fujian Seminary, 1995.

1996年4月，韩文藻博士主持在南京举行的第三届华人福音事工分享会。

Dr. Han Wenzao presiding at the 3rd Consultation on Gospel Ministry to the Chinese Worldwide (Nanjing, 1996).

到会的海外教会人士很喜欢这个安排，直接了解接触中国基层的教会；尤其是看到弟兄姊妹们的热情以及对神话语的渴慕，令人很受鼓舞。

是年9月，CLE邀请中国神学院代表团访问美国。该代表团走访了美国多个神学院，双方也提出了神学交流与神学教育的合作建议。在访问华盛顿的时候受到了当时为美国参议员，后担任司法部长的约翰·阿希克罗夫特的接见。

也是在1995年，CLE开始资助几所乡村教会的建堂工作。CLE前后资助新建和翻修的乡村教堂总共有37所。同时，CLE也资助了浙江省的5处义工培训中心的开办或建设，一共训练了两千人次。

1996年的第三次华人福音事工分享会主题是"道成了肉身，住在我们中间"，举办的地点也是在南京。时任中国基督教协会会长的韩文藻先生主持了这次的分享会。当年5月，CLE与爱德基金会合作举办教会敬老院管理人员研讨班。同时利用暑假与全国两会在杭州合办了两会工作人员暑期英语班，一共举办了三个暑假，训练了约100人左右。

1996年美国国会全票通过了《国际宗教自由法》，这一发展对CLE以后几年的工作产生了不少影响。该法授权美国政府成立宗教自由委员会，对国会负责，每年出版《国际宗教自由报告》，以供政府制定对外政策时作参考。《宗教自由法》还设立了“宗教自由大使”一职，专门从事宗教自由事务的国际协调。宗教自由日益成为美国政坛与公众的焦点话题，并且近些年来随着基督教政治家在美国政府和国会的影响日盛而有增无减。

1997 年的第 4 次华人福音事工分享会依然是在南京召开的。这次会议的主题是“展望跨越世纪的合作和关系”。当年 4 月，中国中央统战部和国务院宗教事务局第一次派出了由叶小文局长与朱维群顾问率领的政府宗教官员访问团出访美国。这是建国以来第一个国家级的政府宗教官员访问团访美，CLE 因应美国政府对中国宗教自由的关注，帮助策划了整个行程并组织美方的接待。代表团在美期间访问了美国国会与国务院，以及葛培理福音布道会等基督教机构。代表团在洛杉矶期间访问了 CLE 的总部，并且与南加州的宗教界领袖见了面。这一次的访问，为以后中美间就宗教自由的继续对话开创了一个渠道。

1997 年夏天，CLE 举办了神学院图书馆分类系统研讨班，阿苏萨太平洋大学与香港信义宗神学院派遣了神学图书管理系统的专家来帮忙培训学员。

也是在 1997 年，CLE 开始参与中国教会的出版事工。通过 CLE 的牵线搭桥，中国基督教两会获得了当时正畅销美国马

1996 年，CLE 与爱德基金会联合举办的敬老院管理人员培训班。

Seminar on “Caring for the Elderly in the Church” sponsored by CLE and Amity Foundation, 1996.

1996 年，中国神学院访美团拜会时为参议员，后曾担任司法部长的约翰·阿希克罗夫特先生。

China Seminary Delegation visiting the USA in 1996 & at the office of Senator Ashcroft.

1997年，中国国家宗教局叶小文局长率团访问美国洛杉矶。

Mr. Ye Xiaowen, Director of State Administration of Religious Affairs visited the USA in 1997 & at the home of Dr. Wing Pang.

叶小文局长与CLE总裁余国良交换礼物

Exchange of gifts at the Los Angeles stop of Mr. Ye's visit to the USA, 1997.

鞍峰教会Rick Warren华理克牧师的《直奔标杆》简体中文出版权。CLE还资助了这本书的印刷和发行。在此后的几年中，由CLE支持，浙江省两会再版了一些旧书，包括丁良才《经题模范》、贾玉铭的《完全救法》等。因应美国华人教会对中国基督教发展的关注，CLE帮助中国教会的《天风》杂志在美国为期3年的赠发。

为了加强基层教会的建设，中国基督教两会对神学毕业生到边远贫困地区工作实施生活困难补助，成立了“中国基督教教会互助基金”。1997至1999年的3年间，CLE配合上述互助基金的项目，向基金捐款，帮助了在不发达地区侍奉教会的神学毕业生达420人/年。

1998年，第五届华人福音事工分享会在深圳召开。当时正值香港回归不到一年，香港很多教会希望同内地教会增加来往。时任香港基督教更新运动会主席的陆辉牧师对推动香港和内地间的互动往来不遗余力，也给了分享会很多的帮助。分享会放在深圳召开，回应了香港教会对与内地教会来往的兴趣。陆辉牧师后来成为香港中国基督教会联会主席，也担负起拿打素基金会的工作，投入大量的资源帮助中国的基督教事工。有关与香港及远东教会的联系，香港中国神学研究院周永健院长与福音证主协会邓兆柏总裁都给了CLE大力的支持。

1998 年,国家宗教局杨同祥副局长与浙江省两会的孙锡培牧师率团访问美国。CLE 安排代表团与美国第一任宗教自由大使 Robert Seiple 见面。代表团在华盛顿期间还拜会了全美福音派联盟在华盛顿的办公室，与负责政府协调事务的 Richard Cizik 副总裁会谈。同年,CLE 向燕京神学院捐赠电脑及配套设备,建立起神学院自己的电脑中心。

CLE 在最早的几年着重中国教会与北美华人教会的来往。在这个过程中,CLE 也看到美国的公众和教会对中国教会事工发展亦有很大的兴趣,且具有合作的潜力。为此,CLE 参照在大陆每年 4 月份举行的“华人福音事工分享会”的模式,相应的安排每年 2 月份在美国举办针对美国基督教界的“中国教会事工研讨会”,目的是鼓励美国教会与中国教会建立健康正常的关系，走公开合法的路线寻求合作。经过一年多的联系和筹备工作,1999 年 2 月份,第一届中国教会事工研讨会在加州的帕沙迪纳举行。中国教会派出了由邓福村牧师、季剑虹长老带队的 12 人访问团来到南加州。美方对这次研讨会的响应相当热烈。除了主流教会的代表以外,很多主要的美国福音派事工机构,包括监狱团契(Prison Fellowship International),关注家庭(Focus On The Family),马鞍峰教会(Saddleback Community Church)等都派代

1998 年，在香港举行的第 5 届华人福音分享会,其中七名分享会的发起人和最早参与者合影。

The“ original seven” at the 5th Consultation on Gospel Ministry to the Chinese Worldwide (Hong Kong, 1998).

1997 年,陈荣超与彭永宁访问基督教全国两会的印刷厂。

CLE visiting Aiji Printing Press of China Christian Council in 1997. Over the years, CLE helped to publish a number of Christian books in China, including the best-seller, Purpose Driven Church.

彭永宁在燕京神学院与神学院师生交谈

Dr. Wing Pang chatting with Vice President Kan Baoping & students of Yanjing Seminary.

1999年2月,第一届帕沙迪纳中国教会事工研讨会的中外代表合影。

Chinese & American participants at the 1st USA Symposium on China Church Ministries (Pasadena, 1999).

表来参加。第一个晚上的欢迎宴会上,华理克(Rick Warren)牧师作了主题演讲。他特别提到1998年他通过CLE的安排第一次访问中国,他对“三自”理念非常有兴趣,他把马鞍峰教会等同为“三自教会”;更希望中国教会成为“治好、养好、传好”的“标杆教会”。第一次的中国教会事工研讨会很成功。通过这个研讨会方式,在以后的几个年头中不少美国福音派机构有机会接触到中国教会。

1999年4月,由CLE参与援建的黄山教牧退修中心竣工。与此同时,以“推进21世纪的合作与关系”为主题的第六届华人福音事工分享会在南京召开。在筹办的过程中,双方就感觉到需要在20世纪末的时候,展望21世纪的合作远景,考虑如何进一步地除去障碍,开辟更加广阔的合作。

2000年2月,CLE在美国帕沙迪纳召开第二届中国教会事工研讨会。同年,CLE组织北美华人教会访问团第七次访问中国教会,特别参加了浙江神学院新院舍的奉献礼。

2000年3月,美国马鞍峰教会华理克(Rick Warren)牧师第二次访问中国,并在北京开办了“标杆教会”培训班。华理克牧师特别邀请了当时中国各神学院的代表参加,还向每个神学院赠送了整套“标杆教会”的多媒体教学材料和教学软件,并给予每所神学院配套的多媒体教学硬件。北京会议结束后，CLE 同工余国良陪同华牧师到香港，为香港教会作了为期一周的“标杆教会”培训班。

2000 年秋，CLE 在洛杉矶接待抵美参加联合国千年世界宗教和平大会的中国代表团，并且与加州大学洛杉矶分校中国研究中心联合举办中国宗教论坛。访问团的成员有叶小文局长、基督教两会的韩文藻会长与曹圣洁牧师，天主教的傅铁山主席，佛教的圣辉与嘉木样副会长，道教的闵智亭会长以及伊斯兰教的陈广元会长。

2000 年是 CLE 残疾人服务事工发展的一个关键年头。当年经由 CLE 牵头，Joni Ericsson Tada 女士访问了中国，在上海向上海市基督教恩光敬老院赠送轮椅。Joni 的访华使 CLE 的同工们有机会更多地了解中国社会中一个不引人注目，但绝对数字相当庞大的群体：瘫痪及半瘫痪人群。这些人当中有许多受到经济情况的限制，没有条件购置轮椅。CLE 安排了两个美国机构 Joni & Friends 和 Free Wheelchair Mission 与中国基督教协会社会事工组合作，把免费轮椅发放到低收入残疾人手中。

ESEC-CLE 考虑到残疾人服务的专业性，将注意力集中到残疾人康复医护人员的培训上。2001 至 2003 年间，ESEC-CLE 与中国残疾人联合会建立起伙伴关系，先

1999 年 4 月在南京举行的第六届华人福音事工分享会的中外代表。

Participants at the 6th Consultation on Gospel Ministry to the Chinese Worldwide (Nanjing, 1999).

2000 年，美国马鞍峰教会华理克牧师在香港举办的“标杆教会”研讨会上主讲，余国良翻译。

Rev. Rick Warren speaking in Hong Kong (& in Beijing also during the same trip) at a Purpose Driven Church seminar with Danny Yu interpreting, 1999.

2000 年 2 月，第二届帕沙迪纳中国教会事工研讨会的中外代表。

The 2nd USA Symposium on China Church Ministries (Pasadena, 2000).

CLE 同工出席浙江神学院新院舍落成典礼

CLE donates to facilitate the move of Zhejiang Seminary to a new campus (Hangzhou, 2000).

后两次接待中残联派出的考察团在美国培训。考察团在美期间有机会参观公立和私立的残疾人康复服务机构、科研单位、医院、大学、政府机构，以及 Joni & Friends 等事工机构。中残联康复研究中心的领导对我方所安排的考察培训内容给予了高度的评价。

2000 年 9 月，中国基督教三自爱国运动委员会庆祝三自爱国运动成立 50 周年，CLE 致贺词说："自治、自养、自传，恩感 50 春秋；治好、养好、传好，福泽 21 世纪"。

2001 年是喜庆的一年。为庆祝 ESEC 在中国开展服务 20 周年，中国国家外国专家局、北京大学和中石化管理干部学院在北京联合举办了庆祝美中教育机构在华服务 20 周年大会。

2001 年 2 月和 4 月，第三次帕沙迪纳中国教会事工研讨会和第八次华人福音事工分享会分别在南加州和香港如期召开。

2001 年前后，由于海外的一些出版物的报道以及美国国际宗教自由委员会的报告，使得中国教会的神学思想建设成为海外关注的焦点话题之一。不少海外人士担心神学思想建设会触及教会的基本信仰。为了让海外关心中国教会的人士全面地了解神学思想建设，CLE 在 2001 年 9 月南加阿罕布拉市的招待会上特地邀请了当时金陵协和神学院的代理教务长王艾明牧师向与会的教牧同工通报了神学思想建设的情况。当时美国水晶大教堂舒勒牧师的儿子小罗伯特舒勒，马鞍峰教会的 Mark Carver 牧师等都发表了演讲。在当天的分享中，王艾明牧师提供了代表中国教会神学思想建设思路的15个命题。这15个命题明确把《圣经》绝对权威和《使徒信经》及《尼西亚信经》作为神学思想建设的信仰准则，清晰概要地回答了海外人士关乎神学思想建设是否触及基督教基本信仰的疑问。第二年(2002年)的帕沙迪纳中国教会事工研讨会上，我们把这15条原则再次发送与会人士。后来我们还把这份文件放在 www.Christianityin China.org 网上，并发给美国政界内对中国宗教自由关心的人物。

2000-2001年间，美国有一些主要基督教媒体刊载了有关中国教会的不实报道。*World* 杂志刊文称金陵协和神学院是一所“没有读经、没有祷告、没有赞美诗歌的神学院”，而另一家发行量颇大的福音派消息刊物称中国的礼拜堂里不能讲《启示录》和基督复活。CLE将所收集到的中国教会的讲章等资料寄给了这几间杂志社，以期望纠正这些报道的失实之处。这件事情同时也给了我们一些启发：既然海外对中国政府向宗教的态度与政府同教团的关系这么有兴趣，何不通过研讨会的

2000年，北美华人教会访问团参观中国基督教全国两会上海总部。

Visiting the Shanghai office of China Christian Council after the 7th Consultation.

即将出席2000年联合国千年宗教大会的宗教局领导和五大宗教领导人在美期间参加CLE和加州大学洛杉矶分校联合主办的中国宗教论坛。

The leaders of China's 5 major religions at the Forum on Chinese Religions sponsored jointly by CLE & Center for East Asia Studies at UCLA, 2000.

2001年,由国家外国专家局、北京大学和中石化管理干部学院联合主办的庆祝ESEC在华服务二十周年大会。

The 20th anniversary celebration of ESEC took place at Peking University in 2001.

2001年2月,第三届帕沙迪纳中国教会事工研讨会的与会者合影。

The 3rd USA Symposium on China Church Ministries (Pasadena, 2001).

交流机会,把中国的宗教政策,执行情况,以及海外所报道的“宗教迫害”事件作为主题之一?

2001年4月,邓福村牧师、包佳源牧师、王艾明牧师和国家宗教局的马宇虹司长访问美国,与宗教自由委员会、美国国会和白宫代表介绍了中国宗教政策的发展,也拜访了第二任宗教自由大使John Hanford牧师,有美好的交通并祷告。在华盛顿期间,经由Prison Fellowship的安排,访美团与有关的政府和非政府机构召开一个有关中国宗教自由的研讨会。之后,访问团还与美国早餐祷告会的组织机构Cedar House Fellowship就中国的宗教政策发展进行深入的讨论。

为了开拓渠道继续中外双方就宗教自由展开研讨,我们考虑每次的北美中国教会事工研讨都邀请宗教局的官员出席,当面与海外人士讨论并回答提问。2002年2月,我们在第四届于南加州阿凯迪亚召开的中国教会事工研讨会上邀请了中国国家宗教局的张剑处长出席。中国的宗教政策成为那次研讨会上的热门话题。张剑处长用了一个上午的时间同与会美方代表座谈,回答关于中国政府的宗教政策、宗教场所登记、华南教会的刑事处理等问题。这是我们第一次尝试请中国政府的宗教干部出席海外宗教交流的场合,直接为海外民间宗教人士答疑。那次研讨会取得了良好的效果。

富勒神学院的院长 Richard Mouw 也是 2002 年研讨会上的讲员之一。富勒是美国主要的基督教神学院，也是规模最大的神学院之一，设有神学、跨文化、心理学研究院三部，拥有学生 5000 人以上。2002 年的阿凯迪亚研讨会召开时，正值海外对中国教会的神学思想建设关注之际。毛院长以美国福音派领袖的身份，分享美国基督徒走过的路，指出当美国的基要派神学陷入出世主义、反智主义、孤立主义的困境之际，美国的基督徒也走过一段艰难的神学反思以使教会重获生命力的道路。毛院长以此分析表示中国教会神学思想建设的必要性。

鉴于海外对中国教会确切信息有着大量、经常性的需要，我们决定设立一个网上的资料库。自 2002 年起，我们举办了 www.ChristianityinChina.org 网站，并且邀请一批关心中国教会的北美和中国的教会人士撰写文章，而且还翻译和转载了很多《天风》杂志上的文章。网站自举办之初起，就得到多方的支持。中国基督教协会会长曹圣洁、中国基督教三自爱国运动委员会主席季剑虹、美国富勒神学院院长 Richard Mouw、Joni & Friends 创办人 Joni Erickson Tada、前美国福音派联盟总裁 Kevin Manoia、基督教大学联会主席 Bob Andringa 等都先后为网站贡献过稿件。

2001 年 4 月，在香港举行的第七届华人福音事工分享会。

The 8th Consultation on Gospel Ministry to the Chinese Worldwide (Hong Kong, 2001).

中国国家宗教局张剑处长出席 2002 年的第四届中国教会事工研讨会。

Mr. Zhang Jian of State Administration of Religious Affairs & Rev. Matthew Deng at the 3rd USA Symposium on China Church Ministries (Arcadia, 2002).

2002 年，南京金陵协和神学院校庆之际,CLE 宴请丁光训主教、季剑虹长老、邓福村牧师和陈美麟女士。

CLE Dinner in honor of Bishop Ding Guangxun during the 50th anniversary celebration of Jinling Seminary, 2002.

美国富勒神学院院长 Richard Mouw 夫妇、黎彼得、余国良、陈荣超出席金陵协和神学院 50 周年院庆。

(L to R) Peter Lai, Phyllis & Richard Mouw, Danny Yu, & Victor Chan at Jingling's 50th Anniversary.

2002 年的第九届华人福音事工分享会是在上海举行的,主题是“21 世纪华人教会面面观”，会后 CLE 组织与会代表参观了安徽圣经学校。同年,美国著名的佛罗里达奥兰多的 Northland Church 主任牧师 Joel Hunter 率团访问了中国。2002 年 10 月，金陵协和神学院建校 50 周年校庆之际,CLE 应邀参加庆典,并做诗庆贺：

神学重镇　五十有年

经传绛帐　媲美前贤

敦品厉行　四德俱全

门墙桃李　何止三千

开来继往　启后承先

邪说远遁　真道延绵

欣逢校庆　敬献寸笺

颂曰：

五十载春风化雨

半世纪树人成才

中国教会对外语人才一直有着大量的需要。尤其是在神学教育领域,日益频繁的国际交流需要中国的每一所神学院起码拥有一名到几名可以用英语从事神学研究和交流的教员。CLE 的姊妹机构 ESEC 在英语培训方面积累了 20 多年教授中国学生的经验，已经发展出了一套比较完整的课程体系。CLE 也先后与中国教会合作举办过数次英语口语培训班，以及选送一批教会骨干负责人到美国进行全封闭英语口语训练。考虑到中国教会对英语人才有着大量的需要，我们设计了一个新的培训模式。在 2002 年，我们安排了 19 名学员来到南加州，绝大部分的学员都是神学院教师，也包括一些全国两会和地方教会承担外事任务的同工。我们按照全封闭训练的要求为每位学员作了一天 14 小时密集训练的安排，前后 5 个礼拜。19 名学员刚来美国的时候，很多人几乎是一点英语也不能讲，但在培训班结业的时候，人人都完成了 15 分钟的英文讲道。

2003 年，由于非典疫情的缘故，华人福音事工分享会延后。但北美的第五届中国教会事工研讨会如期举行。2003 年的中国教会事工研讨会是放在阿苏萨太平洋大学。当时美国福音派联盟的 Kevin Manoia 博士刚刚从总裁职位上退下，做了阿苏萨太平洋大学神学院的院长。也是当年的 2 月，适逢国家宗教局叶小文局长和天主教的傅铁山主教率团在美国。叶先生访问了第四次研讨会。那天叶局长先用英语以"我的英文甚好"开头，对与会美方人士作了一个两分钟的风趣问候，令会场气氛大大活跃，然后发表了一个 20 分钟的中文演讲，还回答了与会者和媒体的提问。

2003 年秋，经由 CLE 的安排，富勒神学院派出了一个由校长、各学院的院长以及骨干教授，还有 CLE 余国良同工（富勒

2002 年，全封闭英语培训班的中国神学院教师和教会同工。

Chinese seminary teachers & church leaders participating at CLE's Summer Institute of Bible English, 2002.

2002 年，美国奥兰多 Northland 教会主任牧师 Joel Hunter 访问黄山教会

Rev. Joel Hunter of Northland Church in Orlando, a promoter of the " Sister Church with China" idea, visting Huangshan Church in 2002.

2003 年，中国国家宗教局叶小文局长与中国人大常委会副委员长傅铁山主教出席第四届研讨会。

Mr. Ye Xiaowen of State Administration of Religious Affairs & Bishop Fu Tieshan, Vice Chairman of China People 's Congress, at the 4th USA Symposium.

第四届研讨会，阿苏萨太平洋大学神学院院长，前美国福音派联盟总裁 Kevin Manoia 博士讲话。

Dr. Kevin Manoia, Dean of Haggard School of Theology, Azusa Pacific University, & host of the 4th USA Symposium.

校友)组成的代表团访问中国。代表团在华期间访问了金陵协和神学院、华东神学院与基督教全国两会，并且与金陵神学院师生举行了一个历时两天的高水准的学术研讨会，受到热烈的欢迎。当年，Richard Mouw 博士的新书 *He Shines In All That Is Fair* 由金陵协和神学院组织师生翻译成中文版《祂爱普及万千》，经 CLE 校译后付梓出版。

考虑到资讯的重要，CLE 一直把媒体的工作作为一个专注点。2004 年，CLE 余国良同工受美国之音的邀请接受了专访，与一位美国颇有知名度的批评中国宗教政策的教会人士展开了公开的对话，把中国教会的实情告诉公众。

2004 年在北美举办的第六届中国教会事工研讨会从南加州搬到了休斯敦。国家宗教局的肖虹处长也参加了这次的研讨会。2004 年的第十届华人福音事工分享会则是在杭州举行的。是年，由 CLE 彭永宁同工参与设计的大连丰收教会落成。

2005 年 3 月，CLE 在富勒神学院主办“中国宗教自由论坛”，邀请了美国的中国问题专家专门就中国新颁布的《宗教事务条例》展开研讨。“论坛”上宣读的论文直接送交国宗局作为参考资料，文章均可以在 www.ChristianityinChina.org 网上资料库内找到，就相关论点的正反面文章共有 10

篇。其中加州大学洛杉矶分校中国研究中心前主任汤维强博士的文章收入本纪念册。

2005 年,美国著名的水晶大教堂主任牧师舒勒在向全球播放的主日崇拜 Hour of Power 节目中采访了国家宗教局局长叶小文。该采访通过电视、广播等载体,向数以千万计的 Hour of Power 听众播送。是次访美,叶局长也在富勒神学院,以中国文化中的“和”为主题,作了《和风东来　和风西送》的英文演讲,在听众当中引起了积极的反响。

2005 年在北美 Colorado Springs 举办的第七届中国教会事工研讨会主题为出版事工。美国著名的库克传播公司与 CLE 共同主办这次以出版为主题的执行论坛。代表宗教局出席的是王秀玲处长。

2005 年的第十一届华人教会福音事工分享会在青岛举行,主题是自闭症儿童康复。由于国内对自闭症的研究处在起步阶段,自闭症患童的家长往往缺乏必要的指导和援助,一旦发现孩子是自闭症患者,家庭就陷入暗无天日的境地。CLE 赞助了在青岛成立的以琳自闭症儿童康复中心,该中心是中国专事自闭症康复最早的单位之一。如今,以琳已经是一个初具规模的自闭症儿机构。2005 年的分享会为有兴趣于自闭症儿童康复这项艰辛事工的基督徒们提供了一个宝贵的分享学习机会。负责中

丁光训主教接见 Richard Mouw 院长,介绍金陵协和神学院新校舍设计图。

Dr. Richard Mouw (center) viewing the new campus design of Jinling Seminary during a visit with Bishop Ding Guangxun.

中国教会代表团在 2004 年休斯敦举行的第五届中国教会事工研讨会上献诗。

Hymn presentation by Chinese delegation at the 5th USA Symposium on China Church Ministries (Houston, 2004).

黎彼得牧师与蔡一中牧师在 2004 年于杭州举行的第十届华人福音事工分享会上发言。

Rev. Peter Lai & Rev. John Choi of Los Angeles sharing at the 10th Consultation on Gospel Ministry to the Chinese Worldwide (Hangzhou, 2004).

参加第十届分享会的部分海外代表访问中国基督教全国两会上海总部。

After the 10th Consultation, overseas Chinese church leaders went to Shanghai to visit the China Christian Council.

国教会社会服务部的邓福村牧师也安排了杭州、大连、上海等教会设立自闭症儿童事工,并向全国发展。

2005 年秋,我们迎来了由全国两会派出的第二批英语口语培训班学员。这第二批十多名学员是经过考试选拔而产生的。培训班历时 4 周,前两周在美国西雅图,后两周在洛杉矶。同年,由 CLE 彭永宁同工参与设计的杭州崇一堂落成, 黎彼得牧师代表 CLE 与佛罗里达州 Northland 教会代表团一同参加了落成典礼。

2006 年第八届的北美活动是以浙江省宗教局和省基督教两会为主。代表团一行 14 人包括省市宗教事务官员和教牧,在华盛顿、奥兰度、纽约、洛杉矶访问了教会、福音事工机构和政府机构, 以了解教会与社会的关系。在华盛顿期间还特地造访了美国主要福音派机构监狱团契(Prison Fellowship) 总部,在奥兰度期间由 Northland 教会接待并参观了教会创办的就业辅导会和其他社会福利事工。

同年, 第十二届华人教会事工分享会在温州举行, 中美双方的代表包括教牧人员与工商界的平信徒。这次分享会的主题是“基督教与市场经济——基督徒工商业者在社会的福音见证”。双方代表分享交流事工经验, 也参观了当地信徒开办的工厂和企业,并访问了教会。会后,美方代表往杭州和上海访问教会、神学院和其他福音事工。

也是在这一年初，中国基督教协会会长曹圣洁牧师为了筹备“中国教会圣经事工展”再度访问洛杉矶，应圣经展名誉主席舒勒博士的邀请，在 Hour of Power 作了电视节目的嘉宾，向千万观众介绍了中国圣经事工的发展。

2006 年初夏，中国教会在美国 3 个主要城市（洛杉矶、亚特兰大和纽约）举办“圣经展”，以实物展示、图片和演出的方式向美国公众介绍中国教会的历史、现状与属灵经验。“圣经展”在洛杉矶的协办单位包括水晶大教堂、富勒神学院、阿苏萨太平洋大学、“直奔标杆”、中国布道会、真光长老会、Grace Church 以及 CLE。洛杉矶的展览在举世闻名的水晶大教堂举行。在亚特兰大的展览由美国前总统卡特揭幕剪彩。纽约的展览则在位于曼哈顿的全纽约最有名的圣约翰座堂举行。“圣经展”是中国教会第一次以举办实地展览的方式向美国公众介绍中国教会。对于这次圣经展活动，国内和美国的媒体，尤其是各大华人报纸都作了显著的报道。令前来参观的几万美国观众感到惊讶的是：圣经在中国居然有四千万的发行量，竟然是畅销书。这次活动的风采也给美国观众留下了热情生动鲜活的印象。

2006 年 11 月，CLE 与中国基督教协会社会事工部在杭州联合举办了教会敬

来自美国和大连的艺术家共同完成大连丰收教会的壁画。

Artists from the USA and Dalian collaborated in painting a mural at Harvest Church in Dalian, 2004.

2005 年，由 CLE 和美国库克出版公司联合主办的第六届中国教会事工研讨会在美国 Colorado Springs 举行。

The 6th USA symposium on China Church Ministries (Colorado Springs, 2004) focused on Christian publication & was hosted by Cook Communications.

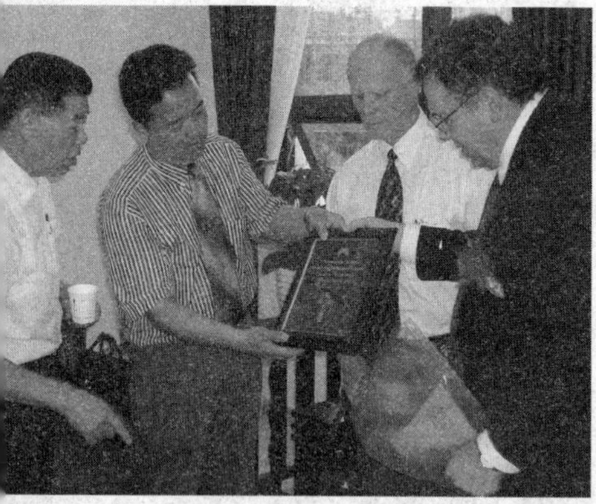

出席2005年杭州崇一堂落成仪式的佛罗里达 Northland 教会访华团代表向顾约瑟牧师赠送纪念牌。

Representatives from Northland Church presenting a plaque to Rev. Joseph Gu at the Dedication Service of Chongyi Church in Hangzhou, 2005.

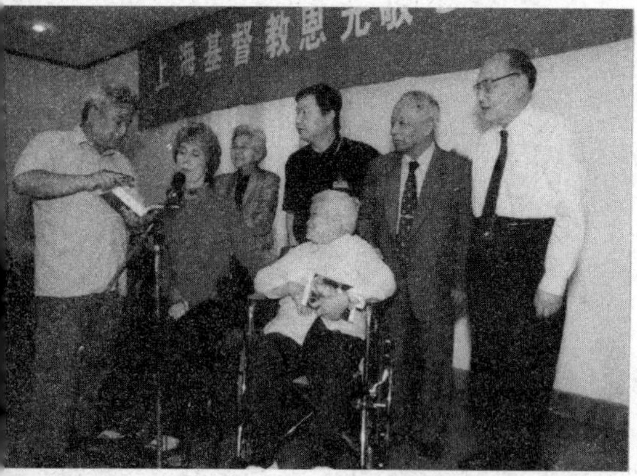

2000年强尼女士(Joni E. Tada) 向上海基督教两会赠送轮椅。

Joni E. Tada donating wheel-chairs to Shanghai Christian Council, 2000.

老院管理培训班。中国教会目前已经开设300多家的敬老院，这次培训班的举办主要针对因教会老人事工急速发展而产生的人材需要,CLE彭永宁同工的夫人陈志玲博士主持了这次培训。

CLE目前正在筹办2007年3月北美的中国教会事工研讨会，主题是神学教育，地点在Pasadena的Fuller神学院举行,已经邀请了国内的神学界人士与美国的神学院领导对话。此外,CLE也正在忙着筹备《拆毁了中间隔断的墙》一书在2007年底出版发行。

回顾CLE走过的十五年,我们所看到的是一条蒙上帝恩眷的道路。CLE一路的事工承继了ESEC"非以役人,乃役于人"的圣经理念,致力在东西方教会的交往中破除障碍,构筑桥梁。我们自始至终认为:福音的核心是基督的流血代赎带来人与上帝的和谐,而教会的存在应当带给周围的社会以基督的和谐与祝福。在国际的层面,基督徒群体的来往有着长远深重的意义,牵涉到世界的和谐与和平。因此CLE着力推动中美教会的神学思考和对话,为的是尽上杯水车薪的绵力,从而使众人蒙福,也使得中美教会间的关系,以及中美之间的关系在和谐美好的轨道上发展。CLE十五年来,与中国教会等单位开展了五、六十个合作项目,涵盖中美两国教会人士的互访,教会义工的培训,神学教育师资的培养，对大陆神学院神学课程的教育评估，中国内地神学院的校园场地设施建设，基层教会建堂，灵修和查经读物的出版，神学院教师和地方骨干教牧同工的英语培训，残疾人事工，自闭症儿童特殊教育项目，老人工作与老人院管理、中美宗教自由对话等多个主题，一路上得到了国内外政府部门、非政府组织、教会，及各界友好人士的鼓励和支持，在此表示感谢。

最后，感激上帝的祝福与恩佑！愿荣耀归与三一的父、子与圣灵！

2006年，中国教会圣经展在洛杉矶水晶大教堂开幕。图为中国基督教协会会长曹圣洁博士与水晶大教堂创办人舒勒博士在开幕剪彩仪式上。

The opening ceremony of the 2006 China Bible Ministry Exhibition in Los Angeles: Rev. Cao Shengjie, President of China Christian Council, & Dr. Robert Schuller, Senior Pastor of Crystal Cathedral, cut the ribbon.

设在水晶大教堂的中国教会圣经事工展展厅

The China Bible Ministry Exhibition hall at Crystal Cathedral.

海外华人教会访问祖国并参与在华举行的历届华人福音事工分享会

举办日期	地点	分享会主题
1994年第一届：	杭州	华人教会事工的时代托付
1995年第二届：	南京	肢体虽多、仍是一个身子：在爱中建立自己
1996年第三届：	南京	道成了肉身，住在我们中间
1997年第四届：	南京	展望跨越世纪的合作和关系
1998年第五届：	深圳	促进跨越世纪的合作和关系
1999年第六届：	南京	迈进跨越世纪的合作和关系
2000年第七届：	杭州	浙江神学院奉献礼观礼团
2001年第八届：	香港	中国入世后华人教会的合作和关系
2002年第九届：	上海	21世纪华人教会面面观
2003年		分享会因非典疫病取消
2004年第十届：	杭州	华人福音事工分享会10周年纪念会
2005年第十一届：	青岛	自闭症儿童康复事工分享会
2006年第十二届：	温州	基督教与市场经济：基督徒工商业者在社会的福音见证

中国基督教两会与宗教界人士访美团与在美国举行的历届中国教会事工研讨会

1990 中国基督教会访美代表团

徐明涵　邓福村

1995 中国神学院访美代表团

孙锡培　邓福村　沉光伟　李洪玉　姚民权　项建华　林志华　阚保平　华长吉

1997 中国国务院宗教事务局访美代表团

叶小文　朱维群　邓福村　王作安　李五峰　安保枝　马宇虹
王肖燕

1998 中国国务院宗教事务局访美代表团

杨同祥　孙锡培　孙金富　郭桂求　郭　伟　张宪民　陈宗荣
范　勤

1999 中国基督教两会访美代表团(第一届中国教会事工研讨会 Pasadena)

邓福村　季剑虹　吕德志　徐晓鸿　阚保平　寇有国　庄静诚
薛连喜　冯　浩　邵振璐　秦小林　包佳源

2000 中国基督教两会访美代表团(第二届中国教会事工研讨会 Pasadena)

邓福村　陈美麟　梅康钧　张水莲　张克运　马建华　梁　明
王　俊　李洪玉　谢炳国　倪光道　范晨光

2000 中国宗教领袖访美代表团

叶小文　傅铁山　韩文藻　闵智亭　陈广元　曹圣洁　圣　辉
嘉木样

2001 中国基督教两会访美代表团(第三届中国教会事工研讨会 Pasadena)

邓福村　包佳源　陈美麟　李洪玉　姚玉翠　罗德顺　武金贞
安信义　张剑民　罗保罗　许伦胜　庄爱玲　王艾明

2001 研讨宗教自由访美代表团

邓福村　包佳源　王艾明　马宇虹

2002 中国基督教两会访美代表团(第四届中国教会事工研讨会 Arcadia)

邓福村　包佳源　陈美麟　靳云鹏　陈田元　陈逸鲁　傅先伟

王艾明　郭永洁　蔡颖慧　谢宝华　张　剑

2002 中国神学院访美暑期英语班

汤玉静　雷玉明　姜玉敏　孙旭图　杨国忠　潘兴旺　张忠诚
余　华　胡应强　谢　声　徐瑞英　刘洪亮　黎新农　严锡禹
王　芃　邵振璐　刘美纯　孙美慈　肖　虹

2003 中国基督教两会访美代表团(第五届中国教会事工研讨会 Azusa)

邓福村　梅康钧　傅先伟　安信义　陈宽容　谷秀慧　顾约瑟
王艾明　王　红　谢　声　许伦胜

2004 中国基督教两会访美代表团(第六届中国教会事工研讨会 Houston)

邓福村　陈美麟　梅康钧　傅先伟　王艾明　马建华　谢　声
张　艳　李兰成　单渭祥　蔡凌云　李美兰　肖　虹

2005 中国基督教两会访美代表团(第七届中国教会事工研讨会 Colorado Springs)

曹圣洁　陈美麟　包佳源　王秀玲

2005 中国神学院访美英语培训班

王从联　龙尚勇　孟艳玲　葛宝娟　傅新德　杨东龙　李　栋
乔志强　贾虎林　林文恩　王文军　陈祥生　陈家容　薛　慧

2006 中国基督教两会"中国圣经事工展览"访美代表团

曹圣洁　包佳源　林志华　高　峰　陈美麟　梅康钧　王秀玲
马宏志　顾静琴　顾孟飞　林德桦　王家伟　宋　霞　李捷奋
丁介仁　周志明　颜　敏　焦　洋　倪慧良　冯娟娟　马晓辉
庞波儿　余文良　此里恒　封战海　娜游芳　冯玛丽

2006 中国浙江省宗教事务访美代表团

宗教事务人员:陈智能　金新力　楼剑涛　赵一新　王　宁　腾建华

陈振华　蒋晓勇　刘达忠　杨岳富　蓝国相

教牧人员:　邓福村　顾约瑟　高建伟　潘兴旺　楼世波　朱礼斌

2007 中国基督教两会访美代表团名单(第八届中国神学教育事工研讨会 Pasadena)

曹圣洁　高　英　包佳源　罗黎光　沈光玮　顾约瑟　李　红

黄天华　胡应强　李寒颖

Christian Leadership Exchange (CLE) Activities 1980 to 2007

1980 – now		Educational Services Exchange with China (ESEC) established in 1980 to provide training programs in English language, international trade & law, special education for the disabled, higher education administration, etc.
1987 – 1999		First contact with Dr. Han Wenzao of Amity Foundation through the Foreign Expert Bureau, resulting in an economic development project in Jingning County. The community consequently was lifted out of poverty.
1988 – 1998		Established clothing factories and a wood carving factory in Hangzhou to provide employment for local church members.
1990		Invited CLE's first group of Chinese church leaders, Elder Xu Minghan and Rev. Matthew Deng to participate in a conference on disability ministry in the USA.
1992		Rev. Peter Lai visited China to confirm with CCC* the validity of CLE's ministry & the need for exchange between Chinese churches in the USA & CCC.
1994	Apr	1st Consultation on GMCW**, Hangzhou, hosted by Bishop Shen Yifen.
1995	Apr	2nd Consultation on GMCW, Nanjing.
1995	Sep	Chinese Seminary delegation visit to the USA.
1995	Sep	CLE donation of library books to Nanjing Seminary & Chinese Seminary librarians' training in Hong Kong (co-sponsored with Lutheran Theological Seminary in Hong Kong).
1995	Nov	Chinese Church delegation visit to the USA, led by Bishop Wang Shengyin.
1995 – 1997		Construction & refurbishing of rural church buildings in impoverished areas (37 completed).
1995 – 1997		Scholarships offered for Zhejiang Seminary students & graduates.
1996		Five CLE-sponsored lay pastors' training centers completed in Zhejiang Province, later multiplied by the Chinese into hundreds of training centers.
1996	Apr	3rd Consultation on GMCW, Nanjing.

* CCC: China Christian Council
** GMCW: Gospel Ministry to the Chinese Worldwide

1996	May	Workshop for managers of church – based senior housing (sponsored by Amity Foundation), Nanjing.
1996	Jul	Summer Institute of English for CCC staff, Hangzhou.
1997 – 1998		Gift subscription of CCC's Tianfeng Magazine given by CLE to all Chinese churches in North America.
1997	Apr	4th Consultation on GMCW, Nanjing.
	Jul	Religious Affairs Bureau delegation visit to the USA, led by Director Ye Xiaowen & Advisor Zhang Weiqun.
	Sum – mer	Consultation for Chinese seminaries on library catalog systems, with participation from Azusa Pacific University (USA) & Lutheran Theological Seminary (Hong Kong).
	Jul	Summer Institute of English for CCC staff, Hangzhou.
1997 – 1999		3 – year financial assistance program for seminary graduates serving in impoverished areas throughout China (1000 grants provided).
1997 – 2000		Book publication program in partnership with CCC (A Firm Foundation by New Tribe Missions, Purpose Driven Church by Rick Warren, & the reprinting of 12 Chinese Christian classics).
1998	Apr	5th Consultation on GMCW, Shenzhen.
	May	Donated & equipped a computer room for Yanjing Seminary, Beijing.
	Jul	Summer Institute of English for CCC staff, Hangzhou.
	Nov	Religious Affairs Bureau delegation visit to the USA, led by Vice Director Yang Tongxiang.
1998 – 2000		Rev. Rick Warren visited China twice & spoke at various seminars arranged through CLE.
1999	Feb	1st USA Symposium on China Church Ministries, Pasadena.
	Apr	6th Consultation on GMCW, Nanjing.
	Apr	CLE – donated pastors' retreat center in Huangshan completed.
2000	Feb	2nd USA Symposium on China Church Ministries, Pasadena.
	Apr	7th Consultation on GMCW, Hangzhou.

* CCC: China Christian Council

* * GMCW: Gospel Ministry to the Chinese Worldwide

	Apr	Dedication of the CLE – supported new campus of Zhejiang Seminary, Hangzhou.
	Aug	Forum on China Religions, Los Angeles, with presentations by Director Ye Xiaowen & Presidents of China's 5 religions; co – sponsored with East Asia Studies Center, UCLA.
	Oct	Saddleback Church medical mission team to China.
	Oct	Joni E. Tada visited China Federation for the Disabled to distribute wheelchairs.
2001	Feb	3rd USA Symposium on China Church Ministries, Pasadena.
	Apr	8th Consultation on GMCW, Hong Kong.
	Apr	Religious Affairs Bureau (RAB) delegation, led by Chief Ma Yuhong, visited the USA.
	Sep	CLE China Night Banquet, Los Angeles. Special speakers: Rev. Robert A. Schuller & Rev. Ambroise Wang.
	Oct	Supported the development of Elim Center for Autistic Children, Qingdao.
	Nov	ESEC's 20th Anniversary Celebration.
2002	Feb	4th USA Symposium on China Church Ministries, Pasadena.
	Apr	9th Consultation on GMCW, Shanghai.
	Aug	Summer Institute of Bible English, Los Angeles.
	Aug	Saddleback Church English teaching mission team in China.
	Oct	50th Anniversary Celebration of Jinling Seminary in Nanjing.
2002 – 2003		Distribution of wheelchairs in China for Free Wheelchair Mission.
2003	Feb	5th USA Symposium on China Church Ministries, Asuza; Director Ye Xiaowen spoke at the event.
		China – side consultation on GMCW suspended due to SARS epidemic.
	Oct	Fuller Seminary & CLE visited Nanjing Seminary to conduct theological workshops; *He Shines in All That is Fair* translated and to be published in China.

* CCC: China Christian Council

* * GMCW: Gospel Ministry to the Chinese Worldwide

2004	Feb	6th USA Symposium on China Church Ministries, Houston.
	Apr	10th Consultation on GMCW, Hangzhou.
	Oct	Dalian/Los Angeles cooperative mural project, Harvest Church in Dalian.
2005	Feb	7th USA Executive Forum on China Church Ministries, Colorado Springs.
	Feb	China Church Delegation in the USA to prepare for the '06 China Bible Ministry Exhibition.
	Mar	Forum on China's Religious Regulations, Pasadena.
	Apr	11th Consultation on GMCW: Rehabilitation of Children with Autism, Qingdao.
	Sep	Summer Institute of Bible English, Los Angeles.
2006	Feb	Director Ye Xiaowen spoke at the Crystal Cathedral & Fuller Seminary.
	Mar	Zhejiang RAB & church leaders visited the USA.
	Apr	China Bible Ministry Exhibition held in southern California, Atlanta, & New York.
	May	12th Consultation on GMCW: Christianity & Market Economy, Wenzhou.
	May	Autistic Children's Center in Hangzhou established.
	Sep – now	Total Immersion Program for English held in Peking University (scholarships made available to seminarians throughout China).
	Nov	Workshop for managers of church – based senior housing, Hangzhou.
2007	Mar	8th USA Symposium on China Church Ministries: Theological Education, Pasadena.

* CCC: China Christian Council

* * GMCW: Gospel Ministry to the Chinese Worldwide

Developing Restorative Justice in China

Stephen Lee

(Stephen Lee is the president of Bright China Holding Ltd. He has served in prison work on a volunteer basis for more than 20 years. He is currently a board member of Prison Fellowship International, the Chairman of Prison Fellowship Hong Kong and the advisory member in the Hong Kong Government Correctional Services Department. Recently, Stephen was a recipient of the Ten Outstanding Young Persons of Hong Kong 2002 award.)

February 12, 2001 was a special date. It was the start of the 4th annual Symposium of China Ministry in Pasadena, CA, which was organized by Christian Leadership Exchange (CLE) and led by Dr. Danny Yu. It provided me the opportunity to meet with China Christian delegates and to better understand the current church situation in China. The growth of the social services and church development in China was encouraging and really inspired most of the attendees. There, I met Ms. Zhuang Ai–Ling of the Amity Foundation, China.

Ms. Zhuang is a staff member of Amity, a charitable organization in China, which among other things, helps blind people to re–integrate into society. Her openness and kindness changed my perception of mainland secular Chinese, who take on social and religious service.

Our meaningful discussion did not end in Pasadena; we met again in Nanjing, China the following June. Moreover, she introduced me to her doctoral associate Dr .Di, who was the newly appointed Assistant Professor in the School of Law in Nanjing University. Dr. Di had previously worked in the China prison system for more than 15 years, and he was the first Ph.D. holder among the prison officer ranks in China.

This meeting was one of the most encouraging that I have ever had in China. All three of us wanted to build on a shared vision to combine practical services and academic research together in the China prison system. Amazingly, the response was so constructive and positive that we met again in July, August and September in Nanjing and we had other university leaders join the meetings.

In October, the university leaders and Dr. Di were invited to the 23rd Anniversary Ceremony of the Prison Fellowship Hong Kong. There, we finalized the agreement to formally establish the "Nanjing University Crime Prevention and Control Research Centre".

The Memorandum of Understanding was formally signed in September 2001. This was the first step that Prison Fellowship Hong Kong has taken toward developing its prison services into mainland China. This Research Centre has participation by Nanjing University, Prison Fellowship Hong Kong, Amity Foundation and China Prison Association. Stephen Lee from PF Hong Kong was nominated as the Vice-Chairman of the Research Centre.

The Research Centre was the first of its kind in China to combine practical services and academic research together. The legal systems, along with human rights, are sensitive issues in China. This cooperation establishes a legal, visible platform in China on which more prison services may be developed. The aim of the Research Centre is to empower the faculty members and students to understand the crime prevention and rehabilitation process. It is our hope that they will one day develop an indigenous prison service program.

After the first board meeting in January 2002, a three-year plan was established. And our Crime Prevention and Control Research Centre was formally founded. Moreover, the first Symposium of Prison Rehabilitation was organized. It was followed by the first-ever Volunteer Training Program for training prison volunteer workers.

The training was conducted on Sunday and the enrolment was remarkable. Surprisingly, 500 out of 600 Law students registered for the training, but due to space limitations, we could only accept 300 students. For this 10-hour intensive training for prison visits, the participation was amazingly enthusiastic and the students all enjoyed it very much. They claimed that this was definitely one of the best training sessions they had all year.

During the training in Nanjing University, the concept of Restorative Justice was first introduced, but the response was controversial because in the traditional Chinese cultural context, there were two extreme philosophies; one was "Revenge Attitude" and the other was "Willingness for Peace".

It is NOT common for two Chinese to say "See you in court! "during an argument. Instead, they will try their best to resolve the situation among themselves. But if someone seriously damages or injures another intentionally, the victim or their family members will try their best to seek revenge. Surprisingly, the concept of "Restorative Justice"was well fitted into the Chinese's "Willingness for Peace"culture context. Therefore, we committed to further develop the possibility and awareness-building of "Restorative Justice" in China.

Following the establishment of Nanjing University Crime Prevention and Research Centre, a joint project with Nanjing Women Prison was developed and provided in-prison counseling service to the prisoners. Professional counselors and professors were involved in the work to gain practical experience and information in the work and to formulate future research methodology. This is a new model in China to combine real services and research together to aim"Restorative Justice"in a practical way.

Moreover, 116 law students were organized (completed the training provided) to visit the Nanjing Youth Prison again to provide in-prison counseling service to the prisoners. The result was obviously full of tears; the students were inspired and made aware that being a good lawyer and knowing how to judge is not enough. Instead, they understood the importance of understanding the crime process and the offender situation. Through the prison visits, they echoed that a lot of offenders were actually victims in the past; if the victims in the crime were not properly reconciled, they had a high chance to be an offender. This further reinforced the need to develop Restorative Justice and hopefully bring “Reconciliation”to offenders as well as victims, so fewer and fewer people get victimized.

In Dec. 2003, a Symposium on “Restorative Justice”was organized in Nanjing, PRC. More than 100 Chinese practitioners of law and justice reform attended. Moreover, the director of PFI International Centre of Justice and Reconciliation Mr. Dan Van Ness, also attended the conference and delivered a keynote speech. His illustration on the practical ways and world practice of Restorative Justice attracted broad media interest and responses from professors.

“Restorative Justice is a great system and should be integrated into the law system in China” said one of the professors who attended the symposium. But the question always is how and when. Restorative Justice is not designed to replace the Criminal Justice system; instead, it is a strong complimentary system to cope with the Criminal Justice system.

China is undergoing a series of law reforming processes to cope with the latest changes in the country politically, socially and economically. Restorative Justice may not be the full solution, but is at least a partial solution to make China a more harmonized country. More work has to be done, but at least we have a good and concerted start.

恢复性司法

李志刚

(李志刚先生为光华控股公司与光华基金会总裁,香港监狱团契主席,
国际监狱团契理事)

一、恢复性司法的产生与发展

(一)恢复性司法的起源

恢复性司法的起源可以追溯到前殖民时期,乃至更远。在北美和新西兰的土著居民中,他们解决争端的方法在很大程度上反映了恢复性司法的过程。在非洲的许多国家中,随着殖民地时代的结束,他们把传统处理纠纷的方式和现代司法形式结合起来。这些国家对恢复性司法的吸引力就在于它有深刻的社会基础,那里的人民较易接受本就存在并经常适用的处理争端的方式。

当代恢复性司法的实施始于20世纪70年代。1974年加拿大安大略省基陈纳市(Kitchener)的两个年轻人实施了一系列的犯罪行为,侵犯了22名被害人的财产。在当地缓刑机关和宗教组织的共同努力下,这两名犯罪人与被害人逐个会见,从被害人的陈述中使他们认识到自己行为给受害人造成的损害和痛苦,从而不但承认了被指控的罪行,而且半年后交清了作为被害人补偿的全部赔偿金。这种被害人—犯罪人的和解程序被视为恢复性司法的起源。由于其出人意料地产生了良好的司法效果,因此鼓舞更多的人去效仿。到上个世纪70年代末,在加拿

大和美国共出现了 10 多个类似的项目。[①]

英国的恢复性司法则起源于青少年矫正制度，最早在刑事司法中实施恢复性司法的是英格兰和威尔士的牛津郡警察局。警方采取召集“恢复性会议”的方式，邀请被害人、犯罪人以及他们各自的支持者参加。被害人和犯罪人各自陈述。犯罪人从被害人的陈述中了解到自己对对方的伤害，被害人在接受犯罪人真诚的道谦后提出合理赔偿等要求。这样做的最明显的效果减少了犯罪率。牛津郡采用恢复性司法后，零售商店的被盗率降至 4%，而其他地区则高达 35%。到上世纪 90 年代末，英国正式把恢复性司法纳入到了青少年司法系统内。[②]

（二）恢复性司法的发展

到 20 世纪 90 年代，恢复性司法在西欧国家，北美的加拿大和美国，拉丁美洲的巴西、智利、阿根廷，亚洲的新加坡，大洋洲的澳大利亚和新西兰等数十个国家得到不同程度的发展和应用。欧洲共出现了 500 多个恢复性司法计划，北美 300 多个，全球约 1000 多个。恢复性司法正日益成为西方刑事法学界的一大“显学”，成为国际潮流。1999 年 7 月 28 日，联合国作出了《制定和实施刑事司法调解和恢复性司法措施》的第 1999/26 号决议。2000 年 4 月 10 日至 17 日在维也纳举行的第十届联合国预防犯罪和罪犯待遇大会期间，在题为《罪犯与被害人：司法过程中的责任与公正问题》议题项目下就恢复性司法进行了讨论。2000 年 7 月 27 日，联合国又作出了题为《关于在刑事事项中采用恢复性方案的基本原则》的第 2000/14 号决议。2000 年，加拿大和意大利两国同时在立法上将联合国的这些决议纳入到他们的立法体系当中。2001 年 10 月 29 日至 11 月 1 日，恢复性司法专家组在加拿大渥太华就恢复性司法问题进行了专题研究并提出了决议草案初稿。2004 年 4 月 16 日至 25 日，联合国预防犯罪和刑事司法委员会第十届会议在奥地利维也纳举行，会上加拿大等 11 国提出了《关于在刑事事项中采用恢复性司法方案的基本原则》，受到了与会者的广泛关注，最后形成的这项决议

---

① 南京大学法学院编印，刑事一体化暨恢复性司法国际研讨会论文集，2003，第 68 页。

② 同上，第 71 页。

草案对世界各国处理类似问题均有借鉴意义。①

二、恢复性司法的概念和特征

(一)恢复性司法的界定

有关恢复性司法的基本框架虽然有着大体一致的见解，但关于恢复性司法地确切定义尚未达成与框架的完全一致。有的学者动态地定义恢复性司法，认为它在最大程度上吸纳与某一特定案件有利害关系的人参与司法过程，以求共同的确定和承认犯罪所引起的损害、由该损害所引发的需要以及由此产生的责任，进而最终实现最大限度的对于损害的补救目标；②有的学者综合恢复性司法的特殊目的性和对受害法益的补偿性，认为恢复性司法是对犯罪行为作出的系统反应，应侧重于对被害人、社会所受伤害的补偿和对犯罪行为人的改造；③也有的学者将恢复性司法定义为是使受害人、犯罪人及社会恢复原来状态，是一个以受害人为重心的刑法公义制度；④而联合国预防犯罪和刑事司法委员会为适应各成员国的不同情况，在第11次会议草案中则对恢复性司法作了一个更为宽泛的定义，恢复性司法是指采用恢复性程序并寻求实现恢复性结果的任何方案。在对恢复性司法概念界定的同时，有的学者还就相关的概念作了进一步的定义⑤。

恢复性程序是指通常在调解人的帮助下，被害人和罪犯及受犯罪影响的任何其他人或小区成员共同积极参与解决由犯罪造成的问题的程序。恢复性程序包括调解、调和、会商和共同确定责任。

恢复性结果包括满足当事方的个别和共同需要及履行其责任，并实现被害人和罪犯重新融入社会的补偿、归还、小区服务等对策和方案。

---

① 南京大学法学院编印，刑事一体化暨恢复性司法国际研讨会论文集，2003，第71页。

② 同上，第20页。

③ 南京大学犯罪预防与控制研究所，刑事司法改革初探[J].犯罪与改造研究，2004，第6页。

④ 黄成荣，复和公义在香港的运用和实践[J].江苏社会科学，2004，第86页。

⑤ 南京大学法学院编印，刑事一体化暨恢复性司法国际研讨会论文集，2003，第8页。

简单地说,恢复性司法方案是指在调解人的主持下,坚持罪犯对其行为负责的同时,通过直接受犯罪影响的各方——被害人、罪犯和小区成员,有机会确定和解决其在犯罪后的需要以及寻求一种提供愈合、补偿和重新融入社会并防止今后投寄解决办法,是恢复正常社会关系和社会秩序的有效方案。

(二)恢复性司法的特征

恢复性司法与报应性司法不是对立的两极,它们具有共同的目标,即通过互惠和均衡分担责任来维护平衡,并且都认为受害人应当得到赔偿,加害人应该为自己的犯罪行为而付出代价。所不同的是他们对如何承担责任和恢复平衡方面具有不同的价值理念和具体方法。相对于报应性司法,恢复性司法具有以下主要特征:

首先,参与主体具有广泛性。恢复性司法不仅由传统意义上的警察、法官,刑事诉讼当事人,即受害人、加害人参与,而且吸纳受犯罪影响的而非刑事诉讼意义上的受害人参与,如受犯罪影响的有关小区代表,加上相对独立的调解人一起参与到恢复性司法中来,所以参与主体具有广泛性。

其次,处理方式具有灵活性。恢复性司法为受害人、加害人和其他参与人搭建了一个对话的平台,它通过调解、调和、会商等多种方式处理犯罪这一严重纠纷,较通过对抗性的审判处理犯罪纠纷的报应性司法更具有灵活性。

第三,追求目标具有多元性。恢复性司法不是不要对犯罪分子予以惩罚,其着眼点在于通过多方商谈机制形成解决方案,以修复因犯罪造成的损害,实现社会、小区、被害人和加害人多方利益的平衡。与报应性司法的“以牙还牙”不同,它包含了以德报怨的宽容哲学精神。

(三)恢复性司法的物件

恢复性司法可以针对“轻微”案件和青少年犯罪问题似乎是有共识的,但是对于严重犯罪或者不可弥补性犯罪,如强奸等的适用度,认识是不一致的。有的西方学者认为,经验表明恢复性司法可能会对更严重的案件产生更大的影响力,因此，在以暴力手段实施，且性质恶劣的案件的审理中，也可考虑双方的请求，适用恢复性司法审理案件。但中国大陆的一些学者则认为，如果对重犯或者不可弥补性犯罪适用恢复性程序则很难达到效果。一方面，将具有较大人身危险性的罪犯放在小区会降低小区公共安全度，使小区居民对自身安全感到担忧；另一方面，刑罚的轻缓、宽和将会导致刑罚威胁功能的减弱。

运用恢复性司法来处理刑事犯罪，既可以作为结案的一种方式，也可以作为报应性司法的一种补充，因此，在刑事诉讼的侦查、起诉、审判和刑罚执行的各个阶段都可以运用恢复性措施来修复犯罪所破坏的社会关系[①]。

（四）恢复性司法的形式

恢复性司法主要有开座谈会和小区服务两种形式，座谈会又有以下三种典型形式[②]：

受害人、加害人见面会。通常有一个受过良好训练的司法人员把受害人、加害人召集在一起，让他们心平气和地坐在一起，受害人开诚布公地讲述犯罪对他造成的损害，然后，加害人必须回答做了什么样的行为？为什么要这样行为？并回答受害人提出的任何问题。最后在司法人员主持下达成某种谅解，并把赔偿问题、修补问题以及其他一些有助于解决争端的办法写进协定之中。

直接座谈会。参加会议的不仅是受害人和加害人，还包括他们的家庭成员、他们的支持者以及所有利害关系人。会议同样要有一个协调者，他的作用是通知各方参加并确保每个参与者出席。

圆桌会议。它的特点是更为广泛的人参与到会议中来，除了上述人员外，还包括小区成员及社会团体人员。大家坐成一个圈子，首先由加害人围绕他做了什么？为什么要这样做发言；然后，沿着圈一个接一个发言，直到大家把心里想说的话都说完为止。协调人要保证这个程序按照正常进行，并最终达成协议。

---

① 狄小华，复和正义与刑事调解[J].政法论坛（中国政法大学学报），2003。

② 南京大学犯罪预防与控制研究所，刑事司法改革初探[J].犯罪与改造研究，2004，(3)，第6页。

小区服务作为一种矫治方式，不是因为它能给加害人带来屈辱感，使他丢脸,而是以给加害人一个自新的机会和提高自己工作能力和再社会化的机会。

三、恢复性司法的借鉴

恢复性司法作为一种在新的理念支配下的全新的司法模式,在西方社会的迅速发展,必然有其可取之处。恢复性司法对于我国传统的重刑观念、现实中机械执法将形成冲击,尤其与我国司法改革追求的兼顾打击犯罪与保障人权、均衡国家利益与个人利益价值选择相一致,加之与我国的人民调解制度也有许多相似之处,它们在化解矛盾、恢复或修复犯罪所破坏的社会关系方面,基本的司法理念是相同的,因此,借鉴和吸收恢复性司法的理念和一些成功的做法,具有弥补我国现行报应性司法的不足的作用。具体可以以恢复性司法的理念,指导当前的司法改革,包括扩大检察机关的相对不起诉、扩大人民法院的刑事调解范围、推行小区矫治、尝试在服刑罪犯和受害人之间的和解等。

本着这样的想法,近年来,我们与由狄小华博士主持的南京大学犯罪预防与控制研究所合作,开展了恢复性司法的理论研究和实务探索工作。2003 年在南京召开了恢复性司法的国际会议,今年将在深圳召开高规格的"刑事司法改革国际会议",到目前为止还公开发表了"复和正义与刑事司法"系列文章十多篇，与南京市检察院合作并正在与南京市人民法院洽谈进行以恢复性司法处理未成年人犯罪案件试点工作,并通过参与小区矫正试点、推广违法犯罪人员的心理矫治,探索适合中国国情的恢复性司法。为了让国人更多了解恢复性司法，我们与由王平博士主持的中国政法大学恢复性司法研究中心及南京大学犯罪预防与控制研究所合作，正在组织翻译 16 本恢复性司法的原著。我们相信随着恢复性司法理论研究的深入,实践经验的丰富,适合中国国情的恢复性司法也将被越来越多的人所接受。当然恢复性司法不是万能的,也存在着一些缺陷,对此,我们在借鉴吸收时要高度重视。尤其是下列问题值得进一步探讨：

一是恢复性司法的实际效果尚待论证。恢复性司法虽然已经在世界许多国家推广,并获得了一些成功的个案,但还没有见到对效果的权威评估。因此,对这种新的司法模式,究竟能否修复被犯罪破坏的社会关系,能在多大程度上修复,能否节约成本,降低重新犯罪率等,还需要进行统计分析和科学评估。同时,恢复性司法可能带来的负面影响也不可忽视,比如说会不会削弱刑罚的作用,特别是刑罚的威慑作用。比如说优先安排小区矫治对象工作,会不会使下岗的人感到不公平,让公众感觉到犯罪人的待遇反而比不犯罪的人好。还有重罪的恢复性司法有没有效果,会不会增加处理刑事案件成本,会不会对新的腐败创造寻租机会等,都需要进行科学评估。

二是恢复性司法的理论基础尚需研究。对英文"restorative justice"的含义,学者们有不同的理解,有的理解为"复和正义",有的理解为"恢复性司法",还有的理解为"复和公义"。那么,究竟什么是恢复性司法呢?恢复性司法是司法还是准司法,它与报应性司法是一种什么关系?它对今天刑法中的罪行关系是否造成冲击?有的学者认为,如果刑罚过于轻缓,就必然削弱社会对犯罪的道义谴责力量,必然导致社会正义的衰弱,那么,从价值层面看,恢复性司法追求的公正与报应司法追求的公正是不是完全相同,恢复性司法能否达到刑罚的正义?有的学者认为恢复性司法恢复的是非法制状态,推行的基础是后法制时代。但也有学者认为恢复性司法恢复的平衡,与传统司法追求的平衡相比,更为和谐,是法制追求的最高境界。那么,恢复性司法与我们今天要建立的法治目标是否矛盾?恢复性司法与一个国家的经济、文化背景的差异问题,也是学者们关注的问题。任何制度的设计与实施都是在一定的社会背景下进行的,恢复性司法一定要有丰富的小区资源以及人文背景为基础。在中国现实条件下,人们对犯罪的基本态度能否接受恢复性司法?没有公众支持的恢复性司法能否达到恢复的目的,都是值得研究的。

恢复性司法本身也有一些相互矛盾的地方需要解决,比如,恢复性司法一方面认为与现行司法是并行不悖的,但另一方面认为恢复性司法必然重新启动或借鉴了古老解决冲突的程序,必然要对现行司法制度产生影响,这些相互矛盾的地方如何解决需要进一步研究。

三是恢复性司法的具体操作尚要探索。恢复性司法如果是一种司法形式,应当由谁来主持?在哪一诉讼阶段进行?如果恢复性司法是一种准司法形

2006年,浙江省宗教事务访美团拜访美国监狱团契并赠送纪念品。

式,那么主持这一程序的又应当符合什么条件?按什么程序进行?最后达成的协议又由谁保证执行?同时,在对类似的犯罪,以恢复性司法和报应性司法不同的方式处理时,如何避免处理结果的悬殊差别?如此等等,都需要进一步探讨。

中国具有"和解"的文化传统,恢复性司法由于与这种文化相契合,因此,必然有良好的发展前景,但人们对以上问题的担忧不是多余的,值得学者进一步研究。

对话和理解：一条通往和好的路径

——评余国良博士对中国教会及其神学主张的宣教学解读

王艾明

导 言

凡是关注中国基督教历史和现状的人，都不可忽略对中国教会的神学言说的阅读和思考。中国教会神学运动的事工——神学思想建设，自1998年秋季以来，更是成为海内外关注者们密切注视的现象和事实。

在众多的海外关注者中，余国良博士就是其中一位值得我们注意和回顾的代表人物。自1999年以来，由于我直接参与中国教会神学思想建设这一圣工，使得我有机会接触了许多海外教会的友好牧长和弟兄姊妹，也注意到不少仍存有这样那样误会和误解的牧长们的观点和批评。余国良博士是属于从海外华人教会角度对中国教会做历史性的、宣教学的和神学伦理学的理解和再理解的一类友人。

本文分成三个部分：一、CLE和China Church Ministry Symposium；二、余国良博士对中国教会的神学理解；三、面对海外教会的神学关注，我们中国教会应该做怎样的神学的和教会的反思？

一、CLE 和 China Church Ministry Symposium

在美国有许多华人教会，分别和中国内地、香港和台湾等地，保持着极其亲密的联系，成为海外华人价值和精神世界的一个举足轻重的力量。近代华侨史上，不少基督徒侨领们，一直秉承了爱国主义的高尚传统，将教会的事工和热爱中国文化和人民的传统密切相连。这是我近十年来，广泛接触海外华人教会获得的一个确实的感受。

加州是在美国的华人居住最多的地区，无论是历史渊源，还是现实影响，都是和中国的现代化关系最重要的地区。加州的华人教会对中国内地教会的关注和影响，始终都是我们中国教会正视的事实。从中国教会老一代牧长“文革”后再次打开对外交往的大门以来，中国教会的国际交往中的许多重要见证和美好的圣工，几乎总是和加州华人教会有联系。其中自然也经历过等待、观望、疑惑，甚至误会和反目，最后，进入理解、分享和互相尊敬。

从主导的方面来看，加州华人教会，是一个非常宽泛的概念，因为，极多的教会基本上是以各自宣教传统自然形成不同的教会，相互行政关系是独立的，同时，在源自中国香港、中国台湾、新加坡、马来西亚等地的华人华侨基督徒背景的教会，和源自 20 世纪 70 年代中期开始的大陆留美学生中信主的学生组织的教会，又有不同的认知和教会主张。因此，如何在美国社会正面地介绍成长中的中国内地教会，成了一批热爱中国的美籍华人教会领袖和牧长们的基本心愿，尤其在他们自改革开放之初每年都回祖国探亲访友或从商从学过程中的亲身感受使得他们更愿意推动中美两国人民之间的友爱和恢复在二次大战共同抗击日本侵略和暴行过程中所形成的珍贵的传统友谊。

在这样的背景下，余国良博士、彭永宁博士、黎彼得博士和加州洛杉矶华人同工会的牧长们，创建了“Christian Leadership Exchange”，主要目的就是通过对中国教会圣工的分享和介绍，使得越来越多的美国基督徒们，无论是教区里的普通信徒，还是国会、传媒界和各大教会机构关注中国宗教自由、人权、教会发展等的人士，亲身体验到和来自中国教会各地各层面的牧师和教会负责人的信仰生活和神学见识。

我是1999年春天听说了在南京古南都饭店举行的“华人福音事工分享会”的消息，也听说了在来自香港和美国的牧师、神学家和来自中国教会神学院的牧师和教师之间，有着坦诚的真实的探讨和辩论。当时，对海外华人教会，我是仅仅从教会史的层面有所了解，再加上居住在瑞士的时候曾经和当地的华人信徒团契有短暂的交往，基本上没有很大的感受。

直接促使我注意到CLE和他们的友好见证是关于中国教会进行的神学思想建设圣工在海外一度引起误解这一严峻形势。当时，我试图从历史的、神学的和伦理学的层面理解和解释我们中国教会对人数剧增而神学素质仍然偏低产生的忧虑和不安。由于缺乏直接的往来，一些海外华人教会，一开始就在其福音派神学见解和中国教会坚持的神学主张之间出现认知距离。而海外不少华人教会牧长的神学书籍和牧养心得，却一直受到中国教会的尊敬和欢迎，许多神学生和传道人，大量地使用这些宝贵的资源在牧养着遍布城乡的教会和信众。因此，必须以爱心去化解各种误会和误解，消除偏见和歧视，使得海外华人教会最终要像他们爱护心中的祖国那样，理解和爱护成长中的中国教会，这就是我发现CLE意义的起因。

我第一次和CLE接触是在2001年春天。

在丁主教和邓福村牧师的安排下，我和中国教会其他9位牧师一同飞往美国，参加CLE主持的关于“中国教会事工”的分享会（China Church Ministry Symposium）。经过一周的交往，我得到了预期中的感受和发现。这样的会议完全是国际式的，即为了最终达到理解和交流的目的，允许对话和探讨，允许疑问和反驳。由于我在瑞士学习和生活多年，稍微了解和熟悉国际会议的坦诚和平等对话，并求同存异和尊重事实分析时的不同价值观，因此，我感到，作为会议组织者的余国良博士的确在依照国际会议的规则为中国教会打开了通向美国各阶层的大门，因为，来自中国教会的代表是由地区、民族、城乡和圣工等分类，这样，各位中国教会的牧师仅就自己的事工所做的分享，最后就呈现在来自美国各阶层的人士面前一个完整的全景图，在这个全景图上，事实和发展，代替了由于语言、文化、观念等造成的误会。这是邓福村牧师多年来从事对美交往的经验和成果。就是这样，我在中国教会参与神学思想建设圣工的过程中，和美国的诸多传统的教会包括华人教会开始了逐步深入的交往。

CLE(中文为:基督教人士交流协进会)作为一个平台,为中国教会和在美国的许多教会之间的平等交流和对话,做出了值得称赞的贡献。在 CLE 联合许多在美国和香港对中国教会主张友好和理解的教会朋友和同工同道们,在 2002 年创设了“中国基督教”网站(www.christianityinchina.org),从教牧、神学、文献和研究几个方面,介绍中国教会的成就并给予积极的评价,尤其是对中国教会正在倡导的“神学思想建设”给予全面的关注和理解。

根据我本人的观察,CLE 每年一次举办的 China Church Ministry Symposium 具有很大的益处。我参加了 2001 年,2002 年,2003 年和 2004 年,共四次事工分享会。来自美国各地的教会负责人和同工们,带着各种各样的问题,本着对中国教会的关注和情感,和我们进行了对话和讨论。余博士和邓牧师每次都将分享会按照几个专题加以分组,如:农村教会事工、教牧关怀事工、神学教育事工、妇女事工、社会服务事工和教会传媒事工等,请来自中国基层教会的牧师们主持分享,同时广泛地邀请美国各地各宗派的牧师们参与讨论,也请华人教会领袖和牧长们积极地参与。会议外的分享,也同样重要。余博士和华人教会牧长们总是安排来自中国教会的牧师们分别到美国各地教会去证道,在礼拜中介绍中国教会荣耀上主的美好见证,同时,也化解了由于隔膜造成对“三自”和“神学思想建设”等的误解和误会。据一位老牧师回忆,80 年代上半叶,当中国教会牧师代表团访问加州时,华人教会牧师很少出面接待和分享,即使见面时,也有很多的讦问和难堪的误会,几乎不愿意邀请来自中国大陆教会的牧师们到华人教会去分享、证道和做礼拜。

可是,通过 CLE 十年多的努力,尤其是加州华人教会牧长们的爱心,我们这一代即使是第一次访问加州华人教会,也是宾至如归,主内一家!在加州许多华人教会里,受过良好的教育的成功人士特别多,而且,通过他们的德行和成就,在美国中产阶级和上层社会中早已建立起高尚的有信用的形象和地位。他们对中国教会的理解和支持,会逐步地影响中美之间关于宗教自由的误会和偏见。因此,我感谢上主,使得 CLE 和洛杉矶华人同工会的同工们,能够不记得失和名利地坚持沟通中美教会,并把中国教会的每一份成就和荣神益人的主张,都及时传达给美国基督徒们,同时,也创造条件,让我们中国教会的牧师们亲身体验美国基督徒们的敬虔和爱心。

我们通过 CLE 的支持和帮助，不少中国牧师得以住在普通的美国家庭中，边学习英语，边和他们朝夕相处，同时，见证着中国教会爱国爱教荣神益人的传统。CLE 和加州华人教会在接待中国教会牧师的过程中，也让我们充分体验到他们的爱心、勤俭和高效。可以说，在最优秀的美国华人中，基督徒华人具有特别的位置；在最热爱远方祖国的美国华人中，始终都有众多的勤劳诚实的基督徒。

CLE 的“中国教会事工分享会”还有一个创新，那就是，用非常适当的方式，把中国政府依法保护和管理宗教事务的官员们介绍给美国基督徒和美国社会各阶层。我亲眼见证了 CLE 的善举。在他们的安排下，中国国家宗教事务局的官员们正面介绍中国的宗教政策，回答中国的历史、文化和现实等许多知识性问题，用对话和互敬的方式，求同存异，广交朋友。不少第一次和来自中国政府的官员们接触的美国教会领袖们，感到耳目一新，特别对中国政府官员们良好的素质和学养感到由衷地敬佩和赞赏。

金陵协和神学院王艾明于 2001 年访问洛杉矶并发表论文《中国教会神学思想建设所涉及的 15 个命题》。

从我个人的见证来看，CLE 的确起到了交流和对话的平台。正是借着这个平台，我和作为美国主流教会的福音教会各系建立了分享和交流的联系，也和来自美国各地还有香港、加拿大等地的华人教会建立起主内的联系。同时，参加 CLE 的“中国教会事工分享会”的美国传媒、国会、国务院和文化机构中对中国宗教事务有这样那样思路和看法的专家们，也和我们做了较为深入的交流，从交流中，我也学到了许多，也介绍了许多中国教会真实的成就和中国社会的进步等。通过平等、互敬和坦诚的对话，我感到，美国社会中越来越多的基督徒们，逐步对中国教会形成了客观和理解的见识。这就是为什么我愿意再次特别地描述我对 CLE 和 China Church Ministry Symposium 表示欣赏和认同。

二、余国良博士对中国教会的神学理解

余国良博士对中国教会正在推动的神学思想建设圣工从一开始就表现出极大的兴趣和认同。在 CLE 举办的“中国教会事工分享”会上，每次都有关于中国教会神学主张和思路的研讨和分享。多年的交往和同工，使得他很早就敏锐地意识到了中国教会的神学思想建设的历史意义以及必然要遇到的内外困难。对成长中的中国教会种种弱点和遗留下来的痼疾，海外多年来一直存在正面批评的声音，也有比较片面的误解和笼统的论断。

我的感受是，余博士、彭博士和加州华人教会中的许多牧长，对我们中国教会的问题，总是从祷告和理解的角度对待。他们从未介入和带入各种因个人利益而形成的复杂问题，也特别防范出现 19 世纪在华西方差会之间常常出现的党同伐异和与邻为壑的现象和言行。这使得我当初非常吃惊。“文革”浩劫对中国社会造成道德传统的巨大灾难，仁义礼智信，温良恭俭让，居然都成为剥削阶级用来欺骗劳苦大众的手段而遭到彻底的批判和嘲弄，日常人际关系中的信用、忍耐、忠诚、善良等等因着传统伦理原则的消亡而湮灭殆尽。尽管中国政府和人民早已否决了“文革”，但是，那场浩劫对我们民族的伤害至今还在产生负的影响。基督徒美德善行和中国传统文化的德行有极多的共同性，这在海外华人基督徒家庭生活中和谐地传承了下来。这就是我理解余博士和理解我们中国教会神学和教会主张的牧长们的最初解读。

概括地说，余博士对中国教会深刻地理解和同情，还表现在他的神学文章中。他为中国教会的《天风》杂志和《金陵神学志》多次投稿，明确表达他的神学观，表明他对中国教会的神学思想建设圣工的理解。我想主要把他的理解分为以下几点展开：

1.从宣教学的角度使得我们得以沟通海内外教会对上主恩典在中国教会之作为的独特认识。在“使命面前的思考”一文中，余博士表述了他特有的神学视

野。

他首先明确过去20年里,伴随着中国改革开放社会发展而来的急剧增长的信教群众这样的历史事实,具有非常深远的历史意义。他的思考是:"传福音需要考虑处境化。处境化在福音派认为并非放弃信仰立场,而是认同于福音对象,致力于重生见证。它意味着以基督的新生参与其他文化,参与社会关怀。"就此,他完全站在理解中国教会的角度,而非就某些片言只语来审判和裁决中国教会。在对中国教会的神学主张进行平等地和尊敬地阅读和思考之后, 他的视野非常具有前瞻性和历史性。这吸引我的注意。

宣教学作为一个研究和思考的思路,从来就是研究某种神学和教会理念的重要手段。对于非基督教文化处境中的教会成长及其神学思考这样的研究议题,宣教学思路最容易切入正题,因为,传证上帝爱世人和基督是主等等美好的信息,本身就是教会的本质定义之一,也是基督徒的基本定位和责任。宣教学,也可以使我们看到教会和她所生存和发展的社会之间的各种关系和关联。研究我们中国教会, 必须愿意耐心去倾听中国教会信徒的心声和牧者们的宣讲,再就是教会领袖的神学判断和立场。这都是宣教学必须涵盖的议题。因为,信徒、牧者和领袖,构成具体的教会存在,而特定的处境下的信仰生命,又具有各自丰富的内涵。当我们要去认识一个教会在一个特定历史时期的所作所为时,我们需要研究教会领袖们的言说,以此来确认他们权威所定的方向是否是符合教会圣而公的根本方向。而如果我们要具体地研究这个教会日常事工或者在一个特定时空里这个教堂的具体见证时牧者的言说那就成为最基本的文本。同样,在思考教会成长和其社会之间的各种关联性时,每一个基督徒美好的见证,就成为我们仰望、赞美和效法的美好情感之例,而这样的感人领受深层所包含的就是上主的恩典。

这样,宣教学的理解,一下子拉近了海外华人教会和中国教会之间的距离。余博士开创了一个崭新的视野,使得海外和海内阅读、理解他的文章的人,都感受到他的具有现代解释学意义(hermeneutically)的思路和认识起点。

在许多不同的场合,既有分享和感恩的,也有剑拔弩张硝烟弥漫的,还有误会加偏见的等等, 我亲自见证了余博士等华人教会牧长们对中国教会的理解和解释中所体现出的同情和爱护。现在细细来回想,我认为,除了他几十年通过亲身往来的确眷恋着祖国的进步和发展之外,他的宣教学视野,也的确使得他能够超越一时的话语冲突和观念含混造成的隔膜与误解。我感到,未来中国教会,伴随着国家的现代化,将会引起来自西方国家和教会专家学者和信徒们越来越多的思考和研究。而宣教学思路,将会有益于中国教会的国际交往。

2. 从思维创新的角度,解读中国教会神学在普世教会史上的贡献和意义。

我们知道,倡导科学发展观,建立和谐社会,是当下中国政府的施政方针,而中国教会如何在这样的时代背景中见证上帝在中国的大能和恩典,那就需要一种有别于以"阶级斗争为纲"时期的思路。我们也知道,人的局限性往往限制了他对自身的有效和合理认识,中国教会的领袖作为普通民众中的成员,也无法摆脱这个无奈。但是,历史上大凡有远象的教会领袖往往能够突破常人的思维定式,看到历史中的启示并超前领悟到教会发展的方向,哪怕这种预见性见识仅仅比同时代人早几步!

余博士从对我们中国教会的理解着手,高度认可神学思想中的前瞻性和历史远象。在"与时俱进,思维创新"一文中,他从以下几个方面系统分析了丁主教在过去几十年的思考中体现出来的思维创新,以及对中国教会的深远影响。

他说:"当创新的思维方式被提出的时候,它往往会产生一定的震荡,甚至引起一定程度的抵触。创新思维能够起到引发人思考的作用。但是脑力激荡要转换为变革的动力,需要考虑激励与连续性的平衡。因此,传达新思维的过程就尤其关键。创新不易,但通过思维而实现创新则更加不易。"

他对他的远象中的中国教会表示了更深的忧虑。他写到:"在一个数以千万众的教会,要有效地促成转型,不仅需要下一代领导人能够看到同样的问题,领受同样的远象,建立同样的决心,也需要他们具有突破定式思维解决问题的能力。培养青年一代领导人的责任是重中之重。此种领导人的产生需要对能力、影响和公信力给予留意地栽培。更重要的是,年轻一代的领导人需要有相当的胆识和魄力,敢于突破定式思维去思考关于中国教会前途的问题,也敢于把他们的看见拿出来分享。"

显而易见,这里的确涉及到一个重要的事实,即在创新思维问题中其实存在着一个关系到教会是否健康成长的根本问题,领导人的能力、影响和公信力都是和这个教会之根本问题相联系,这就是教会的公性原则。一个人数万千之巨的教会,如果其领导人缺乏宽阔的胸襟与善美的灵性,那么这样的教会内部一定是混乱和纷争的,对外也无法谈什么国际影响。中国教会未来的神学走向之所以能够赢得越来越多的海外教会领袖们的瞩目,其中一个最重要的因素就是,成长极快的教会越来越紧迫地凸现出一个极深的问题,即中国教会怎样才能始终是以基督为元首,同时也是团契,是金灯台,是蒙恩的圣殿。因此,余博士从思维创新的角度来表述海外华人教会对中国教会未来的心愿和祈祷,可谓匠心独具,也为我们在中国教会事奉的年轻一代牧长们提供了一个极好的图景。

3.从对话与和好的角度,理解中国政府的宗教政策和赞同中国政府合法管理宗教事务,并发现中国基督教对中国现代化的积极角色,从而进一步肯定具有世界意义的发生在中国的一项事实,即共产主义信仰系统和基督教信仰系统具有和谐相处的基础,并能够造福中国亿万人民,荣神益人。

2005 年,彭永宁等前去祝贺浙江省杭州崇一堂新堂落成典礼。

我们中国教会目前面对的是中华民族空前的大复兴时代,整个外在的环境和世界正在疾速地工业化和都市化,而人际关系和邻里关系也发生了巨大的变迁。这样,如何以基督教信仰所包含的理念和价值去参与和谐社会的建设,去见证上主的圣训,确实是一个极大的圣工。余博士认为,“藉着城市化,中国教会必将在护教学、伦理学、辅导学、家庭观、人格建造与危机辅导、宗教对话等各方面都有深入长足的思考。城市化将丰富与更新中国的教会。中国教会通过应对城市化带来的‘范型转换’将真正地进入全面现代化,成为成熟的当代教会。”

法治社会和德政民本,是当前中国的执政理念。基督教信仰中的极多训戒律令其实完全有益于我们中国的发展。余博士以海外华侨多年的观察和体会,深深地坚信,基督教信仰一定会成为祖国繁荣昌盛的价值体系之一,因为,圣经中的许多教导实在和绵绵不绝的中国几千年的文化传统有着相同、相似和相容的地方。从基督教神学的思路解释,这就是Providence(神圣眷顾,或译为,神恩遍在,上帝护佑等)教理的秘密!或者再简易明了,就是恩典在作用于上帝的创造计划中,无处不在,无时不有。

接受和认同中国政府的合法性,是海外华侨理解和支持祖国发展和繁荣的基础。多年来,华人教会中,始终有一批牧者孜孜以求地为祖国祷告和奔忙,这里面包含着炎黄子孙高尚的情怀,也充满了华人基督徒爱上帝、爱同胞的心意。在中国教会以神学思想建设圣工为由开展的神学思考的几年里,不少海外教会,包括华人教会的牧长们,一直给予极大的关注和理解。余博士就是其中一位。他在许多文章和场合里,不遗余力地阐发出他自己的观点。我多次在不同的场合体会着他的情感,其真诚和理解中不乏独到见识。他认为,作为中国主流意识形态的马克思主义,完全具有中国的实践性,决非简单地等同于苏俄模式。而中华传统文化几千年来形成的包容性和开发性,也使得优秀的中国领导层对其他非马克思主义价值系统具有容忍和兼用的取向。

最后,余博士还有一些值得注意的观点:

1.今日的中国,经济的发展带来民族意识的提升。民族意识可以提升士气,提供动力以研究和发掘本民族文化的瑰宝。然而,非理性的民族意识会带来盲目排外、狭隘、嫉恨等不健康影响。非理性的民族主义甚至可以成为影响社会稳定的不安诱因。

2.今天的中国教会需要认识:中国文化所讲的仁、义、礼、智、信的美德与加拉太书中提到的仁爱、喜乐、和平、忍耐、恩慈、良善、信实、温柔、节制本有异曲同工之妙。

3.马克思主义历史唯物观深刻地冲击了传统儒家的家天下、道统、礼制的观念。以往两千年里儒家代表民族性的现象已经一去不复返了。中国目前正处在高速发展的阶段,同时也是建立民族性的阶段。民族性的建立,基础是一个民族的基本价值观。对此,教会可以做出什么贡献呢?

三、面对海外教会的神学关注，我们中国教会应该做怎样的神学的和教会的反思？

显而易见，从宣教学视野研究我们中国教会的海外友好往来，可以使我们看到，华人教会牧长们很多是以基督徒的胸怀和爱祖国的情感来思考我们的境遇和处境，从而表达他们的祝愿和理解。我认为，在和海外华人教会交往的时候，我们不要忘记尊重他们对祖国的基本感情中的文化和伦理的因素，因为他们生活和事奉的地方是远离故土的西方社会，因此，对于他们的赞同和批评，甚至是误会和误解，我们都应该耐心地倾听、细致地解释和善意地理解。

总之，通过对 CLE 以“China Church Ministry Symposium”来推动中美教会间的友好分享事业的思考，我作为在过去的 6 年里十几次访问美国教会、大学、国会等的中国牧师，在此反省我们的所作所为。我认为，中国教会一批对中国人民和教会忠心耿耿的牧长们关注中国教会神学思想建设圣工的最质朴和最根本的愿望就是，使得中国教会真正成为受到中国人民敬重的信仰系统。因此，对话和理解，就是通往和好的最好的选择。只有和好，才能与建立和谐社会的全民族共同理念相称和相符，才能在一个法治、德政、仁义和富强的中国，活出基督的样式并荣耀他的圣名！

In Celebration of Friend-Ship and Disciple-Ship

Danny Yu

From antiquity, sailing vessels have been the theme of the world's most creative poets, the symbol of some of life's deepest struggles, the instrument of great human endeavors and discoveries, and the means of bridging cultures for the antithetical purposes of exploitation and material gain or sacrificial service in pursuit of friendship and higher human values.

In ancient Chinese literature, sailing vessels represented a carrier for human emotions through life's journey. As a creative vehicle employed by Oriental poets,this multidimensional metaphor provided the visual imagery to convey poignantly the social issues of the day. From the perspective of one caught in the midst of life's turbulent seas, even a small cypress boat would serve to reveal the soul's struggle.

It floats about, that boat of cypress,	泛彼柏舟
There in the middle of the water.	在彼中河
With two tufts of hair falling over his forehead,	髧彼两髦
He was my mate;	实维我仪
And I swear that till death I will have no other.	之死矢靡它
O mother, O heaven,	母也天只
Why will you not understand me …	不谅人只

The inner turmoil of this young woman is painfully evident as she contemplates the loss of her true love in this sixth century B.C. poem about arranged marriages. While aptly offering a window into the social milieu of early Chinese society, nautical metaphors were not unique to these ancient Chinese authors. In fact, the symbol's universal appeal among writers can be witnessed in the Egyptian world as well.

For Egyptians, all that pertained to life itself was in some way linked to the Nile River and its vibrant shoreline civilizations. One needs merely to read the song of Ichnaton to catch a glimpse of the local cultures, its people and their seafaring nature.

The Daytime and the Waters

a song of Ichnaton

The barques sail upstream and downstream,
Every route is open, because thou art risen,
The fish in the river leap up before thee.
And thy rays are in the midst of the great sea.

This simple, yet beautifully descriptive poem illustrates the truth that Egyptians saw the glistening sails upon the water as the symbol of the flow of life, the vehicles of commerce and trade, and the means of interaction among its people and their neighbors. Similarly, one might conclude the same about many Mediterranean cultures. However, as history tells us, the horizon of human dreams and ambitions began to expand from the local culture to distant and unknown shores. Thus, with the birth of the age of discovery, 1200–1600, the symbolic role of the ship began to embody not only the human predicament of a particular society, but the chain of interaction between divergent cultures.

In the mid-thirteenth century, Marco Polo built the first link between East and West during his historic journey to China. Upon his arrival, Polo marveled at the beauty of Hangzhou with its extensive canals, wide streets, artistically designed buildings and kind residents gracefully clothed in shimmering silk. "… There are within the city ten principal squares or market places, besides innumerable shops along the streets. Each side of these squares is half a mile in length, and in front of them is the main street… "China was indeed a new world for Polo as so remarkably different from his European home. Most likely he did not fathom the significance of the door he had opened.

During this age of discovery while Marco Polo became the first European to reach the shores of China, Columbus set foot in the Americas. Reflecting upon his discovery, Columbus wrote, "I have come to believe that this is a mighty continent which was hitherto unknown … All are the most beautiful, of a thousand shapes, and all accessible, and filled with trees of a thousand kinds and tall, and they seem to touch the sky … "The explorers' awe-filled response to their newly discovered worlds reveals the beauty and wonder of both lands whose human potential and cultural richness are yet to become fully known to the other.

Historically, Christians too have taken to the sea to eliminate the barriers which separate people and cultures in an attempt to share the love of Jesus Christ. Paul was the classic example of the faithful traveler criss-crossing the Mediterranean in obedience to God. His letters frequently used nautical similes in an effort to illustrate the Christian faith. Luke, the traveling companion of Paul, also used many nautical terms with great exactitude and precision in his recording of the Pauline journeys. With true Greek feeling for the sea, Luke made use of no less than fourteen different verbs to describe the progress of a ship. Indeed, since the Pauline journeys, Christians through the centuries have been constantly challenged to reach out with the love of God to the world's furthest reaches.

In like fashion, Christian Leadership Exchange (CLE) may be seen as a small boat and an expression of God's love seeking to bridge two cultures. For CLE this voyage has two special purposes: friendship and discipleship. As Christians, we are aware that the history of Christianity in China was stigmatized by "gunboat" colonialism. Therefore, it is of special meaning to CLE to pursue a new relationship built upon friendship and characterized by mutual respect and trust.

The highest Christian ideal concerning relationships is illustrated by Jesus' words: "Greater love has no man than this, that a man lay down his life for his friends." (John 15:13)

Friendship of this caliber takes much more than echoing pleasant platitudes and boasting good intentions in order to be genuine. It takes a commitment to serve, a willingness to sacrifice for the good of the other, a desire to listen and communicate, and a trust that does not fear the differences but welcomes them.

Christian discipleship is the "ship" characterized by these attitudes and motivations. Jesus encouraged such costly dedication in his disciples when he told them to "launch the boat out in to the deep."They are to go out into the world with love and peace. Dietrich Bonhoeffer expounded on the Beatitudes in The Cost of Discipleship: "The followers of Jesus have been called to peace, for He is their peace. But now they are told that they must not only have peace but make it. The peacemakers will carry the cross with their Lord, for it was on the cross that peace was made. Now they are partners in Christ's work of reconciliation."Yes. Blessed are the peacemakers, for God calls them His children.

From antiquity, the motif of sailing vessels has been the fountain of human creativity and the well-spring of aspiring ambitions. With that, poets traverse life's tempests. And to the world explorers and conquerors, the sail sets their sights upon the horizon and beyond. But for CLE the small boat is a carrier of our love and concern, bridging two cultures and world views.

Fifteen years ago, CLE set sail in pursuit of higher human values: friendship and discipleship. Since then hundreds of people have crossed the Pacific Ocean in both directions through Christian Leadership Exchange to help foster that relationship. So let us rejoice and celebrate the work accomplished. We want to thank the many people who have traveled with us, whether in spirit or in person, during the past fifteen years. And to new friends everywhere, we invite you to come aboard. We will set sail. Together we will travel.

And with your help, we will one day reach the land where "there will be sea no more." (Rev. 21:1)

The gentle wind sends forth a sail,
Benefits for East and West prevail,
Cultures mutually transmit and infuse,
Peace and harmony will enthuse.

和風送船
利濟西東
文化通傳
蕲致谐同

黄伯飛诗

后 记

“沉舟侧畔千帆过，病树前头万木春。”

《拆毁中间隔断的墙》最后脱稿，我的心情终于放松下来。九月的最后一天也是国庆前夕，我坐在丽都酒店的餐厅为这本书写后记。香浓的星巴克咖啡把我带进沉思，电视里的奥运节目不时地进入我的眼角，引起我无尽遐想……好多年前北京刚建完第一个国际机场时，我也曾坐在这个当时离机场最近的丽都酒店，喝当时很难找到的咖啡，如今北京第二个国际机场已经竣工，听说第三个北京国际机场上周已开始动工了……

1980年，久居美国的我初次踏上祖国的土地，逝者如斯，弹指一挥间二十多年过去……回想第一次访问北京我刚下飞机时的情景，整个京城的着装非蓝即绿，也看到举国上下，百废待兴，惊讶之情至今难以忘怀；尤其有一次在电话室里等了八个小时才接通北京到洛杉矶的电话……但如今中国已成为全球的服装厂，设计水平更是一枝独秀，而且人均手机密度也已居世界首位……过去二十多年我平均每三个月来中国访问一次，亲历了中国改革开放的每一个阶段，也养成了一个习惯，每次来华都去报摊把各类杂志收集一番。现在中国已经与世界接轨，我也停止了这一举动。从80年代初到90年代末，留下的材料现已成为宝贵的档案，它们见证了中国改革奋斗的过程与成功的历史……

《拆毁》一书也是从这“沉舟病树，千帆万木”的角度来看中国宗教发展的。1966年“文化大革命”是中国的大灾难，海外人士对中国宗教政策的印象从没有离开过对这个时代的看法……本书中汤维强教授的文章曾发表于2005年3月CLE在美国主办的"中国宗教事务条例"第一次研讨会上，明年2月CLE将在香港再次举办这个研讨会，评估过去三年新宗教条例的发展情况，希望能进一步促进中美两国宗教界人士的沟通，更加发挥CLE桥梁的作用……

当然今天中国领袖已经强调和谐社会，也肯定了宗教对促进社会和谐的功能，这些发展应带来中外宗教来往更繁荣的局面……昨天北京教堂牧师来电，说他已经很荣幸地被选为奥运会期间的义工牧师。2008年的奥林匹克将把中国展示在世界舞台上，奥运会期间国际宗教活动的往来将一洗中国过去的宗教形象……

更高兴的是知道最近美国有关部门邀请中国国家宗教局访美，意味着中美之间宗教事务开始了正常与平等的官方往来，也相信此发展将会减少中美关系里的政治摩擦……我记得有一次与国家宗教局开会，我特别提出因宗教分歧而产生的世界性争端，美国因为反恐和伊拉克战争与伊斯兰教的关系已经趋于破裂，中国有能力也应该在宗教问题上为世界和平作出贡献。随着朝鲜危机的缓解，世界对中国更是寄予更高的期望……

第二杯咖啡快见底了……回顾过去十多年我们与中国基督教两会之间的往来合作已在多方面看到成果。特别是2006年与两会合办的教会老人院院长培训班，所使用的材料现已印刷成书，帮助各地老人院管理工作的发展；这个培训班也成了我们与中国劳动部和老龄委合办的全国老人护理培训班的参考材料……本书最后两篇短文提及基督教在残疾人工作方面的发展，现今两会已经开展了四个自闭症儿童训练中心，还计划在全国寻找合作伙伴，而且在每个省会将开展康复儿童的工作……中国基督教会的轮椅捐赠项目也已经运作起来了，CLE也期望加强合作的力度，透过各地教会帮助行动有困难的残疾人……

现在已经是第三杯咖啡了，展望未来的心潮还是不断地涌现，这个短文差一点又变成另一篇长文。我得赶紧说一些感谢的话。

感谢邓福村牧师为本书命名并作序；20年的友谊，他是最了解CLE的中方人士了；多年来，他在中美宗教来往的过程中奔波劳碌，在此向他致敬。

也感谢中国国家宗教局同仁对出版此书的支持，书中提出不少有争议性的题材，但很高兴他们是用专业的态度来处理因立场不同而观点有异的篇章。

《拆毁》一书的出版,感谢宗教文化出版社陈红星社长的鼎力帮忙;也期望着以后在宗教文化出版的中美交流上能有更多的往来。同时一并感谢张秀秀编辑,若没有她全身心地投入,并经常热情地催促,这本书可能永不见天日。(这本书已经从十周年推延到十五周年,也差点成为二十周年的纪念刊。)

也要感激很多美方朋友的帮助。首先感谢彭永宁博士、陈荣超博士、黎彼得博士等,CLE 各种活动都是他们负责具体安排的,没有他们就没有 CLE 事工。

在编写本书的过程中,也谢谢我从前与现在的几位助手,感谢李威先生、Marie McCallie 女士、杨玲玲女士与吕志宏先生在写作过程中所作的协助工作,特别是李威先生在调研中所付出的心血,为本书的编写作出有意义的贡献。感谢北美华人基督教学会王忠欣会长替我联系国内的学者。更感谢供稿者在百忙之中抽空为《拆毁》一书写作,使本书增辉不少。还有我们派到中国的英语老师 Patrick Huber 先生、Julia Leibson 女士和 Sonna Schambach 女士,他们为本书英语文章润稿。

CLE 的发展承蒙各方好友的鼎力相助。他们默默地为 CLE 的侍奉投入人力与物力,我们不一一点名,但仍铭记于心,在此感谢。

如果《拆毁》一书有什么错漏,当然责任在我。但也承认过去几年无法投入更多的时间来编写此书。CLE 本身主要是一个"人来人往"的事工,虽然我也有机会参加各种研讨,但很少有时间专心读书,特别这些年头我大部分精力都投放在基础教育上。所以《拆毁》一书能够出版成册,归功于各方的支持。谢谢!

不足之处,望各界人士多多包涵,欢迎批评指教……

离开了丽都大酒店,回到自己的办公室,顺带翻阅了一些 CLE 旧材料,看到 2001 年在香港举行的第八届华人福音事工分享会的主题发言,让我借用这个题材作为《拆毁》一书的结束。当时各地同工在探讨 21 世纪中国入世后华人教会的合作和关系,我在会上提出了福音事工国际合作的八点考虑:

1. Claiming our Commonality

殊途同归:各地华人教会事工目标和远向都是为建立神的国度。

2. Crossing the Great Divide

当务之急:两岸三地的基督徒都应捐弃偏见,走向对方。

3. Considering Christianity and Communism

因地制宜：基督教思想与共产主义可以有理论探讨与对话的余地。

4. Chossing Attraction Evangelism over Confrontation Evangelism

循序渐进：采用并推动可以建立互信的福音策略与工具。

5. Contextualizing the Theology

高瞻远瞩：中国教会神学的本土化是福音工作任务的重中之重。

6. Committing to a MELT (Mutual Educating and Learning Team)

短长相济：建立可以互相学习，互补长短的中外合作队伍。

7. Considering a Paradigm Shift in Strategization

改弦更张：创造“范式转移”的战略契机。

8. Constructing a Partnership for World Missions

携手共进：共同迈向世界福音工作的大同目标……

值此CLE交流事工15周年之际，回顾过去的沉舟病树与千帆万木，更以圣经经文展望未来，作为共勉，以结束《拆毁》一书后记：

“因他使我们和睦，将两下合而为一，拆毁了中间隔断的墙……这样，你们不再作外人和客旅，是与圣徒同国，是神家里的人了；并且被建造在使徒和先知的根基上，有基督耶稣自己为房角石；各房靠他联络得合式，渐渐成为主的圣殿。”(以弗所书：2:14–22)

余国良

2007年9月30日